专业技术人员

电子商务知识

培训读本

徐 静◎主编

中国社会出版社
国家一级出版社 全国百佳图书出版单位

图书在版编目（CIP）数据

专业技术人员电子商务知识培训读本 / 徐静主编. —北京：中国社会出版社，2015.7

ISBN 978-7-5087-5098-9

Ⅰ. ①专…　Ⅱ. ①徐…　Ⅲ. ①电子商务－技术培训－教材　Ⅳ. ①F713.36

中国版本图书馆 CIP 数据核字（2015）第 150027 号

书　　名：专业技术人员电子商务知识培训读本
主　　编：徐　静

出 版 人：浦善新
终 审 人：李　浩
责任编辑：秦　健　　　　**责任校对**：李艳玲　丁　一

出版发行：中国社会出版社　　　　**邮政编码**：100032
通联方法：北京市西城区二龙路甲 33 号新龙大厦
电　　话：编辑部：（010）58124825
邮购部：（010）58124845
销售部：（010）58124848
传　真：（010）58124856
网　　址：www.shcbs.com.cn
经　　销：各地新华书店

中国社会出版社天猫旗舰店

印刷装订：北京汉德鼎印刷有限公司
开　　本：185mm×260mm　1/16
印　　张：21.25
字　　数：440 千字
版　　次：2015 年 7 月第 1 版
印　　次：2015 年 7 月第 1 次印刷
定　　价：38.00 元

中国社会出版社微信公众号

内容简介

本书站在全球电子商务发展的视角，逐步深入剖析了电子商务在经济全球化时代的意义。本书按照电子商务知识体系从理论到实践进行了全方位的内容讲解，突出了电子商务在商务活动中的实际应用。书中所采用的内容均为当下较新的案例和数据，还纳入了这几年兴起的跨境电商与微商内容。

全书共分为 12 章，包括中国电子商务的发展现状、电子商务的经济意义、全球大型电子商务企业发展情况、当前主流的电子商务模式、微信电商、跨境电商、移动电商、电商大数据、电商物流、网店经营与管理、电子交易与支付、电子商务法律问题等内容。

本书结构清晰、案例丰富、翔实，适合电子商务专业和经济类、管理类、信息类及计算机类等非电子商务专业的电子商务概论的学习使用。

前言

近年来，伴随着网络技术、通信技术的飞速发展和互联网的迅速普及，我国的电子商务得到了迅猛的发展，成为国家经济发展的新动力；同时也为国家提倡的“大众创业、万众创新”提供了巨大的潜在空间。伴随着国务院2015年5月4日发布《关于大力发展电子商务加快培育经济新动力的意见》，电子商务的发展得到了更大的政策导向支持与机制体制保障。

目前，我国的电子商务产业把生产者、物流供应商和消费者整合到了同一平台上，催生出了一批服务新模式、新业态，并在此基础上，推动着经济业态在产业结构、区域结构间的平衡。2014年，我国电子商务交易总额突破13万亿元，增速迅速，带动就业创业超过1000万人。伴随着国内电子商务积极参与国际交流与合作，中国电子商务势必朝着“融合传统、培育新兴、走向国际”的走向创新发展。

作为电子商务方面的一本关于概念阐述和知识普及的新书，本书从宏观方面阐述了电子商务发展的现状与趋势，以及电子商务与中国经济增长、促进中国经济转型升级等方面的密切关系。同时，本书从移动电商、微信电商、跨境电商等方面切入，就当前主流的电子商务模式和全球大型电子商务企业做了全面的介绍和深入的剖析；同时，立足于具体的操作执行，就电商大数据、电商物流、网站经营与管理、电子交易与支付，以及电子商务法律问题等层面的问题进行了详细介绍。希望能对大家了解电子商务知识，加深对电子商务的理解，提高电子商务的应用水平起到积极的引导作用和指导意义。

在本书编写过程中，作者借鉴了国内外大量的书籍、论文和网络资料，在此谨向这些资料的作者表示衷心的感谢！同时，鉴于电子商务发展日新月异，不足之处在所难免，恳请批评指正。

目 录

第1章

中国电子商务的发展现状

- 中国电子商务规模与结构特征
- 中国网购用户规模及特征
- 电子商务行业热点
- 跨境电子商务的异军突起

我们有幸经历了人类有史以来最大的一次革命：信息产业革命。在这样一个宏大进程中，电子商务作为一种全新的商务模式，在互联网时代应运而生。

20 年前，我们也许很难想象自己足不出户就可以选购琳琅满目的商品，不需要忍受各类金融网点的排队等候就可以完成转账、汇款、理财等各类交易，轻轻扫一个小小的黑白“条码”就可以买到热乎乎的盒饭……是的，从选购、支付到物流，电子商务产业链上的每一个环节都在深刻改变着我们的生产、生活方式。

正如美国管理学权威彼得·德鲁克曾经指出的：“信息革命的真正革命性影响才刚刚开始被人们感觉到，那就是电子商务。它正深刻改变着经济、市场和产业结构；改变着产品、服务及其流动；改变着消费者的价值和行为；并改变着就业和劳动力市场。”

比尔·盖茨也曾说过：“21 世纪要么电子商务，要么无商可务。”

1.1 中国电子商务规模与结构特征

在中国，加快发展电子商务不仅是实现经济转型发展的重要途径，也是赶超世界发达经济体的良好契机。国际金融危机后，传统“集装箱”式的大额交易受到冲击，但以小额交易为代表的电子商务却发展迅速，艾瑞咨询的统计数据显示，2013 年，中国电子商务市场规模突破 10 万亿元，同比增长 22.6%；预计到 2017 年，交易规模将达到 20 万亿元（如图 1-1 所示）。除了拉动全社会消费品需求的快速增长及促进就业之外，电子商务还通过影响国内需求结构、贸易结构、区域需求结构等对我国经济转型升级产生重大的作用。

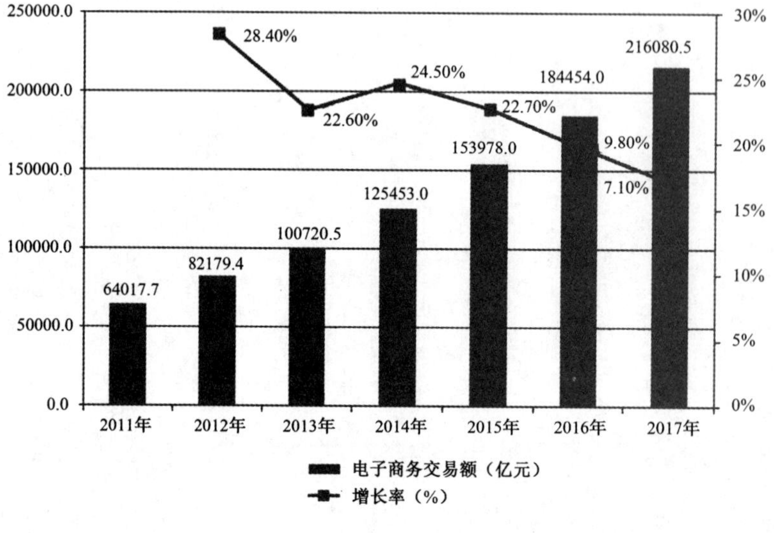

资料来源：艾瑞咨询集团。

图 1-1 2011—2017 年中国电子商务市场交易规模

2014 年，电子商务行业继续保持高速发展的状态。艾瑞咨询统计数据显示，2014 年第二季度，中国电子商务市场整体规模达 2.82 万亿元，同比增长 19.7%，环比增长 6.9%，增速较第一季度有所提升。其中，包含中小企业 B2B 和规模以上企业 B2B 的企业间电子商务依然占据主导地位，占比超过七成；网络购物占比明显提升，成为拉动电子商务市场整体增长的重要因素（如图 1-2 所示）。

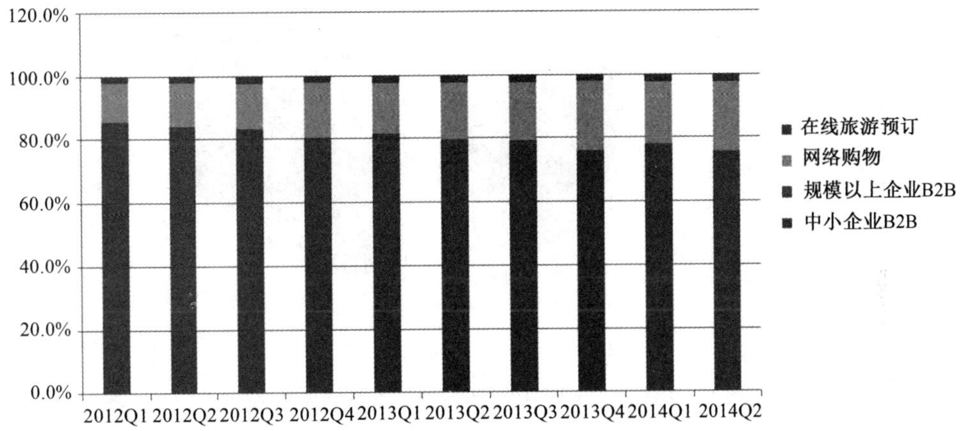

资料来源：艾瑞咨询集团。

图 1-2　2012Q1—2014Q2 中国电子商务市场细分行业构成

2014 年第二季度，中小企业 B2B 市场规模同比增长 18.6%。其中，8 家核心企业（阿里巴巴、我的钢铁网、慧聪网、环球资源、敦煌网、中国制造网、网盛生意宝、环球市场）占比 65.8%，整体营收格局保持稳定。

此外，艾瑞咨询的统计数据显示，2014 年第二季度，中国网络购物市场交易规模达 6287.6 亿元，网络购物在社会消费品零售总额中的占比达 10.1%，首次单季度突破 10%。从网络购物市场交易结构来看，B2C 市场交易规模为 2845 亿元，占网络市场交易规模的 45.2%。虽然 C2C 市场交易规模仍高于 B2C 市场，但占比逐渐在缩小，增速也远低于 B2C 市场。由于在信誉和质量保障方面更能满足网购用户的消费诉求，B2C 市场将成为未来网络购物市场发展的主要推动力。2014 年第二季度，从市场份额来看，天猫和京东依然领跑中国 B2C 购物网站；在以自主销售为主的 B2C 购物网站中，京东的市场份额过半，达到 54.3%（如图 1-3 和图 1-4 所示）。

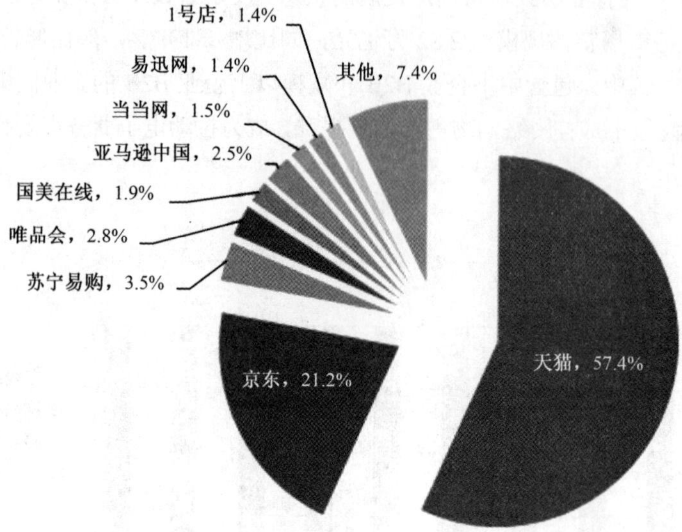

资料来源：艾瑞咨询集团。

图 1-3　2014Q2 中国 B2C 购物网站交易规模市场份额

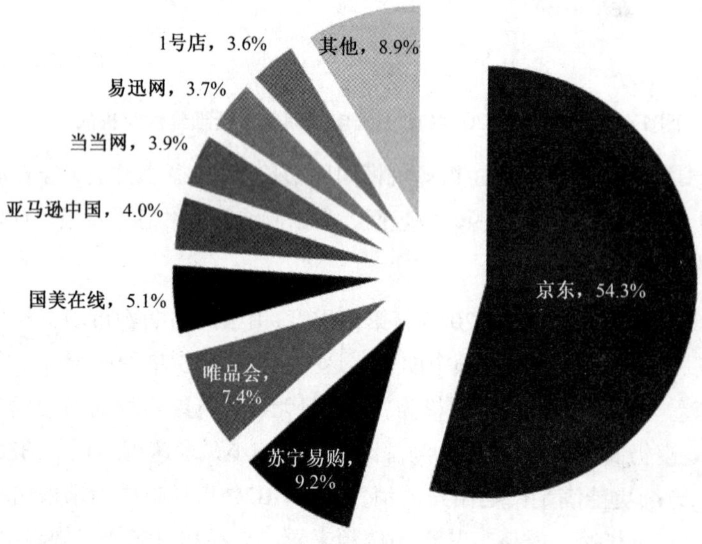

资料来源：艾瑞咨询集团。

图 1-4　2014Q2 中国自主销售为主的 B2C 网站交易规模市场份额

1.2　中国网购用户规模及特征

中国电子商务蓬勃发展的重要推动力是互联网设施的不断完善和庞大的网民数量。截至 2014 年 6 月，我国网民规模达 6.32 亿人，半年共计新增网民 1442 万人，互联网普及率为 46.9%，较 2013 年底提高了 1.1 个百分点。2013 年 12 月，我国网购用户数量达到 3.02 亿人，网购渗透率约为 48.9%。

我国网购用户的主要特点如下。

从性别层面看，男性用户在网购市场中占比较大，根据艾瑞咨询 iUserTracker 监测系统数据显示，在 2013 年中国网络购物用户中，54.5%的用户为男性，45.5%的用户为女性。

从年龄层面看，2013 年，19～35 岁用户是网络购物的主体人群，占比超过 60%，同时整体网络购物用户年龄分布更加均衡。

从地域层面看，2013 年中国网络购物用户主要分布在广东、江苏、山东与浙江等东部沿海经济发达省份，其中广东是网络购物用户分布最多的省份，占比为 11.40%，而西北地区网络购物用户分布最少（如图 1-5 所示）。

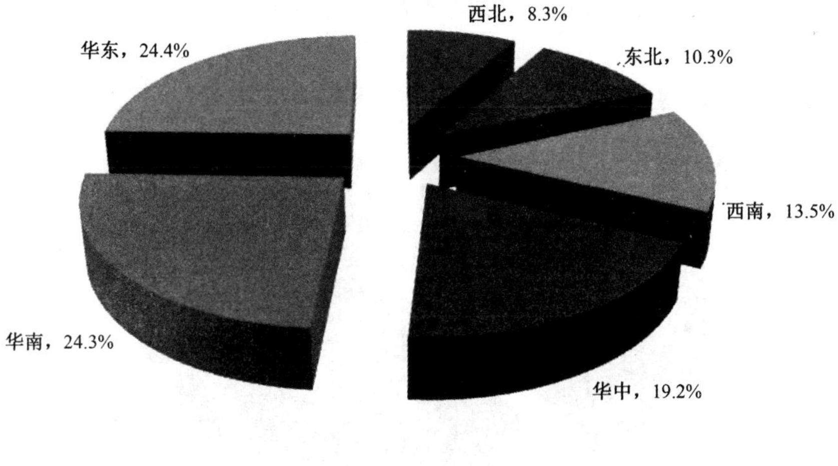

资料来源：艾瑞咨询集团。

图 1-5　2013 年中国网络购物用户区域分布情况

从用户行为方面看，根据 2013 年 12 月 iClick 社区第十三届艾瑞网民网络习惯及消费行为调研数据显示，2013 年网络购物频次在“40 次以上”的网络购物用户居多，网络购物频次在 3～30 次之间的用户占比过半。

从消费金额来看，2013 年中国网络购物用户累计购物金额集中在 3001～20000 元，在此区间的网民合计占比超过 50%；而累计购物金额在 20000 元以上的网络购物用户占比达到 13.8%，其中 20000～50000 元的用户比例为 8.3%。此外，女性支出整体高于男性（如图 1-6 所示）。

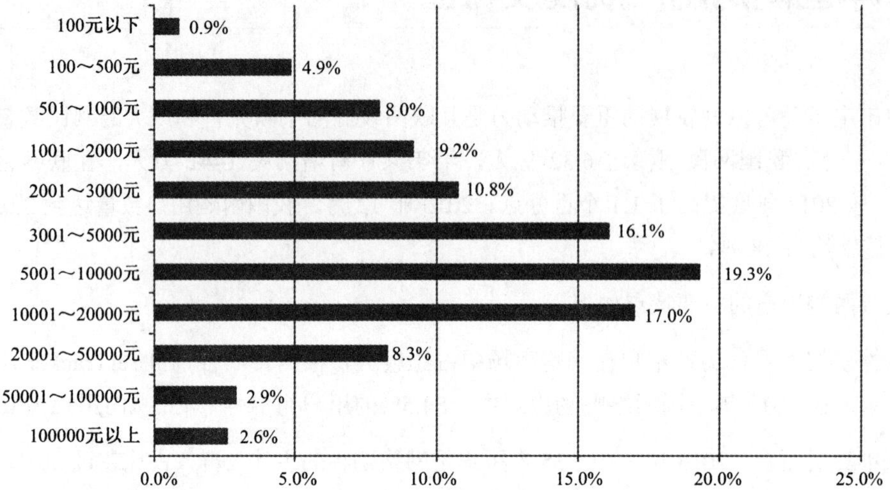

资料来源：艾瑞咨询集团。

图 1-6　2013 年中国网络购物用户网络购物累计购物金额分布

此外，2013 年中国网络购物用户最喜欢的打折优惠方式依次是“订单整体打折”“订单满额减价”“订单超过一定金额后免运费”（如图 1-7 所示）。

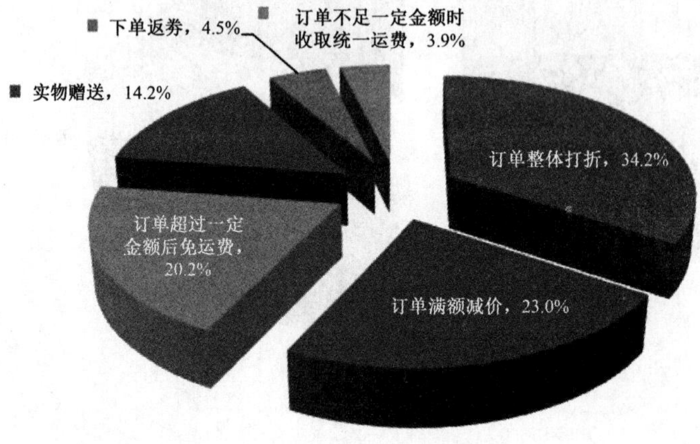

资料来源：艾瑞咨询集团。

图 1-7　2013 年中国网络购物用户最喜欢的打折优惠方式

2013 年中国网络购物用户在选择购物网站或旗舰店时最常考虑的问题是“商品价格”，其次，“商家信誉”“商品质量”也是网络购物用户比较购物网站或旗舰店时的重要参考因素（如图 1-8 所示）。

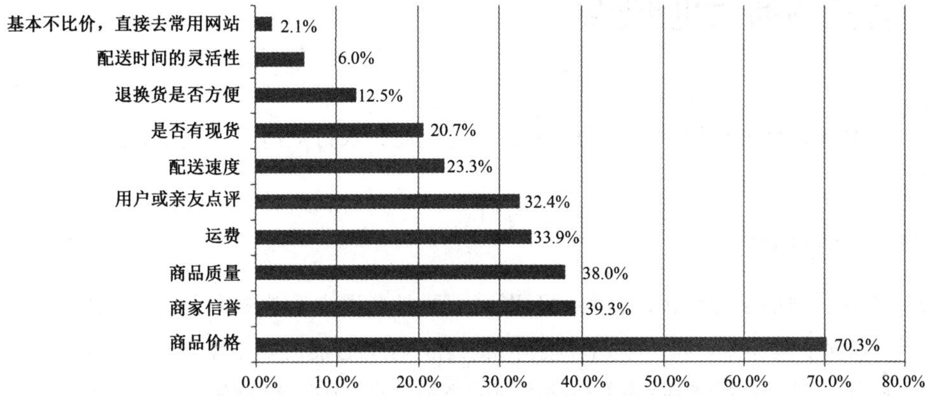

资料来源：艾瑞咨询集团。

图 1-8　2013 年中国网络购物用户网购考虑的问题分布

在进行支付时，2013 年中国网络购物用户最常使用的支付方式是“第三方支付平台网上支付”，如支付宝，占比为 47.0%；其次，常用“网上银行直接支付”，占比为 20.0%；而常用“第三方快捷支付”的占比为 16.0%（如图 1-9 所示）。

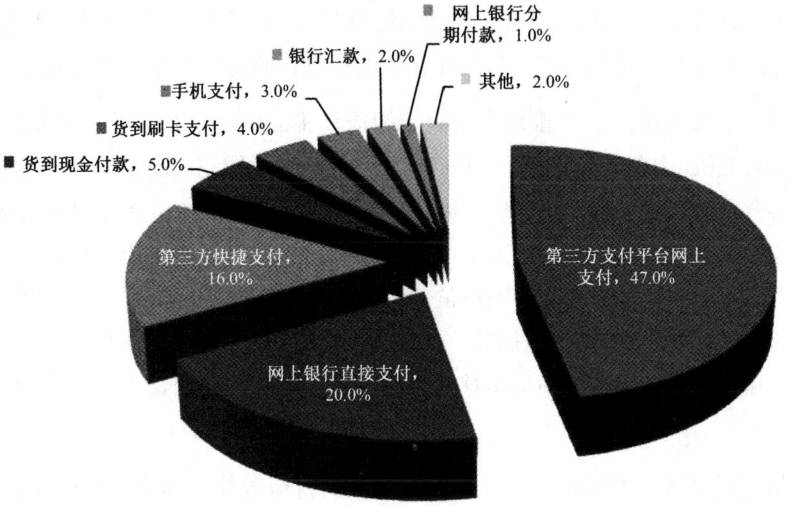

资料来源：艾瑞咨询集团。

图 1-9　2013 年中国网络购物用户支付方式分布

交易结束后，63.9%的网络购物用户一般会写商品评论，主要是为了“分享购物经验，帮助他人选购”；30.4%的用户“一般不写，只是单纯表示是否满意”等；而另外有 23.0%的用户只有商家给积分和优惠券时才写评论。在对之前退换货服务的满意情况方面，65.0%的网络购物用户对退换货服务均较满意，其中，近 15.0%的用户非常满意。

1.3 电子商务行业热点

在行业高速发展的过程中，移动电商、跨境电商、农村电商、大数据等成为电子商务行业的热点。

1. 移动电子商务

与传统互联网电子商务相比，移动互联网无疑具有用户基础更庞大、更贴近市场和终端客户的显著优势。近年来，我国上网环境持续改善，移动智能终端不断普及，移动互联网网民规模增速显著，这些因素共同促进了移动电商的飞速发展。根据艾瑞咨询公司的统计数据，2013年中国移动互联网市场规模为1060.3亿元，同比增长82.1%，预计到2017年，市场规模将接近5000亿元。

移动互联网网民规模在2013年达到5亿人，增速为19.1%，预计到2017年，移动网民将赶超PC网民，成为互联网的第一大用户群体，移动端将成为网民最主要的上网渠道。移动网民中，男性用户占比更高，主要用户群体较为年轻，随着以手机为主的智能终端逐渐渗透到年龄偏大的人群中，移动互联网网民构成趋于成熟化。此外，高学历及白领阶层占据移动网民的大多数，是支持移动互联网发展的主要力量。根据艾瑞咨询集团的研究结果，移动互联网使用场景多分布于下班后家里、等车无聊时及上班休息时等，上网时间碎片化特征明显。因此，让用户在较短的时间内获得充分的产品信息和极佳的购物体验对电商企业至关重要。

移动电商得以发展的另一个推动力来自于智能设备的快速普及，近年来多家手机生产厂商推出中低端智能机，且配置迅速提升，很多过去在PC端才能完成的需求可以在移动端实现。加之移动端具有使用方便快捷、不受时空限制等优势，导致PC端流量逐渐向移动端转移。2013年，中国智能手机出货量达到3.18亿台，同比增长64.1%，平板电脑出货量达2278万台。在用户使用方面，智能手机仍为移动网民最常使用的主要便携设备，使用占比高达95.2%；苹果公司的推出的iPad平板电脑受到热捧后，一些国内厂商相继推出价格相对较低的Android系统平板电脑，自此平板电脑作为中屏幕移动终端开始逐渐渗入到网民生活中，2013年使用占比为53.1%。

随着手机网民基数的不断扩大，以及智能终端的日益普及，网民对移动互联网的需求越来越旺盛，而在我国，移动上网速度是制约移动互联网发展的主要因素之一。2009年1月7日，三大电信运营商获得3G牌照，我国正式进入3G时代。

3G网络比较早的2G网络速度大幅提升。

工信部在2013年12月4日向三大电信运营商发放4G牌照，中国移动、中国联通和中国电信均获得LTE牌照。逐步为移动互联网提供更好的基础环境。同时，WiFi网络覆盖率不断提高，在一定程度上弥补了以流量计费的2G/3G/4G网络的性价比不足，将有助于提升用户体验。

在移动电商细分领域中，传统的移动购物依然占据主导地位。2013 年移动购物在移动互联网市场规模中占比为 38.9 %，居于首位，并且依然有扩大之势，预计到 2017 年占比将达 46.3%。同时，移动端独有的定位功能催生出许多带有 LBS（Location Based Service，基于位置的服务）功能的移动 App，为电商企业创造出更多的商机。

首先，一些带有定位功能的生活服务类应用，如大众点评、美团等为电商企业 O2O（Online to Offline）模式打开了入口。当可以获取地理位置时，消费者便可随时通过此类移动应用查看周围有哪些餐厅、影院、KTV，哪些商家有折扣活动，消费者对这些商家的评价是怎样的等，得到相关信息后，部分消费者会在线下单支付，然后去线下体验，完成 O2O 的整个过程。

其次，LBS 功能与移动社交应用的结合为商家提供了新的宣传与促销方式。目前，无论是基于地理位置的陌生交友应用，还是各类可以上传位置签到信息的兴趣图谱类社交应用，或者传统的社交网络等移动应用，大多数移动应用都配备有 LBS 功能，该功能主要用于标示用户自身的地理位置，以及发现在周围的用户，如新浪微博等移动应用都可以直接在附近用户列表界面直接查看签到信息。从长期来看，生活服务类应用与社交性相结合，能够为用户提供新的功能，如选择消费场所等，也为商家提供了利用口碑营销的机会，好友推荐的商家对于用户来说是更可靠的选择。所以，将社交（Social）、本地（Local）、移动（ Mobile）相结合的 SoLoMo 成为移动互联网领域新的热点（如图 1-10 所示）。

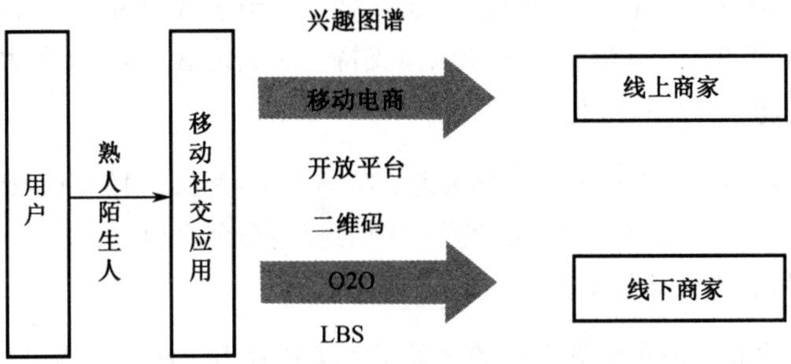

图 1-10　移动社交应用于本地生活服务的电商模式

2. 跨境电子商务

如今，我国劳动力成本高，人民币逐渐升值，而跨境电商具有成本低、效率高、中间环节少等优势，于是越来越多的外贸企业将目光转向跨境电子商务。外贸竞争已从商品层面转向供应链层面，网络的支撑必不可少，20 年前外商来洽谈，问的是报价，后来问的是有没有工厂，现在问的是有没有网络。

中国商务部数据显示，目前中国境内通过各类平台开展跨境电子商务的企业已超过 20 万家，2012 年中国跨境电子商务交易额达 2 万亿元，较上年增长 25%。而过去 5 年间，中国出口年均增速不到 10%。据海关总署的最新数据，2014 年第一季度，中国外贸出口同比下降 6.1%。3 月单月，以人民币计价的中国外贸出口、进口分别下降了 9.2%和 13.8%，这是继 2013 年 6

月之后，再次出现双降。而在传统进出口面临困难时，跨境电子商务却高歌猛进，来自商务部的数据显示，2008 年以来，跨境电子商务的复合增长在 40%以上。

同时，中国政府也对跨机构电商寄予厚望，2013 年 10 月商务部印发的《关于促进电子商务应用的实施意见》中指出，到 2015 年，应用电子商务完成进出口贸易额力争达到我国当年进出口贸易总额的 10%以上。特别是在 2013 年中国以超过 4 万亿美元的进出口总额取代美国成为全球贸易第一大国后，这一年成为中国跨境电商元年，大量传统外贸工厂、企业和本土品牌正在向跨境电商进军，多地建成了跨境电商园区与平台。

发展跨境电子商务对我国外贸转型升级和中小企业贸易链条重塑都具有重大意义。

过去 30 年，中国凭借丰富的劳动力资源逐渐成长为世界工厂，但主要以低附加值的加工制造为主，在高增值环节竞争力不足，出口产品质量、档次较低，企业自主研发、设计等核心竞争力较弱。中国自有知识产权、自主品牌、自主营销和高技术含量、高附加值、高效益商品占出口总额的比重不足 10%。相反，中国进口的产品多以高附加值的技术密集型产品为主。而跨境零售的商品大都附加值较高、体积较小，同时，为了满足境外消费者的差异性需求，跨境电商相继推出一系列创新性较强的定制化与个性化产品。例如，天津蒲尚科技有限公司从 2012 年开始做眼镜产品的跨境电商，在品牌积累期他们选择了市场成熟度更高的欧美市场。为了赢得消费者的信任，蒲尚科技采取“去中国化”的品牌路线，即所有产品从中国到国外后，不惜高成本由当地员工重新策划、设计、包装，真正贴合了当地顾客的需要。此外，一些高科技类的服务产品，如开发软件、法律服务等也在政策支持下快速发展。可见，跨境电商可推动产品创新，并以此为动力促进中国外贸的转型升级。

对于外贸企业来说，跨境电商有效地减少了贸易环节，企业可以直接面对消费者，省去了传统贸易的进口商、批发商等环节，这些环节中的利润在企业和企业、企业和消费者之间进行再分配，让企业和消费者都获益。

2014 年 8 月 1 日起，海关总署发布的《关于跨境贸易电子商务进出境货物、物品有关监管事宜的公告》正式施行。

根据新政策，今后不管是电子商务企业还是个人，都要向通关平台传送交易、支付、仓储和物流数据；将采取“清单核放”方式，办理电子商务进出境物品报关手续。新政策明确了跨境电商的合法性和海关对我国电商的监管思路，将在很大程度上抑制“灰色代购”，对规模性的正规跨境物流电商是利好的。但是对消费者来说，在购买境外商品时要办理较为复杂的申报手续，这也许会催生一些服务公司，做代消费者申报的工作。

3. 农村电子商务

随着电子商务热浪的来袭，农村这个巨大的市场也开始跃跃欲试。一直以来，我国的二元城乡结构不仅存在于传统经济领域，也深刻影响互联网领域的新型经济方式。由于大多农村基础设施建设较为落后、居民收入较低等原因，电子商务的前期发展主要集中于一、二线城市，并没有过多关注农村市场。但是巨大的人口基数和不断扩大的网民规模使得农村成为一个发展潜力较大的市场。自 2012 年以来，农村网民的增速超越了城镇网民，截至 2014 年 6 月底，农村网民规模达 1.78 亿人，较 2013 年底增加 169 万人。同时，城乡互联网普及率差距进一步缩减，截至 2013 年 12 月，中国农村互联网普及率达到 27.5%，较上年提升了近 4 个百分点。此外，农村居民人均收入增幅也超过了城镇居民，城乡差距在逐渐缩减。根据国家统计局的数据，2013 年农村居民人均纯收入达到 8896 元，较 2012 年实际增长 9.3%。

根据中国互联网信息中心发布的《2013 年中国农村互联网发展状况调查报告》，农村网民呈现如下特点：从性别结构来看，农村网民男性所占比例高于女性，但差距在逐步缩小；从年龄结构来看，20～29 岁的农村网民所占比例最大，其次是 30～39 岁，60 岁及以上所占比重最小；从学历结构来看，农村网民学历水平明显低于城镇网民，初中学历群体占比最高；从职业结构来看，农村网民中学生群体所占比例最高，其次为个体经营者 / 自由职业者；从收入结构来看，农村网民中收入 2001～3000 元的群体所占比重最大，收入相对偏低在很大程度上制约了农村居民的消费能力，也影响了农村网民的上网行为。

因为购置 PC 端需要更高的成本，而手机性价比相对较高且便于操作和携带，故而是农村网民接入互联网的主要终端，截至 2013 年 12 月，农村网民使用手机上网的比例已达到 86.40%。而且随着通信网络的推进及资费逐步下调，手机在农村网民中的渗透率将进一步加大，移动电商成为未来农村电商发展的主要趋势之一。

相较于交流沟通类应用和网络娱乐类应用，农村网民对商务交易类应用的使用率较低。在所有的商务类交易应用中，使用率最高的是网络购物，之后依次为网上支付、网上银行、旅行预订、团购、网上炒股或炒基金。其中，团购增速最大，这是因为在 2013 年，一些服务类团购，如娱乐、餐饮等与手机端进一步融合，而手机是农村网民上网的主要设备，所以农村网民的团购使用率有了较高增长。

看中了农村市场的巨大潜力，诸多电商企业开始布局农村市场，纷纷将“渠道下沉”定位为重大战略之一，一场争夺农村市场的电商大战愈演愈烈。多个省份村镇的土墙上出现了电商企业的广告语：“生活想要好，赶紧上淘宝”“发家致富靠劳动，勤俭持家靠京东”“老乡见老乡，购物去当当”“要销路，找百度”等。京东、阿里等电商巨头都在用刷墙这种接地气的方式和口号亲近农村消费者。

然而，农村物流服务体系普遍落后，无法满足外部商品“送进去”和农产品“走出来”的需求，电商的“最后一公里”仍是难题。在农村很多地方，物流费用较高，且快递还无法提供送货到家的服务，村民网购的物品需要到县城网点自提，这使得网购的高性价比和便捷性大打折扣，甚至打击了村民网购的积极性。

由于农村地区人口居住较分散，配送不便，农村快递市场主要被中国邮政占据，民营快递企业鲜有涉足，很多快递企业考虑到运营成本高、路途远、件少、投入与产出不成正比等风险，业务覆盖面仅止步于主要的县镇，没有在一些偏远的乡镇布点，一些快递公司甚至明确声明“村、组一律不送”。2014 年 1 月，中央一号文件提出要完善农村物流服务，相关部门号召快递下乡。

同时，电商巨头已经开始转向自建物流。阿里借助于布局多年的菜鸟网络，对包括大型家用电器在内的多种物品，都已实现送货入户全国 2600 多个区县、38000 多个城镇、50 多万个村；京东自营物流网的配送站已覆盖全国 495 个城市的 1700 多个县（区），已具备深入农村的能力。

农村网民在通过网络购买外面的东西的同时，也开始通过电商平台销售家乡产品。随着消费者对健康、原生态商品的追求，以产地直采、直供模式为消费者提供农特产品的电商也备受青睐，而农村恰是这些商品的主要来源。

目前，农产品电商物流大致可以分为四种模式：一是农民通过在淘宝等电商平台上开店获得订单，利用第三方物流配送；二是许多县域政府搭建物流和电商平台，同第三方物流合作发货给消费者；三是农产品通过供销社物流体系整合后，再与第三方物流合作；四是县域网店协会搭建物流平台，提供统一的仓储和物流等。

虽然政府和民间对农村电商物流进行了积极探索，但受制于基础设施和冷链物流落后的条件，大多数生鲜农产品的配送成本和流通损耗率都较高，所配送的产品质量也难以保证。如果物流能够实现双向打通，同时满足“送进去”和“走出来”，将不仅是电商的变革，更意味着农村经济发展方式的重大转变。

1.4 跨境电子商务的异军突起

谈到跨境电子商务，可能人们首先会想到什么是电子商务。从实用的目的出发，我们把电子商务狭义地定义为各种具有贸易活动能力的实体（生产企业、商贸企业、金融机构、政府部门、个人等）利用计算机网络技术进行各项商业贸易活动。我们把跨境电子商务定义为不同国家或地区的交易双方，通过互联网以邮件或者快递等形式通关的，数额小、次数多、速度快的新国际贸易模式。

跨境电子商务近年来在中国和全球范围内规模都不断扩大，增速十分明显。据商务部统计数据显示，2011 年，中国跨境电子商务进出口交易额约为 1.8 万亿元人民币，同比增长 33%；2012 年约为 2.3 万亿元人民币，同比增长超过 25%；2013 年突破 3.1 万亿元人民币，同比增长 30%；到 2016 年预计将增至 6.5 万亿元人民币，年均增速接近 30%。2008—2016 年，中国跨境电子商务规模增速如图 1-11 所示。

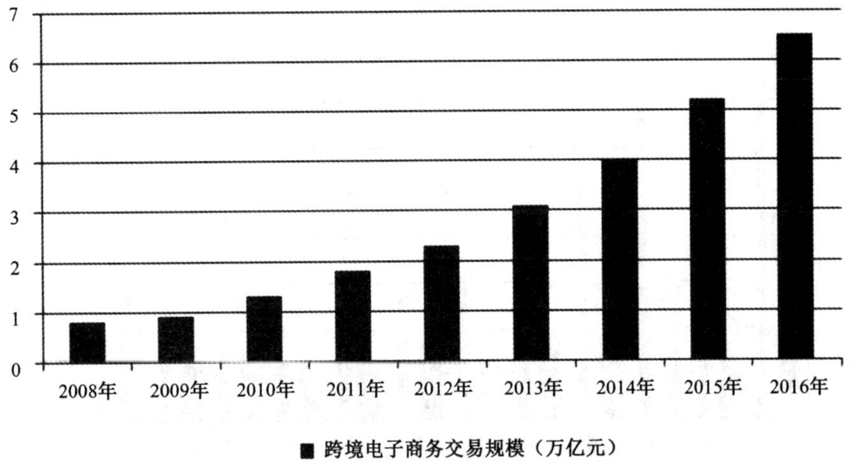

资料来源：综合中国统计局《2012 年中国统计年鉴》，企业财报及专家访谈，根据艾瑞统计模型核算。

图 1-11　2008—2016 年中国跨境电子商务交易规模

1.4.1　食品行业跨境电子商务

进入 21 世纪以来，电子商务伴随着互联网革命迅猛发展。放眼中国的电商市场各电商巨头都有自己的优势品类。例如，当当的优势在于书籍销售；京东的优势在于 3C、家电；聚美优品、乐蜂网的优势在于化妆品；唯品会的优势在于名牌服饰箱包；而阿里巴巴旗下的淘宝、天猫则在各个领域都发展在前沿。随着我国高速公路、高速铁路、大型港口、机场设施、储藏设备等基础设施的不断完善，近些年电子商务模式已经进入了食品行业。放眼世界，互联网的高速发展、经济的全球化、航空和航海设施的不断发展，让世界沟通更加便利、快捷，"地球村"越来越贴切地描述了当今世界。近几年，跨境电子商务在食品行业出现了爆发式的增长。

过去几年，中国主要进口的食品在牛奶和葡萄酒两个领域的发展尤为突出。在进口牛奶领域，数据显示，2014 年 1～5 月我国液态奶（只统计全脂+脱脂）进口总量为 10.27 万吨，同比增长 35%；进口金额 1.1 亿美元（约合 6.9 亿元人民币），同比增长 48%。2013 年全年，我国进口液态奶（全脂+脱脂）总量为 16 万吨，同比增长 102%；金额为 1.65 亿美元（约合 10 亿元人民币），同比增长 115%。2014 年婴幼儿奶粉进口继续呈现量价齐增势头。2014 年 1～5 月，我国奶粉进口 8.63 万吨，同比增长 50.02%，进口额为 4.4 亿美元，同比增加 112.56%。2011—2014 年，我国进口奶粉数量如图 1-12 所示。而液态牛奶和婴幼儿奶粉的进口多数是通过我买网、1 号店、京东等跨境电子商务平台以及海淘的数据汇总计算的。

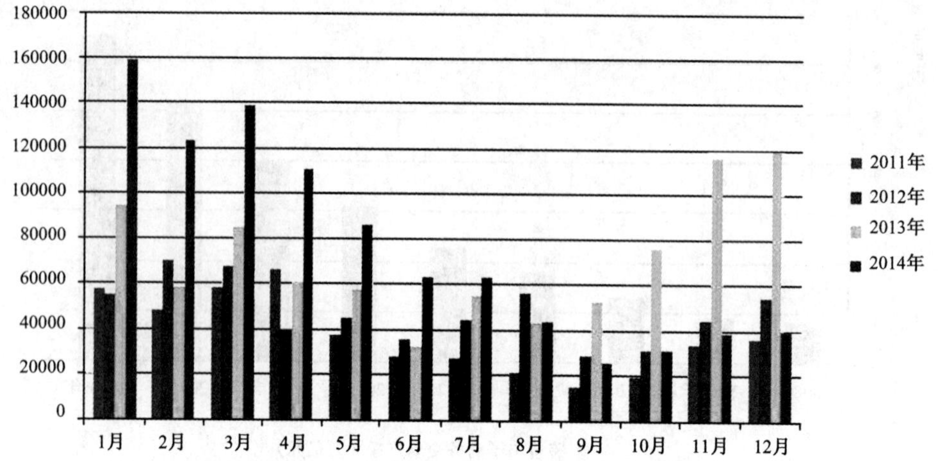

图 1-12　2011—2014 年奶粉进口量

在进口葡萄酒领域，中国也已成为在葡萄酒国际贸易的进口国中增速最高的国家之一。中国葡萄酒进口，近十年增长近 7 倍，目前达到近 40 万千升（约占国际贸易量 5%，酒消费量占超过全国总消费量 20%）。研究发现，各国葡萄酒增速基本和人均消费成正比，我们预计未来 5～10 年，中国大概仍将保持 10%以上的葡萄酒消费增速率。进口葡萄酒数据如图 1-13 所示。

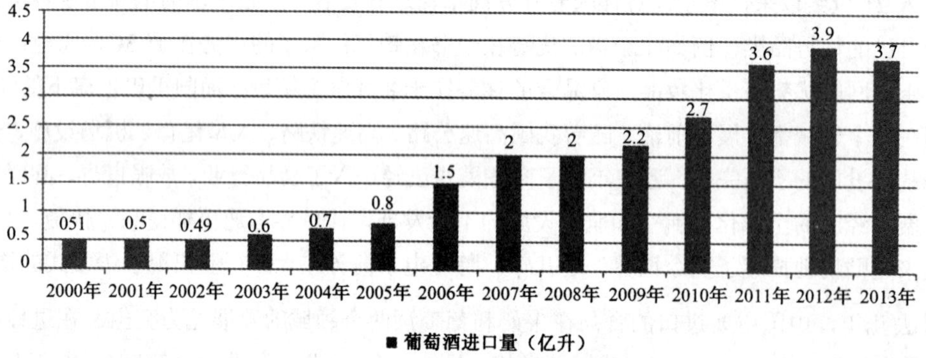

资料来源：齐鲁证券研究所，中国海关信息，中商情报。

图 1-13　2000—2013 年葡萄酒进口量

除了上述两个领域，在其他食品领域，中国的进口数量也显著增长。在有机食物领域，如美国的有机蓝莓、欧洲的有机牛奶；生鲜领域，如澳洲龙虾、日本神户牛肉；水果领域，如美国车厘子、越南香蕉、中美洲牛油果。批量化地进口有机食物、生鲜、水果业务都是在跨境电子商务的日益发展中逐步增加起来的。

那么是什么原因催生食品行业海外市场的不断升温，进而带来食品行业跨境电子商务的爆发式增长呢？

第一，国内食品的安全问题日益受到人们的重视，而进口食品因为其监管、审核严格，得到了人们的信任。

第二，70 后、80 后，这些人经历了互联网革命，通过计算机终端、移动终端了解更多的国外文化、政治、经济情况。以北京、上海、广州、深圳为代表的一线城市的 70 后、80 后爸爸妈妈们更多地选择和依赖进口奶粉、进口食品。近些年，这一趋势迅速蔓延到二、三线城市。尤其是“海淘”这一最近几年比较火的词，最初就是由一些年轻的父母们通过海外淘购婴幼儿奶粉而流行起来的。

第三，从商家的角度讲，各大电商巨头在近几年经历了图书、3C 和家电、服装等领域的商战后，已经开始明白发展电子商务的最终目标是要为消费者服务、满足客户需求。以低价策略为主的价格战已经开始转向完善客户服务体系的价值竞争。所以才有 2014 年开始的阿里巴巴联合几家快递公司注资“菜鸟网络”，京东兴建“亚洲第一仓”。而包括京东、苏宁、国美、当当、1 号店、亚马逊在内的各大电子商务企业都在不断完善自己的配送体系，力求让消费者更快拿到满意的产品。电子商务发展方向的转型及国内对进口食品的巨大需求量，让越来越多的电子商务巨头加入这一市场。

第四，看看过去几年各电子商务公司在进口食品行业的布局，就会发现这是电商必争之地吃的肥肉。电商们都已投入巨资在进口食品行业，以求在以后的发展中占据有利先机。2013 年和 2014 年各电子商务公司主要在两个领域投入重金：海外直采和冷链物流。例如，有央企背景的中粮旗下的我买网，依靠雄厚的资金、数量众多的海外食品基地，在近两年已经成为进口食品行业的佼佼者。2014 年 6 月 13 日，中粮我买网联合东航进行的首批海外直采车厘子抵达上海，这是中国电商首次采取“包机直飞”的方式来采购海外商品。从采摘装车到中国，大约只需要 13 个小时的时间。2014 年 6 月 14 日，一幅“买全球，卖全球”的巨幅广告登陆美国纽约时代广场大屏幕，下面衬托两行字“中粮我买网，海外直采车厘子包机直送”。当天，中粮集团董事长宁高宁对外宣称：“我买网登陆纽约时代广场大屏标志着中国食品电商开始走向世界。”

也是在 2014 年 6 月，泰国山竹、南非橙子、挪威三文鱼等也通过海外直采的形式在我买网开始销售。据悉在 2014 年，我买网的新增海外直采品种数将达到 500 个，除了生鲜水果外，高端牛奶、新鲜果汁、法国葡萄酒、欧洲橄榄油、饮用水等也将成为重点品类，预计进口将突破 1000 个货柜。目前，在中粮我买网上，生鲜品类的订单量占整体订单量的 10%，而这一数据还在不断攀升。在冷链物流领域，我买网同样打造了国内一流的专业仓储体系和冷链库，在华南、华北、华东都有自己的冷库，实行分类式科学管理，将需要不同保存温度的生鲜水果等存放在不同的保存条件下。接到订单需求后，在冷库中分拣、包装；然后用冷藏车将商品送到配送点；在配送点用冰箱、冰柜保存；最后一公里配送采用保温箱保存，保证生鲜水果等商品的全程冷链保存。

再看看电子商务巨头阿里巴巴公司。2013 年，天猫网和美国驻华大使馆开展合作进行美国车厘子的预售活动，两次预售总订单量超过 8 万份，销售金额高达 1500 万元。这既是预售模式的规模性实验，也是海外直采的规模性尝试。这次活动也引爆了国内进口生鲜的热潮，天猫又继续推进和世界各国大使馆的产地直供合作，积极引进商家进驻海外农产品馆，也是在这个背景下，天猫独立出了一个频道“喵鲜生”，专售国外进口生鲜食品。在冷链物流领域，天猫将冷链物流之手伸向了要求最高的进口冰激凌市场。据菜鸟网络相关人士透露，以长三角地区、珠三角地区和京津地区为重点，目前菜鸟网络的冷链平台已经覆盖全国 210 个城市，而在与天猫冰激凌的合作中，包括哈根达斯在内的美国九大冰激凌品牌在天猫接受预订，并依靠菜鸟物流平台提供冷链解决方案，直达全国 210 个城市。此举已经是天猫依托菜鸟平台，继新西兰活海鲜、荷兰郁金香直运后的又一个生鲜产品的试水。

1 号店在跨境电子商务领域在过去几年也做得风生水起。1 号店以网上超市起家，业务在近几年不断扩大，特别是在 2012 年沃尔玛收购了 1 号店 50%以上的股份以后，借助沃尔玛的先进管理理念和世界范围内的大平台和大数据，1 号店发展势头凶猛，现已经成为国内最大的食品电商。在 2014 年上海自贸区亮相以后，1 号店联合美国、英国、澳大利亚等六个国家在上海召开新闻发布会，力推国外进口食品，目前进口引进国已经超过 60 个，品类高达 14000 个。而与沃尔玛合作以后，从 2013 年开始，1 号店也加大了海外采购的商品种类，1 号店的海外进口商品主要包括进口液体牛奶、奶粉，进口零食，进口干果等。

其他做跨境食品电商的企业还有京东、顺丰优选、沱沱工社、本来生活网、和乐康等。京东也曾经推出过美国车厘子海外直采，取得了相当不错的销售量。2014 年 7 月，京东全球独家开卖澳洲巴氏鲜奶，推出“澳洲鲜奶，极鲜之战”大型促销活动，此次京东推出的澳洲鲜奶主要为巴氏鲜奶，它是一种对温度要求苛刻的牛奶，保质期仅为 22 天，为了让用户能够足不出户，就能喝到纯正的巴氏鲜奶，京东通过“澳洲牧场挤奶灌装—出关检疫—空运至国内—入关检疫—国内分仓”的流程，把整个供货流程的时间压缩至 7 天左右，甚至整合其他冷链配送公司极速发往全国，直达消费者餐桌。

顺丰掌门人王卫在这个电子商务年代，在选择电子商务切入点时避实击虚。顺丰优选最初进入的就是在 2012 年还相对冷门的食品领域。借助其快速物流和冷链物流优势，顺丰优选的国外进口产品也占到了其品类数量的 70%左右。而顺丰优选做得更出色的是其在国内食品行业的生鲜食品的销售、配送。

其他规模较小的在食品行业做跨境电子商务的企业还有沱沱工社、本来生活网及和乐康等。但相比巨头企业，这些小企业更多的是采用国外进口的模式。

不难发现，有实力的公司在食品行业做跨境电子商务时，都在做海外直采。那么海外直采与传统的国外进口模式有什么区别？其优势又在哪里呢？国外进口并非和产业的上游直接合作，国内商家并不直接和原产国的品牌商或产地合作，而是通过进口商或经销商采购合作，海外直采则是直接和源头企业或产地建立合作关系。这样省去中间环节，单从商品价格的角度来看，海外直采的优势就很明显。但海外直采需要有国家的授权资质，而非随意为之。目前，国内食品电商中拥有海外直采资质的企业并不多，中粮我买网和 1 号店是少数有资质的两家。可预见未来在食品行业的跨境电子商务发展中，会有越来越多公司开展海外直采业务，将国外更多的健康绿色食品引进国内。同时，冷链物流仍然是食品跨境电子商务发展的基础。因为对于多数生鲜和水果来说，全程冷链保存是基本保证。

未来某一天，一个小资一天的生活或许是这样的——早上起来喝一杯刚刚送到的澳大利亚巴氏鲜奶，加入一份德国的有机麦片；餐间水果，来点美国车厘子和南非橙子；中午享受最新鲜的日本神户牛肉、波士顿龙虾、一碗泰国有机香米米饭外加一杯法国葡萄酒；下午喝一杯牙买加蓝山咖啡再投入到工作中；晚上品尝挪威三文鱼和北极冰虾。食品行业的跨境电子商务的高速发展，会让我们有一天，坐在电视机前看着“舌尖上的世界”，打开移动终端下单购物。世界美食，足不出户，想吃什么，就吃什么。

1.4.2　健康行业，未来之路

如果要为近十年的商业发展找一个关键词，那就是“电子商务”。电子商务先后改变了服务行业和传统行业的商业模式。微软创始人比尔·盖茨说过：“21 世纪，要么电子商务，要么无商可务。”阿里巴巴创始人马云也说过：“你今天一定要用电子商务，用互联网的思想和互联网的技术，去解决你现有的商业中发生的问题。”那么电子商务给人们最关心的健康行业带来怎样的影响呢？

首先，提到健康与电子商务，或者说提到健康与高科技，就不得不谈一谈近几年最热的词“可穿戴设备”。可穿戴技术是 20 世纪 60 年代美国麻省理工学院媒体实验室率先提出的创新技术，主要探索和创造能直接穿在身上或是整合进用户衣服或配件的设备的科学技术。其最核心的理念是让人们能够更便捷地使用智能化的设备而感觉不到它的特殊存在。可穿戴健康设备把可穿戴技术应用于健康领域，是对用于身体情况的检测、运动数据的统计及健康状况的改善的设备的统称。可穿戴设备的类型很多，小到眼镜、手环、腕表，大到鞋子、衬衫、床垫等，都可以用来监测与人体健康有关的数据。根据相关显示，可穿戴设备的应用领域排名顺序依次是医疗、健身及娱乐，可穿戴技术在医疗保健领域份额约占可穿戴设备总体份额的 50%。可穿戴健康设备的应用不仅包括血糖、血压、心率、血氧含量、体温、呼吸频率等人体的健康指标监测，还可用于疾病治疗，如电离子透入贴片治疗头痛；智能眼镜可帮助老年痴呆症患者唤起容易忘记的人和事，以及全程直播外科手术等。前不久，谷歌公司的 Google Glass 就第一次在美国东缅因医疗中心使用在外科手术中。在获得病人允许的情况下，主刀医师佩戴 Google Glass 对手术进行了全程记录。Google Glass 的医疗价值，特别是在手术方面有着巨大的潜能，因为通过 Google Glass 可以更好地实现术中咨询、手术指导、记录相关手术数据，而通过这些数据可以为疾病的治疗带来更大的便利。

根据 iiMedia Research 的数据显示，2012 年中国可穿戴医疗设备市场规模为 4.2 亿元，预计到 2015 年这一市场将达到 12 亿元，2017 年将达到 47.7 亿元，年复合增长率达 60%。在 2010 年苹果的智能手机 iPhone4 引领了手机行业的重大变革之后，移动终端给我们的生活带来了更多的便利。进入 2013 年后，苹果、三星、谷歌等 IT 巨头公司都在研发与人们健康有关的可穿戴健康设备。苹果 2013 年推出的 iPhone5s 中加入了 M7 协处理器，业内人士指出，其目的就在于健康和健身的应用，之后包括 Nike+Move、Day One、Runtastic 和 Strava Run 等软件都利用了 M7 芯片，用来记录人们跑步、骑单车、游泳等健身活动时的相关数据。苹果近些年一直在研发的 iWatch，招募了大量在医疗传感器领域顶尖的精英加入研发团队，其交互的便捷性势必会在医疗、健康领域带来更多的应用，为人们提供更人性化、定制化的贴心服务。该款产品已经于美国当地时间 2014 年 9 月 9 日正式发布。

2014 年 6 月苹果新推出的 iOS 8 系统，更加注重在医疗、健康领域的应用，推出了 HealthKit 应用软件，用来收集和分析用户的健康数据。在 HealthKit 里，用户可以随时查看各种健康和健身相关的信息，如心率、血压、血糖、睡眠状况、呼吸频率、血氧饱和度和体重等，而以上这些信息都来自 iOS 设备内置的传感器及第三方健康外接设备。三星早在 2013 年就推出了自己的智能手表 Galaxy Gear Live，可以用来监控心率；2014 年 5 月三星推出了新一代健康追踪智能腕带设备 Simband，可以实时地检测和监控用户的体温、血液中的含氧量等健康数据。继苹果和三星之后，谷歌也推出了专注健康的技术平台。Google Fit 提供了一套应用程序界面，帮助用户在智能手表及其他移动终端上跟踪健康和健身数据。同时，Mot0 360 智能手表真机在 2014 年首次亮相，Mot0 360 采用圆形表盘，运行 Android Wear 系统，支持健康和运动检测功能，包括记录使用者跑步时的运动速度、距离、卡路里消耗等信息。而还有消息称，谷歌正在研发一款内含测量眼泪中血糖水平传感器的隐形眼镜，并将所收集的数据发送到智能手机等移动设备中进行读取和分析，以避免糖尿病患者通过刺破皮肤采集血样检测血糖水平。

可穿戴健康设备在未来的医疗、健康领域的应用是主流趋势，不仅国外的 IT 巨头在此发力，国内的一些公司也在推出自己的可穿戴设备。百度已经组建了一支覆盖硬件、软件、云服务的团队，试图进行可穿戴设备的研发。并且，百度在可穿戴设备领域已经申请了数十项专利。百度在 2014 年基于百度云推出了咕咚智能手环，支持运动提醒、可以监测睡眠质量、记录活动情况。九安医疗已经推出了自己的 iHealth 腕表，并且与腾讯公司在微信平台开展合作，九安医疗公司的 iHealth 可穿戴智能健康腕表将与微信实现对接，用户可以不通过 App 端，而是直接链接到微信服务号“iHealth 智能腕表”，就可以查看、分享个人运动和健康数据，其便利性不言而喻。阿里巴巴 OS 事业群运营事业部总经理戴玮和阿里巴巴 YunOS 总裁喻策在接受采访时表示，YunOS 将布局可穿戴设备。

在跨境电子商务日益兴起的今天，可穿戴设备未来的商业模式势必会穿梭在更加成熟的跨境电子商务平台上。而可穿戴设备本身，因为其更加便利的交互性，并能提供更多有关健康的数据，所以可能会成为一些电子商务企业未来发展与健康相关的食疗、医疗业务的切入点。而健康行业今天在跨境电子商务领域的发展也更多地集中在保健品行业。

近些年人们开始越来越关注养生，保健品、食疗渐渐进入人们的日常生活。互联网的发展让身在国内、坐在电脑前的中国消费者，可以看到更多国外的与健康息息相关的保健品、食物。年轻的 80 后、90 后们通过“海淘”的方式可以轻松买到美国深海鱼油、欧洲维生素片、泰国减肥药等产品。而国外发展较早、也较为成熟的保健品公司在近几年也通过线上和线下方式进入中国市场。保健品行业的跨境电子商务在近两年取得了爆发式的增长。

一部分公司采取的是通过建立跨境电子商务平台，在全球范围内做保健品的销售方式。iHerb 成立于 1994 年，是全球最大的天然保健品电子商务公司，向美国境内和全世界 190 多个国家和地区提供保健品和健康品，对于消费需求比较大的地区，该公司通过与物流公司合作提供直邮服务。相关资料显示，在中国其主要是通过广州和天津两个关口进入国内，其中通过广州海关的一天进口量就高达 6000 件左右，通过天津海关的一天进口量也达到 3000 件左右。

还有一部分国外保健品公司通过在中国开设专柜或者入驻线上商城开设旗舰店的方式销售其产品。美国健安喜（GNC）为全球闻名的优良营养食品公司，在全球拥有 5000 多家连锁店。在北京的翠微百货、朝阳大悦城、西单商场等实体店均设有专柜；而近些年 GNC 也先后入驻天猫、京东、当当、卓越亚马逊开设旗舰店，进行线上销售。

健康行业依靠不同的跨境电子商务平台在这一两年取得了爆发式增长，那么人们同样极其关注的医疗行业又如何呢？近些年的电子商务风潮并没有给我国医疗行业带来革命性发展。医疗行业更多的只是将挂号、看病、出病历、取药等流程电子化。而整个医疗行业包括处方药、非处方药的销售，大型医疗器械的采购与销售等核心环节在我国并未电子商务化。由于我国处方药、关联医保、准入限制等方面政策的限制，整个医疗行业的电子商务进程发展比较缓慢，更别提医疗行业的跨境电子商务发展。

2013 年之前，政策规定：网上药店仅允许销售非处方药和保健品。由于非处方药大多数价格较低，因此，即使有电子商务平台的公司也不会把销售重心放在医药上，更多的集中在血压仪、血糖仪、电子体温表等小型贴近人们生活的医疗设备的销售上。2013 年我国医药 B2C 规模仅为 40 亿元，尚不足我国医药流通市场的 1%。而形成鲜明对比的是，在美国，人们通过邮购渠道购买的药品占到总量的 20%左右。

但如果我们去了解国家在这方面逐步改变的政策以及一些电子商务巨头的布局，我们就会发现医疗行业的电子商务化是未来发展的趋势。特别是在 2013 年以后，一系列的政策的出台给医疗行业的电子商务发展提供了更大、更广的空间。

2013 年 11 月，国家药监局发布《关于试点开展互联网第三方平台药品网上零售有关工作的批复》，同意以河北慧眼医药科技有限公司 95095 医药平台为试点单位，开展互联网第三方平台上的药品网上零售试点相关工作。而关联医保方面，2013 年末到 2014 年初，海南、上海等地已开始筹备网上药店医保支付试点工作。最为有利的是，2014 年 5 月 28 日，药监局发布《互联网食品药品经营监督管理办法（征求意见稿）》，其中明确提出：互联网药品经营者应当按照药品分类管理规定的要求，凭处方销售处方药。业内人士普遍认为，允许处方药的网上销售将为医疗行业的电子商务发展带来重大发展机遇。

电子商务巨头中，尤以阿里巴巴的布局最为引人注目。2014 年 1 月 23 日，阿里巴巴高层宣布联手云锋基金，对中信集团旗下的香港上市公司中信 21 世纪有限公司进行了总额 1.7 亿美元（约合人民币 10.37 亿元）的战略投资，收购后者 54.3%的股份。业内人士分析，中信 21 世纪手里掌握着中国仅有的、重要的药品监管码体系。这是阿里巴巴布局医疗电商的一步棋。而就在2014年5月28日，支付宝推出名为“未来医院”的计划，根据这一计划，支付宝将对医疗机构开放自己的平台能力，包括账户体系、移动平台、支付及金融解决方案、云计算能力、大数据平台等。同样在2014年7月10日，阿里巴巴宣布，旗下支付宝的“移动智能就诊”服务将正式接入医保，今后医保患者使用支付宝钱包，在阿里推广的“未来医院”试点进行看病缴费，可以实现医保和自费部分的自动扣费。与此同时，北京、上海、广州、深圳等一线城市的三甲医院就有30多家表示有意愿与支付宝钱包合作。可以预见，随着国家政策的保障，以及大型医疗电子商务平台的日益成熟，势必会带动整个医疗行业电子商务及跨境电子商务的高速发展。

02

第2章

电子商务的经济意义

2.1 电子商务与经济增长

2.1.1 电子商务与对外贸易

2013 年全年中国贸易总额首次超过 4 万亿美元，达到 41603.31 亿美元，全年贸易顺差逼近 2600 亿美元，其中跨境电子商务在整个贸易结构中发挥着重要的作用，成为了国际贸易的新亮点。根据商务部的 2013 年中国电子商务报告，2013 年跨境网络零售交易额达到 214 亿美元，同比增长 43.3%。

统计数据表明，我国传统的实体产品出口模式已经达到极限，迫切需要革命性的变革来带动我国产品和服务的出口。电子商务有效解决了贸易便利性、产品的多种选择、较低成本的产品和服务等对外贸易的关键问题，随着质量和服务的提高，电子商务贸易逐步成为我国对外贸易的新亮点。越来越多的中小企业开始从事跨境电子商务贸易，跨境电子商务的模式也在不断创新，并且催生了创新创业新一代的产生与壮大，跨境电子商务逐渐崛起。

电子商务也使中小企业以更低的成本、更快的速度进入国内外市场，获得与大企业同样的市场竞争机会。电子商务成为中小企业开拓海外市场、降低成本的重要渠道，成为消费者便利消费的新选择，也成为转变外贸发展方式的新手段。

通过电子商务发展对欧美市场的贸易是我国的重点任务，更应该大力开拓金砖国家、东南亚、非洲、东欧国家的贸易机会，电子商务带来了我国产品、技术和服务出口等对外贸易发展的重大机遇期。

跨境电子商务是扩大对外开放、促进出口的良好方式，是融入经济全球化、提高国际竞争力的有效途径。跨境电子商务将成为我国企业拓展市场、推动产品转型升级的有效手段，也是开拓国际市场、发展国际贸易的新领域。应该紧抓这个重大机遇，加快发展国际贸易。

2.1.2 电子商务与投资消费

电子商务服务及相关产业在我国社会经济中发挥着重要作用，是提升内需、扩大消费、促进就业的重要途径之一。电子商务不断创新商业模式、管理机制和协同发展机制，不断侵蚀零售市场和行业市场，继续保持了高速增长的发展态势。近年来投资者对分布在新形态、新机会、消费升级等大行业领域的特色电子商务的投资效果远大于传统行业。资本市场对包括电子商务在内的互联网投资持续火热，造就了阿里巴巴、腾讯等市值 1500 亿美元左右的大型电子商务企业，电子商务已经引导我国的投资从基础建设向产业融合服务领域发展，有利于我国产业结构的理性发展，有利于我国经济转型升级。

电子商务在拉动直接就业和带动就业方面作用显著，目前电子商务及相关行业对就业人员的需求仍居十大招聘行业的前列，各电子商务网站对电子商务职位的需求旺盛，电子商务应用创业成为就业的新增长点。

电子商务降低了流通成本，方便了用户消费，满足了人们个性化、多样化的需求，产品丰富、低价、可对比，而且各种各样的创新产品增加，特别是服务产品的创新和便利获取性，将大大促进人们的需求，增加消费。电子商务促进实体产品和服务产品的创新，提供了获取的便利化支持，促进网络消费，扩大需求，带动消费经济发展，促进经济发展。有研究数据表明：居民消费每增长 1%，可拉动国内生产总值（GDP）增长 0.8%，据此计算，2013 年新增网络零售额提升居民消费 3.79%，带动 GDP 增长 3.03%。

2.2　电子商务促进经济转型升级

电子商务作为现代服务业的核心，其发展带动了传统产业从生产加工制造业到供应链生产服务业的转型升级，促进了产业融合发展，提高了整体效益，形成了新的经济增长点。电子商务经济的关键作用是提供以客户为中心的高效供应链服务，形成投资的合理配置和产销服务的高效协同。应用电子商务将促进我国制造业的转型升级。

电子商务的发展催生了在线旅游、网络游戏、数字内容服务、互联网金融、网络购物、在线医疗、社区服务及文化创新等新兴服务业的发展。

随着互联网的普及和广泛应用，越来越多的传统服务行业转型或衍生出相关产业链上垂直行业电子商务交易平台，传统零售企业大规模进军网络零售。旅游、机票、酒店、餐饮等服务行业的 B2C 网上交易平台应运而生。电子商务经济带动了我国经济的转型升级。

2.2.1　电子商务促进制造业升级发展

生产制造业向高端转型升级，逐步实现从低端向高端的转型升级，是我国制造业发展的必然选择。电子商务能够帮助制造企业减少中间环节，直接面对消费者，大幅提高产品利润水平。同时，互联网技术的应用发展为消费者与生产者之间建立了全新的信息交换沟通模式，实现个性化、批量化、定制化的订单生产模式及定向销售、个性化设计模式。

国际制造业发展已经进入定制型、高端化发展阶段，电子商务有助于制造业与消费者的沟通和联系、减少中间耗费、融入消费活动、提高产业活力和竞争力。发展制造业电子商务的战略是以电子商务供应链和产业链发展为动力，促进制造业的转型升级和创新发展，着力解决制造业与消费者需求的矛盾，通过资源共享、生产与服务融合发展高端制造业，形成产业融合的工业发展模式。

电子商务在生产者和消费者之间搭建了一个数字化、网络化的便捷通道，企业与消费者的沟通变得更加直接和快速，中间渠道的减少也有助于进一步提升企业的利润率。采用电子商务模式，生产制造企业通过电子商务平台与海内外消费者建立了直接的联系通道，产品的销售情况、顾客的满意度、新的需求等信息可以更加直接地从消费者反馈到生产者，生产者可以实时调整自己的生产计划和产品规划，实现柔性定制化的订单式生产模式。渠道的缩短也有助于企业品牌的培育。同时，电子商务的应用也将帮助企业更好地在原材料采购、配套服务、物流管理等领域建立起敏捷供应链体系，从而提高整体供应链效率和产品竞争力。

2.2.2 电子商务促进传统服务业升级发展

传统服务业是服务业中最大的群体，其需求多样化、运行效率低下，电子商务有助于改造传统服务业运行模式，发挥服务业拉动产业链发展的功能，促进经济结构的调整和升级。发展传统服务业电子商务的战略是培育典型的传统电子商务企业，支持传统服务业升级改造，鼓励传统服务业电子商务的创新发展，发展社区、学校、医疗、教育的电子商务服务提高人们生活质量。

传统服务业企业纷纷开拓电子商务业务，如餐饮、美容美发、足浴、摄影、休闲娱乐等各种生活性服务业电子商务的应用，这主要集中在团购领域，并逐渐形成了“网上团购+实体店消费+网上点评”的模式。越来越多的传统零售企业涌入电子商务领域。随着用户规模持续扩大，网络社区已经成为主流应用，社区有望成为开展电子商务的有效平台。

为适应新一代消费者多元化的消费需求，传统服务业企业纷纷通过与电子商务平台合作开展团购等电子商务模式开拓网上新渠道，餐饮、住宿、美容美发、足浴、摄影、休闲娱乐等各种生活性服务业电子商务应用已经成为其重要的营销渠道。2013 年，全国团购市场成交规模达到 358.8 亿元，同比增长 67.7%，全年购买人次达到 6.04 亿人次，同比增长 32.5%。在电子商务应用的带动下，传统服务业的服务手段、组织架构、营销模式已经在悄然发生改变，一个更加快捷、便利的服务消费市场正在快速发展。

电子商务也带动了金融等传统优势产业的变革，互联网金融的创新发展带来了金融业的变革，推动了银行的业务创新，多家银行都在积极开展电子商务平台建设，例如，建设银行推出的电子商务金融服务平台“善融商务”、工商银行的“融 E 购”，中国人民银行开展了移动支付应用示范等。

2.2.3　电子商务促进新兴服务业发展

电子商务促进了各种新型服务业的发展，在线旅游、数字内容服务、网络游戏、社交媒介等出现并快速发展。个性化定制在旅游电子商务中逐渐凸显重要性。目前数字内容、网络游戏、在线视频等产业已进入发展快车道。

阿里巴巴、腾讯、百度等新型电子商务企业迅速崛起，已经成为我国经济发展的领头羊，并在世界范围内有强大的竞争力和影响力。

围绕电子商务的开展，已经形成了一个以电子商务平台为核心的新型服务业体系。在电子商务的带动下，第三方电子支付、物流快递、网络营销/代运营等相关现代服务业发展迅速，在线旅游、网络游戏、在线视频等新兴服务业也蓬勃发展。2012 年，我国电子商务服务业产业规模已经达到 2463 亿元，同比增长 72%，直接和间接带动的就业机会超过 1600 万个，电子商务所催生的新型服务业在国民经济和社会生活中的影响日益增强，对于调整经济结构、转变经济发展方式均起到了重要的推动和促进作用。

2.2.4　电子商务促进涉农经济发展

大力发展农产品电子商务和农村电子商务是涉农经济发展的有效途径，农产品电子商务的发展将解决农产品销售、卖难、买贵等问题，实现农产品流通的高效率，提高农业的发展水平。农村电子商务有助于改善农村商业服务、提高农村人员的生活水平。涉农电子商务的发展战略是大力扶持农业电子商务发展、加强人才培育和电子商务系统平台建设、引领涉农经济的全面发展。

随着电子商务在农村和农产品流通领域的应用将进一步丰富我国农产品市场交易的方式，提高农产品流通的整体效率，促进订单农业的逐步发展，提升农村经济的发展水平。有必要结合我国农村和农产品现代流通体系建设的总体要求，进一步完善农村和农产品电子商务相关物流和金融服务基础设施，加大农村地区电子商务应用人才的培养，积极支持农产品电子商务服务企业发展。要创造条件引导社会性资金加大在农产品电子商务中的投入，规范大宗农产品现货电子交易市场，鼓励传统农产品批发市场开展电子商务形式的交易，通过电子商务应用带动我国农业生产和销售的升级发展。

2.2.5　电子商务促进中小企业发展

中小企业是国家建设的主力军，也是吸纳就业的主战场，电子商务有助于促进中小企业的创新发展，拉动个性化服务，创新经济增长模式，占领国际化市场，提高经济活力。未来电子商务企业发展的趋势为两头化、大企业搭渠道平台、中小企业创新发展：随着国际经济的发展，电子商务将由信息平台向交易平台转型，进而有效帮助买卖双方通过平台完成整个交易流程，提高交易促成率。在这方面的任务是完善中小企业电子商务发展环境、促进中小企业电子商务活动、鼓励电子商务创业就业活动、发展电子商务服务产业链、支持电子商务国际化平台的发展、提高企业国际化竞争能力、开拓国际化市场。

根据中国互联网络信息中心（CNNIC）的调查，截至 2013 年 12 月，全国利用互联网开展营销推广活动的企业比例为 20.9%。到 2015 年，预计我国经常性应用电子商务的中小企业达到中小企业总数的 60%以上。电子商务已经成为了中小企业营销的普遍途径。

2012 年，基于电子商务平台所产生的交易信用机制、应收款和物流等抵押物机制，大量中小企业获得了效率高、利率低的贷款，破解了长期困扰中小企业融资难的问题。其中，阿里小贷日均完成贷款近万笔，平均每笔贷款仅为 7000 元，平均每家企业贷款金额是 4.7 万元。已经给累计超过 12 万家中小企业发放贷款，且不良率始终控制在 1%以下。电子商务也是中小企业融资的新方式。

基于电子商务平台，网络化经营的新型中小企业大量出现。基于跨境电子商务平台的中小外贸企业或商户数量已经超过 100 万家，年出口额超过 150 亿美元，且保持 50%以上的年增率高速发展。其面向世界各国和地区，采用小额批发或者零售的方式，扩展了外贸出口渠道，减少了外贸出口环节，正在推动“世界工厂”类型的我国中小企业向“世界商店”升级。电子商务是中小企业升级的支撑平台。

在电子商务的作用下，我国中小企业在产业结构和经营方式等方面呈现出明显的升级发展态势。

2.2.6 电子商务促进商贸流通发展

我国流通产业已经成为国民经济的基础性和先导性产业，但我国流通产业仍处于粗放型发展阶段，流通效率低、成本高等问题日益突出。在全球范围内，由于主要流通渠道掌控在国外发达国家企业手中，在一定程度上也造成我国制造业只能参与低附加值的加工制造环节、缺乏产品定价权和市场主导权的现状。

电子商务将分散的流通模式紧密联系至供应链，解决了消费者与产品生产的直接联系问题，使商贸流通的库存和成本最小化，形成了在线销售、物流配送、售后服务的直接流通模式，促进了资源共享、产业融合的大流通发展。

电子商务在融合物流、支付和金融的同时，实现产业渗透，使得产业链的整合程度更高，它使组织形式、交易方式均发生极大改变。

电子商务交易平台的出现一方面为生产制造企业提供了全新的面向国内外消费者和客户的流通渠道，另一方面也对我国物流、支付等流通基础设施的快速完善起到了极大的带动作用；

同时，在网络零售的替代作用日益显现的情况下，传统流通企业也不得不进一步转变经营方式，整合线下优势资源，发展线上、线下协同的全新经营模式，促进流通生产率的提升。传统流通企业应利用好在品牌商誉、供应链体系、仓储物流、门店资源和零售行业经验等优势，探索开展线上、线下协同运营的有效模式，不断提升效率、优化流程、创新机制，满足未来消费者多元化、个性化的消费需求，实现行业的转型升级。

商贸大流通是促进产业融合、调整经济结构的机遇，也是提高经济效率、减少成本的重要内容，电子商务经济有助于建立国际化大流通环境。以电子商务供应链优化为龙头、建立相关产业融合体系、促进商贸大流通体系的有效建设，是我国商贸流通的发展方向。

2.2.7　电子商务经济促进社会平衡发展

电子商务经济形成了传统产业与现代服务业融合的产业链，带动了上游与下游产业的协同发展，平衡了地区经济的发展，提高了国家社会经济的可持续发展能力，调节了收入分配，成为平衡社会发展的经济发展模式。

电子商务经济带动了中小企业的发展，为创业、就业提供了良好的环境，增加就业率，减少无工作、低收入人数，促进我国经济又快又好的发展。目前电子商务带动相关服务业 1600 多万人的就业。

电子商务经济也带动了数字文化产业的发展，截至 2014 年 6 月，我国网络文学用户规模为 2.89 亿，半年增长率为 5.5%。网民网络文学使用率为 45.8%，较 2013 年年底增长了 1.4 个百分点。数字文化产业的发展为人们提供了丰富多彩的服务产品，不断满足人们精神文化的需要，有利于人民安居乐业和社会稳定发展。

2.3　电子商务经济

2.3.1　电子商务经济的特点

电子商务经济是在电子商务发展的基础上形成的，其特点是通过技术应用，形成电子商务服务业和密切融合的相关产业，并具有了一定规模，带动了经济的发展。

电子商务可以让整个交易虚拟化，完全无纸化交易是电子商务独有的特征。整个交易过程，从协商到支付，都可以通过互联网络实现，而不用约时间见面谈。从卖方的角度来看，为了让买方关注到自己的产品，卖方需要办理域名，构建网页，吸引买方的注意，推销自己的产品。而即时通信技术的发展也允许买方随时通过互联网络联系卖方，将自己的需求信息传递给卖方，双方也可以使用即时通信工具进行协商。由于支付技术的完善与支付安全的保证，达成协议后，买方可以直接在网上支付，简单快捷。卖方即时就能收到汇款，进行配货与送货，减少了不少中间环节与等待时间。

电子商务提高交易效率，减少交易成本。根据HTTP协议与TCP/IP协议，全世界计算机在互联网络中传递数据的格式都是一样的，也就意味着发自美国的一个请求，中国某地的服务器不需要任何转码与翻译，即时就能理解并回复。另外，在传统的交易模式中，不论是邮件、传真、文件还是电话，都必须有“人”这一主体参与进去，这样不仅增加人力成本，也会存在时间浪费的情况。并且，由于人的参与，信息的传递便会出现许多的不确定因素，增加了主观性，很可能出现遗忘、故意延误等情况，从而失去了最佳商机。而电子商务能够避免这种主观情况的发生，极大地缩短了交易时间，提高了交易效率，减少了交易成本，让整个交易过程简单快捷。

2.3.2 电子商务经济的发展趋势

不论是B2B还是B2C电子商务，企业总是通过互联网与客户联系起来，这种模式说明了企业后台系统、供应链系统必须与前台客户进行直接交流和对接，通过高度融合来提高运行效率。

电子商务改变了客户与市场的联系方式，解决了竞争世界市场与分配中存在的许多问题；电子商务的变革在于系统中存在大量的应用系统和商业工具，消费者可以方便地选择和对比使用。商家具有同样的竞争机会和价值。同时也改变了人们生存的方式。电子商务经济是未来发展的趋势，其经济贡献将与国家经济发展融合一体，协调发展。

从电子商务发展的伊始，技术的产生带来了商业模式的变革，从而形成了电子商务；而电子商务的发展导致了整体商业的变动，从而出现电子商业的概念；而行业的变动最终导致经济的变化，从而出现电子商务经济。电子商务经济从具体的技术应用发展到相关产业的形成，并融入国民经济的各个部门，促进社会经济发展。

电子商务经济发展模式则是从商品交易、资金传输，商务活动、供应链体系建设，到商业发展、产业链体系和产业集群的形成，形成了电子商务活动与社会一体化发展。

电子商务正在成为贸易的新趋势，是抢占市场份额的新手段，是未来国际竞争的制高点。电子商务经济是涉及我国5亿人口、万亿经济规模的社会化经济领域，年轻人参与电子商务活动的积极性更高、花费更多；电子商务又是产品创新、商业模式创新和经济创新的有效途径，因此，电子商务是关系国家未来竞争力的重要经济要素，也是世界经济发展的重要领域。

2.3.3 电子商务与经济发展

电子商务为传统商业模式带来了颠覆性的变革，是对流通领域的一场革命，并且会深入影响整体国民经济。在世界受到经济危机的影响之时，电子商务仍然保持高增长态势，体现了它强大的生命力与发展潜力。目前，经济危机的深层次影响正在凸显，依靠电子商务转型是实现经济发展的有效途径。

电子商务经济可以促进产业升级。制造业企业可以利用电子商务平台，降低成本、提高效率、拓展渠道，也可以利用信息化得到更高的研发协同能力。中小企业、金融行业以及新型的服务业都可以通过电子商务寻求新的增长点。

电子商务经济对我国严峻的就业形势可以起到缓解作用。虽然电子商务的发展会导致部分传统企业倒闭，造成一些人失业，但是这是新技术采用所必然出现的结果，在传统企业员工失业的同时，有创新意识的电子商务人才也得到了工作机会。另外，由于电子商务服务业的发展，许多新兴的电子商务服务业逐渐出现在人们的视线中。例如，目前正在迅速发展的快递行业，光快递员这一工作就能解决就业名额。

电子商务经济促使了传统经济的转型发展，知识经济将会是未来的发展方向。在传统商业时代，经济增长的主要途径是资本的投入，而电子商务带来了高科技的代表——信息技术，经济增长完全可以依靠信息技术实现。信息技术的创新能够带来新的价值，这种价值大部分体现在服务行业，也是增值最多的行业。

第3章

全球大型电子商务企业发展情况

国外电子商务企业发展情况

国内电子商务企业发展情况

3.1 国外电子商务企业发展情况

半个世纪以来，世界范围内电子商务市场呈现爆炸式发展，其中，绝大多数大型电子商务企业诞生在美国。涌现出一批如亚马逊、百思买公司、苹果、eBay 等大型全球电子商务企业。

3.1.1 亚马逊公司

亚马逊公司（Amazon），美国最大的网络电子商务公司，是全球最早成立的电子商务企业之一，也是电子商务网站鼻祖，成立于 1995 年。2013 年 7 月底，互联网零售商亚马逊公布了财报：截至 2013 年 6 月 30 日，第二季度公司实现净营收 157 亿美元，同比增长 22%。但由于运营成本上升，亚马逊当季亏损 700 万美元。

亚马逊等电子商务企业在初期通过“烧钱”来扩大市场份额，低价优势使电子商务迅速占据了传统商业原有的市场份额。京东、卓越和当当均是亚马逊在中国的典型复制者。图书市场是 B2C 网站的发力点，这也导致了线下的实体书店如今到了存亡的边缘。不断地扩张是亚马逊发展的重要因素。当物流成为中国电子商务瓶颈的时候，亚马逊已经完成了在美国“两天送达国内任何一个地址”的配送体系。此后国内各大电子商务企业（京东等）的自建物流项目也纷纷启动。

在互联网迎来“苹果时代”的时候，亚马逊又推出其自有品牌的平板电脑“Kindle”系列，进入了硬件领域，并且在电子读物的版权上花费巨资。而在国内，各电子商务企业自有品牌产品也陆续推出，读物和影视、音乐等版权费用更是成为各相关网站的投入重点。虽然现在亚马逊依然在亏损，但在亚马逊的财务报表中，亚马逊网络服务（AWS）这一云计算业务在内的“其他业务”类别实现收入 8.92 亿美元，同比增长 61%，环比增长 19%。由此推断，大数据时代必然成为全球电子商务发展的下一个趋势。

3.1.2 百思买公司

百思买（Best Buy），是美国最著名的电子商务企业之一，也是全球最大家用电器和电子产品零售集团。百思买于 1966 年成立，2000 年与微软合作进军电子商务领域，是美国传统企业向电商企业转型的成功代表。

1. 百思买退出欧洲市场

2013 年 5 月初，全球最大家电，零售商百思买宣布，百思买将出售其在欧洲合资企业中所持的 50%股份给合作伙伴卡冯—维尔豪斯集团，此次交易价格约为 7.75 亿美元，多数将以现金方式完成，这项决定意味着百思买全面退出欧洲市场。卡冯—维尔豪斯集团与百思买公司在 2008 年共同创立百思买欧洲公司，在欧洲 8 个国家设立了门店，该集团是欧洲最大的移动电话零售商。此前，2011 年 2 月 22 日，百思买也宣布退出中国大陆市场，而其官网公告的措辞为“将关闭在中国大陆地区的 9 家百思买门店，并计划将于 2012 年间在中国开设将近 50 家五星电器门店”，等于宣告了百思买运营模式在中国市场的失败。

同时，根据百思买 2013 年第一季财务报表，由于百思买出售欧洲股权并且采用了削减支出、关闭部分零售店等措施，第一季度百思买的营业收入并未达市场预期。对于百思买作为全球家电和电子商品零售商的代表节节败退，如果从电商发展的大趋势来看，当互联网一代的年轻消费者成为“有能力、有意愿”消费者的主流时，线下的零售商必须开始作出改变进而完成蜕变。

2. 百思买淡化 3C 角色，开辟女性电商网站 Viva

2013 年 7 月 30 日，百思买加拿大公司从其消费电子核心领域分支出面向女性的在线生活方式和一般商品电商网站 Viva。从 2012 年开始，百思买加拿大公司已经扩展了在线商城的产品品类，在个人护理、健康产品和玩具等领域均有所探索。调查显示，从百思买购买消费电子产品的顾客大部分是男性，而 Viva 的上线正是百思买瞄准女性顾客的一个策略转变。

3.1.3　苹果公司

苹果公司是世界著名的电子科技产品企业，知名产品包括手机与计算机，其总部位于美国的加利福尼亚州。在 2012 年，苹果在全球上市公司中市值第一，达到其他高科技企业难以企及的高度。在 2013 年第二季度，苹果公司软件和服务高级副总裁艾迪·库伊（Eddy Cue）估计，该公司已经拿下美国电子书市场 25%的份额，与巴诺书店（Barnes & Noble）相当。

苹果的 App Store 是典型的具备 C2C 模式的在线商店。这种模式只负责平台的构建，通过平台联系开发者与用户，苹果在其中的作用类似于中介，收取平台中介费用。另外，开发者为了推广产品而使用免费政策，苹果无法在这种产品中收取费用，但是难得的是苹果并未歧视这种产品，相反，苹果更看重远期收益，鼓励开发者在适当的时候使用免费政策吸引用户，等采用的用户多了，再对某些应用收取费用。

3.1.4　eBay 公司

eBay 是世界著名的线上拍卖及购物网站，在我国的跨境电子交易中有很大的影响力。eBay 于 1995 年 9 月 4 日创立于美国加利福尼亚州，现任总裁兼首席执行官为约翰·多纳霍（John Donahoe）。人们可以在 eBay 上通过网络出售商品。它的定位便是世界的网上购物市场（The World's Online Marketplace）。2013 年 eBay 总商业交易量增长 21%，达到 2120 亿美元。

eBay 作为老牌电子商务网站，近几年的发展遇到阻碍，有市场方面原因、竞争激烈的原因，还有其自身政策的原因。多纳霍接任 eBay 执行总裁（CEO）之后，一直在努力扭转这种劣势局面。2013 年 3 月，据外国媒体报道，eBay 财务状况终于有所好转。

1. eBay 放宽物流限制

2013 年 8 月，eBay 调整了国际物流方案政策，中国地区的卖家所售物品符合一定条件，可不受 eBay 国际物流方案政策限制。

以下三种情况，卖家只要符合其中一项，即可不受 eBay 国际物流方案政策限制：物品使用海外仓储（仅限于美国仓储），并且物品所在地为美国；物品刊登于指定分类中无法空运；物品账户评分达到或超过美国站卖家标准，并且售价（包括物流费）不高于 5 美元。如果卖家不符合上述三种情况，则仍需要遵从 eBay 的物流方案政策，并如实填写物品所在地，避免账号产生买家不良体验（BBE）方面的问题，否则账号将受到限制或被冻结。但是，对于投递到美国境内的物品，即使卖家符合了不受 eBay 国际物流方案政策限制的条件，也需谨慎选择物流商，确保物品可以及时并妥善地送到买家手中。

eBay 于 2012 年公布了国际物流方案政策，主要目的是解决无效的国际货运追踪编号、投递延误，以及无法追踪货物状态等问题。按照当时的规定，如果卖家没有按照 eBay 国际物流方案政策运送物品，有关卖家的账户可能受到不同程度的销售限制等，严重者甚至会导致账户冻结。eBay 放宽物流政策实际上是在扶持中国卖家，毕竟中国卖家在 eBay 跨境贸易中的整体竞争力相比前几年已经有了显著提高，一刀切的物流方案会给部分有实力的卖家造成压力。况且，新兴市场是 eBay 今后的重要拓展方向，对这些地区的卖家不应该太苛刻。在 eBay 美国站点，中国卖家每 5 秒卖出一条项链、每 13 秒卖出一件美甲产品、每 1.3 分钟就卖出一部手机……2012 年，中国卖家在 eBay 主要站点通过 eBay 推广活动实现的交易额比 2011 年增长超过 600%。

2. eBay 2014 年推出全价时尚移动电子商务网站

eBay 于 2014 年 6 月 10 日宣布推出名为 Designer Collective 的网站，销售高端高街品牌和奢侈品设计师品牌。该网站的独特之处在于其设计和丰富的内容，而且将会在移动平台首发，桌面网站则属于第二阶段的发展项目。

3. eBay 将推虚拟零售店“购物窗”

从 2013 年 6 月 8 日～7 月 7 日，eBay 将在纽约市人口密集地段推出首批四个触摸屏“购物窗”，销售来自美国成衣配饰制造和零售商 Fifth & PacificCos Inc 旗下当红品牌 Kate Spade Saturday 的 30 款产品。eBay 希望帮助零售商利用当前的实体店获取更多营收。

4. eBay 将扩展“eBay Now”服务

2013 年 5 月，eBay 试图扩展“eBay Now”服务，承诺只需要 5 美元的运费，货物将在 1

小时内送达。有新闻指出，eBay 将在美国芝加哥、达拉斯，以及一些美国以外地区对此服务进行测试。这一服务对物流的要求十分之高，目前没有任何企业能够实现，对于 eBay 这种大型公司而言也颇具挑战性。随着“eBay Now”服务体系概念的提出，从 2012 年夏季开始，eBay 就一直在筹备该项目，努力构建物流体系。

与“eBay Now”服务类似，作为大型跨国企业，eBay 也在构建其全球物流体系，一旦建设完成，美国销售向 27 个国家的产品物流将会大大提速。到 2013 年年底，eBay 有望在 100 个国家开展业务。

5. eBay 发力四大新兴市场

eBay 2014 年将其新兴市场团队的员工数量扩大 50%，其负责俄罗斯、拉美和中国市场的团队人数已经达到了 140 名，到 2014 年年底这一数字增长了 60%。eBay 已经加大了资金投入，正押注于这些电子商务发展处于起步阶段的新兴地区。

6. eBay 加快海外扩张

2014 年 4 月 26 日消息，eBay 已经恢复了元气，现在必须设法实现增长，其中一个重要举措就是加快海外扩张。eBay 已经与中国奢侈品电商 Xiu.com 合作成立了“eBay Style”，帮助中国消费者购买海外商品。eBay 高层透露，这只是重返中国市场的一小步，更多类似与 Xiu.com 这样的合作正在考虑之中。

7. eBay 未来重点：移动和国际市场

2014 年 4 月 20 日消息，eBay 面临新兴公司的竞争压力越来越大，如 Square、微支付公司 Stripe。eBay CEO 多纳霍在接受采访时表示，eBay 未来将专注于移动和国际市场。

8. eBay 将与市场推广方分享用户数据

2014 年 4 月 10 日消息，谷歌、Facebook，以及亚马逊通常利用其掌握的用户购物习惯来扩大盈利，因为这些信息对于找寻特定消费者的广告商而言具有很高的价值。基于此，eBay 也在近日宣布，将紧随趋势与市场推广方分享用户数据。

3.1.5　Facebook 公司

Facebook 于 2004 年 2 月 4 日在美国上线。主要创始人为美国人马克·扎克伯格。Facebook 是世界排名第一的照片分享网站，每天上传 850 万张照片。根据 Facebook 于 2014 年 7 月发布的第二季度财务报表，其每月活跃用户达到 13 亿人，每季度营收达到 30 亿美元，是全球第一大社交网站。Facebook 可能推出视频广告业务。Facebook 目前已经有一个视频广告产品，广告主可以将视频嵌入到一个信息页面中，Facebook 正在考虑如何扩大视频广告业务。

两三年前，在Facebook上开设店铺是个非常热门的话题，因为当谈论到社交网络如何带动销售时，最直接的办法就是将交易直接迁移到社交平台上。很多商家相信购物天然是一种社交行为，只要在Facebook上开设店铺，不用过多的修饰，用户就会通过Facebook上的好友推荐、分享激发购买热情，于是品牌得到了推广，顾客忠诚度得到了提升。

1. Facebook打造电子商务平台

2009年7月8日11点35分，1800-Flowers通过Facebook店铺卖出第一束鲜花，售价34美元，从此Facebook不再是一个社交媒体而加入电子商务平台行列。分析人士预测，经过5年左右时间，在Facebook上完成的交易额将超越Amazon。

然而，据统计，2011年Facebook店铺总体销售额为50亿美元，看起来是个不错的成绩，但与同年美国电子商务总销售额1943亿美元比起来就显得微不足道了。另外，Amazon 2011年收入为480亿美元，与Facebook店铺同为平台的eBay2011年交易额为686亿美元。

也是在2011年，多家知名的零售商匆匆进入Facebook又匆匆退出了，如美国时尚品牌Gap、百货公司JC. Penny、高档商品连锁商城Nordstrom、电子游戏零售商GameStop等都在一年之内进入又退出Facebook店铺，其中GameStop只停留了短短6个月。2013年2月28日，Facebook上首家社交网络商城Payvment停止在Facebook上的业务，并将客户名单直接卖给了竞争对手。Payvment于2011年上线Facebook，两年来吸引了17.5万个商家在其平台上开店，并拥有20万注册用户，但现在它的每月活跃用户数下降到仅1万个左右。

众多品牌商、零售商、社交电商纷纷退出Facebook主要有以下两点原因。

（1）投资回报率不足。对很多公司而言，Facebook是与顾客交流的有效途径，但很难直接产生销售。不少公司在Facebook上开设直接销售渠道但没有取得理想的回报，于是迅速停止了该服务。

（2）大商家不愿过多依赖平台发展，特别是Facebook开始自己的零售业务之后，很多商家担心自己的利益受损，就像很多品牌商不愿意进入Amazon，就是担心Amazon研究自己的经营模式后抢了自己的生意。其次，寄生于平台之上总会受其限制，如之前与Facebook合作的Zynga，在开始阶段入驻Facebook看中的是其庞大的用户数量，但之后便寻求自建平台独立发展。

2. Facebook Store的三种类型

（1）浏览式店铺。在Facebook上展示商品，用户点击商品链接后转到外部电子商务网站完成购物。该类店铺只有商铺的形式却不能直接购物，所以被称为FauxStore，很好的例子是BestBuy在Facebook上的店铺。

（2）真正意义上的网络商铺（Full Store）。用户可以在该类店铺上获得与其他购物网站相同的体验，产品类目表、购物车、订单结算，所有购物流程都在Facebook上完成。如Delta

航空曾经在 Facebook 上开设售票窗口，但很快发现用户还是习惯到航空公司网站或通过廉价机票搜索引擎购票。

（3）粉丝店铺（Fan Store）。这类店铺是专门为粉丝准备的，品牌粉丝有专有特权，如购买限时限量产品、获得打折券等。对品牌商来说，运营该类店铺对活动推广、保持用户忠诚度很有效果。如 Heinz Store、Nine West Store 等。

浏览式店铺的好处是便于设置（无须后台程序的整合）并拓宽了流量渠道，但是该类店铺更像是在 Facebook 上做广告而非销售网站。网络商铺（Full Store）属于完整的购物网站，但事实证明该类尝试大多都失败了。还是拿 Delta 航空为例，它在 Facebook 上开设了一个售票窗口却没有引入社交性成分。试问，人们在购买机票时需要互相交流吗？一个人购买机票的行为会受朋友言论影响吗？又或者购买机票只是独立行为，用户更关心价格优势？如此说来比价网站就比社交网站更有优势了。这里并不能确定人们购买机票的行为机制，但可以确定 Facebook 并没有找到一个将机票销售社会化的方法，于是 Facebook 社交网络的优势便无处施展。

事实上，大多数商家进入 Facebook 的方法都是将网站销售目录直接导入 Facebook，用户在其 Facebook 店铺购物和在其网站购物体验是一样的（部分商户并不会将全部商品放到 Facebook 店铺，只是精选其中一部分）。用户在 Facebook 上没有获得全新的购物体验，也就没有理由去 Facebook 购物了。另一份由 Webtrend 发布的关于 Facebook 和其他商业网站关系的报告同样佐证了这个观点。该报告显示，商户登录 Facebook 之后，自身没有电子商务功能的网站普遍向 Facebook 流失大量浏览量，而自身拥有电子商务功能的网站并没有向 Facebook 流失过多流量，相反，大多数该类网站的流量得到了稳步增长。这说明 Facebook 作为交流平台的确有其吸引力，但顾客还是更倾向于上专门的购物网站购物（当然，如今大多数购物网站都有顾客间交流的功能）。

3. Facebook 店铺的劣势

（1）Facebook 无法提供完善的购物服务。很多人对网络交易仍然持小心谨慎的态度，顾客与商家交易时需要平台为其作担保。相比较而言，eBay 和 Amazon 的交易规则与顾客服务系统做得更加完善，而 Facebook 就像个天然的集市而非管理者，这对于顾客和商家来说都是不够的。再反观 Facebook 自身，它是否又愿意花费资源去建立一个完善的购物平台呢？显然这不是 Facebook 的强项。

（2）“聚光灯经历”。当顾客在 Facebook 购买商品后，购买经历会被分享，有可能暴露隐私。对于一部分用户购买的一部分商品来说这也许是个不错的主意，但显然多数人不愿意将自己的购物隐私暴露无遗。如何将购物与社交融合？融合至哪个层面才使得顾客既体验了社交的乐趣又保留了自身的隐私？如社交网站 Billpy 曾将用户信用卡与网站相连，每当用户使用信用卡消费时，所购商品都会分享给好友。但是这个听上去很酷的网站从来没有太多活跃用户。

（3）大数据引发的恐慌。很多消费者并不希望商家掌握自己过多的信息。Amazon、eBay这类购物网站知道顾客地址、邮箱、信用卡号，但它们不知道顾客是谁，他们有什么喜好（尽管可以通过浏览和购物历史推断个人喜好，但大多数顾客不会在 Amazon 或 eBay 上直接表达个人观点）、交际圈怎样、有什么政治观点等。所以从某种程度上来说，购物网站掌握顾客身份信息，而社交网站了解用户人格特点。那么用户真的想将两者合二为一吗？尽管随之带来的个性化推荐和更加准确的广告推送看似对于顾客和商家都是一件双赢的好事，但是对于很多用户来说，允许商家拥有如此大量的私人信息是难以接受的。

3.1.6 Twitter 公司

Twitter 是典型的微博社交网络。

1. Twitter 或联手 Square 电商提供推文购物

2013 年 6 月 28 日，据国外媒体报道，Twitter 的联合创始人杰克·多西（Jack Dorsey）创办的支付公司 Square，日前推出在线市场产品，进军电子商务。美国《连线》网站发表分析文章认为，Square 的模式将会启迪诸多社交和分享网站涉足电子商务，产生的协同效应，Twitter，未来有可能推出依托 Square 电商的推文（Tweet）内购物服务。

自从 2010 年发布以来，Square 一直从事基于手机和平板的读卡器的移动支付。线下零售仍然占到零售市场的绝大多数份额，这对于移动支付厂商来说，是巨大的市场空间。

Square 市场（Square Market）的推出，表明今天的零售商已经不可能再纯粹从事实体零售，Square 的工具提供了一个消除实体零售和在线零售边界的机会。现在，那些使用 Square 收款服务的商户，可以在 iPad 客户端中轻轻一划，就建立起一个网上商店。

Square 市场的设计，尊重了 Square 一贯的别具一格的思路。在线商店的用户界面，最大程度精简，只剩下了商品图片、价格信息和购买按钮。Square 想借此表明，在线零售，“店铺”并不是最重要的，商品才是关键。在这样的思路之下，Twitter 在线零售，将迎来自己的机会。

业界已经注意到，Twitter 之前已经推出了“产品卡”功能，它可以将商品网页的链接，转变成一个整合在推文中的产品目录卡。实际上，Square 市场中的商品信息界面，和 Twitter 的产品卡并没有显著区别，这并不是巧合。当一个店铺老板在推文中纳入一个 Square 市场的商品链接时，产品卡中就会出现一个购买按钮，将用户转引到 Square 市场。在这种情境下，Twitter 实际上已经变成了最先面对消费者的“店铺”。

和在线零售的整合，不仅仅局限于 Twitter，Pinterest 和 Facebook 上的分享可以完成同样的功能。虽然 Square 市场还不是一个热门访问目的地，但是 Square 希望他们能够成为兼容多个社交网络的“社交零售”后台服务商。

未来 Square 是否会对 Square 市场进行推广还有待观察。需要指出的是，Square 宣称每年处理的支付金额达到了几十亿美元，但是在美国零售市场，除了星巴克咖啡连锁之外，Square（收款付款）还没有达到随处可见的地步。

作为微博服务商，Twitter 提供了一个庞大的网络营销基础设施，不仅可以提高 Square 市场的知名度，甚至可以直接带来购买流量。现在看来，“协同效应”是一个非常适合多西的词汇，Twitter 和 Square 市场的整合，看上去前景美妙。

2. Twitter 与美国运通合作试水电子商务

根据 2013 年 2 月 12 日国外媒体的报道，Twitter 与美国运通公司在 1 月 28 日宣布成为战略合作伙伴，并公布如下合作：美国运通信用卡持有者可以将其卡号与 Twitter 账号绑定，直接在 Twitter 上发帖，就可以触发特定产品的购买行为，其中包括打折的美国运通礼品卡、来自亚马逊网站的 Kindle Fire 平板和设计师唐娜 • 卡兰（Donna Karan）设计的珠宝等。

这种与其他拥有大量客户公司合作的方式能够为 Twitter 拓展盈利渠道。一直以来，Twitter 依赖广告作为其主要的营业收入手段。与美国运通的合作，为 Twitter 打开了连接该平台上的营销活动和现金盈利的通道。

3.2 国内电子商务企业发展情况

3.2.1 阿里巴巴

阿里巴巴（1688.com）是全球企业间（B2B）电子商务的著名品牌，为数千万网商提供海量商机信息和便捷安全的在线交易市场，也是商人们以商会友、真实互动的社区平台。

阿里巴巴是由马云在 1999 年一手创立的企业对企业的网上贸易市场平台。2014 年 9 月 19 日晚，阿里巴巴正式在纽约交易所挂牌交易，股票代码 BABA，价格确定为每股 68 美元，其股票当天开盘价为 92.7 美元，较发行价大涨 36.32%。由于阿里巴巴集团的承销商行使了超额配售选择权，从而将筹资规模扩大了 15%，使阿里在交易中总共筹集到了 250 亿美元资金，创下了当时有史以来规模最大的一桩 IPO 交易。

1. 阿里巴巴国际交易市场

阿里巴巴国际交易市场，全球领先的小企业电子商务平台。

阿里巴巴国际交易市场（www.alibaba.com）创立于 1999 年，是阿里巴巴集团旗下业务，现为全球领先的小企业电子商务平台。阿里巴巴国际交易市场，旨在打造以英语为基础、任何两国之间的跨界贸易平台，帮助全球中小企业拓展海外市场。

截至2012年12月31日，阿里巴巴国际交易市场拥有3670万名注册用户及280万个企业商铺，服务覆盖超过240个国家和地区。

2. 阿里巴巴中国交易市场

阿里巴巴中国交易市场——中国领先的小企业国内贸易电子商务平台。

阿里巴巴中国交易市场（www.alibaba.cn）创立于1999年，是阿里巴巴集团旗下业务，现为中国领先的小企业电子商务平台，促进国内贸易。阿里巴巴中国交易市场旨在于原有的企业间信息发布、订单采购和大额批发市场的基础上，为从事内贸的中小企业提供更完善的电子商务服务。截至2012年12月31日，阿里巴巴中国交易市场拥有小企业业务注册用户数为7770万名，企业商铺数量为850万个。

3. 淘宝网

淘宝网（www.taobao.com）成立于2003年，是中国最受欢迎的C2C购物网站，其使命是建立全面完善的电子商务生态系统，为合作伙伴和消费者提供最佳的用户体验。

截至2012年6月，淘宝网拥有8亿多条产品信息和超过5亿名注册用户，是全球浏览量最高的20个网站之一。2014年，淘宝网和天猫平台的交易额合计突破人民币15000亿元。

4. 天猫

天猫（www.tmall.com）由淘宝网 2008年4月创立，于2011年6月独立于淘宝网的C2C交易市场，自行运营，现在是中国领先的平台式B2C购物网站，提供丰富的品牌选择。

天猫作为一个开放的B2C平台，自推出以来已发展成为日益成熟的中国消费者选购优质品牌产品的目的地，也是中国浏览量最高的B2C零售网站。

目前，天猫展示来自50000多个商家超过70000个国际和本地品牌，并设有多个专注不同行业的垂直商城，包括“电器城”、“书城”、“家装馆”、“名鞋馆”及“美容馆”等，针对个别行业的特性而提供相关的客户服务。优衣库、欧莱雅、宝洁、联合利华、Gap、Ray-Ban、Nike等多个知名品牌已在天猫上开设官方旗舰店。

5. 聚划算

聚划算（www.juhuasuan.com）是中国全面的品质团购网站，由淘宝网于2010年3月推出，并于2011年10月成为独立业务，其使命是结合消费者力量并提供最全面的优质商品及本地化生活服务选择。2012年，聚划算的全年交易额达到人民币207.5亿元，是2011年的两倍多。全年共有2000多万名消费者在聚划算上购买过生活服务及商品。

6. 一淘

一淘（www.etao.com）是中国全面覆盖商品、商家及购物优惠信息的网上购物搜索引擎。

一淘由淘宝网于 2010 年 10 月推出，于 2011 年 6 月成为独立业务，旨在为网上消费者打造最便捷、最实惠的“一站式购物搜索引擎”，提供购买决策，并帮助他们更快找到物美价廉的商品。

目前，一淘已经收录超过 10 亿条商品信息，各种 B2C、团购网站数量超过 5000 家，相关购物信息超过 2 亿条。一淘的搜索结果覆盖中国主流购物网站的商品和信息，包括亚马逊中国、当当网、国美、1 号店、Nike 中国及凡客诚品等独立 B2C 和品牌商家。

7. 阿里云计算

阿里云计算于 2009 年 9 月创立，现为云计算与数据管理平台开发商，其目标是打造互联网数据分享第一服务平台，提供更便捷的获取云计算服务。阿里云计算致力于提供完整的互联网计算服务，包括电子商务数据采集、海量电子商务数据快速处理和定制化的电子商务数据服务，以助阿里巴巴集团及整个电子商务生态链成长。

8. 支付宝

支付宝（www.alipay.com）成立于 2004 年，是中国最多人选用的第三方网上支付平台。支付宝致力为上亿计的个人及企业用户提供安全可靠、方便快捷的网上支付和收款服务。

截至 2012 年 12 月，支付宝注册账户数突破 8 亿。在 2012 年 11 月 11 日，支付宝完成了 1.058 亿笔交易，创下了单日交易量的新高。

支付宝是中国互联网商家首选的网上支付方案，它提供的第三方信用担保服务，让买家可在确认所购商品满意后才将款项支付给商家，降低了消费者网上购物的交易风险。

支付宝与超过 170 个金融机构包括全国性银行、各大地区性银行，以及 Visa 和 MasterCard 合作，为国内外商家提供支付方案。除淘宝网和天猫外，支持使用支付宝交易服务的商家已经超过 46 万家，涵盖了网上零售、虚拟游戏、数码通信、商业服务、机票、公用事业等行业。支付宝同时提供有助全球卖家直销到中国消费者的支付方案，支持 14 种主要外币的支付服务。

3.2.2 京东

京东是中国最大的自营式电商企业。公司由刘强东于 1998 年 6 月 18 日在中关村创业成立；且先后组建了上海及广州全资子公司，将华北、华东和华南三点连成一线，使全国大部分地区都覆盖在京东商城的物流配送网络之下。同时，京东不断加强和充实公司的技术实力，改进并完善售后服务、物流配送及市场推广等各方面的软、硬件设施和服务条件。

1. 京东商城

2013 年 5 月 6 日，京东商城在完成内测后，正式与消费者见面，用户可在京东上购买食品饮料、调味品等日用品。此次京东将超市搬到线上，也是京东在“一站式购物平台”战略布局上的又一次发力。让消费者足不出户，就能轻松实现“打酱油”“买啤酒”等日常生活购物需求。

京东商城首次上线的商品逾5000种，涉及休闲特产、纯净水、粮油、调味品、啤酒饮料等多个产品品类；这些品类都与消费者日常生活息息相关。与以往打包出售所不同，如今在京东商城中一罐可乐、一瓶酱油，消费者都可零买，京东送货到家。加上支持货到付款等服务，真正能帮助用户实现购物的“多、快、好、省”。

2. 京东支付

京东支付是一款由网银在线开发，主要针对移动互联网市场推出的安全便捷的支付产品。商户仅需将“京东支付”嵌入到自己的应用中，无须跳出应用，即可让用户通过“京东支付”支付窗口页面完成全部支付流程。

3. 京东云

依托京东商城电商优势而开发的京东电商云平台，正在基于其产业链优势构建一个庞大的电商云生态系统，将应用推进云计算落地。

2013年京东集团已经形成了以“京东宙斯”“京东云鼎”“京东云擎”“京东云汇”四大解决方案为核心的技术体系，完整的电商云服务链条已经形成，目前正在调动各种资源培育京东电商应用生态。

四大解决方案分别向合作机构和个人开发者，提供了京东系统开放接口、服务交易市场、电商应用云托管平台、应用开发云平台、社区生态环境等电商云服务，初步形成了一个完整闭环的电商云服务链条。

4. JIMI 机器人

JIMI（JD Instant Messaging Intelligence）是京东自主研发的人工智能系统，它通过自然语言处理、深度神经网络、机器学习、用户画像、自然语言处理等技术，能够完成全天候、无限量的用户服务，涵盖售前咨询、售后服务等电子商务的各个环节，堪称京东用户的购物伴侣。

3.2.3 义乌购

义乌购隶属浙江中国小商品城集团股份有限公司旗下，是义乌小商品批发市场官方网站。网站定位为依托实体市场，服务实体市场，以诚信为根本，将网上商铺与实体商铺一一对应绑定，为采购商和经营户提供可控、可信、可溯源的交易保障。

义乌购的主要功能板块：

商铺商品——优质诚信的商铺信息，丰富全面的商品资源，该板块与中国小商品城7万实体商铺一一对应，为实体市场建立了一个完整翔实的网上数据库。

义乌看——多维度看市场，义乌看是义乌购倾力打造的一个明星板块，包括市场二维地图浏览，市场 3D 实景体验，市场实时视频观赏三大功能，用户可以根据自己的喜好多角度多层次选择，身临其境畅游网上小商品市场。

巨便宜——义乌购在线零售商城，帮你抢购最物美价廉的义乌小商品，同时也接受各类厂家商家的进驻，在此平台上拓宽网上销路，打造企业品牌。

义乌购论坛——交流商业经验、提升商业技能、预警外贸诈骗、反映商人心声，是供需双方友好互动窗口；经营户的网上家园，采购商的线上俱乐部。

商业资讯——旨在为用户提供即时的市场动态，专业的行业资讯，热门的产品专题，新鲜的看图购物等内容，是小商品行业信息的风向标。

3.2.4　唯品会

2008 年 12 月唯品会名牌限时折扣网正式运营。创立之初，即推崇精致优雅的生活理念，倡导时尚唯美的生活格调，主张有品位的生活态度，致力于提升中国乃至全球消费者的时尚品味。区别于其他网购品牌，唯品会定位于“一家专门做特卖的网站”，每天上新品，以低至 1 折的深度折扣及充满乐趣的限时抢购模式，为消费者提供一站式优质购物体验。

唯品会是线上销售模式，通过唯品会网络平台直接提供厂家的商品销售，省去了中间多级的销售渠道，价格自然低很多。而且唯品会与许多品牌厂家，经过长期的合作建立了信任的关系，价格可以更为优惠，甚至就是最基本的成本价。同时彼此间又有许多的合作模式，如跨季度的商品采购、计划外库存采购、大批量采购等，货源价格最大优惠化。另外由于“限时限量”的模式，不用担心商品的积压，并且可以根据订单制定货量，降低了经营成本，有更大的让利空间。

从公司创建至上市，唯品会仅仅用了 3 年的时间，就在 2012 年 3 月 23 日成功登陆纽约交易所，发行价为 6.5 美元，发行 1118 万 ADS（每 ADS=2 股普通股），融资 7264 万美元。截至 2013 年 7 月 26 日，唯品会股价已攀升至 41.27 美元，市值高达 22.76 亿美元。2013 年 3 月 14 日，唯品会宣布，公司和特定限售股东进行的后续公开发行（增发）股票将发行 800 万股美国存托股（ADS），发行价格为 24 美元/ADS。

3.2.5　聚美优品

聚美优品是一家化妆品限时特卖商城，其前身为团美网，由陈欧、戴雨森等创立于 2010 年 3 月。聚美优品首创“化妆品团购”模式：每天在网站推荐十几款热门化妆品。与常规的团购有所不同，聚美优品的信息发布客户是自己，即自建渠道、仓储和物流，销售化妆品。严格意义上说，它是采取团购形式的垂直类女性化妆品 B2C。

2014 年 5 月 16 日晚间，聚美优品在纽约交易所正式挂牌上市，股票代码为“JMEI”；成为中国首个赴美上市的垂直化妆品电商。以每股 22 美元发行，为 3 年以来首宗同时实现在价格区间之上定价、并扩大了发行规模的中国公司赴美上市 IPO。作为最早布局跨境业务的国内电商之一，聚美自 2014 年 9 月在郑州保税区建仓并上线极速免税店。

聚美优品上市后即进行重要业务转型，砍掉第三方平台上的奢侈品业务，并将第三方平台美妆业务全部转为入库自营。此举虽然以牺牲短期业绩为代价，但能够有效加强对供应链质量的管控，着眼于未来健康发展。同时，聚美优品于 2014 年 6 月，低调上线海淘网站海外购，9 月，聚美全面发力海外购，并在首页开通独立频道。2015 年 4 月 15 日，聚美优品宣布开通独立母婴频道，正式进军跨境母婴。

第4章

电子商务发展模式

B2C 电子商务模式

B2B 电子商务模式

C2C 电子商务模式

其他电子商务模式

商务模式（Business Model）又称为商业模式，是随着网络经济和电子商务发展在经济管理领域出现的一个新的术语。

企业在实施电子商务时，商务模式的选择是关键问题。目前，对电子商务模式认识最广泛也最容易接受的是按商业主体进行的分类，即企业—消费者（B2C）、企业—企业（B2B）、消费者—消费者（C2C）、企业—政府（B2G）。随着电子商务的不断发展，线上—线下（O2O）、市场—市场（M2M）等新的电子商务模式不断出现，下面将分别进行详细介绍。

4.1 B2C 电子商务模式

B2C 电子商务即商业机构对消费者的电子商务，具体是指通过信息网络以电子数据信息流通的方式实现企业或商业机构与消费者之间的各种商务活动、交易活动、金融活动和综合服务活动，是消费者利用互联网直接参与经济活动的一种形式。目前参与 B2C 电子商务的企业主要有经营离线商店的零售商、纯粹的虚拟零售企业，以及商品制造商等几种类型。

4.1.1 经营离线商店的零售商

在传统的营销（零售）方式下，与顾客的交流和销售一般是通过单一渠道——实体商店进行的。在今天电子化市场的条件下，传统销售商不但可以开展邮购业务或建立电话销售部，还可以让企业的销售通过商店、交互式网站、按键式电话、语音电话接线员或移动设备进行。

经营离线商店的零售商采用网上开店与网下开店相结合的方式经营，是拥有成熟交易网站的混合型零售商。网上零售只是作为企业开拓市场的一条渠道，如美国的沃尔玛、中国的新华书店等。因为有网下店铺支持，它们在商品价位、销售技巧方面都更高一筹，也容易取得消费者的信任。同时经营实体商店和在线电子零售网站的企业被称为多渠道商店。

与纯粹的虚拟零售企业相比，尽管纯粹的虚拟零售企业可能具有一些实际优势，如更低的经营成本，但是大多数专家认为，许多细分市场中，最终胜利者将是成功地实施网下加网上商业战略的在线零售商。

调查显示，当前零售业在网络上开店的比例最高。以北京为例，几乎所有大商场都拥有网络门店。如苏宁电器的网上购物网站苏宁易购，不少商品都实现了在线订购；王府井百货也专门成立了北京网尚电子商务有限责任公司作为集团的重要战略性规划项目，期望通过电子商务的建设，顺应市场和消费的潮流，积极拓展新一代消费者的需求潜能，力争通过电子商务项目形成王府井百货集团公司新的业务增长点；此外，以百联集团为代表的传统零售商也都开辟了各自的网上商城。

“鼠标+水泥”模式既能够发挥传统门店集中展示、集中销售的特点，也能够为习惯网络购物的用户提供便利。

案例 4-1

“苏宁电器”更名为“苏宁云商”押宝电子商务

“苏宁”与“电器”20 年的组合画上了句号。紧随正式更名“苏宁云商”的公告之后，以苏宁云商集团股份有限公司详解了“云商”模式，同时宣布业务模式转型及组织架构调整。

云商的核心是以云技术为基础，整合开放苏宁前台后台，融合开放苏宁线上线下，服务全产业，服务全客群。苏宁云商不同于店面的店商，也不同于网上的电商。苏宁云商既要做线上，也要做线下；既要做店商，也要做电商，还要做零售服务商。

在大家看来，苏宁云商新模式，不仅是苏宁跨越发展的新方向，也将成为中国零售行业转型发展的新趋势。

“去电器化”初步完成

苏宁在公告中称，公司经过多年经营积累，已经构建了面向内部员工的管理云、面向供应商的供应云及面向消费者的消费云，并逐步推进“云服务”模式的全面市场化运作。

苏宁认为未来中国的零售模式将是“店商+电商+零售服务商”，称为“云商”模式。苏宁在公告中表示，将逐步探索线上线下多渠道融合、全品类经营、开放平台服务的业务形态。这也标志着，苏宁的“去电器化”进程进一步加速，并取得初步成果。

苏宁“去电器化”战略始于 2012 年年初，此后苏宁门店逐渐抹掉“电器”标识，开始全品类经营，并将其中的一部分改造为“苏宁 Expo 超级店”。在苏宁 Expo 超级店中，非电器类产品数量占到近半数；苏宁计划一年内开设 16 家，三年内改造升级 400 家，苏宁 Expo 超级店未来将成为苏宁主力型门店。

而调整之后，线下连锁平台正式囊括苏宁旗舰店、超级店、苏宁生活广场、苏宁广场四大板块，“电器”二字不再体现。苏宁“店商+电商+零售服务商”的未来模式被形容为“沃尔玛+亚马逊”的形态。这也是苏宁意欲整合线上线下全线资源的庞大计划。

调整组织架构：组建 28 个事业部苏宁易购地位上升

苏宁组织架构调整的结果：新增连锁平台经营总部、电子商务经营总部、商品经营总部三大总部，形成三大经营事业群、28 个事业部、60 个大区的新架构。

在总部管理层面，苏宁设立了连锁开发、市场营销、服务物流、财务信息、行政人事五大管理总部，负责战略规划、标准制定、计划管理，协调各经营事业群工作。在总部经营层面，新增了连锁平台经营总部、电子商务经营总部、商品经营总部三大总部，涵盖了实体产品、内容产品、服务产品三大类 28 个事业部，强化组织细分，赋予各业务单元更多的经营自主权和灵活性。

在大区层面，扁平化垂直管理、本地化自主经营是苏宁新组织的最大特点。2013 年，苏宁把大区—子公司—运营部三级缩减为大区—城市终端两级管理。其中，苏宁海内外大区数量从 44 个增至 60 个，城市终端由 100 多个增至 200 多个。

在电子商务经营总部中，划分为八大事业部，分别为：网购事业部、移动购物事业部、本地生活事业部、商旅事业部、金融产品事业部、数字应用事业部、云产品事业部、物流事业部。其中物流事业部纳入公司服务物流管理总部，进行统一管理。

此次调整中，苏宁易购成为焦点，线上电商业务是苏宁转折的契机，也合乎市场的绝对趋势。未来的零售企业，不独在线下，也不只在线上，一定是线上线下的完美融合，没有线上就没有线下，有了线下才能有更好的线上。

此次调整后，线上电子商务与线下连锁平台和商品经营一起并列成为三大经营总部，电商业务正式回归集团，这也证明了苏宁正式向电商倾斜重心。

苏宁云商持有苏宁易购 60%的股权，剩余 40%为高管持有，用于股权激励。此轮业务调整，电商业务正式回归集团，苏宁易购的采销权将被收归集团。而作为承载苏宁线上业务的主体，苏宁易购将被放到更加重要的地位。

变革为新十年的发展奠定基础

“云商模式”从经营形态上看是“店商+电商+零售服务商”的业态分类，以更好地实现线上线下互补融合发展；从盈利模式上看是零售（店商+电商，强调的是通过商品进销差价赚钱）+服务（零售服务商，强调的是开放平台，通过整合利用苏宁的各种资源，为入驻商家、供应商、消费者提供支付、金融、数据、营销、托管、仓储物流、云计算等增值服务来赚钱）。

苏宁的此次组织架构变革，将会基于“专业+协同”两种思路，对各业务模块按事业部制进行重新划分。从事业部群的角度，大致可分为三类：平台型事业部群，面向客户端，注重平台建设、客户体验、精准营销，包括电子商务平台、连锁店面平台；产品型事业部群，重在拓展品类的广度与深度，包括实体产品与虚拟产品；独立专业性事业部群，可以为苏宁内部及外部提供各种专业服务，如物流、售后服务、IT 技术、呼叫中心等。

苏宁的本次变革，并非其一时心血来潮，而是基于其对过往实践经验的深思熟虑，其将为苏宁在新十年的发展奠定坚实基础。中长期看，苏宁若能依靠其变革后的新组织架构，继续完善提高其转型所需的平台、商品运营、供应链整合、物流配送、客户体验等能力，则其“线上+线下”协同扩张模式是能够成功的。

4.1.2　纯粹的虚拟零售企业

这类企业是电子商务的产物，网上零售是其唯一的销售方式，零售利润是其收入的主要来源。它们依靠网上零售生存，而不用维持一个实体销售渠道，如亚马逊、当当网、京东商城等。完全电子商务零售商可以分为综合型和专门型两类。

综合电子商务零售商向大量消费者出售种类繁多的商品。它们利用订单履行或个性化方面的专门技术接触大量消费者，从而使收入最大化。当当网从书籍零售起家，经过几年的转型，现在已从当年的网上书店转变成了一个综合的网上商城，出售的商品种类覆盖母婴、服装、护肤品、数码电器等百货。

专门或细分市场电子商务零售商仅向某个特定的市场销售产品。它们利用自己在某个特定产品领域的专长大量采购某产品，并用最有效的手段吸引潜在顾客。这种存在专门电子商务零售商的细分市场领域包括书籍、CD、鲜花、消费电子产品、计算机硬件和软件、汽车及服装等。

所有完全电子商务零售商模式的一个重要特点是卖方可以为每位消费者创造个性化元素。电子商务零售商可以使用 cookie 文件和其他技术来跟踪每位消费者的特定浏览和购买行为，并建立根据该消费者的爱好量身定制的营销计划，提供符合该消费者价值观的激励手段，或提供能吸引该消费者重回网站的特定服务。

4.1.3　商品制造商

这类企业可以将网上开店与网下开店相结合开展网上零售业务，也可以纯粹借助虚拟网店直销零售，如海尔集团、戴尔电脑公司。由于企业本身就是产品制造者，采取网上直销既给顾客带来价格优势，又减少了商品库存的压力。

这种商品制造商直接面对消费者的模式又称为直销，它是指直销商绕过传统零售商，直接从消费者那里获得订单。另外直销商可以从制造商那里直接购买产品，从而绕过传统批发商。网络为直销商和顾客提供了另一种交互方式。

1. 商品制造商网络直销的优势

网络直销使消费者与生产者，通过网络直接接触、沟通、买卖，传统中间商被取代。网络直销的特点决定了其与传统营销方式相比，具有众多创新优势。

（1）网络直销可以降低销售成本。产品直接面对消费者，降低了分销渠道的建设成本；由于企业是“按单生产”，可降低库存；同时网络技术能以无限低的成本为消费者提供大量的长时间在线信息，降低了沟通成本。

（2）网络直销可以促进销售，增加销售额。网络直销可提供全天候的广告及服务而不增加开支，同时可以即时链接国际市场，减少市场壁垒，打破时空的限制等。

（3）由于企业是根据订单来进行生产的，所以能使资产更好地流动，并能大大降低库存。对于用户来说，该模式合并了大部分中间环节，并提供更为详细的产品信息，买主能更快、更容易地比较产品的特性及价格，从而在产品选择上居于更加主动的地位，需求和购买行为都将更加趋向理智，购买的前期决策过程得到简化。企业通过网络直销，取消了分销渠道中各级代理商的渠道成本，使总成本及产品价格降低，顾客因此而节约开支。

（4）网络直销具有互动性和信息的可反馈性。对于一个企业来说，网络直销最大的优势并非因为剔除中间环节而节省了部分销售费用，而是可以让企业第一时间了解到市场需求变化，从而能针对市场情况开发新产品或者制定相应的营销策略，来满足消费者的需求。顾客通过互联网直接向企业提出建议和购买需求，企业能够得到关于产品、服务和竞争情况的即时反馈，并通过数据库技术和网络控制技术，很方便地处理每一个顾客的订单和需求；然后根据目标顾客的需求进行生产和营销决策，并从顾客的建议、需求和要求中找出企业的不足，在最大限度满足顾客需求的同时，提高营销决策效率，减少营销费用，降低成本，为企业带来更高的利润。

2. 商品制造商网络直销模式存在的问题

商品制造商的直销方式越来越受欢迎，并被全球数千家生产商所采用，如三星、GE 等。它主要被作为附加营销渠道。但是，该模式也存在以下问题。

（1）网络直销模式要求企业必须具有完善的基础设施，包括订货系统、结算系统、配送系统，采用该模式的企业必须有雄厚的资金作保证。

（2）网络直销必然要求实现电子支付手段，那些对网上支付的安全性不信任的网民很难进行网上购买。

（3）对于有形产品的配送，必须要有专业的快速配送企业进行合作，但目前有些国家和地区在这方面欠缺。

（4）在客户数量比较少的情况下，如果企业过分追求个性化服务，就会使生产成本大大提高，所以必须有大量客户作保证，以形成规模经济，企业才能获得高额利润。

（5）采用该模式的企业要控制住客户和供应商这一关键环节，否则将会出现产品危机。网络直销作为一种有效的直复营销策略，可以大大改进营销决策的效率和营销执行的效果。对于企业来说，网上直销不仅是面向上网者个体的销售方式，更包含了企业间的网上直接交易，它是一种高效率、低成本的市场交易方式。

案例 4-2

海尔商城专注“全流程用户体验”

家电行业素来有渠道为王的说法，但随着网络购物环境的日趋成熟，传统经济模式也受到了冲击，家电企业开始谋求转型，纷纷将目光转移到电商这块肥肉上。以天猫电器城为例，2012 年 1～11 月，大件家电销售额同比增长 168%，小家电产品同比增长 155%。但是现如今消费者对网络购物的体验要求越来越高，送货上门、售后维修这些早已在家电消费领域被认定为最基本的服务内容，在网购方面却成为难题，送不到、送货慢、送货不入户、送装不同步等一系列问题成为亟待解决的难题。如何实现线上线下的良性互动，才是真正摆在面前的新课题。

事实上，现如今已有一些在电商领域走得比较远的企业值得行业思考。海尔集团是国内探索电商之路最早的企业之一，21 世纪初就开始布局电商之路，目前已经建立了自有电商平台海尔商城；在天猫建立了官方旗舰店，并通过与京东、苏宁易购合作，2012 年销售规模突破 20 亿元。此外，海尔推出互联网时代定制品牌，玩转家电个性化定制。2012 年“双十一”，海尔线上销售单天突破 1 个亿，成为家电行业的销售冠军。2013 年年初海尔商城又与天猫携手试水 C2B，预售金额上千万。天猫年销售额从 2010 年的 50 亿元到 2012 年的 502 亿元；品牌商快速成长，其中海尔排名第一。

数据的背后体现的是海尔电商的厚积薄发。依托海尔集团日日顺遍布全国各级市场的几万家专卖店、2800 多个县级物流配送站，实现“销售到村”；3000 多条客户配送专线、91 个 TC 库房，承诺“限时达、按约送达”；超过 6000 个星级服务中心，保证送装同步。营销网、物流网、服务网、信息网的四网融合成为海尔发力电商的发动机。其开创的“按约送达、送装同步”一站式服务省去了用户重复预约的一系列烦琐程序，解决了广大网购买家最担心的送货和安装问题，颇受网购买家好评，成为提升家电网购体验的标准。“我们不是价格的屠夫，我们有服务和品质。再偏远的山区，再偏远的村庄，海尔商城承诺您：都会有我们的身影，与大城市一样的贴心服务，送货安装一步到位，您只需轻点鼠标，即可享受优质生活，只有我们做得到。”这是海尔商城微博上的一段话。翻看海尔天猫旗舰店的用户评价，“感动”“速度快”“服务好”成为最多的词汇。

凭借着全国 400 个城市 24 小时限时送达，全国 2550 个区县城乡一体无缝覆盖、按约送达的服务宗旨，以及服务体系上的不断创新完善和对用户需求的不断满足，海尔商城一步步赢得了更多用户的心。有媒体预计，未来 10 年内，家电产品网络购物会进入高速发展阶段，海尔集团创造的“全流程用户体验”无疑在互联网时代又抢占了先机。

4.1.4 其他 B2C 电子商务模式

在 B2C 电子商务中还有其他的商务模式，这些模式也得到了比较广泛的应用。

1. 交易代理商模式

交易代理商是销售商与客户之间的电子中介。在旅游、职业市场、股票交易额保险等服务业中非常普遍。例如，在旅游市场中，交易代理商几乎提供所有传统旅游代理所提供的服务，从一般的信息到订票和购票，从安排食宿到娱乐项目；除此以外，还提供一些传统代理商不能提供的服务，包括有经验的游客介绍的旅游技巧，提供电子旅游杂志、费用比较、城市向导、货币兑换计算、专家意见、旅游新闻等。

2. 信息门户网站模式

信息门户网站是通向电子商店和电子商场的入口。通常这样的网站会提供许多进入不同销售商网站的链接，同时提供范围广阔的商品及购买者对商品的评价。这些门户网站一般都有清楚的购物导航，有些门户网站还提供帮助客户选择最优价格商品的工具、购物机器人、小型购物系统等功能。

3. 社区门户网站模式

社区门户是由一群具有相似兴趣爱好的人通过互联网进行沟通，它提供多种方法方便成员之间交互、协作和交易。社区门户主要依靠聊天室、公告板、即时通信工具、博客和投票功能进行通信，使用目录和黄页、搜索引擎等进行消息交流，同时，能够刊登各种广告，提供电子目录和购物车，进行在线交易。

另外，还有信息服务模式、虚拟市场模式、拍卖中介模式、搜索代理模式、市场交易模式等。

4.2 B2B 电子商务模式

B2B 电子商务是指企业和企业之间通过互联网、外联网、内联网或私有网络等现代通信技术，以电子化方式进行的交易。这种交易可能是在企业及其供应链成员间进行的，也可能是在企业和任何其他企业间进行的。这里的企业包括营利性质的企业实体和非营利的组织机构，如政府部门。B2B 能够使企业之间实现交易电子化，以此改善交易的过程，降低交易成本，提高运行效率。

B2B 按照市场战略的不同，可以分为卖方市场型、买方市场型及公共电子市场型。下面分别介绍在不同控制主体中 B2B 的主要内容。

4.2.1　卖方市场型 B2B 电子商务

卖方市场是指企业通过基于 Web 的私有销售渠道向企业客户提供商品或服务。卖方可以是制造商或分销商，向批发商、零售商和大企业直接销售，即一个卖家对多个潜在的买家。

1. 卖方市场的功能

卖方市场的功能与 B2C 电子商务的功能较为相似，但流程会更复杂，通常企业会将 B2C 订单和 B2B 订单分开来处理。卖方市场的功能包括网上订购、订单履行、库存管理、网上支付、物流、查询订单状态和客户服务等功能。

（1）网上订购

客户利用电子表单使订购过程更加快捷、更加精确，而且减少了处理成本，企业通过互联网、EDI 或外联网完成订单接收过程，这一过程能够完全实现自动化。

（2）订单履行

前台的订单接收与企业的后台系统相链接，企业收到客户订单后，及时分析所需产品的性能要求、成本和利润。如果能够从该订单中获利，便可与客户签订订货合同，并确信客户的支付；之后查询现有库存，若库存有货，便准备安排发货，数字产品可以直接从网上交付，否则及时安排采购和内部生产等活动。在 B2B 模式下，当库存水平下降到某一点时，系统可以自动生成订单并将其传输给供应商，由此产生速度快、成本低和更加准确的订单接收过程。有些发送的货物需要被保险，还需要财务部门和保险公司的参与。

（3）库存管理

最小化库存既可以通过推式订单的生产过程来实现，也可通过向供应商提供及时准确的信息来实现。如果业务伙伴能通过电子方式追踪并监测订单和生产活动，则能够改善库存管理，并使库存水平和库存管理费用最小化。

（4）网上支付

企业可以借助第三方支付平台提供的服务，也可直接与银行专用网络连接建立企业的支付系统。支付工具可选择电子支票、电子汇兑或信用卡等形式。

（5）物流

物流是物品从供应地向接受地的实体流动过程，包括运输、储存、装卸、包装、流通加工、配送和信息处理等基本功能。物流服务功能的完成方式有三种：企业自营物流、专业子公司物流和第三方物流。

企业自营物流是商品的提供者或购买者自主经营物流服务。企业自营物流要求企业自备物流设施和物流人员，投入和运营成本很高，适合有物流优势的批量生产或大规模定制生产的企业。

专业子公司物流一般是将企业自营物流从企业运作中剥离出来，成为一个独立运作的专业化实体，它与母公司或集团之间的关系是服务与被服务的关系。同时还可以以剩余资源承担其他物流服务。与企业自营物流相比，专业子公司更加注重对物流过程一体化的管理，能使物流效率最大化，并能有效地控制总成本达到最低水平。

第三方物流是指由买卖双方之外的第三方企业承担交易过程中形成的物流业务，即买卖双方将物流业务外包给第三方承担。它有利于买卖双方降低交易成本，而第三方物流可以通过优化资源配置提高物流运作效率，降低物流成本，并可以满足电子商务中小批量、多品种、高速度和准时送货等物流要求。

（6）查询订单状态

客户可通过查询订单状态了解订单的履行情况。例如，思科网站每月接收约 15 万份订单状态查询请求。思科在网站上为客户提供了跟踪和常见问题解答工具，这样客户就能逐级寻找问题答案。另外，思科在国内外的物流服务商会使用 EDI 及时将每次装运的情况用电子化方式输入数据库中。思科可以记录每件产品的装运日期、装运方式及当前的位置，所有的新信息都能立即提供给客户，只要一开始装运，思科就会通过电子邮件向客户发出通知。

（7）客户服务

客户服务可以增加产品和服务的价值，是一项成功交易中不可或缺的部分。例如，思科公司从 1994 年开始将客户服务系统放到互联网上，包括软件下载、故障跟踪和技术建议。到 2004 年，思科的客户和分销商每月要登录思科网站大约 200 万次以获取技术支持或下载软件。其在线客户服务被广泛接收，近 85%的客户服务请求和 95%的软件更新是在线完成的。

思科的技术支持效率每年增加 2.5 倍，技术公司节约了支持人员费用，降低了约 1.25 亿美元。客户从网站下载最新软件版本，为公司节约了约 2.3 亿美元的软件发行成本。其服务时间从原来的 4～10 天缩短为 2～3 天。

2. 卖方市场的应用模式

卖方市场主要有两种应用模式：电子目录和正向拍卖。

（1）电子目录

企业可以通过在线目录进行直销，直销模式的成功案例包括 Dell、Intel、微软等。微软每年在外部网上向长期客户销售价值 60 亿美元的软件产品。通过微软的外部网订购程序，客户可以查看订购信息、签订订货合同、查询订单流转状况，在线订单信息将自动反馈到客户内部的信息系统中。如果企业在市场上有良好的声誉和足够多的忠诚客户，那么直销模式就有可能取得成功。对于小型销售商，采用这种模式要面临的主要问题是寻找购买者。

企业提供电子目录时，要根据自身的产品特性和生产能力，最大限度地满足客户的需求。一般可以分为三个阶段：第一阶段是企业将已经生产出的产品在电子目录上进行展示，允许随时随量进行订购，可以为所有客户提供一个目录，或者为每位客户定制目录（许多销售商都会为主要客户提供独立的页面和目录），这要求企业生产系统的生产能力比较充足即可；第二阶段是企业的电子目录不仅展示已经设计生产的产品，还允许顾客对产品的某些配置和功能进行调整，以满足对产品的个性化需求，这就要求企业的生产系统必须是标准化的和柔性化的；第三阶段就是允许客户提出需求，在企业设计系统引导下，客户自己设计出满足自己需求的产品，这要求企业的内部系统必须高度柔性化和智能化。目前，多数企业还处在第一阶段，也有少数企业实现了第二阶段，并开始进入第三阶段。

自海尔推出“你来设计，我为你制造”B2B 网上定制以来，在不到一个月的时间中，就获得了 100 多万台来自全国各地大商场的定制订单，各订单在款式、功能、颜色上要求各不相同，通过强大的 B2B 商务网络，海尔把自己与商家和消费者之间的距离大大缩短。海尔提出的商家、消费者设计商品的理念是有选择的，经销商和消费者是在海尔提供的包括 9200 多个基本产品类型和 2 万多个基本功能模块的平台上，有针对性地进行自由组合，并产生出独具个性的产品。当然，海尔的这种 B2B 模式若只定位在某一个地方就不会成功，因为成本太高了。海尔着眼于全球市场，这样需求就大大增加，成本就大大降低。一般来讲，每一种个性化的产品如产量能达到 3 万台，一个企业就能保证盈亏平衡，而事实上海尔的每一种个性化产品的产量都能达到 3 万台以上。

（2）正向拍卖

企业间正向拍卖的出现是为了满足特殊的需求。许多制造业企业需要定期处理不用或过期的存货。尽管采购和生产管理部门作了很大的努力，但企业还是会购买比其生产所需多一些的原材料。而客户对某种产品的需求也常常会发生难以预期的变化，这就使得制造商要负担额外的制成品或备用品。对于频繁进行拍卖的大型知名企业，建立自己的拍卖网站来处理存货是很有必要的。

例如，通用公司拥有大量的资产，这些资产随着时间的推移而贬值，而且当它们的效率达不到要求时必须进行更换。通用过去经常将这些过时的资产通过中介人拍卖的方式卖掉。问题是这种拍卖的过程通常长达几个星期，甚至几个月，而且拍卖的价格看起来太低了，还要向中介支付 20%的佣金。为了解决这个问题，早在 2000 年通用就建立了 TradeXchange.com 电子市场来进行正向拍卖。在 TradeXchange.com 竞拍的第一批物品是 8 个 75 吨冲压印刷机，通用邀请了 140 多位预先审批过的竞标者在线浏览了这批物品的图片和服务记录。经过一个星期的准备，在 89 分钟内，这些物品以 180 万美元的价格出售。如果以离线方式进行拍卖的话，类似物品的价格可能还不到在线拍卖价格的一半，而且处理周期长达 4～6 周。

4.2.2 买方市场型 B2B 电子商务

B2B 独有而 B2C 不具备的一项特色是买方市场及其在采购方面的应用。网上采购就是通过互联网络，借助计算机管理企业的采购业务。采购活动包括寻找卖主、评估卖主、选择特定产品、发订单，以及解决收货后出现的问题（延期交货、到货数量不符、到货商品不符及商品质量问题等）。“采购”一词涵盖所有购买活动，以及对购买过程中所有活动的监控，还包括保持和发展与主要供应商的关系。许多企业发现在采购和供应管理中节约的每一分钱都能直接转化成利润。网上采购实施起来相对较容易，不会有渠道冲突，变革遇到的阻力也很小，而且还有大量的软件包和其他基础设施可供选用，费用并不高。

20 世纪 90 年代末以来，随着网络技术的高速发展，网上采购迅速发展起来。一方面，政府大力推动信息化进程和电子政务的应用，提倡政府采购通过互联网公开进行；另一方面，企业看到互联网应用带来的效率提高和成本的极大降低，纷纷建立网站或涉足在线交易活动，成为推动电子商务活动发展的主导力量。在西方国家，互联网应用技术较为先进，互联网经济较为发达，网上采购无论在大型公司，还是中小型企业都得到了广泛应用。高盛（Goldman Sachs）公司的一份调查显示，全球企业通过互联网进行采购的贸易总额由 1999 年的约 200 亿美元上升到 2010 年的约 23 万亿美元，增长超过 1000 倍。Activ Media 的《电子商务研究专题系列：真实的数字》中写道，50%以上的西方商业机构使用过互联网进行采购。可见，实现网上采购是企业采购进化历程的必然趋势。

1. 网上采购的分类

在如何采购方面，网上采购分为系统采购（Systematic Sourcing）和现货采购（Spot Sourcing）。系统采购需要与符合条件的供应商进行合同谈判，由于合同期限一般都比较长，买卖双方会建立一种紧密的联系。现货采购中买方的目的是以尽可能低的价格满足即刻的采购需求，所以现货交易很少涉及与供应商之间的长期联系。

在采购的产品和服务的类型方面，网上采购分为直接采购和间接采购。直接采购是指涉及生产的直接物料、设备等的采购。间接采购是指企业日常用品和服务的采购，又称为 MRO（Maintenance，Repairs，and Operations）产品的采购，包括通信、计算机硬件和软件、广告、办公用品、办公设备、日常经营性商品等。

直接采购通常有固定的供应渠道，有采购供应商的选择、比较程序，管理程序也比较容易固化。直接物料的采购对任何生产企业都非常重要，因为直接物料的成本占成品成本的很大比例。与强调用最低价格购买标准产品的间接物料采购不同，直接物料采购需要与供应商建立长期关系以获得质量稳定的产品。在购买直接物料时，如果订单没有被履行，那么缺少的物料将导致生产线或整个企业停产。所以对于直接物料采购而言，与供应链上的主要供应商联结是非常必要的。

间接采购与直接采购有着不小的差别。很多企业经常性地采购间接物料，这类采购可管理性差，采购中低效率现象严重。企业购买的 80%左右的商品属于 MRO 产品，仅占总购买金额的 20%；而 20%的直接物料可以占到总购买金额的 80%。企业采购人员的很大一部分时间被花在不能增加价值的活动上，如数据输入、检查文字错误、催促交货或解决质量问题，这导致采购人员没有足够的时间来处理高价值或大数量的直接物料采购。对于 20%的高价值商品，采购人员需要花大量时间和精力进行上游采购活动，如供应商资格的审查、价格和条款的谈判、与战略供应商建立和谐关系，以及对供应商进行评估和检查。如果采购人员整天忙于处理 MRO 这样的低价值商品的细节问题，他们就没有时间关注高价值的商品。

企业正努力通过采用新的采购模式来改变这种不平衡。所有现有的人工处理过程，包括采购申请、请求报价、邀请投标、订单保险、货物接收和支付的精简化和自动化，使得整个采购流程合理有序，大大改善了采购中的低效率。更重要的是，采购流程的重组可以让采购人员将注意力集中在更具战略性的直接采购上。网上采购是一种企业和供应商“双赢”的新型采购模式，企业从网上采购的实施中得到的成本节约是巨大的。

2. 买方市场的应用模式

买方市场的应用模式主要有反向拍卖、集中目录和行业采购平台。

（1）反向拍卖

大型采购中最常见的模式是反向拍卖。正向拍卖与反向拍卖都是一对多的商务活动过程，都要进行激烈的价格竞争。正向拍卖是逐级向上竞价，以最高价成交；反向拍卖是逐级向下竞价，以最低价成交。正向拍卖是卖方主动，买方竞争；反向拍卖则是买方主动，卖方竞争。所以正向拍卖是为卖方销售服务的，反向拍卖是为买方采购服务的。

传统的反向拍卖流程如下。

第一步，买方准备好对要生产的产品（项目）的说明。说明内容包括规格、设计图、质量标准、交货日期和所需支付方式。

第二步，买方通过报纸广告、直邮、传真或电话的方式公布该项目。

第三步，感兴趣的供应商通过邮件或快递收到详细信息（有时要付费）。

第四步，供应商准备标书。它们可能要求买方提供额外的信息，如果信息发生了改变，买方必须通知所有感兴趣的投标者。

第五步，投标者递交标书，通常有多份副本。

第六步，买方的多个部门对标书进行评估。可能通过信件或电话传真进行交流和进一步确认。

在基于 Web 的反向拍卖模式下，买方可在自己的服务器上开设电子市场，邀请潜在的供应商对自己所需的产品进行投标，这种模式又称为招标或竞标模式。

基于 Web 的反向拍卖流程如下。

第一步，买方准备招标项目信息。

第二步，买方在自己有安全措施的门户网站上张贴项目说明。

第三步，买方寻找潜在的供应商。

第四步，买方邀请供应商参加项目竞标。

第五步，供应商从网站上下载项目信息。

第六步，供应商以电子化方式投标。

第七步，反向拍卖可以像通用汽车公司那样实时进行，也可以持续几天，直到预先确定的截止日期。

第八步，买方评估供应商的投标，可能以电子化方式谈判以实现“最佳交易”。

第九步，买方将合同授予最符合其要求的供应商。

政府和大企业经常要求使用这种模式，因为电子化流程速度更快，而且管理费用更低，同时有机会找到价格最低的产品。基于 Web 的反向拍卖通过应用互联网，很好地改变了过去采购过程中信息的不充分、不对称、不透明带来的种种问题，可以最大限度地帮助采购者充分发现卖主，并通过引发卖主之间的激烈竞争，有效地发现卖方的成本区间，同时有力地变革采购流程，减少采购中的腐败行为，让采购的决策真正回到决策层手中。由于采购方与供应商都足不出户，招投标业务均在网上进行，因而这种模式具有速度快、效率高、费用低的显著优点。

（2）集中目录

大公司会有许多企业采购人员，他们通常分散在不同的地方，从众多供应商那里采购商品。许多时候，为了节约时间，采购人员会单独购买。这样，相似的物料被分散在大量的供应商中采购，分散采购数量会使企业支付更高的单位成本，采购业务的总成本也因要维护大量的供应商而比需要的更高，而且很难对采购活动进行规划和控制。

集中目录是企业整合所有选定的供应商目录，合并成的单一内部电子目录。价格是事先协商好的，或者是经过一次采购后确定下来的，因此，采购人员不用每次订货都讨价还价。把供应商目录整合到买家的服务器上也便于集中管理所有的采购活动。MasterCard 公司从认定的供应商那里选择了 1 万多种商品整合成自己的内部电子目录。这么做的目的是将从多家公司网站上的采购活动合并起来，降低采购成本，减少供应商基数。

集中目录模式通常用于桌面采购（Desktop Purchasing）。桌面采购直接从企业内部电子目录中采购，既不需要上级的批准，也不需要通过采购部门，减少了购买急用或常用琐碎商品的管理成本和采购周期，这对于 MRO 来说非常有效。桌面采购支持采购流程的自动化，方便除采购人员以外的公司雇员和终端用户使用。微软公司构建了自己的内部电子目录 MSMarket，专门用来采购小商品，供世界各地的微软员工使用。员工可以直接按照协议价格从选定的供应商那里在线订购，不需要经过采购部门的许可，避免了冗长的书面工作和官僚化的流程。MS Market 每年的采购额超过 35 亿美元，大大弱化了采购部，缩小了采购部规模，并且将每张订单的管理成本从 60 美元降低到了 5 美元，订购周期从 8 天缩短到了 3 天。而且集中目录使财务控制更为方便，当企业进行采购时，其账户余额被显示出来，一旦采购预算用完，系统将禁止订单通过。

（3）行业采购平台

行业采购平台是某个行业的几家大采购者联合起来进行采购的市场，可以改善采购过程，并得到更为优惠的价格。Covisint 是汽车行业采购平台的著名例子。为数不多的几家汽车制造商要从几千家供应商那里购买原材料和零部件，而这些供应商通常又从几千家二级供应商那里购买零部件和原材料。这一采购过程速度慢、成本高、效率低。2000 年，通用汽车公司、福特汽车公司、戴姆勒—克莱斯勒公司联合创建了集成买方的 B2B 采购平台 Covisint，其目标是通过整合和合作来消除冗余的供应环节，从而获得更低的价格、经营上的便利，提高整个行业的效率。到 2013 年，Covisint 已经在全球拥有 27 万汽车工业用户。

4.2.3 公共电子市场型 B2B 电子商务

公共电子市场型 B2B 电子商务是指买方和卖方利用由第三方提供的电子市场实现交易。在公共电子市场模式中，大量的卖方和买方就像在传统的户外市场中一样，双方接触，谈判价格和数量，并且通常遵循自由市场的经济规律。化工、计算机、机械、农业、航运和仓储、汽车、石化、造纸、办公设备及食品是公共电子市场型 B2B 交易的主要项目。为了规范交易，公共电子市场有一系列的规则和指南，其中有些是法律规定的。这些规则和指南必须详细说明公共电子市场如何运作，加入公共电子市场有哪些要求、包含哪些费用、必须遵守哪些规则，安全和隐私条款，以及争端的解决办法等。

公共电子市场与买方市场和卖方市场模式的企业间电子商务的根本区别在于：交易是多个卖方和多个买方在第三方提供的电子市场上进行交易，电子市场不再以某一企业为中心。而在卖方市场模式中是卖方提供电子市场，为卖方与多个买方的交易提供服务；在买方市场模式中是买方提供电子市场，为买方与多个卖方的交易提供服务。

根据提供服务的范围不同，可以将公共电子市场区分为水平市场和垂直市场两种类型。

水平市场（Horizontal Marketplace）上的产品和服务可以应用到所有的行业。垂直市场（Vertical Marketplace）专门针对某个行业，如电子、汽车、钢铁、化工行业等。在我国，阿里巴巴、慧聪、环球资源是水平公共电子市场，中国化工网、中国纺织网则是典型的以行业进行细分的垂直公共电子市场。

1. 公共电子市场的收入模式

公共电子市场需要获得收入来维持生存和发展，下面是潜在的收入来源。

（1）交易费

公共电子市场为买卖双方提供完善的交易流程，卖方为每次交易支付的佣金，可以按销售额的一定比例来收取，也可以对每笔交易收取固定费用，还可以使用这两种方式的组合。

（2）服务费

公共电子市场通过为交易方提供增值服务而获得收入。例如，阿里巴巴的主要盈利模式是收取服务费用。阿里巴巴联合中国建设银行，帮助小企业凭借网络信用获得贷款，而且贷款的全部流程——申请、调查、审批、发放、监控、回收等均通过网络完成。除此之外，还提供线上帮助企业建立自己的网站、进行站点推广、统计分析客户的来源，线下帮助企业举办招聘会等服务。目前，服务费用已成为阿里巴巴一半以上的收入来源。

（3）会员费

会员费通常是固定的年度或月度费用。交纳会员费可以使交易所会员免费享受服务或折扣。低廉的会员费会鼓励会员使用公共电子市场，但可能影响市场的收益；而会员费高又会阻碍会员的加入。

（4）广告费

流量大或者针对性强的公共电子市场是企业投放广告的理想场所。一些供应商如果想提高产品的知名度，可能会付钱在主页、栏目页做广告，或在搜索引擎上购买关键字广告。

案例 4-3

敦煌网不同于阿里巴巴盈利模式

敦煌网的客户定位于国外的小金额买家，不仅客户群和阿里巴巴不一样，盈利模式也和阿里巴巴不同：不是收会员费、推广费，而是向买家收取佣金。公司创办 3 年实现盈利，2009 年的毛利约 2 亿元。

敦煌网成立于 2004 年，是主要为国内中小企业和海外小采购商提供覆盖整个 B2B 产业链的信息发布、支付、物流等的综合平台服务。

到 2009 年，在全球 230 多个国家和地区拥有 280 万注册买家——以欧洲、美国、澳大利亚为主，平均每 6 秒生成一个订单，年交易额近 25 亿元，3 年累计增长约 18 倍。

客户是被传统竞争对手忽视的中小客户。这些买家，没有充足的资金参加各种大型展会，也不愿负担“搜索竞价排名”之类的费用；同时还想绕过中间商的“盘剥”，直接和供货商进行交易。他们的采购额，每次不过几百到几千美元，甚至几十美元，但货品周转很快，每月甚至每周都要进货。相对阿里巴巴所服务的单笔货物动辄 10 万美元以上的客户，他们往往被传统电子商务巨头所忽视。

这些小采购商是该网的目标客户。公司的盈利模式就是向这些买家收取“交易佣金”——这一点与阿里巴巴和慧聪网收取会员费、推广费的模式有些不同。佣金通常是交易额的 3%～12%（动态佣金，总体平均水平大概是 7%）。佣金的收取比例，会根据行业、交易额的不同而有所变化。交易额越大，佣金比例越低，这很容易理解。但是行业的不同，也是影响佣金比例较大的因素。这是因为，不同行业的市场成熟度不同，我们为促使一单交易成交所投入的成本也不一样。例如电子行业比较成熟，很容易达成交易，佣金比例就低；但对于一个新开发的行业，要投入很多资源，以聚集买卖双方、达成更多交易，佣金比例也就更高。如果让成熟行业的买方补贴这些投入的成本，既不公平，也降低了公司在成熟行业的竞争力。

敦煌网的动态佣金盈利模式，给客户带来的价值，与按年收取会员费模式是不同的：敦煌网只有帮助买卖双方达成交易，才能从交易额中获得佣金。也就是说，只有实现了客户价值，才能实现我们的价值。在这种模式下，公司不得不集中大部分资源，用于促进买卖双方达成交易，使公司的目标非常明确。这也是敦煌网得以快速成长的主要原因。

那么，如何促进交易的达成呢？

坚持提供“产业链的整合服务”，也就是不仅免费为买卖双方提供信息发布平台，还免费提供物流、支付、翻译等服务，通过整合整条产业链，为客户节约时间和成本。

例如，在物流方面，与 UPS 这样的大型物流公司实现后台数据整合，客户不仅可以享受到最低两折的优惠，而且下了订单后，系统就会自动通知 UPS 取货，并帮助卖家将货物拼到一个集装箱来运输，大大节约了成本。

在支付方面，利用贝宝（PayPal）等第三方支付平台。买家先付款到支付平台，在收到产品并验收满意后，再通知我们将货款转到卖家账户，保证在线交易中的资金安全。而且我们还计划和银行合作，为卖家在线融资。

由于海外贸易涉及多个国家和地区，我们在网上建立免费翻译平台，以解决语言沟通上的问题。这些针对整个产业链的增值服务，既降低了客户的交易成本，也可以避免客户绕开敦煌网进行私下交易。为聚集更多买家和卖家，我们会联络海外中小企业协会、欧美各行业商会，并在谷歌、eBay 上推广。还会通过各种方式，为提供新增品类产品的卖家寻找买家。

现在，敦煌网的很多卖家本身就是雅虎、eBay 上的卖家，他们直接把敦煌网上的产品资讯复制到自己的网上商铺，就实现了“无库存”销售。

2. 公共电子市场的功能

（1）提供基本信息服务

买卖双方的信息发布是公共电子市场最基本的功能。买方和卖方在注册成会员之后就可以在公共电子市场发布和查询企业的供求信息、图文并茂的产品信息、企业的详细资讯。公共电子市场要实现信息的采集、归纳、分类，并形成快速有效的检索系统，从而奠定商务信息平台的主基石。

（2）提供附加信息服务

公共电子市场在提供基本信息服务的基础上，还会提供行业资讯、价格行情、商务伙伴交流、商业服务等附加信息服务。

（3）提供与交易配套的服务

交易配套服务能够为企业在电子商务交易中的信息流、资金流和物流提供帮助和解决方案。交易配套服务也是公共电子市场的主要收入来源。

3. 公共电子市场模式的应用

公共电子市场模式一般适合中小企业，中小企业急需拓展市场，但又缺乏资金实力和技术力量，随着市场竞争的越发激烈，其抗风险能力也更弱。对于卖方企业而言，公共电子市场为企业以较低的成本提供了新的销售渠道，可以将市场覆盖到原来难以覆盖的地区，甚至向国外延伸，大大增加了企业的商业机会，减少了实体店面的支出，同时还能为客户在任何时间（Anytime）、任何地点（Anyplace）以任何方式（Anyway）提供服务。对于买方企业而言，公共电子市场为企业提供了一站式的购买方式和丰富详尽的信息，方便其搜寻和比较及接触到新的供应商。因此，公共电子市场能适应中小企业的需求，在中小企业商务贸易中将起到越来越重要的作用。与此同时，公共电子市场也加剧了企业之间的竞争，因为利用公共电子市场的服务，买卖双方可以不再受到地理位置的限制，在原来的市场竞争格局中可能出现来自网上的竞争对手。因此，公共电子市场对企业既是机会也是挑战。随着与电子商务相关的技术服务商、信用认证机构、支付金融企业、物流企业的发展，B2B 电子商务平台服务业不断深化发展，参与公共电子市场的中小企业也越来越多。

企业利用公共电子市场实现 B2B 电子商务时，必须考虑企业的自身力量和情况。首先，企业如果自身有力量建设以企业为中心的买方市场或卖方市场，应该考虑自行建设服务更贴切的私有市场；如果企业缺乏力量，则可以利用公共电子市场实现网上交易。其次，企业在选择公共电子市场时要慎重，一是要选择提供的服务与自己行业比较相近的公共电子市场，二是要选择有一定品牌形象和知名度的公共电子市场。企业可以选择少数几个公共电子市场提供服务，不宜过多。如果选择过多，可能影响企业收集到的商业机会信息的质量，有的网站对提供服务信息缺乏有效控制，导致虚假商业信息过多，反而给企业带来负面的影响。

案例 4-4

沱沱网的 B2B 蹊径

作为全球制造业乃至全球 B2B 的中心，中国已经诞生了阿里巴巴、慧聪、环球资源等一批重量级的 B2B 公司。这些 B2B 门户承担了为企业建立英文网站、为互联网增加中国企业的英文信息的任务。但随着中国企业（大多数是供应商）的英文信息的丰富，新的问题也出现了：国际买家如何迅速找到这些供应商？根据调查，90%以上的买家习惯通过搜索找到卖家。但如果仅在一个 B2B 门户搜索站内信息，买家会发现，找来找去都是网站的收费会员，而需要的优质供应商也许并不在上面。B2B 业务目前出现了一个瓶颈，B2B 门户的服务对象是供应商，因此，有可能第一页到第十页都是收费的供应商。

沱沱网的解决之道是全网的电子商务搜索，与电子商务搜索引擎的商业逻辑完全不同，是站在买家的角度来设计产品和提供服务，但不向买家收费，而是向卖家卖广告位。一个电子商务搜索平台承担的价值，除了帮助买家找到信息之外，还要帮助买家进行信息处理，按照他们的需求进行筛选和展现。在国际贸易中，面对中国这样的低成本国家，采购商关注的核心是产品的质量，质量评估占去了采购工作时间的 70%。解决国际买家对中国产品的信任问题，就需要对国际贸易行业的理解能力。全球的国际买家其实是很少的，也就几百万个，如何找到他们的需求，是一个搜索技术公司无法做到的。在外贸领域十几年的积累，让沱沱网形成了一套独具特色的 CQS（China Quality Supplier）和 TQS（Total Quality Sourcing），帮助买家对供应商进行筛选。TQS 建立了一套完整的“中国出口企业质量与能力评价体系”，从商品的整个生产、制造、销售、研发、通关、物流与结算等方面对企业价值链的一些关键指标进行衡量，从而有效解决了贸易过程中买家最关心的企业质量及控制能力问题。而 CQS 数据则来自真实的外贸出口记录每个达标企业都有可查的良好出口记录，它们是沱沱网精选的可信赖的中国优质供应商。沱沱网近十年的外贸通关软件和质量监管软件经验，积累了全国 13 万家外贸企业的外贸交易数据，以及 4 万家企业的原材料、加工工艺、出厂产品的质量信息，每个工艺的质量数据都是可追溯的。

作为国内唯一一个纯英文的电子商务网站，沱沱网的宣传途径与其他 B2B 门户偏重国内的战略不同，从一开始就主打海外市场，吸引国际买家。沱沱网每年在全球各地参加博览会，2007 年 3 月，沱沱网参加了在德国汉诺威举办的消费电子、信息及通信技术博览会（CeBIT），大手笔地在最重要的第一展馆订下了 150 平方米的展位。沱沱网目前已经投入了 4000 万美元的运营资金，其中大部分都用于海外推广。

目前沱沱网向供应商销售的内容包括 TQS“黄金三甲”排名和 CQS 排名两种。其中“黄金三甲”排名与 Google 和百度的模式类似，是关键词搜索主栏的前三位，其与正常搜索结果的区别是用不同的颜色标示，这样达到了既推广供应商，又保证 TQS 搜索结果不受干扰的目的。

沱沱网的商业模式决定了它只会给一部分供应商提供广告位。那么，收入的增长会不会很快就遇到天花板？沱沱网并没有这种担心，Google 卖关键词广告，最多在右边卖十个，盈利的增加不是增加服务的客户数，而是广告位会越来越值钱。而关键词的无穷资源也为关键词广告创造了无限的可能性。以鞋为例，可卖的关键词资源就有男鞋、女鞋、皮鞋、高跟鞋等，数不胜数，有多少个商品就有多少个可商业化的关键词。沱沱网认为外贸和内贸不一样，越精准的词获得买家询盘的概率越大，而宽泛的词询盘量反而很低。

沱沱网的野心不止于 AdWords 模式，它正积极向 AdSense 的方向拓展。目前，沱沱网正在酝酿做一个中国最大的海外商业网站联盟，把沱沱网的广告发布到国外的贸易类网站上，有一批外籍员工已着手作准备工作。

沱沱网并不是一个单纯的网上企业，线下的服务也是其相当重要的一环，一系列综合的服务构成电子商务搜索网站为客户提供的方案。沱沱网每年参加的国际展会、向买家库里几百万个买家发送的会刊都能帮助企业进行推广，帮助供应商定期维护买家关系。

然而，电子商务垂直搜索还是一个新生事物，厂商对此的认知度还有待提高，取得客户的认同将是沱沱网在发展初期的一个工作重点。同时面对阿里巴巴、环球资源等一批在外贸领域具有相当技术实力和用户资源的竞争对手，沱沱网还有很多工作要做。

4.3 C2C 电子商务模式

C2C 电子商务是消费者之间通过互联网进行交易的电子商务模式。该模式中，买卖双方均是个体用户而不是企业，可以说 C2C 模式最能够体现互联网的精神和优势，数量巨大、地域不同、时间不一的买方和卖方通过一个平台找到合适的对家进行交易，在传统领域要实现这样大的工程几乎不可想象。目前，C2C 电子商务的运作模式主要有拍卖平台运作模式和店铺平台运作模式，由于店铺平台运作模式非常近似于 B2C 电子商务。

4.3.1 网络拍卖的产生与发展

网络拍卖是随着互联网而产生的，它以低成本执行拍卖，为容纳众多买家和卖家提供了基础设施。个人和公司都可以参与到这种发展迅速且非常方便的电子商务形式中。它最大的优势在于突破了时空的界限，充分利用了互联网快捷、低成本、广域性等特点，将拍卖这种原本运作复杂的交易方式简易化、平民化，引导更广大的人群参与到拍卖中来。

网络拍卖最早开始于 1995 年，美国的小程序员 Pierre Omidyar 为帮助他热衷收集 PEZ2 玩偶糖盒的未婚妻与其他人交换各自的收藏品，开创了拍卖网站。因为网站上的拍卖发展非常迅速，他随即辞职并开始发展网络拍卖业务，于是就诞生了现在全球网络拍卖的巨头——eBay。

根据公司 2013 财年报告，eBay 2013 年全年总交易额达到 765 亿美元，总营业收入为 160.47 亿美元，净利润为 28.56 亿美元。网络拍卖以其程序简易化、平民化的优势，很快风靡了美国，并迅速蔓延到全世界。

网络拍卖这一新型电子商务模式，主要由网络公司在网络拍卖中提供交易平台服务和交易程序，为众多买家和卖家构筑一个网络交易市场，由卖家和买家进行网络拍卖，其本身并不介入买卖双方的交易。通常，网络拍卖是与电子签约、电子支付整合应用。一般在进行网络拍卖前，拍卖方会在网上发布拍卖品的详细信息和拍卖规则，必要时可通过多媒体展示拍卖品。在某些情况下，会要求有意竞拍者预先报名，并对竞拍者的资格进行审查，这些程序也是通过网络进行的。拍卖正式开始后，竞拍者在网上进行竞拍。

网络拍卖主要提供消费产品、电子零件、艺术品、度假套餐、飞机票和收藏品的交易，另外在 B2B 市场上还拍卖过剩产品和存货。还有一类在线拍卖提供新型商品的交易，如电力、汽油、能源以及频段的拍卖。传统的商业活动依赖于合同和固定价格，现在正在转向拍卖，通过竞价进行在线采购。

网络拍卖有许多优点，它增加了买卖双方的便利性，减少了交易的成本，打破了拍卖的时空限制，网上搜索引擎可使买家很方便地搜索到所需竞买的物品。

4.3.2 拍卖的类型

拍卖需要通过相应的拍卖方式进行。拍卖方式是指拍卖机构从事拍卖活动的具体运作手段。拍卖物品确定后，拍卖机构需要根据拍卖物品的不同种类有针对性地选择最合适的拍卖方式进行拍卖。

对拍卖方式的划分有多种方案，拍卖方式可分为三种形式，即密封拍卖、增价拍卖、荷兰式拍卖；按照拍卖过程的特征，也可把拍卖分为公开拍卖和密封拍卖；随着拍卖理论的发展，又出现了单向拍卖和双向拍卖的划分。但是，不管按照什么方式进行划分，基本的拍卖方式有以下四种：英式拍卖、荷兰式拍卖、密封拍卖和双向拍卖。除此之外，随着网络拍卖的发展，还出现了一些新的拍卖方式，如集体议价、逢低买进、反拍卖、一口价等。

1. 英式拍卖

英式拍卖又称为“增价拍卖”或“低估价拍卖”，是使用最广泛的一种拍卖方式。在英式拍卖中，有多个竞买人，拍卖人宣布拍卖标的起叫价及最低增幅，竞买人以起叫价为起点，由低至高竞相应价，最后以最高竞价者 3 次报价无人应价后，响槌成交。但成交价不得低于保留价。

英式拍卖被网络拍卖所采用，成为网络拍卖中最基本、最常见的在线交易方式。网络英式拍卖采用的是正向竞价形式。网络英式拍卖的规则是后一位竞买人的出价要比前一位的高，竞价截止时间结束时的最高出价者可获得竞价商品的排他购买权。其过程中，竞买人可以通过浏览历史价格（当前其他竞买人的出价）决定自己对物品的最高报价，然后提供给系统，系统自动更新后，其所出的价格和历史价格就可以显示在网页上。

这种拍卖的缺点是竞买人可能不愿意按预估价出价。

2. 荷兰式拍卖

荷兰式拍卖又称“降价拍卖”或“高估价拍卖”。因最早应用于荷兰鲜花的拍卖而闻名于世。在荷兰式拍卖过程中，拍卖人宣布拍卖标的的起叫价及降幅，并依次叫价，第一位应价人响槌成交。但成交价不得低于保留价。

荷兰式拍卖的速度非常快，经常用来拍卖易腐烂的农副产品，如水果、蔬菜、鲜活产品拍卖交易的多是量大的物品。在传统拍卖中，物品价格每隔一定的时间会下降一些，此过程中，第一个出价人可以按照他出价时的价格购买所需的量，如果他买完后物品还有剩余，降价过程继续，直到所有物品都被买走为止。虽然拍卖中，物品价格处于下降趋势，但第一个出价人因考虑到其他竞买人可能先于他出价而使他无法获得所需的物品，所以他会先于其他人出价，这时他的应价实际上就是物品的最高出售价。

网络荷兰式拍卖，也是针对一个卖家有大量相同的物品要出售的情况而产生的，它采用的是反向竞价形式。网络荷兰式拍卖不存在价格下降的情况，一般是竞价截止时间结束时，出价最高者获得他所需要的数量，如果物品还有剩余，就由出价第二高的人购买。荷兰式拍卖的原则是：价高者优先获得宝贝，相同价格先出价者先得。成交价格是最低成功出价的金额。

这种拍卖的缺点是拍卖速度太快，而且要求所有竞买人在某一时段竞买。

3. 密封拍卖

密封拍卖是指卖家对标的物核定保留价后将其密封，然后由拍卖人宣布拍卖物品的估价，注明报价的时间、地点、商品数量和拍卖条件等，由经纪人交给竞买人。竞买人相互之间不知道报价是多少。拍卖人收到报价后逐一审查比较，报价最高者即为中标人，同时得到拍卖的物品。当中标人支付的价格是他自己的价格时，称为密封第一价格拍卖；当中标人仅需支付除他之外的最高投标价时，称为密封第二价格拍卖。

密封拍卖多用于建筑工程、大宗货物、不动产、资源开采权出让等交易。密封拍卖与公开拍卖的基本区别在于：公开拍卖中竞买人可以根据竞争对手的报价多次调整报价，而密封拍卖中每个投标人只有一次报价机会；公开拍卖以出价最高者获胜，而密封拍卖有时以报价最接近保留价或所提条件、方案最优者中标。

网上密封拍卖是指竞买人通过加密的 E-mail 将出价发送给拍卖人，再由拍卖人统一开标后，比较各方递价，最后确定中标人。目前，这种拍卖方式已经被越来越多的国家政府用于网上销售库存物资，以及海关处理的货物。

以上三种拍卖的结构都相同，即“一对多”的单向拍卖市场结构。

4. 双向拍卖

与单向拍卖不同，双向拍卖是“多对多”，即买卖双方都不止一家。买家和卖家同时提交投标，投标从高到低排序产生供需列表，通过从列表中匹配卖家的要价和买家的叫价确定可以交易的最大数量，然后按照一定的市场出清规则确定均衡价格。

5. 其他网络拍卖类型

（1）集体议价

集体议价（集体式购买）是一种不同于传统拍卖的网络拍卖类型，多采用 C2B 的形式，并无竞价过程。提供集体议价的网站会将物品的基础价格（初始价）公布，由众多买家构成一个庞大的购物集团，然后根据卖家在登录物品前登记的表格中所标明不同数量等级时的物品的单价进行购买，买家人数越多，价格越低，但通常会有一个最低价。集体议价实质上更像网站替一批不认识的人去批发购买他们想要的商品。

（2）逢低买进

逢低买进也是不同于传统拍卖的一种交易形式，买家可以暂不投标加入，而是根据商品的价格曲线，选一个自己认可的价格段，一旦价格降到此价格段上，系统会发送通知，告诉买家目前集合的人数已达到他所期望的价位的要求，并将他自动加入购买集体。

（3）反拍卖

反拍卖（标价求购）中由卖方出价，卖方成了买方，其竞争的是向消费者提供服务的机会。反拍卖具体指消费者可以提供自己所需的产品、服务需求和价格定位等相关信息，由商家之间以竞争方式决定最终产品、服务供应商，从而使消费者以最优的性价比实现购买。

（4）一口价

一口价是指在交易前卖家预先确定一个固定的价格，让买家没有讨价还价的余地。交易完成后，买家根据卖家预先设定好的价格（一口价）进行付款。如果卖家出售数量大于一的多数商品，则交易将持续到买家以一口价购完全部商品或在线时间（竞价截止时间）结束。一般在网络拍卖的实际运用中，一口价的买卖方式可以单独使用，也可以结合其他交易类型（如网络英式拍卖）一起使用。

4.3.3　拍卖过程

互联网上的拍卖网站就像一个经纪人，为要在网站上出售物品的供货商和想为这些物品竞价的购买者提供服务。大多数拍卖以供货商愿意接受的最低价开始进行竞价。每件物品的详细描述可在线查询，一些价值昂贵的物品的详细信息可通过电子邮件获得。竞拍者看了物品描述后，通过发送电子邮件或填写电子表格的形式进行竞价。竞价过程通常持续几天时间，有的甚至持续几个月，网站会公开整个竞价过程，时刻刷新最近的最高报价。为保护竞拍者的隐私，竞拍者以代号的形式参加竞拍，只有在竞价结束后，购买者和供货商才能从网站知道彼此的一些个人真实信息。

网络拍卖一般包括三个部分：信息流，包括网上拍品展示，即网上用户所展示拍品的图像、有关文字资料、竞价信息、拍卖网站用户的反馈信息、拍卖当事人之间信息交流等；配送的物流，即拍卖成交的商品成功到达竞拍者的手中；转账支付的结算，即网上拍卖的交易双方支付拍卖价款，包括拍品价格和拍卖费用。

现在，有很多软件产品和智能工具可以帮助买卖双方寻找拍卖网站，了解拍卖网站的状况并完成一次交易。其拍卖的过程一般分为四个阶段，如图 4-1 所示。

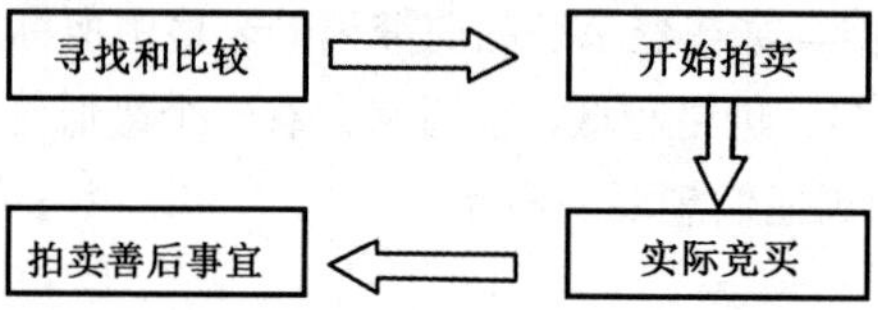

图 4-1 拍卖过程

（1）寻找和比较

因为拍卖在全球数以百计的网站上进行，所以买卖双方需要进行大范围的寻找和比较来选择理性的拍卖网站。目前有许多网站都提供拍卖网站的链接，或者提供搜索特定网站的工具，大范围的搜索工具不仅可以帮助卖家找到合适的网站来提交自己的物品，也可以帮助买家高效地浏览现有的拍卖网站。另外，有些网站还提供自动搜索服务，当买家所感兴趣的物品在一个或多个拍卖网站上进行拍卖时，自动搜索服务会通知买家注意。

除了一些专门提供搜索服务的网站以外，几乎所有的拍卖网站主页都会有一个分类目录，买家可以通过浏览目录来缩小搜索范围。一些网站还允许用户根据拍卖时间来对物品排序。同时，买家也可以通过网站提供的搜索引擎查找关键字来搜索要买的物品。

（2）开始拍卖

无论买家还是卖家都必须成为网站的注册用户。注册过程一般需要用户阅读并接受服务条款，进行认证。在提交一件物品后，卖家必须决定出价的最小购买量、加价幅度及底价。买家通过搜索引擎或者分类目录找到该拍卖品，进行适当比较后，决定是否参与竞买。

（3）实际竞买

在竞价阶段，买家可以亲自出价，也可以使用软件工具来代表自己出价。他们还可以使用工具来查看拍卖状态，并在不同的网站上实时出价。在美国，买家可以使用 Bid Watch（Egg-head.com）、Bid Monitor（Bruceclay.com）等工具查看自己在拍卖网站上的竞标情况。

有的软件系统可以作为代理来代表买家出价。在这种代理竞价中，买家要设定其最高出价，然后亲自报出第一个价格，之后由代理负责出价，并使报价尽可能低。一旦有新的竞拍者出现，代理将自动提价，直到达到预先设定的最高价。

（4）拍卖善后事宜

拍卖结束后，买卖双方相互联系，确认付款和发货事宜，最终完成整个交易过程。一些电子拍卖网站提供用户交流论坛，可以对拍卖活动进行反馈和评级，使得拍卖的成员相互监督。在拍卖的付款方面，可以采用信用卡、电子支付等方式。

网上拍卖的一般流程如图 4-2 所示。

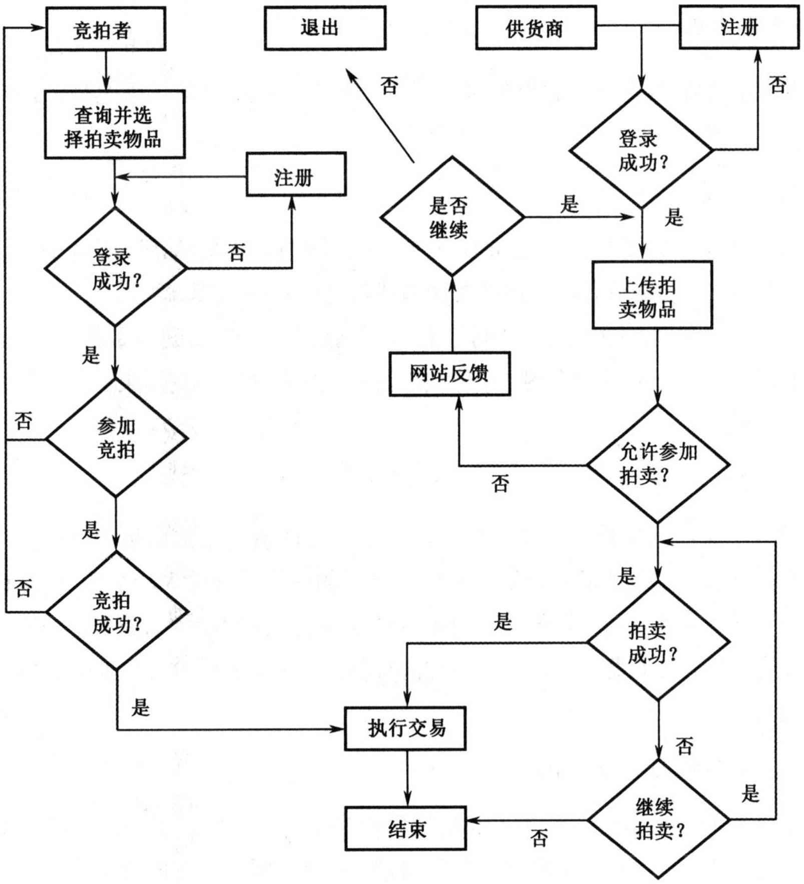

图 4-2　网上拍卖流程

4.3.4 拍卖中的欺诈及其防范

根据互联网欺诈监督机构的调查，在所有通过互联网开展的电子商务活动中，电子拍卖的欺诈问题最严重。在美国联邦贸易委员会于互联网发展早期公布的网络诈骗报告中，列举了全球十大最流行、最猖獗的网上欺诈手法，其中以网上拍卖名列榜首，受害人大多数是中标付款后却收不到商品的买家。随着电子商务发展的成熟和交易的规范，现在网络拍卖中的欺诈行为虽然不能完全消除，但发生的比例已经大大减少。

1. 拍卖中的欺诈

网上竞买的最主要特点是其采取的是公开竞价机制，但是网络的匿名性、隐蔽性为一些暗箱操作提供了天然的保护屏障。

（1）竞买人合谋

在拍卖过程中，一组竞买人合谋而形成一个圈，圈内的成员承诺互不竞争。拍卖结束以后，如果圈内的某一成员中标，则该物品在圈内成员之间再次拍卖，将第一次拍卖价格与第二次拍卖价格之差作为利润在圈内成员之间分配。网络使得圈的形成更加容易，竞买人可以使用加密机制使他们的聊天室形成一个圈，即使缺乏这种集中的聊天室，如果竞买人相互都知道身份，也很容易形成圈。

（2）雇佣出价

雇佣出价是卖家雇用出价人扮作竞买人，故意人为地抬高被拍卖物品的出价。雇佣出价通常发生在拍卖价值较高的物品且竞买人对这些物品的估价差异较大的情况下，这样卖家就能从雇佣出价中获得较高的收益。随着网上拍卖的迅速发展，雇佣出价已成为电子商务中最主要的一种欺诈行为，由于网上难以确认买卖双方的身份，卖家更容易以虚假的身份对自己拍卖的物品进行竞价。

（3）在公开叫价拍卖中撤回出价

在传统的公开叫价拍卖中，竞买人提交的出价是不可撤回的，但在网上拍卖中，由于拍卖要持续数小时或数天，竞买人有撤回出价的可能。因此，网上公开叫价拍卖必须给予竞买人选择是否撤销出价的机会，决策支持工具应具有这种选择功能。

（4）虚假信息

为了吸引竞买人的注意力，一些卖家会虚报自己物品的情况。借用图片、含糊其辞和弄虚作假是卖家可能使用的一些策略。

（5）不正确的评价

物品评价经常是买卖双方争论最激烈的问题。卖家可能说物品有九成新，但是买家收到物品和付清货款后，却感到只有七成新。对物品的评价会因人而异，但也对拍卖的进行产生了一些影响。

（6）不交货

买家付款之后，卖家不发货，“拿钱就跑”。

（7）遗失或者损害赔偿

买家声称一直没有收到货，或者收到时货已经损坏，要求退款。卖家有时候无法证明货已经送到，或者送到时状态良好。买家有可能白拿。

（8）调包和退货

卖家成功拍掉一件物品，但买家声称拿到时不满意，要求退货。卖家退款后，拿回的货却和以前的货不一样了。

在拍卖中，卖家和买家都有可能实施欺诈。欺诈的类型各异，以上只是进行网络拍卖过程中的欺诈行为的一些例子。

2. 防范电子拍卖中的欺诈

网上的拍卖商采取了多种措施来减少欺诈行为的发生，以下就是一些措施。

（1）用户身份认证：用户注册需要提供身份证等证件来进行身份的验证。

（2）信用评价：买家和卖家可以相互评价，而且这些评价作为历史记录成为双方网上交易声誉的一个见证。

（3）评级服务：评级的目的是确认拍卖品的物理状态，特别是对二手物品。如“质量很差”或“状态一般”。实际的评级系统取决于物品的类型，不同的物品有不同的评级系统。

（4）鉴定服务：产品鉴定的目的是确认拍卖品是否真货，以及描述是否恰当。鉴定工作很困难，因此，它依赖于鉴定者的经验。

（5）对拒付者的惩罚：为了帮助卖家，拍卖商会对第一次拒付给予善意警告，对第二次拒付给予严厉警告，对第三次拒付将暂停交易一定天数，对第四次拒付将无限期停止交易。

（6）验证：通过第三方机构使用多种手段评估和确认一件物品。

4.4 其他电子商务模式

除了上述经典的电子商务模式外，近年来电子商务市场竞争越来越激烈，越来越多的新型电子商务模式不断涌现，影响比较大的有 O2O 电子商务模式和 P2P 电子商务模式。

4.4.1 O2O 电子商务模式

1. O2O 电子商务模式简介

随着 Internet 和相关 Web 技术的发展，新的电子商务模式悄然兴起。Online To Offline（O2O）模式就是近年来兴起的一种将线下交易与互联网相结合的新的商务模式。O2O 模式泛指通过有线或无线互联网提供商家的销售信息，聚集有效的购买主体，并在线支付相应的费用，再凭各种形式的凭据去线下商家提取商品或享受服务，让互联网成为线下交易的前台，这样线下服务就可以用线上来揽客，消费者可以用线上来筛选服务，成交可以在线结算，从而很快达到规模。

在电子商务的信息流、资金流、物流和商流中，O2O 只把信息流、资金流放在线上进行，而把物流和商流放在线下。整体来看，O2O 模式运行得好，将会达成“三赢”的效果。对本地商家来说，O2O 模式要求消费者在网站支付，支付信息会成为商家了解消费者购物信息的渠道，方便商家对消费者购买数据的收集，进而达到精准营销的目的，更好地维护并拓展客户。通过线上资源增加的顾客并不会给商家带来太多成本，反而会带来更多利润。此外，O2O 模式在一定程度上降低了商家对店铺地理位置的依赖，减少了租金方面的支出。对消费者来说，O2O 提供丰富、全面、及时的商家折扣信息，能够快捷筛选并订购适宜的商品或服务，且价格实惠。对服务提供商来说，O2O 模式可带来大规模高黏度的消费者，进而能争取到更多的商家资源。掌握庞大的消费者数据资源且本地化程度较高的垂直网站，借助 O2O 模式还能为商家提供其他增值服务。

根据盈利模式的不同，O2O 可以分为三种不同的类型，即广场模式、代理模式和商城模式。在广场模式下，网站为消费者提供产品或服务的发现、导购、搜索和评论等信息服务，通过向商家收取广告费获得收益，消费者有问题需找线下的商家，这种模式的典型网站有大众点评网、赶集网等。在代理模式下，网站通过在线上发放优惠券、提供实体店消费预订服务等，把互联网上的浏览者引导到线下去消费，网站通过收取佣金分成来获得收益，消费者有问题找线下商家，使用这种模式的典型网站有拉手网、美团网、酒店达人、布丁优惠券等。商城模式则是指由电子商务网站整合行业资源做渠道，用户可以直接在网站购买产品或服务，企业向网站收取佣金分成，消费者有问题找线上商城，这种模式的典型案例有到家美食会、易到用车等。

2. O2O 电子商务模式的发展现状

O2O 这一概念是在 2010 年 8 月由 Alex Rampell 提出。但此种模式早年就有，2006 年沃尔玛公司提出的 Site to Store 的 B2C 战略，即通过 B2C 完成订单的汇总及在线支付，顾客到 4000 多家连锁店取货，该模式就是 O2O 的模型。随着 Groupon 的快速发展，O2O 模式被越来越多的人关注。众多企业也开始布局 O2O 领域，国外 O2O 的模式已经融入人们的生活中，比较成功的代表包括 Uber、JHilburn、Jetsetter、Zaarly、Getaround、Trunkclub 等。

国内的 O2O 模式发展也十分迅速，如在线旅游巨头携程、艺龙，生活类网站大众点评、赶集、58 同城，珠宝电子商务钻石小鸟、柯兰，房产巨头搜房网（现已改名为“房天下”）、安居客等都较为成功地实施了 O2O 模式。而且互联网品牌正逐步壮大，线下很多商铺纷纷打出“大众点评网特约商户”、“搜房网铺”，说明互联网品牌正向线下延伸，特别是 O2O 模式领域更为明显。《2012 年度中国 O2O 市场研究报告》显示，2012 年中国 O2O 市场规模达到 986.8 亿元，同比增长 75.5%，预计 2015 年，中国 O2O 市场规模将达到 4188.5 亿元。其中，餐饮服务业发展令人瞩目，增速比肩 O2O 市场整体发展速度。

团购网站是国内目前 O2O 早期的发展形态，但 O2O 模式并不局限于团购，随着近两年移动互联网市场发展逐渐明朗，O2O 模式逐渐成熟并成为互联网行业最热门的一个增长点。除了上述各个行业的网站，阿里巴巴、腾讯等网络巨头也正逐步加快在 O2O 领域的布局，表 4-1 显示了阿里巴巴在 O2O 领域的布局历程。

表 4-1　阿里巴巴在 O2O 领域的布局历程

时间	事件
2006 年 10 月	阿里巴巴收购生活服务点评网站口碑网
2010 年 3 月	淘宝聚划算平台上线开团
2010 年 10 月	聚划算宣布进入本地化服务市场
2011 年 7 月	领衔投资了团购网站美团网
2012 年 10 月	阿里巴巴旗下一淘网推出比价工具“一淘火眼”
2012 年 10 月	淘宝本地生活推出地图搜索
2012 年 11 月	阿里巴巴投资本地生活服务网站丁丁网
2012 年 12 月	阿里巴巴旗下支付宝新版 App 推出“卡宝”功能
2013 年 1 月	阿里巴巴架构调整中，聚划算和本地生活成为独立的事业群，对 O2O 的重视程度进一步提高
2013 年 4 月	阿里巴巴增持丁丁网
2013 年 5 月	阿里巴巴宣布入股高德地图，成为第一大股东
2013 年 6 月	淘宝网上线点菜应用淘点点 App
2013 年 9 月	高德新版地图整合线下店铺，为“双十一”导航
2013 年 11 月	支付宝推出当面付，与银泰百货达成合作
2014 年 3 月	阿里巴巴宣布以 53.7 亿港元对银泰商业进行战略投资，双方打通线上线下的未来商业基础设施体系，并组建合资公司

3. O2O 电子商务模式的发展方向

未来 O2O 可以在以下几个方面深入发展。

（1）建立诚信体系

O2O 要发展，商家资质和诚信等问题就必须解决。一方面，可以通过与本地工商部门或消费者协会等进行合作，对商家的经营资质和经营行为进行审核，约束商家行为。一旦发生商家信用问题，消费者可以及时联系相关部门进行解决。另一方面，应该建立完善的诚信机制。例如，引入第三方机构对 O2O 经营者进行监管，对其进行诚信评级，并且将评级结果及时展现给消费者，从而消除消费者的不信任感与不安全感，并促使 O2O 平台经营商注重其自身信誉的建立与维护。

（2）进一步细分市场

O2O 简单来看主要涉及互联网平台、商家、消费者，而具体的消费领域需要进一步细分。以团购来说，团购网站上的各类优惠、众多商家令消费者眼花缭乱。想做好 O2O，除了关注传统的美食、小额消费领域之外，更应该关注一些大宗消费领域，如房产、家居、婚嫁、汽车、亲子、教育等。但是需要注意，随着行业细分的深化，消费者对于 O2O 平台的服务质量会有更高的要求，并非有优惠就一定能获取大批忠实用户并且产生互动，进而吸引客户再次消费。主动互动、主动分享是 O2O 的亮点，绝不应该受限于平台或者单一的互联网产品。

（3）更多传统行业的参与

O2O 模式让一直徘徊在电子商务之外的传统行业，尤其是服务业抓住了互联网的机会。O2O 将线上的消费者带到线下的实体店中消费，其侧重点是本地企业提供的服务性消费，如餐饮、电影、健身、租车、租房等。服务性企业可以充分利用 O2O 模式积极参与电子商务，让更多的消费者来店中消费，前提是必须先在网上支付费用。

（4）抓住移动商务的发展机遇

移动互联网与传统的互联网电子商务相比，具有方便快捷、更贴近市场和消费者、不受地域限制的突出优势。在移动电子商务时代，商家和企业能够以更低的成本接触并获得更多的客户，通过消费者手中的移动终端进行销售与服务。因此，移动商务更适合 O2O 这种商业应用，它将成为推动 O2O 模式融入更加广泛的商业生活的主导力量。现今各种 App 和 LBS（定位服务）应用已成为消费者喜闻乐见的方式，运营商可以与拥有庞大用户群体的手机应用提供商进行合作。例如，开发设计相关商品或服务的优惠券，设计有关商品信息的二维码，进行 O2O 线上线下的互动，最后实现利用手机进行商品和服务的购买；或是在手机微博、QQ、微信等聊天工具上开设品牌专区，参与相关的一些热点活动等，利用社交网络推动 O2O 的使用。

（5）探索更好的盈利模式

中国 O2O 市场目前依然处于早期的发展阶段，以优惠券为例，就有大众点评、丁丁网、维络城、布丁等多家公司，应用众多，同质化程度较高，仍然以广告为主要的盈利模式。如果能够让商家以消费的效果来付费，给商家提供精准的增值服务，就无疑能够更好地满足商家的诉求，也可以提高商家的积极性，从而形成良性循环，促进 O2O 网站的进一步发展。未来 O2O 网站应着眼于挖掘更具潜力、更具竞争力的业务模式，借助自身的媒体优势，帮助商家挖掘一些增值业务，根据具体情况因地制宜地确定经营策略，共生共存，互利共赢。

案例 4-5

电商入侵白酒厂家，经销商 O2O 齐头并进

2014 年，移动互联席卷整个白酒行业，O2O 成为热门的新概念。洋河股份率先在南京开启了 O2O 试验场；贵州茅台拟整合自身线下 30 多家直营店与上千家专卖店，与线上互联网结合试水 O2O；经销商银基集团旗下中酒网要做 O2O，酒类连锁品牌 1919 酒类直供等也在这条路上前进；专注于 B2C 的酒仙网也发布 App “酒快到”，试图搭建 O2O 平台。

O2O 在消费品领域大行其道，具体到白酒行业，就是消费者通过计算机、手机等终端在网上下单，然后只需等待送货上门或去实体店取货，及时完成支付即可。

白酒行业 O2O 流行，有其深刻的背景。如今，白酒行业发展的核心动力由政务市场逐步转变为大众消费市场。与此同时，互联网时代信息的透明化、快速化，让消费者对白酒产品、价格的掌握比较准确，在经过一轮 B2C 的洗礼后，消费者要求以更低的资金成本、时间成本获取商品；加之原有渠道利润急剧下滑，原来靠暴利维持的多层级经销商模式已难以为继，渠道扁平化成为必然。

与 B2C 相比，O2O 的主要进步在于线上与线下的融合，更加注重消费者体验。首先，O2O 能满足白酒即饮需求，通过就近的线下网点配送，洋河股份目前只需要半小时就能送达商品，而传统 B2C 依靠第三方物流，需要 2～3 天甚至更长时间才能完成酒水配送。其次，O2O 能将线上线下消费者信息有效归集，充分掌握消费者消费习惯，实现精准营销。最后，消费者在线上下单后能在实体店实现提货、付款、退货等，线下实体店能为消费者带来品牌信任感，提升体验效果。

O2O 实现的核心在于线上引流、线下服务的一体化。很多厂家、商家都认为，O2O 只是简单的线上网站+线下连锁店，但如果没有实现两者的融合，那不过是一场电商系统与连锁系统生拉硬扯的联姻，迟早要分手。

O2O 的难度在于整合与管理。目前很多人提出发展 O2O，但普遍缺乏冷静的思考。厂家、商家都号称自己有多少连锁店，但他们是否真正掌握了这些连锁店的管理权？没有管理权的整合者凭什么去跟零散的经销商谈联盟？联盟后能实现管理的标准化吗？没有管理的标准化如何实现消费者体验服务的优质化？没有高效的体验，O2O 存在的意义又在哪里？这一切都是摆在 O2O 模式面前的难题。

每一次渠道的变革都是在阵痛中完成，O2O 模式目前面临很多困难，但是必须尝试，因为这是消费者的需要和行业的大势所趋。

4.4.2 P2P 电子商务模式

1. P2P 电子商务模式简介

P2P 是英文“Peer to Peer”的简称，即对等网络。P2P 工作组（成员包括 Intel、IBM 和 HP 公司等）对 P2P 的定义是：通过在系统之间的直接交换实现计算机资源和服务的共享。传统的互联网架构是客户端 / 服务器（Client/Server）结构，互联网以服务器为中心，各种各样的资源都存放在服务器上，网民通过网络链接到服务器上进行信息和服务的检索和下载——在这种架构下，服务器和客户端存在明显的主从关系；而 P2P 技术下整个网络结构中不存在中心节点，网络中的每个节点的地位都是对等的。

早期 P2P 模式主要指使用对等网络技术，让互联网用户不需要通过中央 Web 服务器就可以直接共享文件和计算机资源，这种模式主要用于文件共享、协同工作等相关网络社区的发展中。由于 P2P 模式改变了互联网现在的以大网站为中心的状态，重返“非中心化”，并把权利交还给用户，这种模式在网络金融中得到了广泛的应用，也逐渐引起了人们的重视。这里 P2P 电子商务模式主要指 P2P 在网络金融中的应用模式。

2. P2P 电子商务模式的起源与发展

P2P 网络借贷作为电子商务在金融领域的延伸，是互联网金融的主要组成部分。P2P 网络借贷平台，是 P2P 借贷与网络借贷相结合的金融服务网站，通过将线下的借贷流程移植到互联网上，借助互联网的大数据存储技术和云计算能力来简化借贷流程和审批程序。P2P 网络借贷公司在互联网上提供一个发布借贷信息的平台，借款人通过一系列的资格审查后在平台上发布借款信息，同时众多拥有闲置资金的出借人在平台上注册后寻找合适的借款对象并向其投标，每份标额较小，可由多人投标或一人多投，一旦借款满标，经过平台的审核后向出借人划转资金，到期后归还本金和利息。

2005 年，P2P 网络借贷服务在英国首次出现。这一信贷模式凭借高效便捷的操作方式和个性化的利率定价机制，使借贷双方互惠共赢，一经推出便得到广泛的关注和认可，迅速在其他国家和地区复制。目前国外知名的 P2P 网络借贷平台主要有英国的 Zopa、美国的 Prosper 和 Lend-ing Club、德国的 Auxmoney、日本的 Aqush、韩国的 Popfunding、西班牙的 Comunitae 以及巴西的 Fairplace 等。其中，以英国的 Zopa 和美国的 Prosper 最有代表性。Zopa 于 2005 年 3 月开始在英国运营，是全球第一家 P2P 网络借贷平台。截至 2013 年，Zopa 拥有的会员超过 50 万个，合计撮合了 4.55 亿英镑的贷款，贷款坏账率仅为 0.2%。Zopa 平台可以为不同风险水平的资金需求者匹配到合适的资金出借方，后者以自身贷款利率参与竞标，利率低者胜出。Zopa 要求借款人具有可信的身份证明材料、偿债信用记录和不低于 1 万英镑的年收入证明。在交易中，激进的放款人可以选择愿意支付较高利息但信用度较低的借款人，而保守的放款人则会选择信用度较高但愿意支付较低利息的借款人。为了分散风险，每个 Zopa 放款人不能为单一借款人提供资金，至少要覆盖 50 个借款人。Zopa 的主要收益来自借款人融资金额 0.5%的手续费，以及放款人贷出款项 0.5%的年费。

国内 P2P 平台起始于 2007 年成立的总部位于上海的拍拍贷，近几年来国内的 P2P 网络借贷平台发展迅速，相关统计显示，在有关部门登记注册的平台已超过 2000 家。目前国内 P2P 网贷平台因借款期限、金额、利率、用途、借款对象和是否担保等方面的不同，差异较大，市场分化明显。

依据借款期限和借款用途不同，可分为经营短期消费借款与短期资金流转的平台与经营长期投资借款的平台。前者主要以拍拍贷、温州贷等为代表，借款期限一般在 6 个月以内，借款金额有大有小，拍拍贷平台上的借款金额较小，多为 3000 元左右，温州贷平台上的借款金额较大，多为 100000 元以上；后者主要以诺诺镑客、陆金所平台为代表，借款期限在 1 年以上，借款金额多在 50000 元以上。

依据借款对象不同，可分为不划分借款对象的平台和有固定借款对象的平台。以人人贷为代表的绝大多数平台不划分借款对象，但不同的平台在实际运营中通过期限、利率和金额的不同分割了整个网贷市场，固化了自己的借款对象；后者以宜信集团旗下的宜农贷、宜学贷等为代表，向农民、学生和城市白领等特定的借款对象发放贷款。

依据借款是否有担保的不同，主要可分为有担保的平台和无担保的平台，这里的担保是指平台或平台合作的担保机构为借款人提供担保，而非借款人自己提供的担保。大多数平台不提供担保，投资者及出借人投资自担风险；陆金所等少数平台提供担保，一般与金融机构合作，由它们为借款提供担保。与有担保的平台相比，无担保的平台上借款利率较高，年利率大多高于 20%，但同时无担保的平台相应对借款人的认证要求比有担保的平台要低些。

3. P2P 电子商务模式的发展风险与防范

2011 年 7 月 21 日，积累了 10 万注册用户、自称“中国最严谨网络借贷平台”的哈哈贷发布了关闭通告。哈哈贷是一家由嘻哈（上海）网络技术有限公司运营的 P2P 平台，此时距离其正式运行只有一年半的时间。哈哈贷的通告显示，其关闭的主要原因是目前中国市场的信用问题及哈哈贷遇到的运营资金短缺问题。哈哈贷的终结对国内发展得如火如荼的网络借贷而言犹如一盆冷水，这一借贷模式的运作方式、背后潜在的风险及发展前景等迅速在行业内掀起了层层波澜，同时也引发了金融监管部门的关注和警觉。

2011 年 8 月 23 日，在哈哈贷发布关闭通告后一个月，银监会办公厅印发了《关于人人贷有关风险提示的通知》，指出在当前银行信贷偏紧的情况下，人人贷（P2P）信贷服务中介公司呈现快速发展态势。这类中介公司收集借款人、出借人信息，评估借款人的抵押物，如房产、汽车、设备等，然后进行配对，并收取中介服务费。对此，银监会组织开展了专门调研，发现大量潜在风险，要求银行业金融机构建立与人人贷中介公司之间的防火墙，严防人人贷中介公司帮助放款人从银行获取资金后用于民间借贷。

P2P 式的民间借贷能够很好地满足小额贷款需求，是正规金融机构的有益补充。但是传统的 P2P 借贷模式坏账成本较小，不规范性导致诚信缺失现象频发，出借人的利益不能得到很好的保障。近年来，网络借贷商们一直在探索一个能解决诚信机制的管理体系。2013 年 9 月上线的联合贷借助 O2O 模式，引入质押模式，要求资金需求者具备与借款需求相符的担保物，并对其进行严格的保证金质押、资格、借入审核；同时给资金供给者提供开发接纳、积极采纳意见政策，在最大限度上保证彼此间自由、公平、公正地进行交易。这在一定程度上降低了资金供给者的风险。

除了上述提及的模式，行业里还出现了诸如 M2C（Manufacturers to Customer）模式，即制造商向消费者直接提供产品或服务的一种模式；G2G（Government to Government）模式，即政府间的电子商务模式；B2E（Business to Employee）模式，即企业内部的电子商务模式；B2M（Businessto Marketing）模式，即面向市场的电子商务等，感兴趣的同学可以课外自行了解。

4.4.3 SoLoMo 电子商务模式

SoLoMo 是著名风投机构、美国 KPCB 风险投资公司（Kleiner Perkins Caufield&Byers）合伙人约翰·杜尔（John Doerr）在 2011 年 2 月第一次提出的概念，他把最热的三个关键词整合到了一起：Social（社交）、Local（本地化）和 Mobile（移动）。随后，SoLoMo 概念风靡全球，被一致认为是互联网未来的发展趋势。

“社交”的作用在于保持朋友之间和活动的联系；“本地化”能够联系现实位置与实时活动；“移动”具有无处不在、随时可用的特点。具体应用如图 4-3 所示。

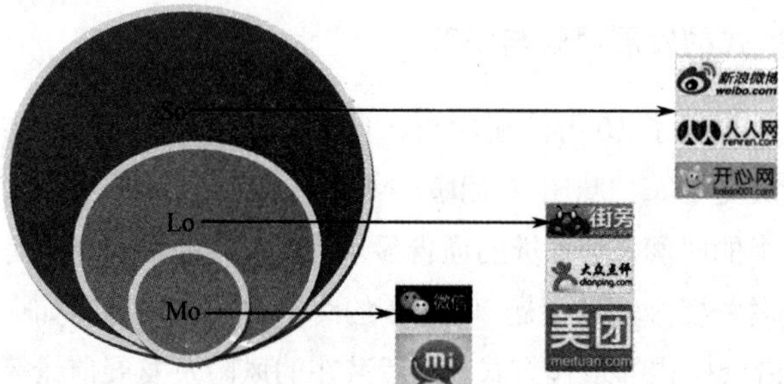

图 4-3 SoLoMo 的应用实例

（1）Social（社交的）

随着移动互联网和社会化媒体的发展，人们之间的沟通和交流变得越来越便捷，移动互联网的社会属性越来越强。由于各种移动设备包含了用户的兴趣、爱好、性格等信息，移动设备已经成为一个带有情感和情绪的终端，是用户个性和价值观的体现。用户通过社交媒体建立自己的兴趣圈、关系网，通过评论、转发、点赞等行为实现与其他用户的互动，从而达到对自己价值观的认同感。

（2）Local（本地的）

移动互联网是以 Local 为基础的，因此，要说到 Local 这个词，就必须提到 LBS。LBS（Location Based Service）意为基于位置服务，是根据 GPS 定位系统给用户提供的位置服务。

Local 可以理解为：位置关系，即人们可以依靠地理位置建立关系。但是，这种关系不是单纯的地理位置关系，它还是基于网民依据价值观、兴趣、爱好等建立的兴趣圈、关系网。基于用户兴趣爱好的地理位置关系，对于更加精确地定位用户需求、实现用户需求有很大帮助，同时也有助于提高移动互联网信息传播的效率和效果。

（3）Mobile（移动的）

移动的特性决定了移动互联网的迅猛增长。PC 端的互联网承担的主要是工作职责，而移动端更多承担的是娱乐休闲的功能，因为移动互联网具有随时、随地、即兴的特性。而这种特性，就是人们生活中的场景化、空间化和生活化。人的消费和传播行为要发生在某个特定的场景之中。在特定的场景中，如果人们的兴趣和爱好被激发出来，消费和传播行为也就会发生。移动互联网正好符合人们利用越来越碎片化的时间获取越来越碎片化的信息的需求，这主要是基于网民的价值观、兴趣，以及对信息获取和社交的需求。移动互联网让这种需求变得更加随时、随地、即兴。

SoLoMo 盈利模式主要是靠广告。

广告费收入包括线上推广收入和线下展板收入两个部分。

（1）线上推广收入：基于 SoLoMo 的电子商务平台可以向商家提供广告投放服务。当用户在某一地点通过移动客户端登录该平台时，就可以看到周围商家的有关信息。运营商可以向在该平台上做广告的企业收取一定的费用。对于部分商家，尤其是在经营规模和品牌影响力方面还有所欠缺但又希望在市场同类竞争中获得更多优势的中小商家，可以选择支付比一般商户高的费用，成为超级商户，享受该平台置顶推荐的服务。

（2）线下展板收入：运营商不但可以通过移动互联网为商家提供一些投放广告的机会，采取线下展板的方式也是运营商为商家做广告的一种不错的选择。商家通过运营商提供的展板做广告宣传，同时发布一些优惠信息，用户将带有 NFC（近场通信）功能的手机靠近展板，便可以获取商家的优惠信息，然后到店消费。对通过展板投放广告的商家进行收费，也是运营商盈利的主要来源之一。

05

第5章

微信电商

微信，不仅仅是聊天工具，更是一种生活方式。随着微信用户的日益增多，微信线上线下的交易需求也日益旺盛。伴随着微信支付接口的全面开放，商家交易的闭环全面呈现，用户可以通过在微信公众账号获取产品信息，进而直接进行购买并完成整个支付过程。

越来越多的商家、企业、个人纷纷入驻微信公众平台，各种垂直行业都可以在上面找到自己的位置，建立服务用户的交流渠道。此外，微信公众平台上各式各样的商业活动也越来越频繁，一个全新的、巨大的、开放的商业平台正在形成，微信公众平台真正成为商家们的乐土。

5.1 微信电商的商业价值

随着移动互联网时代的到来，微信已经悄悄吸引本地的商家加入。基于地理位置，以及好友相互之间的推荐，微信公众账号相比 B2C 网站及应用，更具吸引力。企业公众账号的作用将不仅是客户服务，更是类似淘宝上的店铺。客户来了、挑选了、买了、走了，整套流程都可以在公众账号内完成。

也许你不曾留意，不知从什么时候开始，我们的朋友圈布满了小吃店、服装店等信息。说到这里，大家都开始展开无限畅想，在微信的平台上会不会开满类似淘宝的店铺。或者，突然有一天，一位微信好友发来信息："亲，最新款式的夏季连衣裙刚上架，如果喜欢给你打八折，如果分享到朋友圈可返利 3 块！"。的确，微信诞生开始，一路打造个人通信工具、移动社交平台、微信开放平台 APP、微信公众平台、强大的 API 接口，力推 O2O 商业模式等举动可以印证：微信平台的未来发展趋势和微信的商业价值值得每个电商关注。

微信同电商的结合，会让越来越多的人愿意并倾向于把自己的购买决定交给别人，消费者甚至可以再现同闺密逛街、对衣服品头论足的线下场景。

5.1.1 微信电商进化历程

什么是微信电商？微信电商是指通过微信这个载体进行产品的销售，也可以理解为是嫁接在微信上的电子商务，还可以理解为建立在微信平台上的买卖。如果要给微信电商下一个定义，给它的定义可以是：人人是买家，亦是卖家。

微信能够以二维码、摇一摇等应用迅速切入电子商务市场与其强大的电子商务潜力不无关系。首先，微信具有足够庞大的用户规模，这些微信用户具有较强的沟通属性和较强的传播互动效应。其次，微信占据了人们生活中的碎片化时间，研究显示，四分之三的移动搜索会引发后续的活动，其中购买商品占到 24%。再次，微信让手机号、E-mail 等变成了"个性丰富的人”，从而实现精准营销。最后，微信的 LBS（基于位置的服务）功能能够实现电子商务的“一站式”服务，用户能够直接搜索附近商家，或者搜索到商家后，直接获取其地理位置信息。

微信在拥有了用户规模、碎片化、个性数据、LBS 等功能后，它可以从 O2O 外景基地、移动应用这三个层面切入电子商务流。首先，从圈子出发，微信与电子商务企业进行用户资源分享，让用户通过 O2O 模式体验电商相关服务，完成信息流的过程。其次，微信通过引导用户使用软件功能和服务塑造用户的电子商务习惯，形成商流。再次，微信通过精准营销促成用户购买产品和服务，完成资金的流转。第四，微信通过客户关系维护，提供全方位的售后服务体验，完成物流等过程。最后，用户将自己的购物体验与圈内朋友分享，通过“关系链”等链流形式推荐和分享购买体验，完成扩散传播。

接下来，我们来看一下微信电商的发展历程（如表 5-1 所示），由此可以更深入地理解微信及微信电商。

表 5-1　微信电商发展历程

时间轴	发展历程
2011 年 01 月 26 日	微信 1.0 版本发布
2012 年 02 月 03 日	微信公众平台立项
2012 年 08 月 17 日	微信公众平台上线
2012 年 11 月 09 日	微信公众平台消息接口发布
2012 年 11 月 21 日	微信公众平台开放认证
2013 年 02 月 06 日	微信公众平台审核注册上线
2013 年 08 月 05 日	微信公众平台分为订阅号、服务号
2013 年 10 月 29 日	微信公众平台免费推出九大高级接口
2014 年 03 月 04 日	全面开放认证的服务号支付接口
2014 年 05 月 09 日	微信公众平台新增投票和多客服功能
2014 年 05 月 22 日	微信认证拆分为资质审核和名称审核
2014 年 05 月 29 日	微信公众平台新增“微信小店”功能

从上表可以看到，微信在不断变化。2011 年 1 月，微信发布 1.0 版本时，只是以用户之间即时通信、图片分享为卖点的工具，可以理解为只是链接人与人的即时通信工具。而现在微信增设了公众账号、朋友圈和开放平台，打通了支付功能，正在朝着 IM+SNS+API 开放接口+Pay Pal 的超级入口平台方向走，一个闭环的商业模式已经形成。尤其是 2013 年 8 月 5 日，微信 5.0 版本推出微信支付功能后，微信已打通了 O2O 的最后一环，实现了线上到线下的完整闭环。这个时候，我们可以看到微信已经成为链接人与服务的平台，与此同时，我们也看到

微信在商业化的同时，也让微信成为了电子商务从PC端转战移动端的重要切入口。

2013年6月17日，微信低调地针对一部分公众账号开通了在线支付购物功能，腾讯同时也将旗下支付平台——财付通引入微信公众账号，用户可以通过在微信公众账号获取产品信息，进而直接进行购买并完成整个支付过程。微信试水购物和支付功能，意味着微信正朝着电商平台入口转变，为其实现商业化盈利铺路。当时，首个开通微信支付功能的公众账号是麦当劳，用户只需要关注麦当劳的公众账号，通过点击“会员卡特权”的详情页面即可获取麦当劳的产品信息，那时仅推出“茶点卡”服务，售价3元。用户可以直接在微信上购买，支付的方式只能选择腾讯旗下的财付通或者银行卡直接支付，购买的“茶点卡”在麦当劳实体店购买产品时出示即可享受优惠。

接着，在2013年“双十一”期间，腾讯电商果然祭出“撒手锏”——微信易迅闪购卖场，试图用“微信+易迅”的闪购模式“干掉”淘宝购物车。仅半个月后，根据腾讯电商公布的数据，其微信“精选商品”的订单数已经突破了20万单。这其实是一个可怕的数据，从微信电商体验出“整个购物流程流畅得可怕，简单得可怕，方便得可怕”。当然这只是微信电商化的一个小插曲。随后，2013年12月26日，在铁道部火车票网上订票唯一官网——12306网站推出了新版及智能手机客户端后，紧接着，名不见经传的猎豹浏览器突然宣布推出微信抢票功能，一下子登上了各大媒体的“头条”。用户只要在自己的微信中搜索“我的猎豹浏览器”，关注该公众号，然后通过“在线抢票”功能，登录自己的12306账号，按照软件上相应的提示进行操作，再通过手机银行完成支付。最后，只要拿着自己的身份证到火车站窗口取票就可以了。在微信推出微支付后，通过与电子商务快速结合，使得微信成为移动电商领域不可忽视的力量。

而后，在微信5.0版本的时候，微信展示的不仅是将“扫一扫”直接拉到一级菜单中，与摇一摇、朋友圈等功能并列，还增加了扫描条码、封面、街景以及文字等内容，各种后台信息扑面而来。除此之外，微信线下加速招揽传统行业，其他电商借道微信是为了布局移动电商，而腾讯自身借道微信瞄准的却是更大的线下市场，腾讯电商已经悄然开始了线下的“圈地运动”。

在微信5.2时，微信的“我的银行卡”界面发生了较大的变化，有点类似于手机支付宝。下面放置了系列精选商品，含有普通的电商产品，如美妆、家居、电器、婴儿用品等，数量并不多。但客户没法直接购买，只有通过易迅网的APP去购买，这里易迅网APP的转化率是非常高的，通过普通商品引导用户转战到易迅，也许这就是微信5.2的较大突破。

在微信5.3时代，微信进一步加强了社交方面的功能，新版微信中增加了面对面建群，当朋友之间想组织聚会商量好去处的时候不用再疲于在好友清单中逐个选择，用户可以和身边好友通过约定数字的方法建群。而在微信群建立数分钟之内，身边好友可通过输入相同数字的方式进入该群；但超过一定时间后，好友则只能通过群二维码或直接邀请的方式进入该群。更为重要的是，在微信5.3时代，用户在朋友圈发布照片时可附上所在餐馆、景点的位置信息。通过与大众点评进一步的深度合作，融入了富有社交特性的本地生活服务。同时，新版微信中还推出了为自己的收藏添加标签的功能，用户可以给自己添加的收藏或聊天记录加上标签，以便日后搜索、查询。而由此我们也可以看到，微信一再提高群权重，一方面是为了增强微信活跃度，另一方面则是为日后 O2O 等兴趣消费打基础。

在 5.3 版本的微信中，微信商业化的环境得到了较大的完善，不仅仅是腾讯 O2O 战略实施的一个生态环境，位置信息还会大大提升腾讯微信广告系统，也就是广点通的实施环境。腾讯 O2O 和移动电商的梦想也正一步步实现。另外，微信也推出了广点通上线的微信广告自助平台，而这也将成为公众账号特别是订阅号的主要变现方式之一，尤其是 200 万的微信公众账号都可以轻松成为微信广点通的广告客户。广点通的广告投放管理后台植入微信公众账号后台，微信公众号管理者将获得更多自主权（如可选择性投放广告、同时为本公众号广告进行定价）；广点通还将为微信公众号管理者提供后台自动广告费结算功能。

微信广告系统——广点通的意义还不仅在于可以预见的庞大的流量变现本身，其广告系统的另外一个深层次的含义是打通微信商业化的环境，为众多企业公众号提供广告系统，其实就是提供了可竞价的商业流量，商业流量才是实现腾讯移动电商梦想和 O2O 战略的基础。

截至目前，我们可以看出微信经历了三个重要的发展过程。

第一阶段，平台化。微信通过打通 QQ、邮箱、手机通讯录、微博等产品，帮助用户有效地整合和管理关系链，这看似普通的举动，实际上是在信息碎片化时代关于沟通内容与手段的有效整合，也满足了用户的深度沟通需求，同时也让微信转型成为一款平台级产品。

第二阶段，社交多维化。在现下“半熟社会”较突出的环境下，微信打造并管理了一个全新、多维的熟人与陌生人并存的社交关系圈。LBS、摇一摇、漂流瓶等社交手段的出现，让用户获得更多的沟通与交流方式。

第三阶段，电商化。随着微信支付的全面开通及扫一扫——扫街景、二维码、条形码的出现，让我们再次看到了微信电商化给生活带来的便利。

我们可以看到微信的进化，尤其是电商的进化。通过目前微信产品的规则，大家可以看出它的用户属性层次：社交沟通→增值服务→娱乐游戏→广告营销→电商交易。似乎可以看到，微信的每一次变革都是为电商在作准备。

5.1.2　微信电商与淘宝比较

淘宝的优点在于大量商品的浏览与比较、便捷而可靠的支付、严谨的售后体系，显然，这些对于买家是有利的。微信的优点在于点对点的频繁推送、对于客户不断增强的黏度，这些对于卖家是有利的。

微信相比阿里系任何一项独立的业务最大的优势在于功能的一体化，即集社交、支付、电商平台等功能于一身，集中化可以更容易将用户引导到电商平台，完成交易，增加黏性。另外，微信电商相比于淘宝更为方便，不管是拍照、宣传推广还是实现交易都非常方便，沟通也非常顺畅，基本可以脱离 PC。

此外，微信电商与淘宝的用户群也有一些区别，如表 5-2 所示。

表 5-2 微信电商与淘宝的用户群区别

平台	用户群
阿里	更强调的是将用户从 PC 端转向无线端
微信	优势在于“新增”用户

微信电商与其他电商的主要区别如下所述。

（1）信息推送精准。企业微信公众平台推送给用户的信息的到达率是 100%。微信公众平台上的粉丝质量要远远高于微博等其他媒体平台上的粉丝，只要注重对用户的人性关怀，控制好发送频次与发送的内容质量，一般来说用户不会反感，并有可能大大提高客户的忠诚度，使其成为商家某产品的忠实粉丝。

（2）操作的便捷性。商家或企业只需将其公众平台的二维码发布出来，用户扫一扫就可以成功关注，并获取相关信息。另外，商家和企业只要将自己的 LOGO 设置到头像上，就可以实现商标的传播，也可以将自己品牌的简介加到备注栏进行宣传。

（3）用户参与的主动性。每一个公众平台都必须是用户主动添加关注，没有关注则没有营销，这样就完全避免了用户反感情绪的产生，并且微信的每条营销信息都是一对一发送的，比大众媒体的心理感知要好。

接下来，我们从登录能力、平台属性、购物方式、支付工具、营销方式等几个方面来探讨一下微信电商与淘宝的区别。

1. 登录能力

与传统的电商服务相比，微信多了四大能力，即微信账号登录、微信支付购买、微信通知互动、基于 SNS 的消费者主动传播分享。微信登录的能力，可以让电商平台不需要有自己的账号体系。通过多种方式登录微信，如 HTML5 的网页登录、APP 的一键登录等，用微信支付直接完成购买，购买成功后，还可在微信朋友圈传播分享。

2. 平台属性

淘宝是一家平台独大、绑定所有商家进来建店，由 PC 互联网而生；微信是线上、线下商家各自建店但通过公众号向用户定向服务，由移动互联网而生。上淘宝购物的用户属于淘宝，不属于商家；上微信购物的用户属于商家。商家在淘宝争取新用户和陌生用户，是一次性的，商家在微信维系老用户，是永久性的；淘宝对于商家而言是在线地产，微信对于商家而言是 CRM。

3．购物方式

淘宝给用户的体验是，基于海量商品的搜索和选择带来的购物快感，“淘”是其核心要义；而微信则更注重朋友圈带来的共同价值观、审美取向，以及信任感，淘宝是跟陌生人做生意，而微信则大多是跟身边的朋友做生意。

在这里，我们先来了解一下电商常用的两种交易类型（如表 5-3 所示）。

表 5-3　电商常用的两种交易类型

类型	示例场景	作用及意义
主动性	天冷了，想买羽绒服了，主动去商场购买、寻找	目前国内已有的几大 B2C、C2C 电商平台在商品展示和搜索方面属于主动型交易
隐藏型	本来没想买东西，朋友们的分享，勾起了人们的购买欲望	微信电商通过朋友圈的分享传播发展起来，隐藏式的交易需求增长很快

综上所述，微信的这种先天优势，让微信和很多 B2C 的电商未来结合的想象空间巨大。而我们也可以预见：未来会有很多忠实用户，通过微信支付登录第三方电商平台。与此同时，我们可以看到独立的 B2C，将借助微信圈的分享体系而发展起来。电商与企业结合，企业可以自己做品类展示，流量靠朋友圈分享传播，这种流量加货架的结合结构将改变中国整个电商业态。

当然，淘宝与微信电商的购物区别还主要体现在下面几点。

（1）购物生态。微信背后电商的生态基础是人流和资讯流，在此基础上实现商品流，但淘宝、天猫的生态基础是商品流，在此基础上实现人流。换句话说，淘宝和天猫是以货架为主导的集市生态，微信公众号是以粉丝经营为主导的全新品牌专营店。

（2）购物欲望。目前大多 B2C 的 APP 是依靠品牌对应用户需求带来的流量。换句话讲，就是人们想吃饭了才会打开团购客户端；想买衣服才会打开淘宝；想买手机才会打开京东。而微信则是路过式的。人们一天几十次甚至上百次打开微信，在无数次看到微信商城、电影票的时候很自然就会产生去逛逛的欲望。这种差异就类似于，“当你想买衣服才会去商场逛”和“你走在路上街边就是服装店橱窗，想买衣服随时停下就买”之间心理上的微妙差异一样。

（3）带客到店。线上线下相结合的 O2O 模式也可通过微信平台得到很好的应用。一方面是“带客到店”，这是通过微信的定位功能来实现的。企业可以将产品信息推送给附近的人，这比推送给所有的好友要更有价值。当用户收到信息并对其感兴趣时，就会光顾。这尤其适合餐饮类等服务型企业。另一个方面就是会员卡制度或是优惠券活动，通过扫二维码或者添加关注就能获得电子会员卡或优惠券，能够吸引用户添加好友从而开展后续的营销活动，另外还能够增加顾客的黏性。而微信平台的支付功能最终将使得企业利用微信平台打造的 O2O 平台更加完整，能够真正实现带客到店、加入会员、享受优惠、在线支付、售后跟踪等一条龙的服务。

4．支付工具

支付宝是支付工具，而微信支付只是以微信为基础，为支付提供应用场景的生态体系和底层架构。微信可以搭载各种支付工具，包括支付宝。支付宝是封闭体系，微信支付是开放体系。支付宝的理财产品是动用支付宝里的钱，微信支付的对应产品很可能是直接链接到第三方账户。微信支付主要是基于微信平台，基于朋友圈，基于场景化的一个应用。利用微信支付，可以将线上线下连接在一起，把移动用户转化为消费用户，使互联网的流量产生价值。而支付宝钱包只是一个工具，一个基础的支付功能，它并没有一个具体的平台去承载。

5．营销方式

由于微信是以熟人圈子为基础的社交关系，卖家可以作出精准营销，当有好的商品时，圈子中的熟人也会彼此推荐，即口碑营销。另外，无论是阐述商品细节、解答顾客疑问还是售后环节，都可以依靠微信进行及时沟通。

（1）客户维护。对很多淘宝店铺而言，多年经营已经积累了一批愿意重复购买的老客户，可并没有办法与他们沟通。B2C 电商一致认为，微信是维系老客户、提供更多服务的好工具，比较适合淘宝上的 C2C 的中小卖家，并不适合 B2C 大卖家。另外，通过微信建立起企业的客户关系管理数据库也是一个非常值得挖掘的方向，微信上的好友，是包含很多私人符号的宝贵信息资源，如性别、区域、喜好等，在未来可能获取的信息还会更多，通过建立数据库对用户特征进行分析，能够在未来更好地指导产品的营销活动甚至影响到设计与生产环节。微信电商和传统 B2C 电商的根本区别在于，微信电商是基于通信的点对点模式，而传统 B2C 电商则是基于媒体的点对面模式。

（2）运营成本。相对微信电商而言，自从微信的公众平台开放了第三方接口，留给了大家更多可发挥的空间。有人将它设置成一个专业的客户平台，有人把它开发成了微商城，这就给了卖家很多机会，他们完全可以在微信上开一个独立商城。微信运营成本低，接入一个第三方软件，建立好商城，一切可以在自动回复中完成，对商家而言真是省力又省心。

（3）圈子推广。圈子推广在门槛方面没有设限，你可以是中小商户，也可以完全以个人身份来销售。在圈子中，个人可以即时地发布商品图片和简介，并可以随时更新商品信息。由于受众群体本身就来自于成熟社交圈，因此，受众和信息发布者之间的到达度和信任度远超其他推广平台，类似“熟人生意”。

（4）推广方式。电商的微信营销主要通过公共平台、摇一摇、漂流瓶、位置标签等手段来进行信息的推送。商家通过文字、图片、语音等形式将商品信息、促销信息、物流信息、售后服务等内容发送给用户。

6．差评

微信由于是私密性的，而不是像在淘宝上一样，要纠结流量，要纠结差评，要纠结客服等众多烦琐的事。

7. 售前与售后

微信的即时通信功能为企业利用微信平台进行售前、售后的咨询与服务提供了很好的帮助。微信提供的文字、语音、图片、视频、多人通话等丰富功能，更能够满足用户获得清楚明了的帮助需求，同时费用低廉，对企业和用户双方都是一个很好的选择。

5.1.3 微信电商功能介绍

据科学统计，人眨眼一次的时间大约是 0.2～0.4 秒，而就在 0.35 秒内，手机厂商 vivo 在微信平台上举行了“抢鲜销售”，一眨眼时间卖出了 1000 台手机，通过微信支付的总销售额达到了 350 万元。那么微信电商究竟有什么魅力和有什么样的功能让企业可以在进行微信电商的时候创造奇迹呢？

企业之间的竞争已经从传统互联网转移到了手机端。人们从 PC 上解放出来，只要带上手机就可以随时随地地通过移动互联网做生意，这就是微信带来的商业革命。所以我们要想玩转微信电商，必须熟悉微信电商的这些功能。

1. 我的收货地址

在微信的个人信息界面中，有一项“我的收货地址”功能，用户可提前设置默认地址。打开微信，在微信中登录个人账号。点击自己的微信个人头像，会进入个人资料信息界面。在这里会看到“我的收货地址”选项，点击此选项，进去后就可以添加收货地址了。可以输入收货人姓名、地区信息、详细地址、联系电话及邮政编码，然后点击右上角的“保存”按钮（图 5-1）。

对于在微信公众平台上开通微信支付的商家，如果你在商家购买商品，商家可通过“我的收货地址”中的地址直接给你发货。

2. 微信支付

微信支付，是专门为智能手机设计的移动支付新体验。只需绑定银行卡即可在微信内、公众号内、APP 中，以及身边随处可见的二维码，简便快捷地完成付款。因其为商业场景在手机中的闭环提供了全新的解决方案。在微信看来，微信支付不只是支付，更看重其与公众平台形成线上线下的支付体验闭环：例如，在用户购买商品之后，可以同时关注公众账号，随后会不定时收到线上信息推送，并形成再次购买。

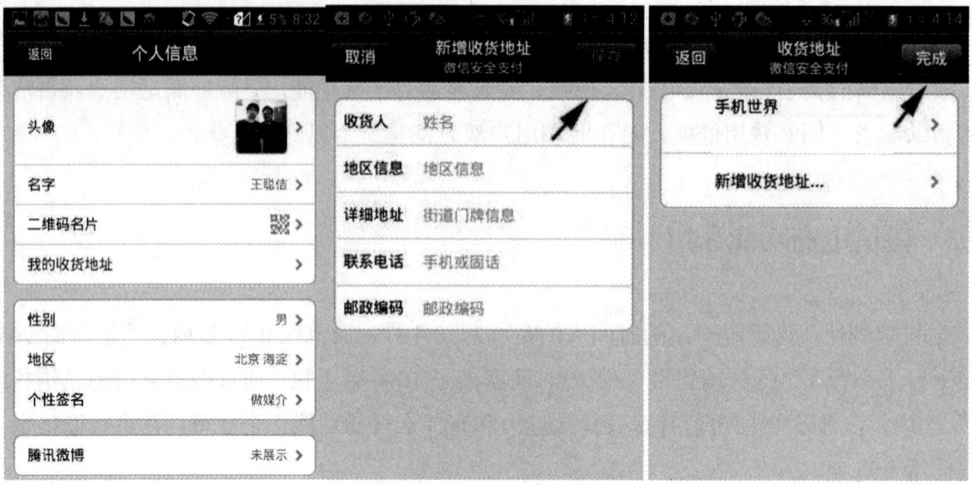

图 5-1　我的收货地址

当然，微信支付最大的价值在于用深度服务与用户进行更深度的链接，当他喜欢你的商品时，微信会启动点对点的分享能力和朋友圈的分享能力，让用户把他喜欢的商品在里面进行传播。支付不仅是支付，是支付行为带来的消息触达，社交网络传播和用户的深度关怀。

目前，包括手机充值、买电影票、买彩票、买商品券、收看互联网电视付费节目、图片打印、购买咖啡等功能都可通过微信实现。以大众点评为例，借助微信的账号体系，接入微信支付功能，受到了用户的极大欢迎。在接入微信支付的一个多月的时间内，交易额增长了 7 倍。

此外，通过微信支付，去哪儿网用户在支付环节中将更方便快捷。尤其对移动旅行用户来说，微信支付大大降低了支付使用门槛，提升了全程支付体验。为了保证支付安全性，微信在认证安全商户的网页上会有“微信安全支付”提示。另外，微信支付联合 PICC 推出了 100% 全赔保障。用户若因使用微信支付造成资金被盗等损失，将获得 PICC 的全赔保障。

目前，微信支付的支付场景有很多，其中包括自动售货机运营商友宝（一元购买饮料体验微信支付）、太平洋咖啡（微信支付一元购买咖啡）、美图应用印美图（通过微信现场 LOMO 照片打印）、腾讯旗下电商网站易迅网（扫码支付体验）、财付通 QQ 彩票（微信支付一元购彩票）、电视及视频服务提供商（用微信控制电视，微信支付购买收费节目）、海尔空调（用微信控制空调）等。就目前来看，用户对于微信各个场景下的接受度在逐步提升。

以友宝为例，目前友宝共提供超过 1 万台终端设备进行微信支付，通过一个月微信支付的推广，在原来地铁整体的支付购买量中，使用微信支付占比达到 25%，原来几乎全部用现金购买；微信购买客单价比之前的客单价高出 22%，同时活动前后总体销量也增长了 10%。

（1）微信支付的接入方案

2014 年 3 月 4 日，微信团队宣布，微信支付接口正式向认证服务号开放，这意味着消费者不用跳出微信即能买到所需商品，实现闭环电商。企业在接入微信支付后，用户在购买物品时无须再使用复杂的网银转账，而是仅需进入微信支付界面，输入支付密码就能完成交易，这将提高商家的交易转化率和用户的购买效率。除此之外，微信支付接口全面开放意味着线上线下支付工具的改变，能够利用用户碎片化时间，为其提供更为有效且便捷的支付方式，这更有利于实体店和大型零售商执行 O2O 模式。用户只需在微信中关联一张银行卡，并完成身份认证，即可将装有微信 APP 的手机变成一个全能钱包，之后即可购买合作商户的商品及服务，用户在支付时只需在自己的智能手机上输入密码，无须任何刷卡步骤即可完成支付，整个过程简便流畅。

微信支付全面开放后，为基于微信的移动商家提供了更加便捷的微信支付接入方案。完全公开、自助，只要是通过微信认证的服务号（限企业 / 网店商户 / 媒体类服务号）均可自助申请，申请流程十分简单。根据微信的官方介绍，开发者申请微信支付需要经过四个步骤：申请成为服务号并申请微信认证——填写相关资料（财务审核、业务审核等）——开始开发工作、在线签订合同——缴纳保证金、申请全网发布、售卖商品。值得关注的是，微信只面向已经通过微信认证且其经营范围属于首次开放类目的服务号。微信接入商户只限实物类的经营，包括商超百货、服饰鞋包、母婴、食品、数码家电等 20 多个类目范畴，如图 5-2 所示。在资质审查方面也非常严格，要求商户必须具备相应的执照或许可证。同时，申请微信支付的商家，需要支付 2 万元风险保证金和 0.6%的费率。目前微信支付使用的是 B2C 即时到账接口，暂不支持 C2C 的担保交易类型。

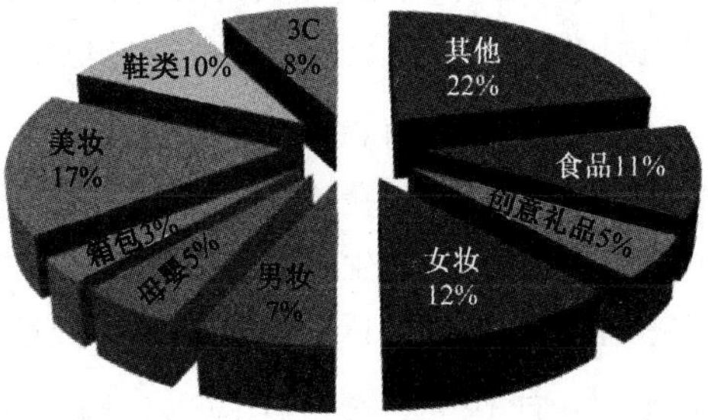

图 5-2　微信支付商户类目构成图

（2）微信支付的 3 种支付模式

微信支付目前分为扫码支付、APP 内支付和公众号支付三种。开放后的微信支付共有两种主要支付方式：一种是在微信内打开网页购买商品，再调用微信支付；另一种是线下商家为商品生成二维码，用手机扫码支付即可。也就是说，用户既可在公众账号中直接买东西，还能在百货店里扫描条形码直接支付。

第一，扫码支付。用户利用微信“扫一扫”功能，即可获得商品的信息和价格，再使用微信支付完成付款。如中国知名的自动售货机运营商友宝与微信的合作就是扫码支付。在友宝自动售货机里，每件商品都对应一个二维码，只要用微信扫描这个二维码，就进入了微信支付页面，输入支付密码完成支付后，售货机就会自动弹出商品，整个过程只需几十秒。

第二，APP 内支付。所谓 APP 支付，就是在使用第三方应用消费时，可选用微信支付的方式，其中大众点评 APP 已接入了此功能。大众点评与微信的合作模式则是 APP 内支付。当用户逛街逛累了想要找吃饭的地方时，不仅可以在大众点评的手机客户端找到最近的餐厅，还可在里面直接通过微信支付购买团购券，非常方便。

第三，公众号支付。像《参考消息》的数字订阅中心官方微信“参考小秘书”，就可让用户在这个微信公众账号中直接支付，订阅《参考消息》的纸质报刊。《参考消息》开通了微信账号“参考小秘书”，用户可以直接选择“购买订报卡”，选择按年、半年、季度、月等付费套餐，完成支付，即可订阅。

（3）微信支付的未来

第一，近程远付模式。目前“服务号+微信支付”的模式，可以让商家在“近程远付”的场景中对线上和线下进行有效整合。“服务号+微信支付”模式，可以让商家把自己现有的资源与微信进行整合，如现有的会员体系、促销手段和线下资源等。由此可以看出，与线上购物、线上支付的“远程远付”模式相比，微信的优势在于“近程远付”，例如，消费者在商家的线下门店也可以完成在线支付。

第二，指纹支付。微信下一代版本将推出指纹支付，彻底解决手机丢失、资金安全的问题。到时候用户使用绑定的银行卡进行付款时，再也不用输入密码，直接按一下指纹就可以完成支付交易。“指付通”所支持的指纹支付方式，在消费付款时，无须银行卡、现金，只需在专门的支付设备上按下指印，系统将自动识别出相关的指纹信息，并关联到已经绑定的付款账户，在消费者正确输入身份识别码后，商户就会从该账户中扣款。

第三，微信 POS 机。微信将推出线下的 POS 机——微 POS，主要针对本地生活服务商家提供支付具体解决方案。微信 POS 机就是消费者选购好商品后给该柜台导购员，导购员在微信 POS 机中选取该商品，此时，系统将自动生成商品二维码，消费者通过微信扫描商品二维码，输入微信支付密码即可完成支付，整个扫码支付流程只需几秒钟。

第四，摇一摇支付。2013 年 9 月 18 日，腾讯旗下的财付通宣布，通过微信的摇一摇和二维码即可实现转账支付。一种方式是通过微信摇一摇，找出目标用户，然后利用财付通开发的转账应用即可实现转账，这一支付场景和模式将会越来越多地用于多个好友共同外出聚餐、KTV 等集体活动中；另一种方式是通过刷与信用卡绑定的个人二维码完成支付。二维码扫描与支付的结合将能够使用户实现“即拍即买”，看到商品二维码拍摄下来即可进行购买和支付。

综上所述，作为微信全面开放的重要一步，微信支付接口的开放为第三方微信服务号提供了一整套移动支付解决方案，企业获得了低门槛链接亿级用户的机会。对用户来说，各行各业商家的接入，带来的是丰富的生活服务场景。对行业来说，开放的公众平台加上全面开放的支付能力，将为该功能的完善打下坚实基础，也将深刻影响到移动互联网未来生活的发展。另外，还可以看到微信的付费订阅模式将逐渐流行。所谓微信内收费，是指在使用微信账号的过程中发生的交易，如娱乐（游戏的增值服务）、文学（杂志的延伸阅读）、电商（电商账号的交易）及线下交易发生的移动支付（二维码商铺）。

3．微信价

1 分钱 5 元现金券和小米表情包、1 分钱开通爱奇艺会员、1 元任买饮料或食品……这些都是近期企业为微信用户专供的“微信价”。用户已经养成逛淘宝、京东的购物习惯，对于用户而言，最佳吸引用户的方式无疑是给他们直接的优惠。越来越多的企业愿意和微信联手打造“微信价”。

所谓“微信价”是指商户希望通过让利的形式，将用户吸引到自己的电商体系中，从而得到高黏度用户。微信为电商企业提供了一个建立用户链接，并提供长期服务能力的全新系统。微信价在本质上可以理解为企业在给自己付费鼓励用户主动建立链接，这种链接一旦建立就成了企业的无形资产，成为一种难以撼动的能力。对大批传统电商而言，微信支付如同打开移动电商的钥匙，代表着未来。接入各方以较大的优惠力度来培养用户习惯，努力尝试各种可能的方式，使得微信价成为一种移动电商的新流行。

4．我的银行卡

在微信界面打开“我”板块，再打开“我的银行卡”（钱包）栏目，就会发现微信经营着一个独立的 B2C 电商入口，其中包括“手机充值”“理财通”“滴滴打车”“精选商品”“微信红包”、“AA 收款”等栏目（不同地区、不同电信运营商，栏目品种会有所不同）（图 5-3）。当然，微信商城将会陆续开放，并提供更多开放平台商家商品。

图 5-3　我的钱包

5．微官网

微官网是为适应高速发展的移动互联网市场环境而诞生的一种基于 Web APP 和传统 PC 版网站相融合的新型网站。企业可以借助第三方开发平台，如微信通、微盟等。这些第三方平台为企业提供了多套精美的模板供其选择，也可根据自己的需求自定义，设计自己喜欢的网站风格，使企业品牌展现更加赏心悦目，提高用户关注度，改善用户体验，这对于企业提高营销效率也具有一定推动意义。

企业建立微官网就等于建立了企业形象，就等于在无形中对企业进行了宣传推广，进而赢得市场先机，提高竞争力，获取长足发展。企业可以在微网站中将商家简介、产品展示、服务说明、促销信息、活动公告、地址、联系方式等内容分享到微网站，让顾客方便、快捷、全面地了解企业。

在微官网上，企业可以在固定区域对精选商品或具有特色的商品进行展示，达到商品推荐的目的，以吸引用户浏览；支持微视频功能，视频是一种集声音、图画、文字于一体的画面形式，对消费者的吸引力更大。另外，企业有了自己的微官网，就相当于迈出了微信营销的第一步，对未来微信营销有强大的推动作用。企业通过微网站上发布的产品和服务，是让顾客了解自己，并通过后续的跟进，达成成交。

6．微商城

微信商城（又名微商城），是指在微信公众平台上推出的一款基于移动互联网的商城应用服务产品，结合微信的支付功能，实现商家与消费者的在线互动。基于微信公众平台的商城系统，具有如下优势：无须开发 APP，也无须重新建站，更不用装修商城店面，第三方开发平台就可以为你定制属于你的微信商城。与传统电子商务平台相比，微信商城更方便，可随时随地为消费者提供购物服务。

消费者只要通过微信平台，就可以实现商品查询、选购、体验、互动、订购与支付的线上线下一体化服务模式。微信商城，最大的变化就是将互联网搬到了移动用户端上。另外还有重要的一点，用户只有关注后才能进入微信商城，这使得微信商城在留存客户上有优势。

总而言之，基于微信支付场景的电商应用——微信商城，突破了传统的互联网思维，开拓了全新的营销渠道。

7．微信小店

有了“微信小店”，商家即使没有任何技术开发能力，也可以开启电商模式，对商品进行分类、分区陈列，真正实现“零成本”开店。同时，部分有开发能力的商家，还可通过 API 接口的方式，自行开发商铺系统，通过相关的接口权限更方便地管理商品数据等内容，实现更多功能。

2014 年 5 月 29 日，微信公众平台推出“微信小店”功能（图 5-4），凡是开通了微信支付功能的认证服务号皆可在公众平台自助申请“微信小店”功能，从而可批量添加商品，实现快速开店。“微信小店”基于微信支付来通过公众账号售卖商品，可实现包括开店、商品上架、货架管理、客户关系维护、维权等功能。商家通过“微信小店”功能，也可为用户提供原生商品详细体验，货架也更简洁。对于微信公众平台打造的原生电商模式的“微信小店”极大地丰富了微信及微信支付的应用场景，提升了用户体验。同时对商家来说，可以更有效地触达用户，真正技术“零门槛”搭建属于自己的电商平台，为用户创造价值。用户可在微信上享受到更顺畅和丰富的购物体验。

图 5-4　微信小店入口

8．微信 O2O

2014 年 5 月 6 日，腾讯微信进入百货、票务、餐饮等领域，同时入股大众点评、华南城等企业。腾讯电商之前由两大块组成：实物电商（易迅网+开放平台 QQ 网购+C2C 拍拍网）和 O2O（服务生活服务商户的微生活+服务实体零售的微购物）。而这一块实体 O2O 业务是基于微信在打造。

什么是微信 O2O？其实非常容易理解，可以简单地想象一个场景：好友转账，无须对方的银行账号，摇一摇微信即可；去超市购物，不用排长队交费，用微信拍下二维码，就能直接手机支付；到星巴克买咖啡，调出微信会员卡，直接和 POS 机连接刷卡……这些都将不再是纸上谈兵。

微信用户数量庞大，且便捷、随时随地使用微信购买支付功能，无疑将给电商的移动支付带来很大的冲击。在推出公众账号、开放平台、会员卡、二维码、整合财付通之后，微信平台已聚合了用户端与商户端两端的资源，并能通过二维码将两者信息串联，在整合了支付后，微信已具备了让一名用户与本地商户建立完整消费流程的 O2O 闭环。微信的定位应该是联通线上线下的超级生活服务平台。微信这个平台除了满足用户基本的通信、社交等线上需求之外，更多的是要把线上与线下打通，也就是所谓的 O2O。

此外，通过微信的 O2O，腾讯电商还将触及实体经济，这是一个比 PC 互联网大百倍的市场，而这也是腾讯与阿里将传统大军引入 PC 线上的不同途径。微信正在搭建一个以通信、游戏、电商为主的生活服务的平台和入口，牢牢把握着移动互联网的上网入口。

那么基于微信的 O2O 到底是什么样的呢？建立在微信基础上的以“二维码+账号体系+LBS+支付+关系链”构成的微信 O2O 模式已经出来。微信 O2O 的入口其实就是“微信+二维码”，而二维码也是线上和线下的关键入口，由此可见，“微信扫描二维码”成为腾讯 O2O 的代表型应用，如图 5-5。另外一点就是 LBS，微信电商跟传统电商还有一个不同，就是有位置，入口即地图，地图是让线下的人和线上的东西产生关系的非常有价值的手段。而微信的街景地图，在以后的 LBS 应用中可以直接调用腾讯的街景和地图接口，直接在应用里显示所在地方的实际街景数据。

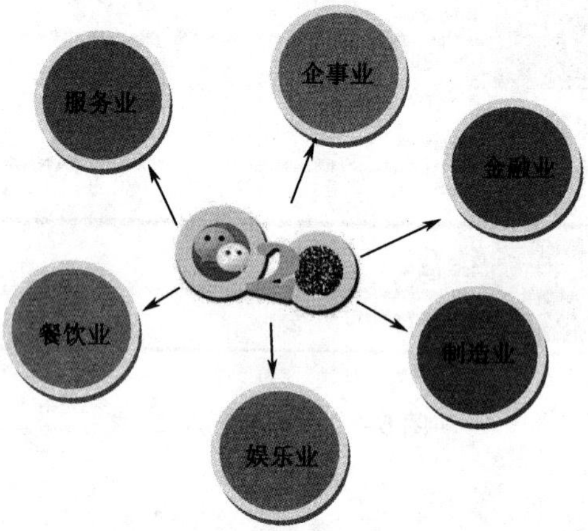

图 5-5　微信 O2O

微信网络平台具有强大的交流、传播、聚集能力，能提供大量创新服务，是企业线上线下产品服务交易的最佳手段。通过微信提供的“LBS+O2O+团购”创新模式，实现虚拟与现实的营销整合，使得企业营销渠道更加快捷、高效、多元化。腾讯微信用户可以通过文字、图片、二维码、视频分享等多种方式，向庞大的好友群体发送信息，无论在任何地点只需要选择定位的区域，都可以搜索到好友消息，并通过扩大地理区域范围，让更多的消费者了解到用户发布的产品信息，而且还具有自动添加好友等功能，能大幅提升品牌企业网上网下的整合销售能力。

微信 O2O 的核心是 SoLoMo。SoLoMo 即 Social Local Mobile（社交本地移动），基于地址服务（LBS）的社交媒体。例如，通过地理位置定位，消费人群能被引导至星巴克，星巴克也可根据 LBS 了解附近地段的人群，尤其是下午茶时间可以向周边人群推销自己的最新饮品、移动优惠券计划等，实现 O2O，即将线上世界和线下零售店两者的优点相融合。

9. 微信关系链：内容分享

2014 年 5 月 5 日，在 GMIC 全球移动互联网大会上，QQ 浏览器首席架构师叶骏透露，QQ 浏览器将与微信进行合作，引入微信关系链，并给予关系链进行内容分享。叶骏介绍，在接下来的版本中，QQ 浏览器除了直接使用微信公众账号的内容外，也将引入微信关系链，用户可以在浏览器里直接登录微信账号，并在 QQ 浏览器内对网页进行分享、推荐和标记，这些行为都将在用户授权允许的基础上推送给其他使用微信账号登录 QQ 浏览器的用户。也就是说，用户打开 QQ 浏览器将可以看到好友分享、推荐的内容，并在浏览器内直接浏览。

用户在浏览器里能够通过登录和授权微信账号的使用，在浏览器里面看过的内容，觉得有趣的、有用的，把它进行分享、推荐、标记，这些行为在授权允许的基础上都可以让微信好友在浏览器里直接看到。相当于我看了一个视频、点一个赞、评一个分，我的微信好友使用 QQ 浏览器的时候，去看视频的内容推荐，可能就看到了我推荐的电影，然后直接就可在浏览器上观看。但它不会是朋友圈那样以好友个体为维度组织，它还是以信息来组织，也就是基于关系链的信息流，主要通过信息筛选和推荐，我们相信关系链的引入，可帮助用户在复杂信息里进行筛选，获取他觉得更有价值的信息是有很大帮助的，这也是 QQ 浏览器的一个优势。

用户把内容发布到公众账号平台，授权腾讯在其他产品中可以使用，腾讯在给用户组织资讯内容的时候，除了传统门户、传统媒体，也可以把公众账号的内容作为内容源引入进来，它相当于变成浏览器提供的一个内容源。系统不需要给微信公众账号单独标注它的来源和一个独立的形态，腾讯让用户进入浏览器，例如，用户想看资讯，想看某一类别，甚至想看某一具体话题，如看浏览器行业，在看浏览器行业资讯列表的时候，这里面可能有来自网易的、来自腾讯的新闻，也有来自某个微信公众账号的新闻，都会混排在浏览器话题标签下，相当于多了一个很优质的内容源。

10. 微信朋友圈

微信朋友圈的月活跃账户一直在增长，目前已达 2.47 亿。微信官方透露，目前朋友圈分享传播累计超 10 亿次，每天用户上传图片数量超过 1 亿张。如果以收视率和阅读率来讲，微信朋友圈的影响已经堪比热门电视频道和知名报刊。与此同时，朋友圈的商业价值，也让人重新认识微信。

众所周知，微信里面有个朋友圈功能，平时自己遇到的新鲜事，或是有个小感悟，都可以发出来和朋友们分享。随着用的人多了，朋友圈的功能也开始出现了一些变化。如今打开微信朋友圈，除了朋友们发布的心情、状态外，圈内经常有微信公众号或是朋友发出的代购商品信息，每天更新的货品、原单、打折等促销信息让人目不暇接。朋友圈的展示形式是图片加文字，直观清晰，再加上手机端操作和浏览的便利性，用于展示商品似乎也合情合理。对于朋友圈逐步向购物圈靠拢，不少人开始有赞有弹。

当然这一切也意味着朋友圈或能成为电商入口。之所以说朋友圈能成为电商入口，是因为通过朋友圈可以让这些生意上的朋友去发展生意之外的圈子，反过来也更好地帮助他们去拓展更多的生意。而这也是微信“社交电商”的下一步，依靠微信的用户数量和已经建立起来的朋友圈，实现卖家直接在微信开店，在朋友圈中进行营销宣传，用公众平台做店铺，用微信聊天直接为买家提供沟通服务，利用微信支付功能直接完成交易。如果这样，微信在电商领域将迎来爆发性增长，势头直逼天猫和淘宝。

当然，从这里，我们还可以看到一个事实：许多产品一旦融入“社交”之后，都会马上变得很有意思。例如，网络相册可以存储你的相片，但只存储没有人看的话意义不大，一旦融入了关系链，让亲朋好友能看、点评、转发你的相片，价值马上得到了提升。再比如，在Blog时代，Qzone推出之后迅速吸引了大量用户，因为你在新浪写博客是非常枯燥的，而你在QQ空间写完之后，许多熟悉的朋友会看到，并在评论区给你回应。而依靠微信所带来的人脉资源，企业在微信电商这块可以得到很好的推广，因为人际关系（关系链）实在是非常好的融合资源，拥有非常普遍的想象力，许多事情，必须要与朋友一起来玩才有意思。举例来说，Facebook干脆把关系链做成开放平台，开发者用这些资源去融合其他的产品。那么，我们可以反过来思考，个人或者企业也可以利用微信所建立的关系链进行客户的维护与产品的口碑推广。

11．新拍拍网微店：个人商家费用全免

2013年6月3日，京东集团宣布了拍拍网正式进军C2C（个人到个人）领域，拍拍网招商计划正式发布，拍拍网打出“费用与流量”两大“撒手锏”。拍拍网在2014年3月被并入京东后，如今新拍拍网的招商政策中对于个人商家明确提出费用全免的承诺以吸引“其他平台”卖家入驻，拍拍网不仅大打“免费牌”，承诺“无平台使用费及佣金扣点”，还推出“一键搬家”功能。另外，拍拍网在招商计划中明确提出了鼓励商家开设微店，并将为商家提供接入第三方微店运营工具以降低运营成本，鼓励口袋通、微客多等微店第三方运营生态发展。值得一提的是，对于最敏感的流量问题，拍拍网将为所有商家做整站“引流”，并保证位置均衡分布给中小商家等。

那么拍拍网的全新招商有哪些要点呢？

（1）开店免费。拍拍网宣称，个人开店入驻简单，三步注册，两天审核，无平台使用费及佣金扣点。另外，商家提出入驻拍拍申请后，拍拍将在两天内进行审核并提供补贴：2014年平台使用费全免，新拍拍Beta版运行期间免佣金扣点。拍拍网明确表示，对当年9月1日前入驻的卖家全免2014年平台使用费用，同时新拍拍Beta版运行期间免佣金扣点（2014年7月6日前）。

（2）第三方运营工具。拍拍微店允许接入第三方运营工具。对于商家非常关心的微信店铺，拍拍将不强制要求商家采用京东微店系统，而允许用户选择第三方的微店运营工具。

（3）支付。拍拍将提供财付通、网银在线等第三方支付平台。

（4）优惠。拍拍可享受京东供应链的优惠价格：1～2999 单 7 折，3000～3999 单 6.5 折，4000 单以上 6 折。

（5）流量补贴。对于最敏感的流量问题，拍拍网将为所有商家做整站“引流”，并保证位置均衡分布给中小商家。拍拍表示将在合适时机，利用京东在微信端的生态资源为微店提供中心化解决方案。即提供微信入口的流量扶持，包括站内流量和站外流量，其中站内流量包括 PC 端（焦点投放、拍拍直通车等）、无线端（拍拍 APP、手机 QQ、微信）；站外流量包括网络媒体、CRM、社会化媒体等。京东方面表示，QQ 空间广告、QQ 客户端广告、QQ 秀，以及京东旗下的 DSP 平台“京东商务舱”也将被运用到商家的站外广告投放中。

综上所述，作为目前唯一可以承接店铺流量和跳转的 C2C 平台，拍拍网此举将帮助拍拍商家快速在微信电商渠道拓展，而这才是拍拍网在移动互联网时代有望胜出淘宝网的关键所在。

12．微信多客服功能

2014 年 5 月 9 日，微信官方“多客服功能”上线（见图 5-6），企业可以使用多客服接待客户需求。简单地说，就是将人工客服团队，可以全部搬到微信公众平台上。客服功能位于微信公众号后台“功能”项目下，与群发功能、高级功能并列，目前只对微信认证的服务号开放。服务号可以通过该入口添加多个客服工号，对客户咨询需求进行分流。客服人员的接待工作主要通过 PC 客户端和微信进行。客服下载多客服客户端之后，采用“工号@微信号”的形式进行登录，然后可以像 QQ 客服一样接收用户信息。在微信端，客服则需要关注公众号“多客服助手”来绑定工号，然后接收客户信息或者主动发送信息给客户。

图 5-6　微信公众平台多客服功能

微信多客服功能的上线，意味着微信已经从之前的服务平台，向完整的商业服务体系迈进，同时也意味着未来微信要在企业客服中扮演重要角色。而这，对于商家和企业而言，微信已经不是简单的营销平台，而是一套结构完整的商业服务体系，从获取用户到购买，再到后续的服务统统囊括其中，并且配合微信提供的各种接口，还能有针对性地进行推广。

13. 搜狗微信搜索

2014 年 6 月 9 日，搜狗上线了微信搜索功能（见图 5-7），通过该功能可搜索到微信公众号及公众号的内容。“搜狗微信搜索”主要是帮助用户搜索微信公众号及微信文章，对搜索内容进行综合整理，如用户可通过该平台搜索跟“域名”相关的微信公众号，以及域名资讯、域名新闻等。

我们看到，搜狗微信搜索平台启用了二级域名 weixin.sogou.com，搜索结果来自微信公众号，这让我们看到了用户将能在搜狗搜索页面查询和浏览微信公众号文章。值得一提的是，在搜狗搜索框中输入微信公众号关键词，便可在搜索结果页中查看相关微信公众号的文章列表，并浏览所有文章。用户不仅可以检索微信公众账号看到文章，还能通过二维码关注该账号。

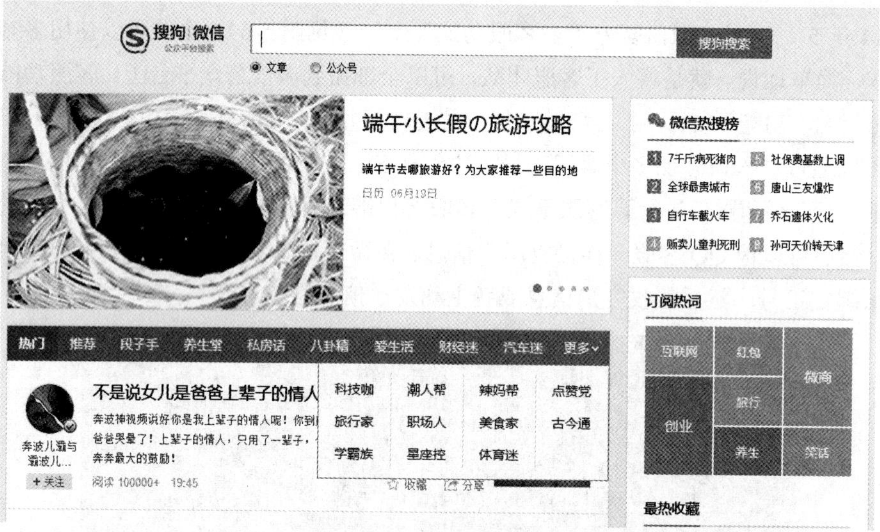

图 5-7 搜狗浏览器微信公众平台搜索功能

而这一切足以证明，借助搜狗提供的公众号搜索平台，这些微信上的内容得到分类索引，碎片化的信息得以重新梳理整合，进一步解决了信息流的效率问题。通过搜狗搜索独家提供的公众号平台，用户可以利用这个巨大“孤岛”上的信息资源，不仅可以享受更为全面的搜索结果展示，还能利用该平台提供的微信垂直搜索功能轻松检索订阅公众账号和其发布的所有文章。“孤岛”上的信息价值也将得以全面释放。

5.1.4 京东微店

2014 年 5 月 27 日，京东在微信的一级入口上线。用户进入微信和手机 QQ 的“购物”页面，可直接购买京东商城中的物品。新添加的“购物”入口位于微信的“发现”界面中，和朋友圈、游戏等功能并列位居微信第一入口。“购物”一级入口的页面中提供了三个子栏目：新发现、品牌和聚惠。当然，这三个栏目定位各有侧重，适应不同人群的需求，如表 5-4 所示。

表 5-4 购物页面子栏目

栏目	定位	用途
新发现	发现“潮”和“新奇”的好货	根据用户的喜好呈现不同的商品推荐
品牌	品牌特卖会	向用户推荐各大知名品牌的折扣商品
聚惠	以性价比制胜	向用户推荐最具性价比的单品

值得一提的是，随着微信“购物”一级入口的上线，京东微信公众号客服（公众号为京东 JD.COM）也同步上线，微信用户可通过该公众号在线实时便捷地联系到客服。另外，用户进入“购物”入口后并不会明显看到京东标识，只有进入订单页面，才会在页面底部看到“京东”字样。购买商品时均采用微信支付。

除了给京东新增一级入口外，另一个重要变化则来自于原“拍拍微店”项目，该项目此前是由拍拍负责的微信电商开发项目，以帮助卖家落地微信，为微信搭建 C2C 和 B2C 体系。在拿到一级入口的同时，京东也在整合腾讯电商资源，腾讯电商 C2C 平台拍拍网将于 6 月 5 日重新上线，京东也将借此进入 C2C 领域，通过长尾商品数量和商家的增加，完善电商生态布局。拍拍网相关负责人透露，新拍拍网将重点发力二手拍卖市场。此外，新拍拍网还将引入大量的长尾特色商品、农副产品、生鲜和海外购商品等品类。拍拍网方面表示将再建 C2C 生态规则，两个核心原则是“坚决杜绝假货”和“更公平的流量分配体系”。

另外，京东在微信的一级入口上线后，原“拍拍微店”的名称统一更改为“京东微店”，并由订阅号变更为服务号。根据微信发布的规则，其群发次数升级为每月 4 次，并具有微信统一认证。京东微店在搜索时会靠前，以方便用户快速识别京东微店。京东微店将遵从一般电商开放平台通用的交易形式：用户发生支付行为后，资金首先支付给平台账户，当用户确认收货后会在当天（遇节假日顺延）将款项打到商户的账户。买家支付成功后，会自动关注京东微店公众账号，并用京东微店公众账号为用户提供订单追踪、管理及维权的相关功能。当京东微店公众账号累积以后，会由京东微店大账号通过消息触达及菜单入口的形式为商户进行二次分流。

在京东微店的商户入驻资质中有一条规定，企业必须先注册企业类型的服务号，且该微信服务号不能开通其他第三方平台。同时京东微店作为平台对于商户入驻的资质审核、服务体系认证，以及中介支付担保也是京东微店作为目前最成熟的微信电商平台方为商户及买家提供的核心价值。

目前，京东微店店铺类型分为旗舰店、专卖店和专营店三种。其中，旗舰店是指商家以自有品牌（商标为 R 或 TM 状态）入驻京东微店开设的店铺；专卖店是指商家持品牌授权文件在京东微店开设的店铺；专营店是指经营京东微店统一招商大类下两个及以上品牌商品的店铺。在招商类目方面，京东微店主要吸引服饰、鞋、运动户外、3C、化妆品、饰品等 12 个类目的商户入驻（见图 5-8）。在三种店铺类型下，京东微店要求商户店铺名称中不得带有“官方”词语，且最多不超过 11 个汉字，中英文店铺名称最多不超过 32 个字符。商户将会按照以下规则进行命名：

旗舰店，命名规则为“品牌名称+（类目）+旗舰微店”；

卖场型旗舰店，命名规则为“服务型商标名称+旗舰微店”；

专卖店，命名规则为“品牌名称+企业商号+专卖微店”；

专营店，命名规则为“企业商号+品牌名称+专营微店”。

图 5-8　京东微店

5.2 微信电商关键要素

随着用微信发布产品的个人和企业越来越多，微信平台形成了一种电商销售渠道，伴随着微信产生了一种火热的网络营销方式，从它一开始标的为个人通信工具到移动社交平台、微信开放平台 APP、微信公众平台、强大的 API 接口，力推 O2O 商业模式等举动，我们已经可以印证微信平台未来的趋势和微信的商业价值是值得每个电商关注的。提及微信电商，我们就从传统电商关注的几个方面，如入口、搜索、流量、转化率及客服等进行入手来分析一下微信电商的关键要素。

5.2.1 微信电商入口

所谓移动互联网的入口，是指当用户需要某个东西时，用户只需打开一个软件就可以实现吃穿用住行的全部功能，而微信则被寄予了相当大的期望。以用户数已超过 6 亿的“微信”客户端为根基，腾讯已将旗下电商、游戏，以及 O2O 生活服务等板块接入进来将微信打造成一个开放平台，整合各种交易、支付及生活服务，进而打造出一个极具黏性的移动互联网接口。当微信无意间成为腾讯最重要的移动入口时，腾讯也在给微信添加更多的平台职能想象。

微信将凭借客户端汇聚的海量用户群为依托，塑造出一个集结各盈利模式、贯穿各类互联网业务的商业平台。更可以看到，微信正在崛起为移动端新的电商入口，电商都开始利用微信平台卖东西，腾讯旗下的电商平台易迅网“双十一”全天订单量突破了 8 万单。各路电商英豪都在盘算着怎么从微信这个大金矿中挖到宝藏。依靠微信带动熟人社交的“马太效应”，从接入航空、基金公司、电商业务再到杀入线下百货、餐饮业，微信支付撕开的不仅仅是 O2O 的缺口。

微信入口有其重要的价值。在 PC 互联网时代，浏览器是重要的入口，大多数内容的获取来自浏览器的网址栏；而在移动互联网时代，规则变了，随着微信的黏性越来越大，微信越来越扮演着用户手机入口的角色，未来微信将扮演类似于 PC 超级浏览器的角色。

微信将成为移动互联网上的“超级入口”，用户在微信上订阅各种内容和服务，不管要去其他手机上的 APP 还是网站，都会从微信直接跳转。

对一些爱拍照的人而言，微信是他们一个方便的相册，他们可以和朋友分享照片，从这个角度看，微信像是个社交网络；也有人会拿它当记事本，有事就拿起手机打开微信，语音记录；它还是个简单的提醒工具，只要语音告诉它时间和要做的事，它就能在准确的时间提醒你。而与此同时，越来越多的自媒体把微信当作发行渠道；越来越多的品牌开始把微信当成新形态的客户关系管理系统……总之，如果我们把微信这款应用当成浏览器，这个应用就完全有可能成为移动平台上的唯一入口。

（1）信息入口。从社交面方面看，微信扩大了腾讯原有的圈子，囊括了非 QQ 用户。微信不仅局限于沟通，而且进行偏媒体、偏本地生活的尝试，要做成用户获取信息、消费信息的入口。

（2）身份入口。“扫一扫”也是如此，通过点击就可激发，手机摄像头会识别所看到的东西，并将信息回馈给用户。其中二维码是个重要的纽带，微信支持每个人、每个微信群生成二维码，让它成为身份标识和入口，再通过“扫一扫”让别人具有最简单辨认到你的能力。另外，微信还将二维码的“扫一扫”功能拓展到了条码、图书、街景、翻译等领域，通过“扫一扫”实现了直接购物。

（3）搜索入口。微信全面加入了有关语音的诸多功能，可以说微信开始全面打造“Siri+社交+搜索+社区”的全新模式，在微信里，对话即搜索，对话即服务。

（4）流量入口。PC 互联网讲究流量变现，而移动互联网讲究用户变现。到了移动互联网上，单个大流量 APP 的变现价值会被缩小，但是大流量 APP 所积累的用户体系，却是一笔非常宝贵的财富。

据微信相关产品负责人介绍，微信基本可以初步实现激活用户的目的。这在 PC 端很难操作，PC 互联网效率比较低，用户一会儿听歌，一会儿看视频、新闻，在一大群页面中，很容易把平台推送的信息关掉或忽略。而手机互联网不一样，消息或产品信息推送后，用户一旦打开，就会专心看此信息或产品，触达效率十分高。对于企业而言，需要的就是打动用户，做好内容即可，所以微信会是微信电商的流量入口。

（5）电子商务转战移动端入口。企业都希望在手机上一站式地解决购物需求，那么移动电商现在最好的机会是，不用独立开发 APP，直接和微信做。主要有两点：第一，移动互联网的迅猛发展使得电商入口将由 PC 端转向移动端；第二，基于 LBS 位置定位，进行的粉丝、朋友圈互动方式在移动端也更容易进行用户之间的交互。

（6）O2O 入口。O2O 入口在此前单纯的二维码扫描功能的基础上扩展为条码、封面、街景和翻译，对应的地理信息产业将极大受益。此次功能的细分进一步拉近了微信与商家之间的联系。

（7）视频电商入口。视频和电商结合是趋势。微视极有可能成为重要的电商入口，也许将来明星为代言品牌录几秒，就可以完成整个拍摄活动，并可以在平台上传播。

（8）移动支付入口。微信支付不是一个纯粹的支付工具，它更像是给移动支付提供的一个完整的解决方案。这样的解决方案结合电商渠道，能让微信支付在工具能力的基础上，把微信用户基础、社交能力和开放的优势进行一个整合，以用户体验为基础，探索微信支付服务和价值的平衡。众所周知，移动互联网相对传统 PC 互联网的最大不同就在于其移动性和丰富的应用场景，而相对应的移动支付，其最大的便利性就在于场景支付。这一方便的功能是典型的用科技手段来改善现实生活的案例。再比如，购买衣服、咖啡美食，甚至是旅游服务，都可以使用二维码或者近场技术来完成。

（9）便捷的购物入口。腾讯微购物平台已于近期悄然上线，微信用户关注腾讯微购物订阅号并进入后，就可以选购平台上的 66 个品牌的商品，微信试水电商平台的步伐也在提速。目前，“美肤汇”的微信公众账号已加入了“会员购物专区”功能，这就使得用户可以不脱离微信，直接通过“美肤汇”的微信账号实现“一站式”的购买，享受其团购等会员折扣服务。

综上所述，移动互联网和电商的快速发展逐渐让移动端购物、支付变得更加便捷。这些无不昭示着，移动电商时代已经到来，对于依附于流量而生存的电商来讲，入口的地位显而易见，开通条码通增加入口，吸引流量，将是未来 3 年移动电商占据市场的主要方式。

5.2.2 微信搜索

就如创新工场创始人李开复老师讲的：微信岂止切入语音助手领域，简直有潜力成为“移动语音助手”，岂止“变身智能 APP Store”，几乎有可能“成为移动 Store”，岂止“分流移动搜索”，完全有机会“成为移动搜索”。

对话即服务，对话即搜索。而正是基于此，我们可以看到微信一定会蚕食搜索引擎市场……况且，搜索的本质其实也是服务，天气、旅游、购物、股票……而微信的对话就是搜索，我们可以看到，微信正在用“对话”这种聊天工具的方式重新定义各种内容对用户的服务。

在后搜索时代，越来越多的人不再通过通用搜索引擎来获取信息。以网上音乐为例，越来越多的人是通过音乐应用软件（如酷狗、QQ 音乐）来寻找和欣赏音乐产品，而不是通过百度来获取音乐（如他们多年来一直做的那样）。以前人们在网上购物（如以前所做的）首先用百度查找产品信息，然后去购买，而现在越来越多地是直接进入自己习惯的购物网站，直接搜寻并购买，或者首先使用专业的购物搜索应用进行性能和价格的比较。

与此同时，随着社会化网络的出现，人们搜索、获取信息的方式也在悄悄发生变化。人们进入某个社交圈，其实也是一种搜索、获得的过程。当一个人搜索并进入到一个社交圈子时，他已完成了一种意义重大的搜索，这个圈子能提供漫无边际的网上搜索得不到的高质量、高契合度和高适配度的信息。他使用通用搜索引擎的频率也就随之降低。

克里斯·安德森“Web 已死，Internet 万岁”的观点引申一步就是，兴起于 Web 时代的搜索引擎势必会衰落，当 APP 替代 Web 成为主流时，传统搜索引擎的好日子也就渐渐到头了。迄今为止，互联网应用经历了三个阶段，如表 5-5 所示。

表 5-5　互联网经历的三个阶段

阶段	性质	意义
第一阶段	堆	各种信息被堆积到网上
第二阶段	搜	人们在海量的信息中搜寻，先通用搜索，然后社区搜索
第三阶段	得	直接获取产品和服务，实现交往和交易

从上面三个阶段的发展中，我们可以看出大量 APP 的出现，使“得”越来越成为主流的网上行为。从这个意义上，可以说已经进入“后搜索引擎时代”，或者说，搜索引擎不再那么重要了。

与各大搜索引擎相比，微信除了已有庞大的用户基数，还拥有一些独特的优势。

（1）用户可识别。只有登录了微信账号之后才能使用相关服务，不论注册信息是否实名，至少对于腾讯来说，这些微信用户的搜索行为是可一一识别和区分的。这一优势为日后的行为追踪分析和个性化精准匹配奠定了基础。

（2）社交搜索，网络融合。微信的好友关系本身就是一种社交网络，用户的好友必然是该用户认识的人，信任度自然远超陌生人。因此，借助社交网络分析，向用户提供相关提示（如“你的 X 位好友近期在关注 Y 事物”，或者是“你的好友们还搜索 Y、Z 等关键词”），能够显著提升用户的搜索体验和信任度。如果更进一步，将腾讯体系内的 QQ、微博、朋友网等产品的社交网络与微信进行融合，那么这个效果将成倍被放大。在互联网的发展趋势中，基于页面超链接的互联关系终将失去一枝独秀的地位，以社交关系网为核心的“互联”必将成为未来的主流。

（3）精准搜索，用户特征数据连续而清晰。作为一款几乎每天都被使用的工具，微信可以连续地追踪待分析用户的诸多特征。例如，在沟通和朋友圈分享中主要涉及哪些主题、与哪些人互为好友、主要在与谁沟通、通常在什么时段在哪些地区使用微信等。这样的资源将使得微信有可能为用户提供更为个性化、更加精准的搜索结果，从而获得良好的用户体验。

（4）多元化搜索。除了基于关键词的搜索之外（输入关键词搜索或者划词搜索），微信还能实现语音搜索、基于自身位置的周边搜索（本地化生活服务类产品的重要营销通道）等。

综上所述，微信应该是下一代搜索引擎，这个搜索引擎面向的对象不是网站，也不是手机，而是手机应用。下一代搜索引擎包括语音识别搜索、应用软件搜索、新闻标题搜索、智能精准回复（类似百度互动百科）、商家平台（类淘宝）的精品推荐，其实就是百度搜索结果的推广，可以是新闻、可以是软件、可以是商业或品牌等跟搜索相关的商业广告性质。

5.2.3 流量

流量对于任何一个电商平台来说，都可以说是生死的命脉。在天猫上开一个店，生意好坏就看网店流量多少。要增加销售额，就是要增加流量来源。所以，电商流量的本质就是销售渠道。

所以对于微信电商来说，由于微信有着强大的社交基础，微信在流量和入口方面则拥有了独特的优势。拿淘宝集市的 C 店举例。C 店为了吸引用户，需要在淘宝页面购买“直通车”通道，以达到吸引流量、展示和推广的目的。如今 C 店卖家可以直接入驻微信移动商城，通过公众账号或圈子推广商品。这样，C 店卖家不仅拓宽了流量入口，而且成本大大降低。由于微信是以熟人圈子为基础的社交关系，卖家可以作出精准营销，当有好的商品时，圈子中的熟人也会彼此推荐，即口碑营销。此外，无论是阐述商品细节、解答顾客疑问还是售后环节，都可以依靠微信进行及时沟通。

有人这么形容流量：移动电商在微博上犹如在新闻中看广告，在微淘上犹如在广告中看广告，而微信平台具有朋友圈强关系，同时具有良好的客户沟通通道，因此，更适宜作为老客服关系维护的客服。

5.2.4 转化率

面对着微信几亿活跃的用户，无论客户在做营销还是电商，转化率都是大家最关注的一个问题。网络营销市场调查报告指出，微信在转化率和用户忠诚度上都明显高于传统的网页端，微信上的转化率能够达到 8%，但传统网页端的转化率平均只有 1%～2%。不仅如此，微信用户活跃度和平均客单价都会高于网页端。目前，微信电商的发展初见端倪，相对于平台型电商的站内高成本推广而言，基于强关系的微信社交体系将彻底改变站外推广转化率较低的局面。

通过微信进行营销十分有效率，PC 里 1‰的转化率在微信平台可以达到 10%，甚至更高。一位此前利用微信进行营销的电商网站经营者称，依靠微信营销极容易将老用户规模扩大，进而可以使企业改用很高效的精准营销方式去做长期的生意。腾讯基于其庞大的 QQ 用户群和微信已经积累的海量用户，能够快速构建一个移动电商生态系统，而这个生态系统的基层就是高黏性的腾讯用户。

2013 年 12 月 11 日，微信方面正式宣布，11 月刚推出的微信卖场将升级为微信商城。就在这时，微信卖场半个月已完成 20 多万笔订单，在这一平台上的转化率是网页端的两倍以上。微信卖场升级为微信商城，两者的不同之处在于，卖场每日仅仅只有 15 款产品，但升级为商城之后，将会增加更多的商品和品类。易迅方面表示，微信卖场的转化率“非常喜人”，是 PC 端的一倍以上。微信卖场的“闪购”频道由易迅运营，于 2013 年 11 月 11 日上线，当天就售出 8 万单，占到易迅当日总交易单数的 13%。截至 2013 年 11 月底，卖场达到了 20 万单的销量。现在卖场日均单数在 1 万单左右，但商品客单价大都在 200 元以上。转化率有 4 大核心：

（1）场景碎片化购物。场景碎片化背后的本质是什么？是让购物随需出现，从营造场景、产生购买欲望到完成支付，全链条无缝链接，完全没有障碍，甚至会使忘记“购物”这件事的发生。在微信里面，随时随地都可以进行“购买动作”，还有一点，用户在手机上的碎片化时间特征也非常明显，并且操作更加短暂、频率更高。

基于微信的场景碎片化购物，会越来越明确地感受到，购物已经成为一个终点，所有铺设的路径都是为了“到达”。而变化就在于：到达购物最终动作的路径更加碎片化，甚至周围的人都在有意无意地引发你的购买动作，购物已经成为某种场景下的一种众包行为。

（2）1 分钟购物欲。微信商城想让你在 1 分钟内产生购物欲。备受关注的易迅微信“精选商品”卖场在“双十二”期间升级为微信商城，其目的是让消费者在移动端也能享受更多选择、更优价格的品牌特卖频道。例如，“精选商品”的购物流程相比传统 PC 作了大幅改进：无须加入购物车，去掉复杂的需要用户理解的促销，尽可能精简商品卖点描述、下单即跳转到微信支付，使整个过程控制在 2～3 分钟之内。另外，商品的量也会进行控制，尽可能让消费者在简短的 1 分钟内被前 6 件商品打动。

（3）应用内购物。微信团队于 2014 年 3 月 5 日宣布，微信支付接口正式向认证服务号开放，这意味着消费者不用跳出微信即能买到所需商品，实现闭环电商。众所周知，企业接入微信支付后，用户在购买物品时无须再使用复杂的网银转账，而是仅需进入微信支付界面，输入支付密码就能完成交易，这将提高商家的交易转化率和用户的购买效率。

（4）短暂决策力购物。当用户出现频繁互动的时候，一个类似小组或者是一个朋友圈就出现了。包括豆瓣、陌陌甚至唱吧里，都有很多很热的关系群。举个例子，一群都喜欢跑步的人，在微信里建立了一个小群，每天讨论关于跑步的装备和技巧话题。如果在这样一个场景里，有人推荐了一款运动手环，如果买 10 个打 8 折，大家会不会一起买？这种场景其实非常生活化。答案是：你会在短暂的几秒内决定是否购买，这就是我们所说的短暂决策力。基于微信好友的驱动力而产生的购买行为，主要是因为一是有了更多分享，二是有了相同兴趣，基于这样的关系链条和社交关系，所以会产生这样的购买能力。更为重要的是，在产生购买之后，你还愿意把购物的乐趣分享出去。

5.2.5 微信客服

我们在提到微信客服的时候，必须要理解微信公众平台的服务。所谓微信公众平台的服务是指“好的服务”：就是我需要你的时候，你马上招之即来；我不需要你的时候，挥之即去。微信最强大的功能是点对点的客户互动，一些企业在这方面做得非常出色。例如，飘柔的微信陪聊服务，利用强大的客服在微信中进行点对点的聊天服务，据说这些“小飘”能唱能聊天，添加“飘柔 Rejoice”为好友后，就可根据选择进入聊天模式。还有长虹电器平台上的聊天机器人，虽说是机器人，可每次回复的内容都是丰富有趣、包罗万象的。就算不是每一条都是真人回复，那也同样需要一支专业的客服团队来查看客户的消息，并编写相应的回复内容。

微信平台的本质就是沟通工具，是“一对一”的互动交流，更加强调互动性，这便为品牌对客户的维系带来了方便。品牌可以通过互动推动式和陪聊式对话微信等方式，与客户“点对点”地进行交流，建立联系。进一步了解用户对品牌的认知、对品牌的忠诚度和对品牌的评价及建议等，并在交流中为客户解决问题，提供帮助，使得品牌与客户之间的关系进一步加强，产生信任，最终形成类似于“朋友式”的关系。

由此可以看到，利用微信平台为客户提供个性化、差异化的服务，应该注意选择更为立体和丰富的模式，从而得到良好的效果。要开发和利用渠道，收集客户特点，积极发现客户的不同，尝试多种分类方式，让微信互动起来。

综上所述，微信的社交属性，决定企业可以随时随地地与用户沟通并提供服务，只有通过更好的服务来满足用户需求，才能把用户留住，产生新的价值。

第6章

跨境电商

- 跨境电商特征
- 跨境电商的模式
- 跨境电商的机遇
- 跨境电商的困境
- 中国跨境电商发展趋势

2014 年，说是中国跨境电商元年，肯定没人反对，标志事件主要有两个：第一是电商巨头阿里巴巴和亚马逊的高调入场；第二是一批创业型跨境电商获得了巨额融资。来自商务部的数据则显示，2013 年中国进出口总值首次突破 4 万亿美元，其中，跨境电商进出口交易额达到 3.1 万亿元，同比增长 31.3%；预计 2016 年中国跨境电商进出口额将增长至 6.5 万亿元，年增速超 30%。

6.1 跨境电商特征

跨境电子商务是基于网络发展起来的，网络空间相对于物理空间来说是一个新空间，是一个由网址和密码组成的虚拟但客观存在的世界。网络空间独特的价值标准和行为模式深刻地影响着跨境电子商务，使其不同于传统的交易方式而呈现出自己的特点。主要表现在以下六个方面。

6.1.1 全球性

网络是一个没有边界的媒介体，具有全球性和非中心化的特征。依附于网络发生的跨境电子商务也因此具有了全球性和非中心化的特性。电子商务与传统的交易方式相比，其一个重要特点在于电子商务是一种无边界交易，不受传统交易所具有的地理因素影响。互联网用户不需要考虑跨越国界就可以把产品尤其是高附加值产品和服务提交到市场。

网络的全球性特征带来的积极影响是信息最大程度的共享，消极影响是用户必须面临因文化、政治和法律的不同而产生的风险。任何人只要具备了一定的技术手段，在任何时候、任何地方都可以让信息进入网络，相互联系进行交易。

电子商务是基于虚拟的计算机空间展开的，不受传统交易方式下的地理因素影响；电子商务中的制造商容易隐匿其住所，而消费者对制造商的住所是漠不关心的。例如，一家很小的爱尔兰在线公司，只要消费者接入了互联网，通过一个可供世界各地的消费者点击观看的网页，就可以通过互联网销售其产品和服务。

6.1.2 无形性

网络的发展使数字化产品和服务的传输盛行。而数字化传输是通过不同类型的媒介，例如，数据、声音和图像是在全球化网络环境中集中而进行的，这些媒介在网络中是以计算机数据代码的形式出现的，因而是无形的。以一个 E-mail 信息的传输为例，这一信息首先要被服务器分解为数以百万计的数据包，然后按照 TCP/IP 协议通过不同的网络路径传输到一个目的地服务器并重新组织转发给接收人，整个过程都是在网络中瞬间完成的。

数字化产品和服务基于数字传输活动的特性也必然具有无形性，传统交易以实物交易为主，而在电子商务中，无形产品却可以替代实物成为交易的对象。以书籍为例，传统的纸质书籍，其排版、印刷、销售和购买被看作是产品的生产、销售。然而在电子商务交易中，消费者只要购买网上的数据权便可以使用书中的知识和信息。

6.1.3　匿名性

由于跨境电子商务的非中心化和全球性的特性，因此，很难识别电子商务用户的身份和其所处的地理位置。在线交易的消费者往往不显示自己的真实身份和自己的地理位置，重要的是这丝毫不影响交易的进行，网络的匿名性也允许消费者这样做。以 eBay 为例，该网允许个人和商家拍卖任何物品，到目前为止 eBay 已经拥有 1.5 亿用户，每天拍卖数以万计的物品，总计营业额超过 800 亿美元。

6.1.4　即时性

对于网络而言，传输的速度和地理距离无关。传统交易模式，信息交流方式如信函、电报、传真等，在信息的发送与接收间，存在着长短不同的时间差。而电子商务中的信息交流，无论实际时空距离远近，一方发送信息与另一方接收信息几乎是同时的，就如同生活中面对面交谈。某些数字化产品的交易，还可以即时结清，订货、付款、交货都可以在瞬间完成。电子商务交易的即时性提高了人们交往和交易的效率，免去了传统交易中的中介环节。

6.1.5　无纸化

电子商务主要采取无纸化操作的方式，这是以电子商务形式进行交易的主要特征。在电子商务中，电子计算机通信记录取代了一系列的纸面交易文件。如用户发送或接收电子信息。由于电子信息以比特的形式存在和传送，整个信息发送和接收过程实现了无纸化。无纸化带来的积极影响是使信息传递摆脱了纸张的限制。

6.1.6 快速演进

基于互联网的电子商务活动也处在瞬息万变的过程中，短短的几十年中电子交易经历了从 EDI 到电子商务零售业的兴起的过程，而数字化产品和服务更是花样翻新，不断地改变着人类的生活。

6.1.7 我国跨境电商特点分析

1. 多边化、呈网状结构

传统的国际贸易主要表现为两国之间的双边贸易，即使有多边贸易，也是通过多个双边贸易实现的，呈线状结构。跨境电子商务可以通过一国的交易平台，实现其他国家间的直接贸易，贸易过程相关的信息流、商流、物流、资金流由传统的双边逐步向多边的方向演进，呈现出网状结构，正在重构世界经济新秩序。

2. 直接化、效率高

传统的国际贸易主要由一国的进出口商通过另一国的出进口商集中进出口大批量货物，然后通过境内流通企业经过多级分销，最后到达有进出口需求的企业或者消费者，通常进出口环节多、时间长、成本高。而跨境电子商务可以通过电子商务交易与服务平台，实现多国企业之间、企业与最终消费者之间的直接交易，进出口环节少、时间短、成本低、效率高。

3. 小批量、高频度

跨境电子商务通过电子商务交易与服务平台，实现多国企业之间、企业与最终消费者之间的直接交易，由于是单个企业之间或单个企业与单个消费者之间的交易，相对于传统贸易而言，大多是小批量，甚至是单件。而且一般是即时按需采购、销售和消费，相对于传统贸易而言，交易的次数和频率高。

4. 数字化、监管难

随着信息网络技术的深化应用，及数字化产品（如游戏、软件、影视作品等）的品类和贸易量快速增长，通过跨境电子商务进行销售或消费的趋势日趋明显，而传统应用于实物产品或服务的国际贸易监管模式已经不适用于新型的跨境电子商务交易，尤其是数字化产品的跨境贸易更是没有纳入海关等政府有关部门的有效监管、统计和关税收缴范围。

6.2 跨境电商的模式

2014 年，跨境电商如火如荼。跨境出口电商发展的同时，跨境进口电商也不甘落后。据中国电子商务研究中心监测数据显示，2013 年中国海外代购市场交易规模达 767 亿元，较 2012 年同比增长 58.8%；2014 年中国海外代购市场交易规模达千亿元；预计 2015 年中国海外代购市场交易规模达 2478 亿元。

2014 年 4 月 3 日，阿里巴巴宣布，旗下天猫国际已与宁波保税区签订战略合作协议；6 月，聚美旗下化妆品海淘网站聚美海外购上线；7 月，苏宁成立跨境电商项目组；9 月，1 号店与东方电子支付及跨境通实现对接、亚马逊在进入中国的第十个年头，全面进驻上海自贸区。由此可见，电商巨头间的“跨境之战”已经打响。电商巨头力拼跨境电商，但模式各有差异。

6.2.1 “保税进口+海外直邮”模式

典型案例：天猫国际

模式概述：天猫在跨境方面通过和自贸区的合作，在各地保税物流中心建立了各自的跨境物流仓。它在宁波、上海、重庆、杭州、郑州、广州 6 个城市试点跨境电商贸易保税区、产业园签约跨境合作，全面铺设跨境网点。规避了基本法律风险，同时获得了法律保障，压缩了消费者从订单到接货的时间，提高了海外直发服务的便捷性。使得跨境业务在“灰色地带”打开了“光明之门”。据中国跨境电商网监测显示，2014 年“双十一”，天猫国际一半以上的国际商品就是以保税模式进入国内消费者手中的，是跨境的一次重要尝试。

分析点评：这种模式可以大幅降低物流成本，提高物流效率，给中国消费者带来更具价格优势的海外商品。但值得一提的是，“保税进口”模式在目前政策还不算特别明朗，因此，未来走向还有待观察。

6.2.2 “自营+招商”模式

典型案例：苏宁海外购

模式概述：“自营+招商”的模式就相当于发挥最大的企业内在优势，在内在优势缺乏或比较弱的方面就采取外来招商以弥补自身不足。苏宁选择该模式，结合了它的自身现状，在传统电商方面发挥它供应链、资金链的内在优势，同时通过全球招商来弥补国际商用资源上的不足。苏宁进入跨境电商，也是继天猫、亚马逊之后该市场迎来的又一位强有力的竞争对手。

分析点评：苏宁如能利用好国际快递牌照的优势建立完善的海外流通体系、充分利用自有的支付工具及众多门店优势，苏宁进军跨境电商市场的前景就更加值得期待。另外，国外品牌商借助苏宁进军中国市场也会有更多的发挥空间。

6.2.3 “自营而非纯平台”模式

典型案例：京东海外购

模式概述：京东在2012年底时上线了英文版，直接面向海外买家出售商品。直到2014年初，宣布京东国际化提升，采用自营而非纯平台的方式，京东海外购是京东海淘业务的主要方向。京东控制所有的产品品质，确保发出的包裹能够得到消费者的信赖。京东初期可能会依靠品牌的海外经销商拿货，今后会尽量和国外品牌商直接合作。

分析点评：京东海外购从目前来看已经布局，仍在等待未来进一步的发力。京东的海外购并不是走全品类路线，而是根据京东会员需求来进行。与其他电商如天猫国际、亚马逊、1号店来相比，京东在开展海淘业务方面优势还未显现，海淘业务需深根细作。

6.2.4 “直营+保税区”模式

典型案例：聚美海外购

模式概述：“自营”模式就是跨境电商企业将直接参与到采购、物流、仓储等海外商品的买卖流程。对物流监控，支付体系都有自己的一套体系。

目前，河南保税物流区已为聚美优品开建上万平方米自理仓，其进口货物日处理规模预期在年底可达8万包，聚美优品和河南保税物流中心在2014年9月完成对接。保税物流模式的开启会大大压缩消费者从订单到接货的时间，加之海外直发服务的便捷性，因为聚美海外购较常规“海淘商品”购买周期，可由15天压缩到3天，甚至更短，并保证物流信息全程可跟踪。

分析点评：聚美做海淘有三大优势即：用户优势（黏性、消费习惯、消费能力、高购买频率）；品类优势（体积小、毛利率高、保质期久、仓储物流成本低）；品牌优势（上市公司、资本、品牌商整合）。

对此，在物流上打速度战，聚美海外购整合全球供应链的优势，直接参与到采购、物流、仓储等海外商品的买卖流程当中，或独辟“海淘”“自营”模式。利用保税区建立可信赖的跨境电子商务平台，提升供应链管理效率，破解仓储物流难题，是对目前传统海淘模式的一次革命，让商品流通不再有渠道和国家之分。

6.2.5　“海外商品闪购+直购保税”模式

典型案例：唯品会全球特卖

模式概述：2014 年 9 月，唯品会的“全球特卖”频道亮相网站首页，同时开通首个正规海外快件进口的“全球特卖”业务。唯品会“全球特卖”全程采用海关管理模式中级别最高的“三单对接”标准，“三单对接”实现了将消费者下单信息自动生成用于海关核查备案的订单、运单及支付单，并实时同步给电商平台供货方、物流转运方、信用支付系统三方，形成四位一体的闭合全链条管理体系。

分析点评：较以往海淘的反复跟单、缴税等困扰，唯品会的跨境电商模式让产品与服务更加透明化。

6.2.6　“自营跨境 B2C 平台”模式

典型案例：亚马逊海外购、1 号海购、顺丰海淘

模式概述：亚马逊要在上海自贸区设立仓库，以自贸模式（保税备货），将商品销往中国，这种模式目前还在推进中。海外电商在中国的保税区内自建仓库的模式，可以极大地改善跨境网购的速度体验，因此，备受用户期待。

据了解，1 号店是通过上海自贸区的保税进口模式或海外直邮模式入境，可以提前将海外商品进口至上海自贸区备货。除此之外，1 号店的战略投资方沃尔玛在国际市场的零售和采购资源整合优势将利好“1 号海购”业务。

2015 年 1 月 9 日，顺丰主导的跨境 B2C 电商网站“顺丰海淘”正式上线。提供的产品涉及美国、德国、荷兰、澳大利亚、新西兰、日本、韩国等海淘热门国家。“顺丰海淘”提供商品信息汉化、人民币支付、中文客服团队支持等服务，提供一键下单等流畅体验。目前上线的商品锁定在母婴、食品、生活用品等品类。货物可在 5 个工作日左右送达。

分析点评：保税进口模式在备货时占用的资金量大，对组织货源的要求高，对用户需求判断的要求高。

6.2.7　“直销、直购、直邮”的“三直”模式

典型案例：洋码头

模式概述：洋码头是一家面向中国消费者的跨境电商第三方交易平台。该平台上的卖家

可以分为两类，一类是个人买手，模式是 C2C，另一类是商户，模式就是 M2C。它帮助国外的零售产业跟中国消费者对接，就是海外零售商应该直销给中国消费者，中国消费者应该直购，中间的物流是直邮。即："直销、直购、直邮"。

分析点评：洋码头作为跨境电商的先行者，向第三方卖家开放，因此，也面临着与亚马逊、京东、苏宁等电商的正面较量。洋码头想要立足，还是要在海外供应商、产品体验、用户体验及物流方面下足功夫。

6.2.8 "垂直型自营跨境 B2C 平台"模式

典型案例：蜜芽宝贝

模式概述：垂直自营跨境 B2C 平台是指，平台在选择自营品类时会集中于某个特定的领域，如美妆、服装、化妆品、母婴等。

蜜芽宝贝主导"母婴品牌限时特卖"，是指每天在网站推荐热门的进口母婴品牌，以低于市场价的折扣力度，在 72 小时内限量出售，致力于打开跨境电商业务。据中国母婴电商网监测数据显示，目前蜜芽宝贝用户已经超过百万，2014 年 10 月它的交易额超过 1 亿元，月复购率达到 70%左右。

据研究发现，蜜芽宝贝的供应链分为四种模式：①从品牌方的国内总代采购体系采购；②从国外订货直接采购，经过各口岸走一般贸易形式；③从国外订货，走宁波和广州的跨境电商试点模式；④蜜芽的海外公司从国外订货，以直邮的模式报关入境。

分析点评：这类跨境的电商平台因其自营性，供应链管理能力相对比较强，从采购到用户手中的整个流程自己比较好把控。但是值得注意的是前期需要比较大的资金支持。

6.2.9 "导购返利平台"模式

典型案例：55 海淘

模式概述：55 海淘网是针对国内消费者进行海外网购的返利网站，其返利商家主要是美国、英国、德国等 B2C、C2C 网站，如亚马逊、eBay 等，返利比例在 2%～10%之间不等，商品覆盖母婴、美妆、服饰、食品等综合品类。

分析点评：导购返利模式是一种比较轻的电子商务模式，技术门槛也相对较低。可以分为引流与商品交易两部分。这就要求企业在 B 端与境外电商建立合作，在 C 端从用户中获取流量。从目前来看，55 海淘在返利额度上有一定优势，但与商家合作方面的特色还未完全体现出来。

6.2.10　“跨境 C2C 平台”模式

典型案例：淘宝全球购、美国购物网

模式概述：全球购是淘宝网奢侈品牌的时尚中心，全球购帮助会员实现“足不出户，淘遍全球”的目标，于 2007 年建立此平台。全球购期望通过严格审核每一位卖家，精挑细选每一件商品，为淘宝网的高端用户提供服务。

“美国购物网”是专注代购美国本土品牌商品，涵盖服饰、箱包、运动鞋、保健品、化妆品、名表首饰、户外装备、家居母婴用品、家庭影院等。该网站以批发零售兼顾，主打直邮代购。代购的商品均由美国分公司采用统一的物流配送——纽约全一快递，由美国发货直接寄至客户手中，无须经过国内转运。

分析点评：淘宝全球购和美国购物网是国内第一批代购网站，走跨境 C2C 平台路线。与之类似的还有易趣全球集市等。这类网站一方面对跨境供应链的涉入较浅，难以建立充分的竞争优势，另外在消费者的信任度方面也比较欠缺。伴随着电商巨头如京东、苏宁、1 号店、亚马逊的加入，这类海外代购平台将受到巨大冲击。

6.3　跨境电商的机遇

跨境电商、全球购、买遍全球，这些诱人的字眼自从阿里巴巴在美国上市以来开始频频出现在媒体报端和大众眼球中。

2014 年“双十一”期间，阿里巴巴高调宣布进军全球市场战略，联合旗下天猫国际、淘宝海外、速卖通三个平台首次参加 2014 年的“双十一”，战绩是共有 217 个国家和地区参与到这次购物狂欢节中来。

而就在 2014 年“双十一”前，亚马逊中国宣布开通海外六大站点直邮中国服务，高调推出“海外购”国外商品直采供应国内市场。与此同时，京东、苏宁、聚美优品、唯品会、1 号店、顺丰优选等国内电商平台也纷纷推出自己的海外购物项目。

资本市场上，专门做“海淘”的电商平台方兴未艾、风头正劲。成立仅 1 年的蜜淘网最近拿到 3000 万美元 B 轮融资，估值超过 1 亿美元；做 C2C 海淘模式的洋码头也完成最新一轮融资，金额超过 5000 万美元。

对于大中城市的消费者而言，跨境购物并不是什么新鲜事物，但其总体规模相比国内市场要小得多。老牌外贸电商平台如阿里巴巴、敦煌网、中国制造网、慧聪网等都在跨境贸易领域经营多年，国际品牌直营网站如巴宝莉、ASOS、即尚网等也早已进入内地市场多年，但一直未能得到消费者、媒体和资本市场类似今天的高曝光和青睐。

6.3.1 全球跨境电商兴起

2012 年，全球跨境电子商务市场规模超过 1 万亿美元，同比增长约 21%。从区域上看，欧洲地区成为全球最大的跨境电子商务市场。2012 年，欧洲电子商务市场规模达到 4126 亿美元，占全球电子商务市场的 35.1%；北美地区电子商务市场规模达到 3895 亿美元，占全球的 33.1%；亚太地区是全球增长最快的第三大电子商务市场，总交易额达到 3016 亿美元，占全球的 25.7%。

欧洲的 8.2 亿居民中有 5.3 亿互联网用户，2.59 亿在线购物用户。电子商务为欧洲贡献了大约 5%的 GDP，欧盟已经决定在 2015 年之前将这一数字增加一倍。超过一半的欧洲前 300 强在线零售商都在跨境销售，欧盟在线买家的数量也在不断扩大。欧洲跨境电子商务买家的主力军是比利时、荷兰、卢森堡等，这些国家的消费者对于从网上购买国外的东西尤为热衷。

全球约 37%的跨境在线买家集中在北美。美国拥有 3.15 亿居民，2.55 亿网民，1.84 亿在线购买者。美国和加拿大在线总销售额达到 3895 亿美元，占到全球的 33.1%，在在线零售领域，美国是世界上最大的市场。美国电子商务的销售额在 2017 年有望达到 3700 亿美元。

CyberSource 的调研显示，超过半数的美国电子商户都从国外接受订单。虽然跨境电子商务存在各种挑战，依然挡不住巨大的商机。尼尔森调查表明，美国是最受欢迎的跨境市场，紧接着是英国、中国、加拿大、澳大利亚和德国。

在亚洲在线销售统计中，日本和韩国独树一帜，它们有 80%的人活跃在网上，大部分人都会网购。韩国拥有 4G 网络，链接速度位列世界前茅。25%的韩国人和 18%的日本网购者都会海淘。中国有 5.86 亿网民，其中 50%的人会网购及海淘。Payvision 首席执行官认为："亚洲正在出现越来越多的电子零售商，也正在生产越来越多的消费电子产品，亚洲正在吸引着全世界的消费者直接到这里购买。"

一份大数据报告勾勒出未来全球贸易格局。传统外贸年均增长不足10%，跨境电子商务却保持 30%以上的增速。我国 20 多万家小企业在各类网络平台上做买卖，2014 年交易额超过 2500 亿美元。中国正在和美国一起成为全球跨境电子商务的中心。在由互联网重塑的国际贸易格局当中，中国不仅抢得了先机，而且为贸易增长增加了新的支点。

消费者的购物欲望越来越大，而跨境电商的发展正在逐步将整个世界的购物广场打通，并且推送到每个消费者的眼前，每个人只需轻触一下屏幕，这个商品无论在哪里，都将快速地漂洋过海而来。跨境电商已经成为全球的一种趋势，作为具有巨大市场潜力，并且蕴含千变万化机遇的中国而言，也不可避免地要被卷入这样的世界浪潮中。

6.3.2 国家政策利好

2013 年上海自贸区的建成，以及其后多个地域预设自贸区给业界及公众带来无限期待。自贸区、保税区的建立，实质性推动跨境贸易在信息流、物流、资本流等方面运转更加完善，降低产品进出口成本，加速通关效率。

2015 年 1 月，国家外汇管理局发布《关于开展支付机构跨境外汇支付业务试点的通知》，将试点业务拓展到全国，并对试点业务的业务范围及单笔限额进一步放宽。

2015 年 3 月，杭州获批中国首个跨境电商综合实验区，随着试点城市不断积累经验，实验区有望进一步扩容；2015 年 5 月，国务院、商务部分别出台多个相关意见，可以说政策的利好覆盖了税收、通关、融资、保险等方方面面。

“促进跨境电子商务健康快速发展，用‘互联网+外贸’实现优进优出，有利于扩大消费、推动开放型经济发展升级、打造新的经济增长点。”在 2015 年 6 月 10 日召开的国务院常务会议上，国务院总理李克强指出，要对跨境电商在优化通关流程、落实退免税政策等方面给予一系列利好政策。

2015 年 6 月底，国务院办公厅印发了《关于促进跨境电子商务健康快速发展的指导意见》（以下简称《意见》），提出了优化海关监管措施、完善检验检疫监管政策措施、明确规范进出口税收政策、完善电子商务支付结算管理、提供财政金融支持等五方面的支持措施。外界普遍认为，《意见》是新形势下，促进跨境电子商务加快发展的指导性文件，将发挥我国制造业大国优势，扩大海外营销渠道，合理增加进口，扩大国内消费，促进企业和外贸转型升级。

商务部统计数据显示，近年来在跨境电子商务平台上注册的新经营主体中，中小企业和个体商户已经占到 90%以上，这将大大增加我国跨境电商业务和外贸发展的活跃度。

6.3.3 中国人均收入的增长

80 后、90 后显然已经成为整个市场消费主体并提出更加个性化、时尚化消费需求，成为跨境电商快速发展的市场基础。据国家统计局数据，2013 年我国人均 GDP 已经进入 6000 美元时代（6629 美元），中国国家统计局公布的数据显示，2014 年中国居民人均可支配收入增幅“跑赢”GDP；衡量居民收入分配差距的基尼系数进一步收窄，为 0.469；收入分配结构进一步优化。城乡一体化住户调查显示，2014 全年全国居民人均可支配收入为 20167 元，比 2013 年名义增长 10.1%。扣除价格因素后，可支配收入实际增长 8.0%，比 2013 年的 7.0%涨幅有明显扩大，也高于 2014 年中国全年国内生产总值（GDP）7.4%的增速。

显然，按照国际经验，中国目前正处在消费规模扩大、消费升级不断加快的重要时期，尤其是中高收入群体对高档商品的需求空间迅速放大。但国内的强消费能力，却受制于国内市场的产品价值和服务效率而宁愿把钱花在国外，这一现象在奢侈品消费领域表现最为突出。因此，也极大地催生了跨境电商的发展。

6.3.4 基础要件逐步完善

跨境支付、跨境物流等交易基础要件的逐步完善，让全球产品真正实现“Cross The Greatwall，Connet The World”。传统的跨境贸易，普通消费者根本无法搞懂复杂的结算流程和结算方式。现在 PayPal、支付宝、中国银联都针对跨境交易提供便利的交易结算、支付担保服务，普通消费者可以像购买国内商品一样实现简洁支付。

传统的跨境物流，通常短则一周、长则一个月，物流成本也是境内购物的数倍，现在随着各大电商全球化步伐，顺丰、申通、中通、圆通等物流企业也纷纷走出国门，开展海外仓储、跨境转运、海外自提等业务。

6.4 跨境电商的困境

据统计，我国 500 万家中小外贸企业，其中正在使用电子商务从事跨境交易的仅占非常小的比例。目前仍有数量极其庞大的中小外贸企业还没有接触电子商务，毕竟跨境电商发展是刚起步，还有很多方面需要提升和完善，其主要表现及相应措施有以下几个方面。

6.4.1 跨境电子商务法律体系亟须建立

电子商务对国际贸易法律方面的冲击，主要是因为现今应用于国际贸易的法律不健全而造成的。我国相关法律制度的制定远远滞后于信息产业的发展。所以，目前一个迫切需要解决的问题是制定一些相应的电子商务法律，以解决电子商务上发生的各种纠纷。

鉴于电子商务发展受到技术、信用水平的缺陷和法律滞后的阻碍，电子商务立法既要以确定性的安排弥补技术和信用的不足，又要给其发展创造宽松自由的环境。构建这样的法律体系需要制定新的法律，也要合理解释原有法律并创造有利于电子商务发展的配套法律规范。

2014 年 7 月 23 日，海关总署公布了第 56 号公告《关于跨境贸易电子商务进出境货物、物品有关监管事宜的公告》，该文件是对前段时间电子商务跨境试点进行的总结梳理，文件明确了跨境电子商务的合法地位，强调后续口岸海关对电商需要进行系统监管的思路，这意味着跨境电子商务将从试点走向推广。

6.4.2　信用评价和标识亟待统一

电子商务具有虚拟的特点，它不仅具有传统商务活动的风险，而且还具有自己独特的开放性、全球性、低成本、高效率等特点。交易双方的行为、市场中介的行为等都具有极大的不确定性，不守信用的行为在电子商务领域中更加突出。

而建立电子商务信用保障体系还存在着许多制约因素，如缺乏信用意识和信用道德规范、企业内部电子商务信用管理制度不健全、信用中介服务落后、缺乏有效的法律保障和奖惩机制等。跨境交易更加要求完善的、跨区域、跨文化、跨体制的信用体系来支持更加复杂的交易环境，对当事人的商业信用提出了更高的要求。

6.4.3　在线支付需要安全环境

电子支付是国际电子商务进行的必要条件，也是交易得以实现的重要环节。如果没有第三方支付，就没有电子商务产业的今天。跨境电子商务也离不开第三方支付。因此，第三方支付的国际化已然成为占领未来消费者市场的重要条件。

目前，海外买家欺诈是中国中小外贸商户的心头大患。对于交易安全问题，调查显示，一半以上的受访商户表示担心与海外客户交易时遭遇欺诈，27%的商户担忧他们现在使用的支付系统在进行跨境交易时不够安全。此外，25%的商户认为未来 3 个月内海外买家拒绝支付的风险将增加。

对于电子商务应用在国际贸易中的安全性问题，应该紧随电子商务技术的进步，继续完善法律及各种规范性的措施，而各行业及相关机构应通过制定各种行业规范和完善认证体系来促进电子商务在国际贸易中安全性问题的解决。

6.4.4　物流短板

从中国发货到全球，一般至少需要 7～15 天，有的甚至要 1 个月。目前来看，从中国发货到全球的物流模式，还是粗放式的。中国的外贸电子商务，还是主要以低廉的价格来赢得客户。这对中国外贸电子商务而言是一个很大的挑战。只有改善物流，才能掌握竞争的主动权。也只有这样，在这个行业中才能出现真正与国际一流电商相抗衡的中国企业。

6.4.5　"品牌化"瓶颈

从目前来看，中国外贸电子商务所出售的产品，大多是配件类的商品，所卖的多数是边缘化、非主流的东西，靠这样的产品来赢得客户，通过价格优势获得市场。但是随着行业不断发展，高质量的产品和更好的服务才是竞争的核心。从长远来看，品牌化的创建才是中国制造商的未来之路。中国制造商必须拥有自己的设计和内涵，代表着中国的形象，这才是品牌化的道路。

6.4.6 税收及仿货

一方面是税收：跨境 B2C 交易金额有一定限制，超过规定额度需缴纳关税；而海外买家使用 Visa 和 MasterCard 信用卡完成的交易无法进行核销退税。收款到结算存在一定的时间差，供应商可能面临汇率的波动而出现损失。另一方面是仿货：B2C 平台因产品数量多，产品审核压力大，尽管各平台会加大仿货、知识产权的控制与审核，但一旦存在仿货交易，可能面临被投诉及海关查验没收的风险。

6.4.7 跨境电子商务人才缺乏

跨境电商支付、物流等要复杂得多，中小外贸企业在发展电商时也面临诸多风险。我国中小外贸企业由于规模小、实力不强、发展空间小，难以吸引相对紧缺的技术高、能力强的高级电子商务人才。而电子商务人才短缺，严重阻碍我国中小外贸电商的发展。这方面亟须进一步加强。

目前，越来越多的国内中小企业商户认识到跨境电子商务带来的广阔市场空间及更丰厚的利润空间，开始着手实施从传统的“线下外贸”到“在线外贸电子商务”的商务模式转变。然而，在线跨境业务起步阶段所面临的一系列问题和挑战，如网店搭建、市场推广、收付款、国际物流等，让很多中小企业商户望而却步。面对跨境电子商务的机遇，广大中国商户需要适应这一全新的商务模式，拓展新的业务能力，以摆脱在传统外贸体系下的低利润率困境。

6.5 中国跨境电商发展趋势

2015 年是中国跨境电商的转折年。因为激烈的价格战和同质化竞争，传统跨境电商的经营模式和增长模式受到严峻考验。中国跨境电商行业开始进入盘整期。如果说 2014 年以前跨境电商是一种流量游戏，那么 2015 年之后更多会有一些整合案例。一是行业内整合，如 Sheinside 和 Rome 合并；二是供应链整合，基于关务、交易、物流、金融的综合服务平台开始出现，如上海欧坚网络科技公司的易境通上线；三是电商新贵和传统企业的结合，如百圆裤业收购环球易购。

总的来说，以草根创业和价格战为特色的第一波跨境电商已经过去，未来一段时期可能迎来第二波跨境电商热潮。那就是传统企业和品牌商的觉醒和爆发。这也是顺应中国企业走出国门，中国制造走向中国创造的发展大趋势。在这种大背景下，中国跨境电商将呈现如下发展趋势。

6.5.1 两极分化

目前中国跨境电商行业呈现两极分化的马太效应。强者愈强，弱者愈弱。据海贸会调查，2014 年深圳市大电商依然获得了高速增长。有不少跨境电商获得超过 300%以上增长，销售额高达 20 亿元，各种表现甚至都超过了兰亭。这在很多人看来是不可思议的。但另一方面，中小卖家却不尽如人意。无论是销售额和利润，都远远不及往年。

这几年速卖通快速扩张，对这个行业影响很大。但现在看来，对中小卖家的影响更大。大卖家能够对跨境电商有更加深刻的理解；能够有效地利用各种电商营销工具，采用多种电商营销方案；在供应链和团队管理上能够更加精细和高效，因而能够充分享受跨境电商发展所带来的红利。例如，大卖家都有比价功能，能够及时跟踪市场价格变动并快速作出调整；在采用同样的网络营销方式的时候，大卖家的效率是一般中小电商的 5～10 倍；大卖家对新出现的网络营销工具（Facebook，Twitter 等）上手比较快，当然还有更多其他的原因。而小卖家很多只是开个店，必然陷于价格战和同质化竞争当中，很难有所突破。

6.5.2 品牌争夺战

可以说，2015 年是中国跨境电商品牌元年。不仅各大电商平台开始盯上有限的品牌资源，中小电商也在激烈的价格战中意识到品牌的重要性。亚马逊这两年来的优异表现，刺激了速卖通、京东和敦煌网。未来速卖通肯定会发生类似天猫的裂变；京东则直接限定品牌商可以参与；最近敦煌网鼓励跨境创牌。利用亚马逊创建品牌，是 2015 年跨境电商行业的热门话题。因此，可以看到 2015 年有关亚马逊的活动热度高，相比之下 eBay 就显得有些沉默了。

但是品牌岂是那么容易创建的。冰冻三尺非一日之寒。品牌建立需要一定的历史背景，市场条件和有追求的创始人等多种因素，对年轻的创业者来说难度很大。品牌建立更多的是一个陷阱。这是一个不缺品牌的时代，甚至可以说这是一个品牌过剩的时代。在传统服装、食品等行业，面对强势的欧美同类品牌，中国跨境电商创牌之路将会异常艰辛。当然并不是完全没有机会，例如，在新兴市场国家创牌就相对容易一些。特别是在技术日新月异的电子产品、智能产品方面，中国和发达国家之间其实处于同一起跑线，更加容易创牌成功。例如，Anker 移动电源品牌的成功，就是及时抓住了市场机遇。

说到这里，我们开始意识到中国跨境电商的发展其实已经到了一个非常关键的转折点。如果本应该发力的传统企业或品牌商不能够顺利接棒，主要来自草根的中小电商企业一时很难有大的作为，那么中国跨境电商行业就会出现青黄不接。

6.5.3 海外仓发展迅猛

经过 5 年左右的发展，海外仓终于在 2014 年浮出水面，迎来快速增长。深圳大卖家都纷纷在海外建仓。各种物流公司、海外实体公司都纷纷转向海外仓项目。最早做海外仓的出口易和递四方都陆续扩大海外仓规模。受到亚马逊良好业绩的影响，eBay、速卖通也开始加大布局海外仓的力度。浙江省更是推出扶持百家海外仓计划。无论从哪个方面来看，海外仓无疑成为了 2015 年初跨境电商行业最热门的话题，也预示着 2015 年可能成为海外仓井喷的一年。

海外仓能够扩展跨境电商品类。通过海外仓，原来笨重、泡货、易碎的商品也可以进行跨境交易，当地发货。另外，海外仓离消费者很近，可以实施退换货，能够极大地提高客户体验，进而提高销售额。

但海外仓并不是完美的。海外仓需要巨大的投入和精细化管理。国外的人力成本相当高昂。很多人眼中的海外仓，其实只是在海外租个仓库，采用很简单的 WMS 系统，想要达到亚马逊仓储运营中心那样的效率还差很远。正所谓，让专业的人做专业的事。并不是所有的人都适合海外建仓。更多的卖家可选择使用专业高效的海外仓，本身做好选品和运营就很好。

国外真正需要和适合开展海外仓的地方主要集中在：美、德、英、日、澳、俄等。由于德英的租金和运营成本很高，很多人开始考虑在波兰、捷克等国建仓。从总体来看，目前说海外仓发展到了拐点有点言之过早，但无疑海外仓已经有点过火。在德国法兰克福就有 6～7 家做海外仓的公司。最新信息显示，早期做海外仓的公司都在收缩调整。

6.5.4 整合分销异军突起

从 2014 年下半年开始，整合分销成为中国跨境电商新亮点。各种整合分销项目陆续登台亮相。中国好东西网上线，为深圳卖家提供分销和融资服务；俄优选平台以俄语为突破口，开拓俄罗斯和北欧市场；慈溪家电馆则以小家电为主线，进行全球海外仓铺货；ERP 服务商赛兔也推出云仓分销；中国好服饰网则专注于外贸服装分销；而速通云库则是利用仓储和物流优势为跨境卖家服务等。

应该说，整合分销是跨境电商发展到一定时期的产物。正是跨境电商发展到一定规模，不再像以前那么零散，就会出现为提高效率更为专业分工的分销系统的出现。但是整合分销还是存在不少的问题，如谁都可以卖，同质化竞争不可避免。其次，销售无计划性会导致库存积压，某些产品甚至会变成死货。这和定产定销相比，风险很大。

国内某个平台曾经是最早采用整合分销模式的。在投资了几千万元以后却改变了看法，不看好分销模式，他们认为整合分销没有价值。一方面，大卖家不需要。大卖家供应链甚至做得更好；另一方面，赚小卖家的钱也很困难，同时量也不能提升。所谓对供应商融资，出口货物质量和库存又是一个大问题。

如果说，第三方平台是个大卖场，那么整合分销就是发动各个零售商，期望发挥蚂蚁雄兵的威力。

6.5.5　小语种市场变热

2014 年跨境平台商开始激烈争夺小语种市场。在小语种地区提供本地化服务的平台并不鲜见，如速卖通专门针对巴西市场推出葡萄牙语网站，在物流和支付上也加强与巴西本土服务商的合作。又如，兰亭有 27 种语言，利用北京多语言优势，找到留学生、海归、兼职翻译人员等，实现了小语种的市场突破。

目前最有价值的小语种市场主要有：①俄语。排名第一，俄罗斯人多地大。国内大龙网这两年都在深耕俄罗斯市场；②日语。日本是世界第三大经济体，市场容量大；③德语。德国是欧洲经济实力最强的国家，金融危机之后一枝独秀；④西班牙语。西班牙在广大的拉丁美洲，甚至北美、欧洲都有很大的影响和受众。西班牙语是开拓南美电商市场的通用语言。

早期的电商主要是以欧美市场为主。2013 年俄罗斯市场大爆发，金砖国家受到国际大电商平台高度关注。但是到了 2015 年，俄罗斯市场由于乌克兰危机导致卢布大幅度贬值，购买力严重下降。其他金砖国家表现也开始趋于疲软。环顾全球，只有中东，非洲和东南亚未受到影响，还对中国价廉物美的商品有着巨大的需求。

6.5.6　多渠道运营

这两年来，得益于注重品牌和自有仓储运营系统，亚马逊保持两位数高速增长。2015 年亚马逊中国团队更是扩大 3 倍，大力培育中国卖家。可以说 2015 年是亚马逊年。而作为跨境电商鼻祖的 eBay 开始进入单位数的爬行增长，这意味着 eBay 平台日益走向成熟和稳定。速卖通发展更加迅猛，特别是阿里巴巴在纳斯达克上市之后。根据分析报告，2014 年第四季亚马逊销售开始超越 eBay 平台。其中，亚马逊和新兴平台增长最快，超越平均水平 13%，正在快速抢夺线上市场。

自 2013 年以来，跟之前很多的单一集中在某个平台销售的电商相比，更多的电商企业选择了多平台运营，也有很多的企业通过分销的方式实现全网平台的铺货。而所谓的多平台运营其实就是“不把所有鸡蛋放到一个篮子里”的策略。另外，不同平台不同时期此消彼长的发展状态，以及各个平台不同的客户群和目标细分市场，都在推动着跨境电商采用多平台运营策略。

展望 2015 年，通过合理分配投资和资源，布局高速增长平台，自建网站，开展多渠道运营是一种主流趋势。

6.5.7 本土化运营进展缓慢

进入 2015 年，跨境电商都在尝试开展本土化运营，尽可能靠近消费者，做好“最后一公里”服务。例如，深圳大卖家纷纷在海外建仓，米兰、兰亭都在国外开设体验店。京东也在俄罗斯建立仓储运营中心，实施本土化经营。大龙网在国外建立体验店，邀请国外电商到国内开对接会，都是在尝试各种本土化策略。

本土化运营主要包括本土化服务和本土化营销。跨境电商要想做大做强，最终必须走出国门，提供本土化服务，才能和国外同行同台竞技。能否本土化是跨境电商实现可持续发展的关键。但是目前本土化尝试都带有较大的局限性，进展缓慢，效果甚微。中国跨境电商发展依然处于初级发展阶段，依然是小众市场，还没有进入主流渠道和主流媒体。以中国服装为例，由于缺乏供应商配合，跨境电商很难找到国外合适的尺码，而是根据中国人的尺寸。中国跨境电商主要是做低端便宜货，靠仿牌维持，缺少自主品牌和设计，话语权较弱。由此可见，虽然服装是中国跨境电商一个很大的品类，但依然任重道远，发展空间和潜力巨大。

6.5.8 资本搅动跨境电商

2014 年中国跨境电商行业发生的一件大事就是百圆裤业以 10.8 亿收购环球易购。百圆裤业股票因此连续七个涨停。今年百圆裤业再次出手，以 9000 万元收购通拓科技 9%股份，并随后改名为跨境通宝。随后，罗莱家纺与“和而泰”签署战略合作，拟共同研发生产智能卧室系列产品；搜于特以 3.24 亿战略入股淘品牌汇美服装；森马服饰宣布参股韩国电商 ISE；贵人鸟近期投资 2000 万欧元收购西班牙足球经纪公司“BOY”。一时间，中国传统服装业纷纷借助电商寻求创新和突破。

不仅如此，更多跨境电商借助新三板或创业板进行资本运作。据悉，赛维科技估值 30 亿元，正在融资 1 亿美元；有棵树估值 24 亿元；Focalprice 也正和另外一个大卖家联手运作。经过这几年的发展，跨境电商行业开始形成了一定的规模，例如，在深圳，销售过 10 亿元人民币的大卖家就有十几家，过亿元的卖家超过 200 多家。这些大电商持续保持高速增长，销售额和利润都表现优异，深受资本青睐。

通过新三板等资本市场，跨境电商实现从商品运作到资本运作的重大转变。在充足的资金支持下，不仅可以安全度过目前比较困难的局面，更能进一步强化产品、渠道、团队和 IT 等方面优势，拉高门槛，实现更高的发展战略目标。另外，跨境电商通过资本市场，将会更加进退自如，获得更多发展选择。

第7章

移动电商

移动浪潮下的新商业

移动电商模式与特点

移动电子商务的主要技术

移动互联网是当前的时代趋势，而且势不可当。近年来，移动设备及移动互联网的发展和普及速度令人惊讶，随之也带来了全新的用户习惯和消费模式，下一个战略制高点就在移动电商，这是不可阻挡的趋势，移动电商在未来5～10年内极有可能超越传统电子商务。

7.1 移动浪潮下的新商业

10年前商城超市人潮涌动，10年后门可罗雀！

网购如火如荼，门店纷纷倒闭，出路在哪里？

库存积压、价格战、成本升高、利润不翼而飞……

互联网业界有句话："所有还没被互联网改变的行业，终究都将被互联网改变。"如今只要我们想象得到的行业，几乎都正面临传统行业和电商之间的博弈。依靠移动互联网平台的确可以降低渠道和人工成本，电商的门槛也更低。

究竟电商会不会影响传统商铺？电商是不可能完全替代传统商业的，但在电商冲击下，传统商业将向更注重与消费者的互动体验式消费的方向变革。

7.1.1 手机的普及与手机上网用户数高速增长

随着4G网络的普及以及智能手机的快速发展，越来越多的用户将通过手机获取资讯。无论是在中国还是在全球范围内，"人手一机"的景象马上就要到来，如图7-1所示。

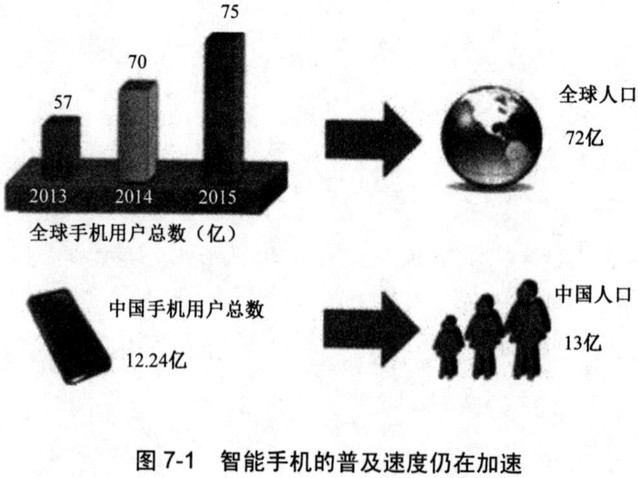

图 7-1 智能手机的普及速度仍在加速

在中国，2014 年手机上网用户渗透率创新高，8 成以上 3G 用户使用手机上网。2014 年 8 月，移动互联网用户总数达到 8.79 亿户，同比增长 6.2%，比 2013 年末净增 7192.1 万户。95%以上的移动互联网用户使用手机上网，对移动电话用户的渗透率达到 66.4%，创 2014 年以来最高点。其中，3G 上网用户规模达到 3.84 亿户，对 3G 移动电话用户的渗透率突破 80%。

2015 年 2 月，工信部发布当月通信业经济运行情况。数据显示，4G 继续保持高速增长态势，净增超过 2000 万户，移动电话用户占比突破 10%；移动电话用户总数达到 12.9 亿户；移动互联网用户总数净增 817.5 万户，总数达到 8.83 亿户，同比增长 5.3%。

7.1.2　我国无线上网服务日趋便捷

无线上网是指使用无线链接的互联网登录方式，它使用无线电波作为数据传送的媒介。速度和传送距离虽然没有有线线路上网优秀，但它以移动便捷为“撒手锏”，深受广大商务人士喜爱。无线上网现在已经广泛地应用在商务区、大学、机场及其他各类公共区域，其网络信号覆盖区域正在进一步扩大。

2013 年 12 月 4 日，工信部正式向中国电信、中国移动和中国联通发放 4G 牌照，从此开启了中国 4G 网络的商用时代。鉴于很多用户还不明白 4G 的概念，下面简单说明一下各种类型无线网络的区别。

1G：主要提供语音服务，典型业务就是语音通话。

2G：主要提供语音和低速率的数据服务，典型业务是语音通话、短信、彩信等。

3G：主要提供语音和相对快速的数据服务，典型业务是语音通话、数据流量。

4G：可提供更快速的数据服务，典型业务是高清视频传播、云端游戏等。

据悉，我国移动互联网接入流量持续高速增长，月户均流量突破 180MB。在 4G 业务促销力度不断加大、流量资费单价持续降低等多重因素影响下，移动互联网流量继续保持高速增长。2014 年 1～8 月，移动互联网接入流量达 12.13 亿 GB，同比增长 56.2%，连续 3 个月同比增长超过 55%。月户均移动互联网接入流量达到 182.5MB，同比增长 48%。作为主要拉动因素，手机上网流量突破 10 亿 GB，同比增长 94%，在移动互联网接入流量中的占比达到 85%。

当今社会网络化的程度是越来越高，而随着人们需求的增加和社会的发展，无线高速数据通信服务必然带来方便、快捷、畅通的美好体验，而无线上网必然是网络将来发展的趋势。这就如同手机代替固定电话、笔记本代替台式电脑一样，因为它们的共同之处就是快捷、方便，而快捷、方便是现代年轻人追逐的潮流，这也将是未来通信网络时代的必争领域。

7.1.3 移动电子商务崛起的原因

相关调查显示，消费者在使用智能手机进行网页搜索时所提供的关键词长度，是使用PC桌面搜索时的两倍。由于移动设备的搜索体验比PC要差，用户在使用手机时思维更加专注，进而可以获得更为准确的信息。图7-2所示为移动广告对消费者搜索和购买行为的影响对比。

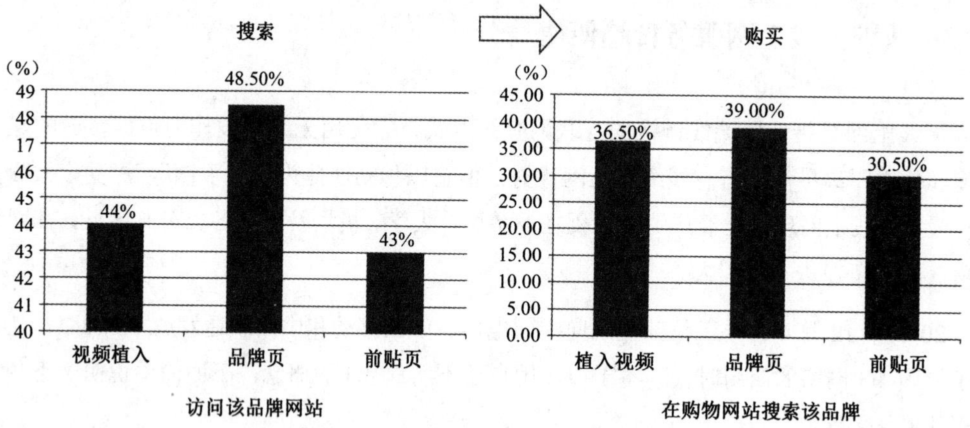

图7-2 移动广告行为影响

据统计，2013年中国网络购物市场规模为18924.9亿元，其中移动端占比为14.5%，市场规模为2740.0亿元。2014年第二季度，中国网络购物交易规模达6287.2亿元，移动购物交易规模为1683.9亿元，移动端渗透率达到26.8%，同比增长近15个百分点。2014年中国移动购物市场交易规模超8000亿元，移动端交易占比达30%。

移动互联网的普及、网民购物习惯的变化、移动购物场景的完善、移动支付应用的推广，将共同推动中国移动购物市场的快速发展。

具体我们可以从以下五个方面来分析。

1. 平板电脑对移动电子商务的影响

在2011年，平板电脑使用者成为电商消费的主力军。Adobe公司调查了150家电子商务网站的销售数据，来自平板电脑的平均订单为123美元，而来自台式电脑的平均订单为102美元。该调查还指出，平板电脑的用户年龄大致分布在18～34岁年龄段内，其中29%的用户年收入超75000美元，这为零售商带来了业务量。

2. 消费者在使用移动设备时有更强的购买欲

有研究表明，消费者在使用移动设备进行网页搜索所提供的关键词长度，是使用桌面搜索时的两倍。这主要是因为和桌面搜索相比，移动设备的搜索体验不佳。用户在使用手机时思维更加专注，进而可以获得更为准确的信息。另外，用户使用移动设备进行购物时的心情更为迫切，在得到搜索结果之后，高达 88%的用户在 24 小时之内都会下订单。

这对电商网站很有指导意义。网页端可以提供品牌相关内容、社区互动或更多的高级搜索方式。但是对于移动端，形式必须要简洁干净并排除无关信息，方便用户快速作出决定。

3. 来自移动设备的搜索广告点击率

搜索广告点击率是能够反映消费者意图的一个很重要的指标，高的点击率表明用户提供了更多有价值的搜索，最终为零售商和广告商带来更多利益。著名广告代理公司 Performics 的数据显示，在 2012 年 1 月，移动设备的广告点击率比桌面搜索要高出 45%。

4. 夜间移动购物带来的商机

网民在上下班时间通常是忙于收发电子邮件或使用社交网络，而夜间就是最适合移动购物的时间点。谷歌移动广告指出，来自平板电脑和智能手机的搜索请求，于晚上 9 点同时迎来高峰。

5. 移动互联网拥有巨大的潜力

在 2011 年，社交网络中 30%的流量是来自移动设备，其中使用浏览器和移动应用访问社交网络的用户数量，分别是 4200 万户和 3800 万户。我们应该看到移动网络和移动应用还有足够的潜力和市场可供挖掘，移动网络是迎来商机的大门，而移动应用则是专门为忠实的客户准备的。所以对于一个用户规模不大的初创服务来讲，做好移动网络是重中之重。随着品牌认知度和用户规模的提高，再着重进行移动应用的开发和运营。

7.2　移动电商模式与特点

在移动互联网时代，随时随地浏览和操作成为用户体验最直接的要求，这也是电商模式发展的趋势之一。移动电子商务的深入开发和成熟应用早已成为可能，这大大增强了用户的体验效果。

7.2.1 移动电子商务概念

移动电子商务就是利用手机、PDA 及掌上电脑等无线终端进行的 B2B、B2C、C2C 或 O2O 的电子商务。它将因特网、移动通信技术、短距离通信技术及其他信息处理技术完美地结合，使人们可以在任何时间、任何地点进行各种商贸活动，实现随时随地、线上线下的购物与交易、在线电子支付，以及各种交易活动、商务活动、金融活动和相关的综合服务活动等。

随着移动互联网的日益强大，迎面而来的各种需求增加，App Store 的下载已突破 400 亿次，Android Market（已更名为 Google Play）凭借系统的开放，应用数量增长到 40 万个。从全球来看，谷歌、苹果等巨头正勾勒一张移动商务网络，建立移动操作系统和广告平台。

用户的需求决定了市场的走向。移动电商市场从用户体验上打破了传统的模式，给人以耳目一新的感觉，恰如其分地契合到人们的体验需求，优秀的用户体验使之逐渐渗透到人们生活之中。无须复杂的平台和时间的束缚，只需轻松触控，随时随地完成操作，将使其成为生活中一个不可或缺的消费方式，如图 7-3 所示。

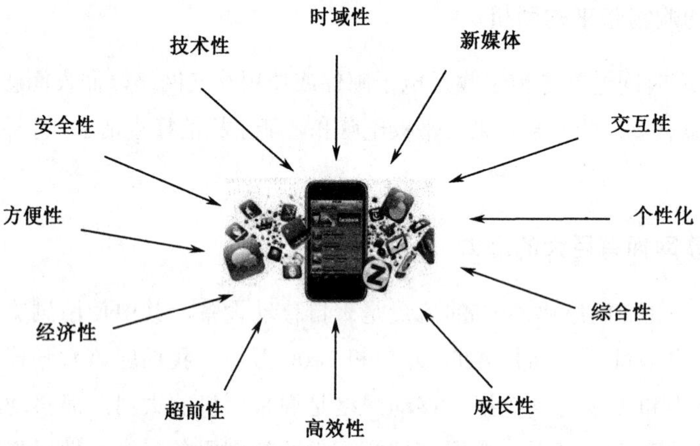

图 7-3 移动电商的主要优势

移动电子商务应用及其构建的新经济模式正日趋浮现，企业如何借助信息化时代带来的改变突破企业现代营销瓶颈，已是当务之急，故品牌企业应将移动电子商务提至战略高度。

7.2.2 移动电子商务模式

通过对移动商务价值链的分析可以看出在移动商务中参与的主要角色有：移动用户、内容提供商、服务提供商、移动门户网站和移动网络运营商等。本书主要从移动商务中参与的角色的角度来分析移动商务模式。以下是对几种移动商务模式的分析。

1. 内容提供商

内容提供商直接地或通过移动门户网站间接地向客户提供信息和服务。网络公司通过发布新闻消息等方式，以年、月等单位定期向接受信息和服务的客户收费，收费的金额可能是固定的，也可以根据该信息产品的被访问情况而确定。而战略联盟即移动门户的收益主要来源于最终消费者。通常消费者按浏览的内容或访问的页数收费。

内容提供商的关键成功因素在于内容提供商把与移动用户的任务交给其战略联盟完成，而将主要精力专注于专业能力上。同时，还避免了在市场开拓、交易平台维护和管理方面耗费过多的资源。但内容提供商也有其缺陷，即过于依赖内容战略联盟来扩散内容。

2. 移动门户

移动门户通过无线网络使移动用户从不同的移动运营商和内容提供商无线网站来获取服务，同时为移动客户提供服务和信息。移动门户是用户接受无线网络的入口。移动门户的关键成功因素是通过建立灵活的平台，可以支持不同的标准、协议和终端，方便用户交易。通过在各个接触点收集和分析用户信息，移动门户还可以提供个性化、区域化服务。

此外，通过建立一定规模的客户基础，移动门户可以吸引移动网络运营商和内容提供商加盟。移动门户主要收入来源于广告收入、交易收入和接入收入等，还可以通过吸引内容提供商做广告来收取费用。

3. 移动运营商

移动运营商提供一个范围广、使用方便的业务平台，为移动用户提供快捷方便的接入，并在安全、计费、支付等方面提供支持。移动用户、服务提供商和银行在此平台上交换信息。典型应用如中国移动的移动梦网，其服务提供商合作伙伴有 600 多家，提供了超过 7 万种业务。移动运营商的关键成功因素是通过控制移动网络平台，占有主动权，并自主选择内容提供商。作为移动价值链的枢纽，移动运营商确保参与者的交易信息安全。通过与内容提供商合作，也可以吸引移动用户，扩大客户群。在此模式中内容计费存在一定难度。传统的基于时长或数据流量的计费方法已不足以解决移动网络的计费需求。

4. WAP 网关提供商

WAP 技术是一组通信协议，把 Internet 技术与无线网络技术结合起来，针对移动通信设备接入 Internet，以及其他待开发的新型电信增值业务而设计的一套规范。它通过 WAP 网关对 Web 服务器的信息进行转换，以使 Web 服务器能够浏览 Web 服务器上的内容。WAP 网关提供商的关键成功因素是将处理功能集中在 WAP 网关中，大大减少了手机操作负载。服务提供商还通过与 WAP 网关提供商合作致力于改进服务，而无须关心相关的技术细节及安全等问题。

5. 移动直接面向客户

内容提供商可以通过 WAP 网关直接与移动用户进行商务活动，提供信息和服务。

内容提供商可以通过 Web 服务为用户提供各种有价值的信息，包括私人邮件阅读、世界新闻、金融、旅游信息，用户也可以根据个人兴趣定制信息。目前移动直接面向客户的模式还不是很完善，由于移动设备屏幕、键盘小并功能复杂，不仅需要新技术实现信息的可视化，还需要合理利用有限的键盘实现操作命令。

6. 移动虚拟社区

移动虚拟社区为用户提供类似于传统网络虚拟社区功能，如交友、聊天和同学录等。2004 年初，Motorola 和友联网联合推出中国首款手机支持的无限虚拟娱乐社区——MOTO 都市。MOTO 都市将网络社区中的精彩内容移植到手机中，包括 MOTO 会所、工作中心、MOTO 购物、MOTO 校友录等多种功能。

7.2.3 移动电子商务应用类型

电子商务包括了移动电子商务，只是我们平常狭义理解的电子商务就是在计算机上买卖东西，或者其他商务活动，但是随着移动技术的发展，很多需要在计算机上完成的工作，现在移动设备上也能完成了，这个就属于移动电子商务。

IDC（International Data Corporation，国际数据公司）认为，移动电子商务市场的发展不会是简单地由 PC 端向移动端迁移的过程，而将是一场以个人消费者为中心的产业模式重构。

1. 银行业务

移动电子商务使用户能随时随地在网上安全地进行个人财务管理，进一步完善互联网银行体系。用户可以使用其移动终端核查其账户、支付账单、进行转账及接收付款通知等。

2. 交易

移动电子商务具有即时性，因此，非常适用于股票等交易应用。移动设备可用于接收实时财务新闻和信息，也可确认订单并安全地在线管理股票交易。

3. 订票

通过互联网预订机票，车票或入场券已经发展成为一项主要业务，其规模还在继续扩大。互联网有助于方便核查票证的有无，并进行购票和确认。移动电子商务使用户能在票价优惠或航班取消时立即得到通知，也可支付票费或在旅行途中临时更改航班或车次。借助移动设备，用户可以浏览电影剪辑、阅读评论，然后订购邻近电影院的电影票。

4. 购物

借助移动电子商务，用户能够通过其移动通信设备进行网上购物。即兴购物会是一大增长点，如订购鲜花、礼物、食品或快餐等。传统购物也可通过移动电子商务得到改进。例如，用户可以使用“无线电子钱包”等具有安全支付功能的移动设备，在商店里或自动售货机上进行购物。

5. 娱乐

移动电子商务将带来一系列娱乐服务。用户不仅可以从他们的移动设备上收听音乐，还可以订购、下载或支付特定的曲目，并且可以在网上与朋友们玩交互式游戏，还可以为游戏付费。

6. 无线医疗

医疗产业的显著特点是每一秒钟对病人都非常关键，在这一行业十分适用于移动电子商务的开展。在紧急情况下，救护车可以作为进行治疗的场所，而借助无线技术，救护车可以在移动的情况下同医疗中心和病人家属建立快速、动态、实时的数据交换，这对每一秒钟都很宝贵的紧急情况来说至关重要。在无线医疗的商业模式中，病人、医生、保险公司都可以获益，也会愿意为这项服务付费。

这种服务是在时间紧迫的情形下，向专业医疗人员提供关键的医疗信息。由于医疗市场的空间非常巨大，并且提供这种服务的公司为社会创造了价值，同时，这项服务又非常容易扩展到全国乃至世界，我们相信在这整个流程中存在着巨大的商机。

7. 移动应用服务提供商

一些行业需要经常派遣工程师或工人到现场作业。在这些行业中，移动应用服务提供商（MASP）将会有巨大的应用空间。MASP 结合定位服务技术、短信息服务、WAP 技术，以及 Call Center 技术，为用户提供及时的服务，提高用户的工作效率。

移动电商市场吸引了许多竞争者，如 PC 互联网时代的电子商务巨头淘宝、京东等，跃跃欲试借助 O2O 转型的银泰、万达等传统零售巨头，甚至有海尔、联想、宝洁等品牌厂商。在移动电商模式下，对个人消费者本身的争夺将逐步替代流量入口之争，成为产业各方获得竞争优势的关键。

各大企业需要注意的是，由于基于固定 PC 互联网的电子商务与移动电子商务拥有不同特征，移动电子商务不可能完全替代传统电子商务，两者是相互补充、相辅相成的。移动通信所具有的灵活、便捷的特点，决定了移动电子商务应当定位于大众化的个人消费领域，应当提供大众化的商务应用。

7.2.4 移动电子商务的特点

移动互联网区别于传统互联网，一定要利用“移动”的专长，地理位置的定位就是移动非常有价值的专长之一，其特点如图 7-4 所示。

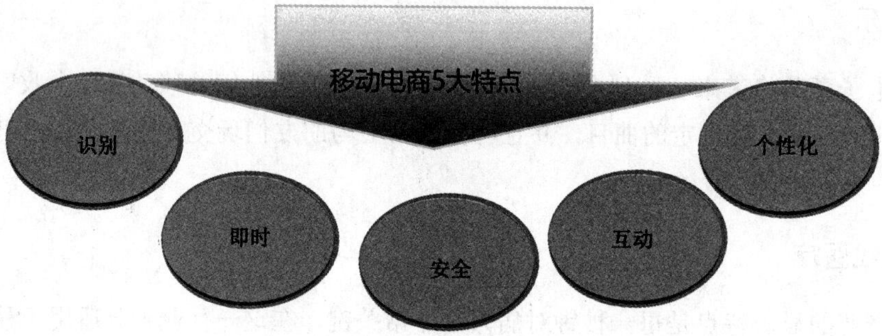

图 7-4 移动电商的主要特点

基于移动商务相对传统电子商务，以及市场营销所独具的个性化、地域性、网络化的优势，移动商务的营销应首先在识别用户身份的基础上实现市场细分、差别化营销。

在识别目标用户后提供个性化的服务和针对性的产品推广是移动商务营销的直接目的。个性化的实现必须基于即时性的用户位置定位及互动沟通。

（1）识别：移动电商就是利用手机与差别化的个体进行“一对一”的沟通，以识别不同消费者之间的个性需求，以及同一消费者在不同地点、不同时间段的特定需求。例如，企业通过微信群组区分不同的消费群体。

（2）即时：移动终端的便利性使得移动电商平台可以及时地与目标消费者进行沟通。要强调的是移动电商的即时性对于企业来讲意味着广告发布是可以定时的。另一方面也要求在识别用户地理位置后即时触发商业行为，主动推送营销信息。例如，商家可以通过手机 APP 主动推送信息给潜在用户。

（3）互动：通过手机“一对一”的无线互动营销，可以与消费者形成一种互动、互求、互需的关系，互动成为相互了解的有效方式。

（4）安全：移动电子商务具有 4 个方面的安全特性：即数据保密性、数据完整性、不可否认性及交易方的认证与授权的信息安全。由于无线传输的特性，移动信息的获取将更加及时。虽然并不能保证移动电子商务绝对安全，但相比传统的商务形式，安全性能明显提高了。

（5）个性化：移动设备除了功能强大之外，还因使用者的不同而具有个性化的特点。手机、便携式计算机、PDA 的特性为个性化、私人化、功能复合化及时尚化的实现提供了得天独厚的优势，这些也逐渐形成评价一部移动终端能否满足用户需求的默认标准。这使得利用手机进行的移动营销活动具有强烈的个性化色彩。

7.2.5　移动电商发展趋势

2014 年“天猫双十一购物节”24 小时内销售额达到 571 亿元，其中移动端成交量占比 42.6%，移动端的高速发展和国际化趋势成为 2014 年“双十一”的显著特征。其实，早在 2011 年就可以感到移动大潮来了，但是当时想法还无法变现，整个移动电商的趋势还没起来。在移动端，游戏和社交先行，然后经过几年的发展和用户习惯培养，移动电子商务以其快捷方便、无所不在的特点，成为电子商务发展的新方向。

当互联网进入移动互联网时代，众多企业与个人开发者希望从中掘金。2014 年整个 APP 生态圈中占比较重的开发市场规模将超过 500 亿元，全国数百万企业网站潜在的 APP 开发需求呈爆发式的增长，而目前国内 APP 开发年营收综合不到 20 亿元。由此可见，企业级 APP 定制开发将是移动互联网中孕育着巨大商机的新兴项目之一。

国内外 500 强的企业纷纷开通属于自己的手机 APP，务求从线下乃至手机上也能捕获顾客，以麦当劳、肯德基等餐饮巨头尤甚。在智能手机迅速普及的情况下，当移动互联网影响着人们的衣食住行的时候，人们将毫无疑问地习惯指尖之下的订餐、购物、娱乐、社交等活动。

以移动支付为例，当前移动支付通过各类应用与生活服务业广泛结合，在公共交通、零售、餐饮等行业都得到了普及，为这些行业的发展提供了新的动力。未来移动互联网将进一步拓宽应用范围与深度，通过零售业、餐饮业、交通业、传媒业的不断渗透，改变小商品制造、汽车生产等更多传统企业。

预计到 2016 年，企业 APP 数量将达到 60 万个，企业 APP 开发及移动营销市场规模将达到 480 亿元。中国市场 Android 与 iOS 设备的使用量跃居全球首位，移动互联网已经成为整个互联网行业增长最快的领域，而 APP 客户端也就成为移动互联网的重要入口之一。

2014 年，伴随终端价格的持续降低，移动网民的快速渗透和网络基础设施的日益完善，移动互联网市场向内陆城市深度辐射，“移动互联”应用形态的丰富性大大提升，移动端产品在创新中寻求差异。移动互联网加速渗透传统企业，凭借移动终端本身的移动性、便捷性快速融入诸多实体产业，带动实体产业的发展。

而在三、四线城市，移动互联网市场将加速发展，本地化服务与“移动互联”呈现创新结合。这种在不同地域之间的多元发展态势也将为移动互联网的市场参与者提供更多的发展机遇。

与此同时，尽管在过去的一年，各大巨头在各自专注的领域已基本完成了入口的抢占，但其消费闭环的营造尚未完成，未来深化差异化创新、争夺用户、提升移动端用户活跃度、挖掘移动端流量价值将是移动互联网行业的主体基调。

另外，移动互联网还将进一步整合。移动终端的爆发增长，将推动移动互联网同物联网技术不断深度融合。移动智能终端将向可穿戴设备、智能家居、车联网等泛终端垂直领域延伸。

此外，经济发展新常态对移动电子商务发展提出了新的要求，为促进我国移动电子商务健康发展，以下工作势在必行。

（1）加强移动互联网等信息化基础设施建设。放宽电信行业的市场准入限制和门槛，鼓励社会资本投资运营移动网络，允许社会资本以独资或混合所有制形式进入，形成行业内竞争新局面。认真贯彻执行《“宽带中国”战略及实施方案》，加强移动互联网等信息化基础设施建设。在继续推进宽带网络提速的同时，加快扩大宽带网络覆盖范围和规模，深化应用普及，增加用户的移动网络容量，促进资费的合理下调。

（2）完善移动电子商务市场监管体系。制定并逐步完善移动电子商务相关技术标准和行业规范，完善移动电子商务市场监管体系，争取形成“事前综合防范、事中有效监测、事后及时溯源”的审慎监管和应急处置工作机制。在鼓励创新的同时，加强交易主体身份认证管理，采取有效的技术手段保证移动电子商务的相关服务和数据安全，严厉打击网络售假、网络欺诈、侵犯用户隐私等违法违规行为，及时处理网络交易纠纷，构建可信、安全、便利的移动网络购物环境。在创造宽松的发展环境的同时，进一步完善对移动电子商务催生的金融创新业务的监管。加强消费者教育，提高消费者对移动金融的风险意识和自我保护能力。强化移动电子商务企业的信息披露和风险提示的义务，保证消费者的知情权的真实实现。

（3）推进移动电子商务的技术创新和试点应用。加大支持力度，推进移动电子商务技术研发和产业化，促进国内企业研发具有自主知识产权的智能手机操作系统。鼓励第三方电子商务机构研发应用移动电子商务客户终端，引导传统电子商务交易平台拓展移动电子商务业务，逐步提高移动电子商务交易比重。继续推进移动电子商务在公共事业、交通、物流、旅游服务、农业生产流通、企业管理、环保监控等领域的试点应用，积极开展国家电子商务示范城市移动电子商务金融科技服务创新试点，丰富产品体系，完善体制机制，为移动电子商务健康快速发展提供有力支撑。

7.3 移动电子商务的主要技术

随着移动互联网的迅速发展，电子商务也进入了各种移动终端设备中，互联网、移动通信技术和其他技术的完美结合创造了移动电子商务。

7.3.1 移动通信技术

近 20 年来，移动通信技术发生了翻天覆地的变化，当前通信技术的变革更是带动了移动互联网电子商务的大发展，影响了社会生活的方方面面。

实现移动电子商务的通信技术如下。

（1）无线应用协议（WAP）：Wireless Application Protocol，即通过把 Internet 网上 HTML（标准通用标记语言下的一个应用）的信息转换成用 WML（ Wireless Markup Language）描述的信息，使其可以显示在手机的显示屏上。

（2）通用分组无线业务（GPRS）：General Packet Radio Service，是 GSM 移动电话用户可用的一种移动数据业务。GPRS 和以往连续在频道传输的方式不同，它是以封包（ Packet）式来传输，因此，使用者所负担的费用是以其传输数据单位计算，其传输速率可提升至 56Kbit/s 甚至 114Kbit/s。

（3）移动 IP 技术：移动 IP 是移动通信和 IP 的深层融合，也是对现有移动通信方式的深刻变革，它将真正实现话音和数据的业务融合，它的目标是将无线话音和无线数据综合到一个技术平台上传输，这一平台就是 IP 协议。

（4）“蓝牙”（Bluetooth）技术：是一种支持设备短距离通信的无线电技术，能在包括手机、PDA、无线耳机、笔记本电脑等相关外设之间进行无线信息交换。

（5）GPS 移动定位系统技术：全球定位系统 GPS 的基本原理是测量出已知位置的卫星到用户接收机之间的距离，然后综合多颗卫星的数据就可知道接收机的具体位置。

（6）第三代移动通信系统（3G）：3G 其最基本的特征是智能信号处理技术。智能信号处理单元将成为基本功能模块，支持话音和多媒体数据通信，它可以提供前两代产品不能提供的各种宽带信息业务，例如，高速数据、慢速图像与电视图像等。

（7）第四代移动通信系统（4G）：4G 是集 3G 与 WLAN 于一体并能够传输高质量视频图像，以及图像传输质量与高清晰度电视不相上下的技术产品。4G 系统能够以 100Mbit/s 的速度下载，比拨号上网快 2000 倍，上传的速度也能达到 20Mbit/s，并能够满足几乎所有用户对于无线服务的要求。此外，4G 可以在 DSL 和有线电视调制解调器没有覆盖的地方部署，然后再扩展到整个地区。

7.3.2 物联网走进人们的日常生活

伴随云计算等的兴起和发展，物联网也正逐渐进入人们的日常生活，智能生活的渗透以及未来智慧城市的建设，都紧密围绕物联网的发展。

物联网将互联互通的网络概念进一步延伸到现实生活的各个物质实体，把在互联网和电信领域取得成功的新一代 IT 技术运用到各行各业，并通过智能感知识别、通信网络以及智能运算平台的技术设备，形成对每一个网络节点进行识别、定位、监测、管理和操控的网络系统，如图 7-5 所示。

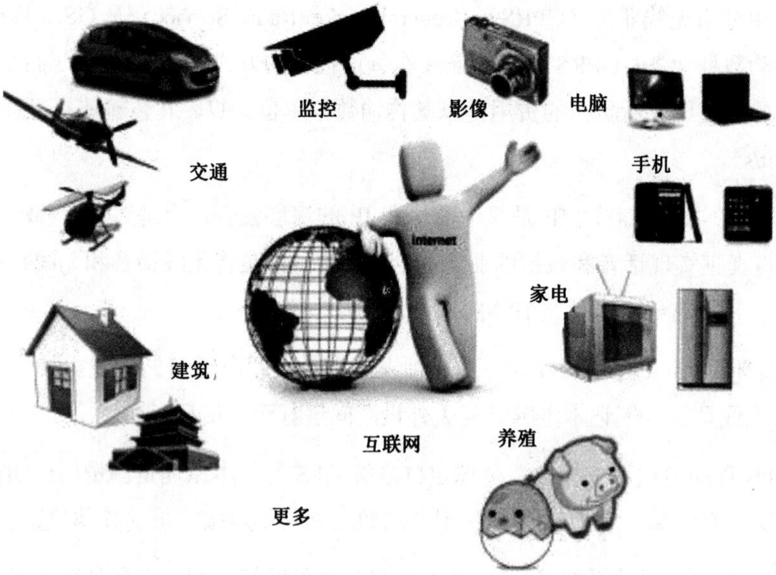

图 7-5 物联网

物联网的推广对商业模式的创新意义巨大，它不仅仅是指完善公众熟知的框架及简化原有的商业模式。为了从新的、基于云计算的机遇中获得竞争优势，当今的企业需要从根本上反思他们传统的价值创造与价值获取的方式。

与价值创造类似，与云端的互联形成了关于价值获取的新的思维模式，即客户价值的货币化。在大多数制造型企业，价值获取就是简单地合理定价，以从零散的产品销售中获得利润最大化。

用户在多终端之间的切换、人与各种智能设备间的联系，都因依靠物联网而变得更为简单，物联网将机器、人与社会行动互联在一起，在公共服务、企业、行业等各个层面发挥重要影响力，如图 7-6 所示。

图 7-6　物联网的应用范围

7.3.3　LBS 成为不可缺少的生活应用

LBS（Location Based Service，基于位置的服务）是通过电信移动运营商的无线电通信网络（如 GSM 网、CDMA 网）或外部定位方式（如 GPS）获取移动终端用户的位置信息（地理坐标），在 GIS（Geographic Information System，地理信息系统）平台的支持下，为用户提供相应服务的一种增值业务。

图 7-7 所示为 LBS 系统的组成。

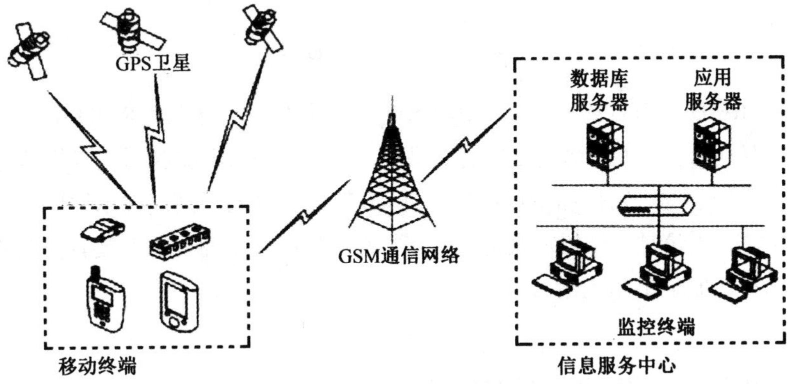

图 7-7　LBS 系统的组成

知道别人的位置很重要，因为这意味着可以更好地为他们做些事情或者与他们展开合作。这是基于位置的 WiFi 服务背后的基本概念，这种服务被称为 LBS。一旦知道用户的位置，企业就能够有的放矢地为他们提供更好的网络体验，并利用他们的位置数据来优化体验，或者为他们提供相关信息。

一些打折信息、周年活动、便宜的商品购买地点，也能够在我们的移动设备上体现出来，而我们利用这一功能就能够更加快速地获取实惠的消费信息，这就是 LBS 的魅力。而这些还可以涉及我们生活的方方面面，如租房、看电影、演唱会、飞机航班、交通信息等。

7.3.4 二维码与 RFID，谁与争锋

为了提高计算机识别的效率，增强其灵活性和准确性，使人们摆脱繁杂的统计识别工作，传统条码、二维条码、RFID 无线射频识别技术先后问世。从全球范围来看，二维码和 RFID 是应用最为广泛的标签技术，未来几乎所有的物品都将拥有一个二维码或者 RFID 标签。如图 7-8 所示。二维码与 RFID 有着共通之处，它们都可以作为物品标签发挥作用，使物品信息得以整合管理。

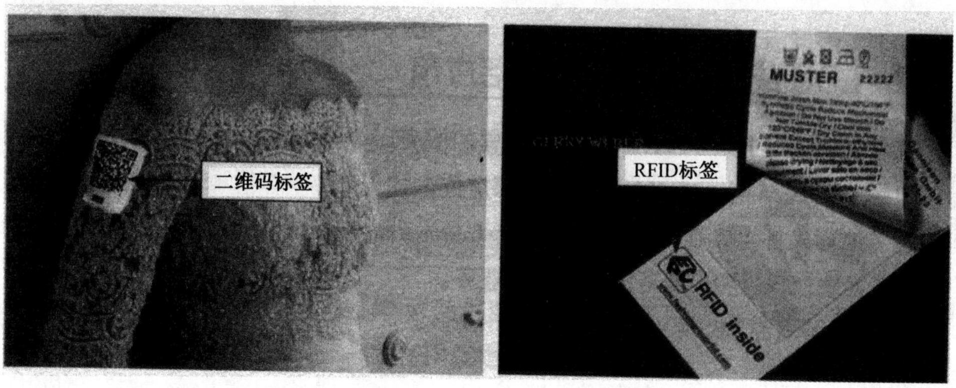

图 7-8 二维码与 RFID

二维码与 RFID 各有各的精彩，二维码便利了人们的日常生活，RFID 则弥补了二维码的不足，如果“双剑合璧”可以达到更好的效果。当下二维码的主要应用亮点便是与互联网相结合，通过消费者的主动识别推动市场运作；而 RFID 则更倾向于高端技术领域，满足相关领域更高的技术需求。无论是二维码还是射频技术，都是对移动电商行业发展有帮助的，既然有帮助就应该大力挖掘它们的市场潜力。

7.3.5 搜索即服务：移动互联网新趋势

移动搜索是指以移动设备为终端，对普遍互联网的搜索，从而实现高速、准确地获取信息资源的搜索。

随着科技的高速发展、信息的迅速膨胀，手机已经成为信息传递的主要设备之一。尤其是近年来，手机技术的不断完善和功能的增加，使得使用手机上网也已成为一种获取信息资源的主流方式。其中，手机搜索用户数达 4.06 亿，手机搜索已经超过手机新闻，成为除手机即时通信以外的第二大手机应用。

在移动互联时代，生活的方式是“想要使用某种服务→寻找、发现该服务的信息→消费使用服务”；或者是“各类信息被收集→大数据分析→推荐较为符合需求的服务”。根据百度的数据显示，用户通过搜索的关键词 70%以上都是跟消费服务有关的。

例如，在推出 iPhone 4S 期间，苹果公司也推出了一个语音服务 Siri 语音控制功能，如图 7-9 所示。使用这个功能，我们就可以直接把我们手中的 iPhone 变成一个智能化的机器人，可以通过语音让手机实现天气查询、搜索查询等功能。

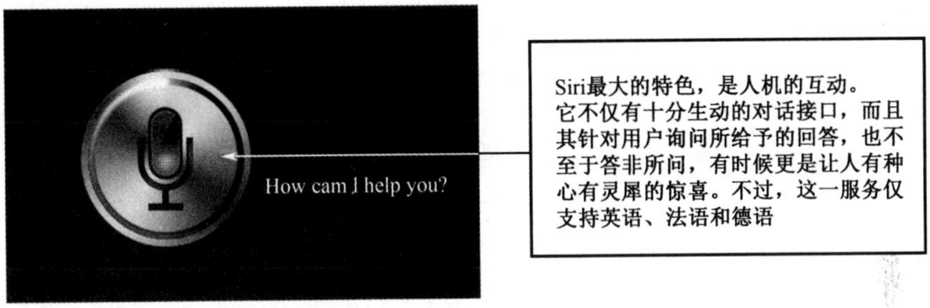

图 7-9　Siri 语音搜索服务

操作系统是 PC 的入口，浏览器是搜索引擎的入口，搜索引擎是移动互联网的入口。搜索引擎其实解决的是一个信息大爆炸及信息真空的问题，为用户提供未知的信息资源，处理已存在的海量的互联网信息，将用户需要的信息呈现给用户。依此类推，移动搜索解决的是用户在移动端的信息需求问题。

移动搜索是一个“技术活”，必须让搜索结果更精准、有效，相对于 PC 端推出的越来越多的无效、真假无法辨别的真实结果来说，用户更喜欢只有一两条真正权威的搜索结果。

第8章

电商大数据

电商与数据需求

电商竞争的利器——大数据

大数据在电子商务中的应用

淘宝店的四大核心数据

电商基于大数据的微信营销

案例分析

时代的发展带动了商业的发展，尤其是到了信息化、数据化时代，给电子商务带来了空前的挑战。

8.1 电商与数据需求

信息时代的商业发展其实就是商业数据的挖掘，电子商务更是如此。

在电子商务中，卖家同样可以通过收集客户资料的方式对买家进行深入的了解。只不过这种收集客户资料的方式发生了变化，因为互联网已经将这一切不知不觉地“告诉了”卖家。

客户在互联网上的行为都是有迹可循的，例如，客户只要登录到卖家的页面，都浏览了哪些产品、产品的价格区间是多少等，一举一动都可以变成数据被记录下来。之后电商就可以用精准推荐的方式，向买家推荐所需要的产品。

据 2013 年 9 月艾瑞对近 1200 家企业的调查，97.9%的企业认为数据分析对于电商运营很重要。“大数据”意识正在电商企业普及，与此相对的是有超过半数的被调查企业认为自身电商数据分析能力欠缺。明显的市场缺口也带来了新的市场机遇，一些电商数据服务商应“求”而生。

要想很好地驾驭数据，让数据服务于运营决策并不容易。对于电商从业者而言，数据的收集、整合、洞察应该具备一套专业严密的方法体系，每一笔交易、每一次输入都是数据，通过计算机做筛选、整理、分析，所得出的并非简单、客观的结论，而是能有助于企业经营决策，引导激发更大的消费力量。市场、行业、运营是三位一体的：真正地把握垂直市场的消费诉求；精准地跟踪行业动态，力求在市场前沿；整合渠道、资源，精细化运营，追求利润最大化发展，要实现这些往往需要通过有效的数据分析，才能将市场需求、行业变化、竞争对手动态等信息具体化。

以淘宝平台为例，淘宝的大数据可以囊括淘宝商家公开的成交单价、成交笔数等信息，只要抓取这些海量数据，经过云处理分析、计算，就可以为店铺运营者提供包括产品、品牌、行业、竞争店铺等多维度的市场信息数据，通过专业的数据分析，可帮助企业解读数据背后的市场机遇，甚至可通过挖掘数据的潜在价值，对企业的经营策略作出决策指导。

8.2 电商竞争的利器——大数据

古语有云：“长袖善舞，多钱善贾”，意思是凡事有所依靠，就会容易成功。在电商各类庞大的消费人群背后，我们可以看到基于互联网的电商企业数据量正在呈几何倍数增长。面对数据量的快速增长，以大数据为中心的分析与挖掘互联网端消费者购物习惯、频率和诉求、企业营销等竞争方式已成为可能。分析后的大数据利剑，将会为企业带来竞争优势，改变企业决策、价值创造和价值实现的方式。

国美在线，在 2012 年底以大数据平台为基础，建立了以营销、数据分析、流量管控、BI 报表、个性化推荐等数据为驱动的业务模型和产品。运行两年以来，提高了国美在线的客户服务能力，也给企业带来了显著的经济效益。

国美在线通过用户数据分析，进而形成一份用户个人属性和购买习惯调查报告。针对用户的分析，目前已应用到团购业务专项分析、个性化推荐效果分析、优惠券效果专项分析等领域。这些分析结果对营销工作起到了个性精准化的作用。

谈及大数据平台，电商巨头已经构建了完善的技术，电商运用大数据就相当于拥有了三大利器，如图 8-1 所示。

图 8-1　电商大数据的三大利器

随着大数据潜能的大爆发，电子商务正在用大数据思维与技术影响着商业的决策推广思路。电子商务的大数据分析，正如利剑出鞘、铠甲上身，已成为电商之间相互竞争的利器。

8.3　大数据在电子商务中的应用

8.3.1　大数据在电商行业的运用方式

CNIT-Research 发布的《2014 年第二季度中国网购市场研究报告》显示，截至 2014 年第二季度，中国网购网民数量已经超过 3.32 亿人，网购渗透率达到 51.2%。中国网络购物市场交易规模达 7534.2 亿元，环比增长 16.29%，同比增长 76.21%（图 8-2）。

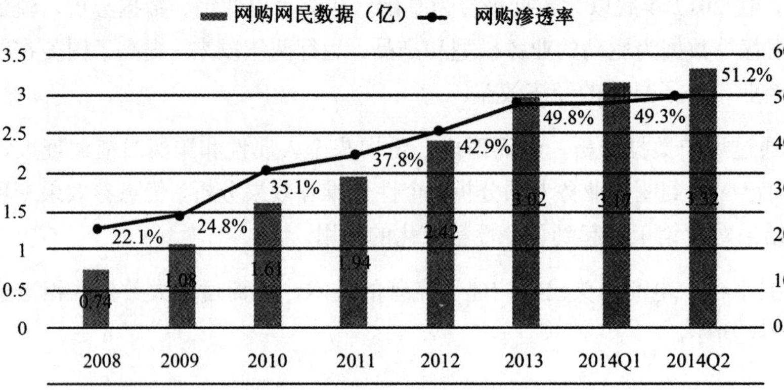

图 8-2　中国网购网民数量及网购渗透率

经历了基于用户数量的时代，基于销量的时代，目前的电子商务市场交易已处于基于数据的时代，电子商务的竞争在很大程度上就是大数据的竞争。由于平台所产生的巨大信息量，以及其所收集到的用户信息具有真实性、确定性和对应性，电子商务具有了利用大数据的天然优势。大数据的应用将贯穿整个电商的业务流程，成为公司的核心竞争力。随着电商企业对待大数据的挖掘、分析，他们已经开始了对大数据的实际应用。

1．客户画像

美国医药网站遵照有身孕的女性用户填写的受孕登记，并定期给用户寄 EDM（Email Direct Marketing）提醒母亲在某些特定时间点的重视、必须摄取的养分、产前的心理变动和要做好的思想准备；同样，也包括之后的产后复原，宝宝的养育和健康等。

2．精准营销

（1）1 号店通过手机平台的大数据，对其进行分析，给顾主发送个性化 EDM，进行精准的电子邮件营销。若顾客曾经在 1 号店网站上查看过一个商品却未购买，1 号店会根据可能的情况：缺货，价格不合适，商品不合适等进行分析，分别在到货、降价或引入类似商品时以电邮方式告知客户。同时，通过挖掘客户的周期性购买习性或附近类似客户的购买周期习性，适时提醒客户。

（2）淘宝在 2012 年推出了“淘宝时光机”项目，该项目通过分析用户自注册为用户以来的行动，用幽默生动的谈话模式，告知顾主淘宝的成长历史，以及该用户在淘宝购物的轨迹。通过收集与该用户有相类似喜好的其他用户的行动并经过分析后，可以对特定用户的偏好和行动轨迹进行猜测，以达到精准营销的目的；并可以用特定用户喜好的方式和个性化的数据拉近与顾客的距离。

（3）Google 的 AdSense 对顾客的搜索过程和其对各网站的关注度履行数据进行挖掘，并在联盟内网站上追踪用户的去处，将数据整合后进行分析，在其联盟网站上推出了和顾客潜在兴趣相匹配的广告，达到精准化营销。

3．信用评级

阿里巴巴则通过在淘宝、天猫等网站积累的数据资料，通过对用户的销售终端、资金使用等数据进行追踪和收集，以了解中小企业的交易状况。从中可筛选出财务健康、讲究诚信的企业，为它们发放无担保贷款，解决其贷款难的问题，不仅新增了盈利模式又可以防范风险。目前，阿里巴巴已收贷 300 多亿元，坏账率仅为 0.3%，远低于银行贷款坏账率。

4．广告推介

当当网、卓越网等电商企业之前通过协同算法来找到商品之间的联系，即当购买某件商品时，会展现相关商品的推荐信息。这能够为用户查找相关商品提供方便，提升客户体验；更是利用了商品之间的互补性与相关性，增加了销量。并且通过对平台用户的浏览痕迹进行记录分析，针对不同层次类型的用户会提供特定的商品推荐信息。

5．物流配送

亚马逊（Amazon）近几年推出了 FDFC（Forward Deployed Fulfillment Center）的概念，以加快对顾客配送的速度。Amazon 的订单履行中心分两个层级：FC 和 FDFC，其中 FC 品种更齐全，而 FDFC 在物理位置上更靠近目标市场，但品种重点容纳针对目标市场的热销商品，顾客的大部分需求可以通过 FDFC 来满足，不能满足的长尾商品则由 FC 来满足。这样顾客急需的商品多数可以通过 FDFC 以更快捷和低成本的物流来完成。由于热销商品是随着时间和季节而改变的，故将什么商品储存在 FDFC 的决策是动态调整的，而此决策的依据就是对顾客需求的分析和预测。

6．舆情分析

随着网络技术和电商平台的日趋完善，消费者对电商平台的口碑评价越来越关注，也使得电商平台口碑评价也成为打造电商品牌的重要途径。网民对电商舆情的关注焦点主要集中在电商价格、商品质量、物流速度、售后服务等方面。为此有电商，如京东，对所在网站的文本数据进行舆情分析，以达到更加了解客户需求，主流偏好等信息。对于舆情分析第一步首先是通过调查和深入访谈的形式，了解客户需求，确定研究方向；第二步则是对客户关注该电商平台的所有关键词进行筛选，锁定关键词；接下来的第三步是通过中心监测平台采集抓取主题型关键词关注的百万级网民信息；第四步是将行业关键词放到监测框中进行筛选，获取具有行业属性的信息；第五步是以行业特征数据分析为基础，研究该群体对于某电商平台的关注特征；第六步是依据研究结果，归纳研究结论，撰写行业研究报告。

相比于线下零售，电子商务网站具备非常丰富的客户历史数据。通过这些数据的分析，能够进一步了解客户的购物习惯、兴趣爱好和购买意愿，并可以对客户群体进行细分，从而针对不同的用户对服务进行调整和优化，进行有针对性的广告营销和推送，实现个性化服务。

8.3.2 数据分析如何帮助电商行业提升绩效

大数据时代下，客户洞察、营销规划、物流管理、流程规划、风险控制等，都将受益于大数据相关技术。根据麦肯锡的报告，合理利用数据还将使零售商的运营效率在目前的基础上提高 60%。以下总结了通过大数据提升电商企业绩效的方式。

1. 客户洞察

通过对客户历史数据的分析，进一步了解客户的购物习惯、兴趣爱好和购买意愿，并可以对客户群体进行细分，通过用户画像了解用户，猜测用户对产品的需求或者潜在需求，精细化地定位人群特征，挖掘潜在的用户群体，为媒体网站、广告主、企业及广告公司充分认知群体用户的差异化特征，根据族群的差异化特征，帮助客户找到营销机会、运营方向，全面提高客户的核心影响力。

2. 营销规划

（1）精准的广告

通过网络数据的收集成本低廉，并且用户在访问网页时以自身的真实需求作为出发点，也更具备真实性。此外，网络上所产生的海量数据是实时的，能够很好地反映用户的情绪及其关注的热点。这些信息对于企业广告决策相当重要。电子商务企业通过对这些海量数据的收集、分析和整合，挖掘出对自己有用的信息，分析不同用户群体的特征，根据用户需求和兴趣在正确的时间，给正确用户投放让其感兴趣的广告，从而保证营销的有效性和精准性。

（2）消息的及时推送

实现消息及时推送囊括的范围很广泛，包括在用户需要时提供信息，或者电商企业推送信息引导用户进行购买等。很多电商企业利用大数据挖掘客户的周期性购买习惯，在临近客户购买周期时适时地提醒客户消费。

在 O2O 领域实现消息的及时推送也十分重要。通过移动电子设备，包括移动电话、PDA、导航设备等，获得设备和人员位置及移动轨迹等数据，并对此加以分析。在用户靠近店铺时，适时推送商家信息，可以极大地提高消息的时效性及利用程度。

（3）消息的个性化展示

人们的个性化需求日益凸显，而用户产生的数据这一模式使得数据来源更广，获得成本更低、更及时。身处大数据时代，信息量增长速度空前迅速，然而消费者获取、过滤、筛选和分析信息的能力却没有得到相应的提高，这必然会导致消费者淹没在浩瀚的信息海洋中。这就需要电商企业具备将正确信息展现在正确的用户眼前的能力，从而增加用户黏度与忠诚度，以实现销售额与利润的增长。

而要实现信息展示的差异化，方法多样。例如，可以用动态网页来实现，通过与数据库进行交互，即使页面代码不发生变化，显示的内容却可随着时间、环境的变化而变化。利用大数据，对用户的数据进行收集、分析和整合，对数据库进行实时更新，从而改变页面内容，在信息海洋中为用户提供有用及时的信息，对产品与服务进行针对性的调整与优化，为消费者提供个性化和精准的服务。

3. 物流管理

将供应链领域的销售网点体系、条形码扫描设备、射频识别阅读器、用于车辆和手提电话的全球定位系统，以及用于管理交通、库房和其他运作的软件体系等数据相关联，并从多种渠道获取大量非结构性数据，进行研究，提升物流速度和针对性。例如，要避免库存不足或者由于恶劣天气导致的延迟送货等现象的发生，就要进行实时或者近乎实时的数据分析。

4. 流程规划

企业通过大数据能够更好地根据市场需求与企业要求调整企业流程，包括设计、分析和优化流程。应用数据模型透视现有流程质量并根据当前市场需求调整现有业务流程。使企业分析过程中可以掌握流程在组织、结构及技术方面存在的不足，明确潜在的改进领域。设计阶段的目的是根据分析结果并结合企业目标制定目标流程，并在 IT 系统中实施有助于今后为企业创造价值的目标流程。

业务流程设计涉及信息、需求、预测、计划、采购、生产、仓储、运输和交付等的全过程。而企业利用数据仓库将这些方面的数据逐一联系起来，从而实现按尽可能低的成本，最快的速度支持业务活动。以时间为基础的流程优化，以增值和反应速度为基准。

5. 风险控制

在大数据时代下，企业能够通过海量数据研究客户需求，避免产品市场风险和存货风险。通过研究客户需求在一定程度上降低因市场变化、产品滞销等原因导致跌价或不能及时卖出自己的产品的影响。及时发现市场疲软、产品产销不对路，商品更新换代，客户偏好变化等影响销售的因素，从而很好地控制风险。同时，通过市场数据和客户数据的结合研究，企业能够更好地控制生产投入、控制采购、按时产出，加强保管。

8.3.3 云计算数据处理能力对电子商务作用

云计算的发展历史并不长，首次引入云计算技术的是淘宝网，其所有交易都是基于自建系统完成的，而阿里云也成为我国首家开展云计算供应的公司。云计算对于大数据的超强处理能力使其对电子商务的发展起到了推波助澜的作用，主要影响表现在以下方面。

1. 信息检索能力

电子商务平台虽然很大程度上改变了消费者的购物方式，但是就营销方式来说，商品数量和种类依然是影响消费者选择商家的主要因素。在电子商务领域内，商品数量和种类呈现出结构的繁杂化发展甚至是非结构化发展趋势。这些都为 IT 基础设施及信息处理技术提出了挑战，大数据处理技术由于其具备的灵活性和功能强大的检索服务使其能够引领电子商务信息处理技术的新方向。

云计算的检索服务可以根据客户的实际需求和交易习惯对大量的信息进行筛选和显示，其智能性和高效性也是传统 IT 基础设施所不能比拟的。此外，云平台还具有信息推荐功能，根据网上交易整体情况筛选热点商品予以展示，提高了交易的针对性和检索效率。云计算性能的优势还体现在对人类部分思维进行描述的功能上，解决了长期以来计算机信息处理不能够准确把握人类语言和知识应用的难题，使数据的处理实现了功能的深度发掘。这种技术优势表现在实际交易中就是电商平台能够对用户输入的语言进行迅速的反应，并能准确地提供用户所需要的商品信息。这种处理过程极大地提高了信息服务的效率和质量，使用户满意度得到了很大的提升。

2. 弹性处理能力

电子商务信息处理系统的工作性质使其必须具有强大的弹性处理能力，并能够在极短的时间内作出反应以应对在系统运行中出现的各种问题。这些问题的出现并不是偶然的，而是随着用户的并发访问及商家集体营销活动造成的大量订单信息所导致的，这些情况在当前的电商系统运行中是比较常见的，这就需要系统在面临突然增长的业务量时具有强大的扩容能力和数据的存储能力。

云计算技术的出现在理论上实现了信息的无上限存储能力及超大规模的信息处理能力，使其能够轻松地应对 TB 数量级的信息乃至 PB 数量级的信息处理。而这一功能的实施并不需要企业对硬件系统进行更换，而且能够以比较低的成本享用云计算存储处理信息服务，在此基础上对应用系统机型全方位的布局并保证了弹性处理能力的实现，使资源达到了最优化配置。

3. 信息处理安全性能

网络系统面临的最大难题是信息安全问题，保证交易安全和用户信息安全更是电商企业应时刻关注的话题。信息时代的一大特征是将信息转化为可利用的资源，甚至是直接创造经济价值的信息资本。电子商务领域内，大数据就是企业生存发展的重要资本，对于大数据的掌控能力将成为衡量企业核心竞争力的主要标志。但是大数据的出现同样给信息资源的安全带来了极大的挑战，由于其结构复杂，数量巨多，并且大多是具有敏感性的信息，很容易成为网络攻击的目标。

大数据处理技术在应对信息安全时进行了性能的全面评估，使其能够及时、精确地定位各类网络攻击或非正常现象，并将这些异常数据收集整理通过分析实施预防措施。云计算技术的安全性还体现在将安全可靠的信息转化为云服务，并将这些信息托管在云端，为用户的信息提供了专业化的信息防护措施和保密方案。

总之，大数据的应用价值和潜力不再被人低估。但并不是所有企业都能在大数据这个金矿里真正挖到金子的。只有那些有远见有视野，重视系统，舍得投入，吸引了优秀的分析和系统人才的企业才会有所斩获。

8.4 淘宝店的四大核心数据

在淘宝店上有很多数据，想要一步将所有数据进行分析、处理，进而转化为商业价值，是比较困难的。比较可行的方法是在众多的数据中，电商只需注意淘宝店的四大核心的数据即可，如图 8-3 所示。

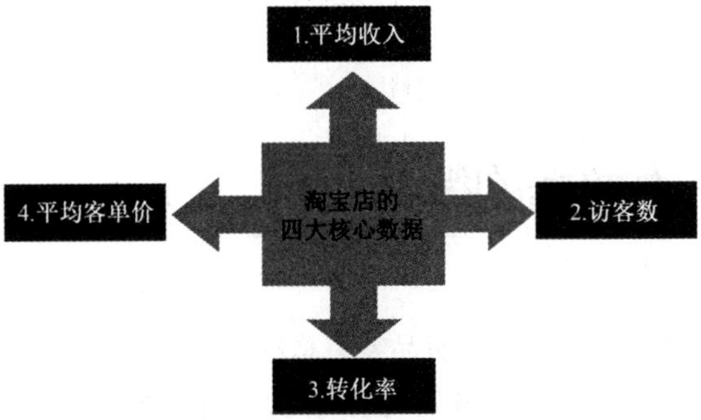

图 8-3 淘宝店的四大核心数据

8.4.1 平均收入

淘宝店的平均收入是指网店在一定时间区间内的收入，例如，每月、每季度、每年等，通常可以用支付宝成交金额作为收入数据。淘宝店的平均收入是四大核心数据中最需要关注的一点。

8.4.2 访客数

访客数就是某网店的浏览人数及浏览量，它包含 UV 和 PV 两方面的数据。

UV（Unique Visitor）意思是唯一访客数，指的是访问该店铺的人数。PV（Page View）是页面浏览量的意思。UV 和 PV 的区别在于，PV 是要在 UV 的基础上才能产生数据，例如，一个客户访问了淘宝网站的 10 个网店，PV 算是 10，而 UV 只算 1 个。

8.4.3 转化率

转化率是指产生实际消费的客户与浏览网页的客户总数量的比值，是将流量转化为实际的销售额的一种衡量方式。电商吸引顾客进入店内浏览的最终目的就是为了让顾客消费。所以，转化率的高低将直接影响到电商收入的高低。

8.4.4 平均客单价

平均客单价是指单位客户在电子商务网站上的平均消费金额。所以在相同访客数的情况下，平均客单价越高，网站的整体收入就会越高，平均客单价的计算公式为：

客单价=总成交金额／成交笔数

8.5 电商基于大数据的微信营销

相关数据显示，在整个中国社会消费品零售总额中，网络零售市场交易额只占了 8%，移动商务占比还不到 1%。这说明移动商务发展空间巨大，移动电商正在以前所未有的速度发展。

8.5.1 微信利用大数据

微信的出现，打破了传统时代的沟通方式。尤其是对于移动短信业务，更是呈现出巨大的冲击，以至于使其直线下滑。在一项关于微信使用时间和频率的调查报告中，明显可以看出，用户使用微信的频率远远高于以往使用短信的频率，如图 8-4 所示。

微信对社会的改变在于更大程度上颠覆了以往的商业运作模式和管理方式。随着微信用户呈几何级式的增长，商家也发现，利用微信的朋友圈做广告的效果可能也不会差。例如，某家餐厅就实行了一种营销方式，凡进店顾客，在微信朋友圈发布关于在这家餐厅用餐的消息，就可优惠 5 元。

互联网产品的商业模式都是建立在用户的使用习惯上，商家想要利用微信赚钱，首先要考虑的就是用户能不能接受。腾讯的产品偏重于休闲和娱乐，这就为积累用户提供了可能。

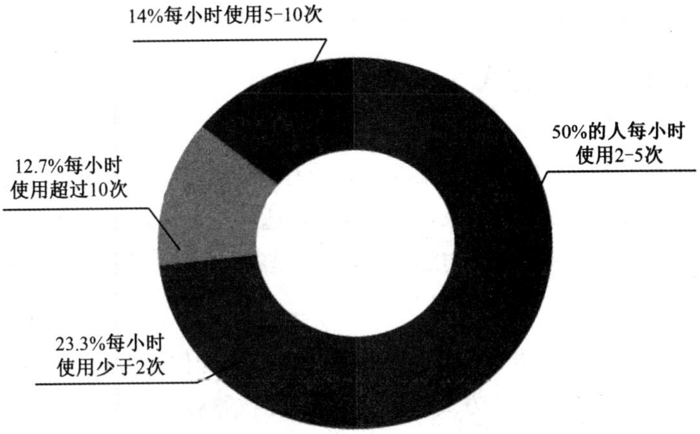

图 8-4　微信用户使用时间与频率

每个人可能拥有不同的终端，从 iPad、手机到其他各种移动式终端，与 PC 一样，微信每时每刻也会产生大量的数据信息。虽然其数据量比 PC 互联网要小得多，但是数据的利用率却比 PC 互联网要高出很多。

8.5.2　查找附近人

微信的附近人查找功能对微信营销起到很大的促进作用，体现了数据的地域性特点，例如，学校、医院、车站等。而对于某一地域周围的人，对产品需求的一致性比较高，如果能在特定区域发布符合这一区域的营销信息，那么信息的“命中率”就相比较在其他地方要高得多。

微信附近人功能的应用主要有两方面，分别是主动添加附近人和等待附近人添加。这两种虽然都是利用附近人功能，但其营销方式和产生的效果却大相径庭。

1．主动添加附近人

由于微信里面的好友可以有针对性地添加，例如，车站附近的旅馆就可以定向地添加附近的人，成为好友之后向其推荐住宿信息，这就提高了数据的利用率。这是最基本也是最直接的一种数据信息推荐方式。

2．等待附近人添加

等待附近人添加与上面的方法不同。这种方法是在自己的昵称或者是个性签名中加入广告信息，从而让周围的人能够通过查找附近人的方式看到广告信息。

8.5.3 多元化的信息传递方式

微信信息的传递是多元化的，可以是文字、图片和语音等方式。其实无论用哪一种方法，最终的目的就是将数据信息传递给别人，所以选用合适的信息传递方式是很重要的。例如，在学校图书馆附近最好使用文字或图片传递信息，如果是在公园或广场就可以用语音的方式进行信息的传递。

其实不管用什么样的信息传递方式，能让别人愿意接受你的信息才是最根本的，如陪聊式的微信对话就是微信营销的一个方式。陪聊式微信对话满足了许多用户希望私密聊天的需求，因而广受欢迎，如图 8-5 所示。

图 8-5 飘柔陪聊式的微信对话

用户关注“飘柔 Rejoice”后，就可根据选择进入聊天模式。对于用户来说，一个能陪你聊天、给你唱歌、跟你分享星座运程的人性化品牌自然令人青睐有加，在营销方面更使人记忆深刻。

8.5.4 二维码营销

二维码总会给人一种神秘感，尤其是现在的一些商家，只给一个二维码，所有的信息都需要通过扫描二维码来显示、接收，这难免会增加客户的好奇心。“我一定要知道这里面有什么东西”的心理瞬间被激发，这不仅没有阻碍信息的传递，反而使信息的接收者更加急切地想知道信息的内容，从而给人留下深刻的印象。

在现实中有几个案例，例如，淘宝布局本地化服务，“码”上打通 O2O（图 8-6）。

图 8-6　淘宝“码”上打通 O2O

周大福的“码”到功成（图 8-7）。周大福在全国 1300 多家连锁店采用二维码营销综合解决方案，针对新客户推出电子优惠券，针对老会员推出关系营销有奖推荐卡，同时使用二维码移动广告和二维码拍码购物，构建了全方位的二维码电子化营销手段。解决方案不仅为广大消费者带来优惠和便捷方式，更帮助了周大福维系老客户、增加新客户、提升销量和增强品牌价值。

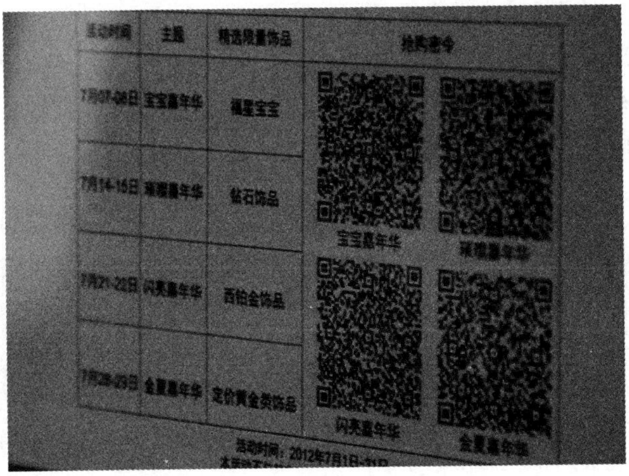

图 8-7　周大福的“码”到功成

8.5.5　微信漂流瓶

微信漂流瓶是一种随机推送文字、语音、视频等互动信息的工具，用户可以发布语音或文字将其投入“大海”中，如果被别人捡到就可以与对方展开对话。当然也可以从海里打捞别人的漂流瓶，同样可以与对方展开对话，但是每个用户每天只能捡 20 次。

奇瑞汽车开通了“奇瑞汽车”官方微信，消费者只要关注“奇瑞汽车”官方微信，不但可了解最新、最全的产品及活动信息，如果参与微信互动，还可以赢取多种好礼。例如，奇瑞就对外投递了共计 30000 个漂流瓶，用户只要捞到奇瑞的“感恩四百万，新春聚划算”抽奖活动介绍的微信，回复信息，并添加其官方微信号就有机会获得 30 元的手机话费充值卡等！

在电子商务繁荣发展的今天，利用电商获得商业价值的途径有许多。但是毫无疑问，要想以最便捷的方式获得商业价值，只要合理地利用大数据，将会为企业带来空前的商业价值。

8.6 案例分析

8.6.1 上品折扣——用大数据走全渠道营销

在国内，最早用“折扣”吸引大众眼球的，不是淘宝和京东，而是上品折扣。

上品折扣（Shopin）是中国都市型百货折扣连锁店旗舰品牌，囊括 8 家实体店和 1 家电子商务网站——上品折扣网。它包括 600 余个国内外知名品牌、近 10 万款商品，基本上涵盖了所有百货门类。

2009 年，上品折扣率先在传统零售商中开始了 B2C 网上商城业务，并在行业中逐渐处于领先地位。2009 年 5 月，上品折扣旗下官方购物网站“上品折扣网”上线，如图 8-8 所示。从那以后，“上品折扣网”实现了由单店购物系统到多店购物系统的升级。

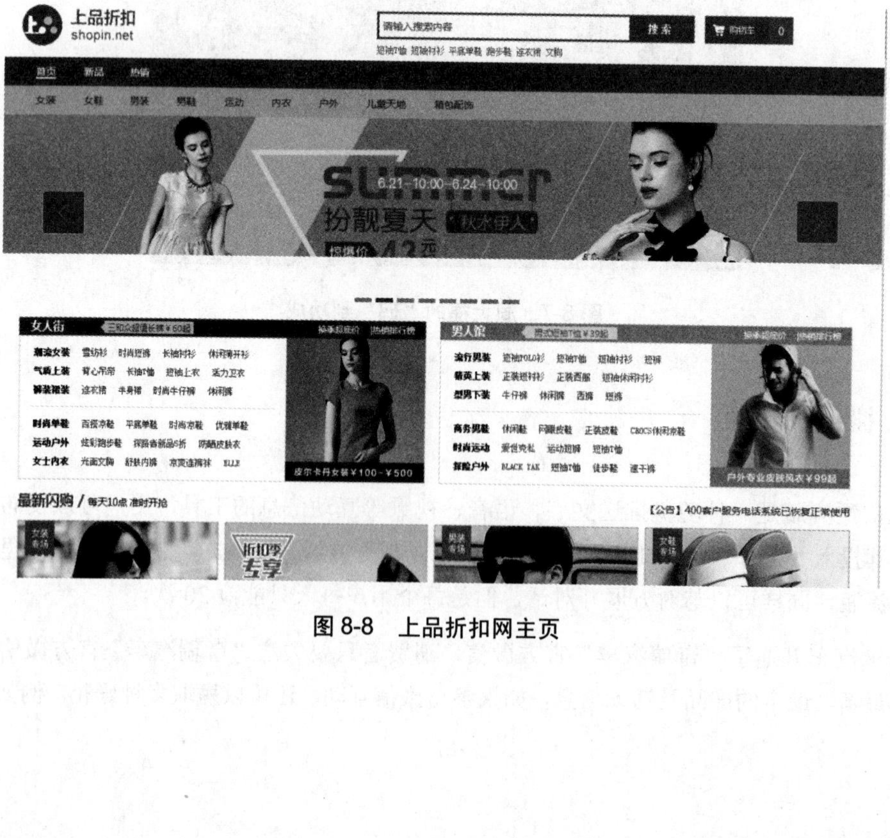

图 8-8　上品折扣网主页

1. 对所有进店商品进行数据采集

公司要求每个进店品牌的供应商等能收集到的信息，全部进行详细的录入，并实时更新。2009 年，公司为所有员工配备了 PDA，所有商品信息必须从 PDA 录入，用 PDA 开票，以使商品销售数据全都汇聚在上品折扣的数据库中。

后来，上品折扣自己又独立研发安卓应用终端，所有导购员通过 PDA 录入商品数据，使商品信息全部数字化。这样一来，公司就可以根据这些录入的数据信息进行商品调配，导购员也可以查询商品的具体信息，帮助顾客下单购买。

2. 实现门店之间、线上线下的数据共享

各个门店之间想要做到业务的融合，就必须做到数据的共享。所以，2009 年 7 月，当上品折扣网正式上线时，其商品信息系统实现了线上线下、门店与门店之间的互通。无论哪个渠道售出了商品，其后台的单品管理系统都会实时锁定该商品的销售数据。这样所有的销售数据，任何一家门店、线上商店都能获取到。

3. 利用数据进行商品规划

上品折扣公司拥有一个商品规划部，它的职责是依托后台系统支持，制订年、季、周的商品营销计划。每个营销计划都要参照以往的销售数据、物价变动、市场发展趋势、气候变化等综合因素，然后再细化到每个商品的价格区间、商品颜色等内容。

4. 逐步尝试商品定制

2010 年上品折扣推出了“定制化商品”，即提前半年与知名品牌商预约下一季的款式，在质量与潮流元素不变的情况下做出部分“减法”，以便形成价格优势，适应折扣店的销售需求。

通过数字化的单品管理，为上品折扣进行战略的调整和转型提供了非常大的空间，也使它们在电子商务大潮到来之际显得比其他传统零售企业更从容。3 年后，上品折扣就积累了大量的商品数据。为了利用好这些数据为企业和供应商服务，上品折扣开始了 BI（商业智能）分析的探索之路。

2013 年新年刚过，在北京中关村的一家上品折扣店内，出现了一台带有触摸大屏的导购机。顾客只要用手指在屏幕上随便浏览点击，上面就会显示所需商品的所有信息，例如，商品的价格、品牌商、尺码和库存等信息，以及在店内的货架位置。这还不是主要的，顾客还可以用手指拖拽几件同类商品到显示屏中央，进行全方面比对，甚至还可以发邮件给亲朋好友，请他们给出合理的建议。

8.6.2 用大数据分析顾客喝什么的英国酒吧

英国 37 岁的诺厄·布尔金毕业于牛津大学，曾经在美林和拉扎德做过 15 年的并购专家。2013 年他离开自己的老本行，开起了自己的酒吧公司。截至 2014 年 8 月，他已经收购了几百家经营不善的酒吧，这个举动看起来有些疯狂，而对于布尔金来说，他打算从追踪啤酒价格、日销售波动、顾客饮酒偏好等各处细节入手，帮助这些酒吧扭亏为盈。

想要让这些酒吧扭亏为盈，了解定价及酒水种类是关键，而许多酒吧恰恰缺乏这类数据。在他看来，英国酒吧因为缺乏对自身经营的关注，已经在很长时间里受到不利影响。如果能够让定价和产品成为业务核心，那么就会有绝佳的机会摆在面前。

英国啤酒与酒吧协会提供的数据显示，在经济衰退、2007 年公共场所实施禁烟令、超市售卖更便宜酒类等多重因素的冲击下，2004 年至今，整个英国已有大约 1 万家酒吧关门。酒吧的啤酒销量比 2000 年下降了 45%，由此导致那些之前急于扩张的酒吧被债务压垮。

不过如今，酒吧业经历的寒冬正在逐渐消融，这在一定程度上要感谢布尔金这样的投资者。在下滑了 6 年之后，开业一年以上的酒吧已连续 14 个月实现了销售额的不断上涨，各个酒吧也因此看到了希望。

整个英国 5 万家酒吧大致可以分为以下三类，如图 8-9 所示。

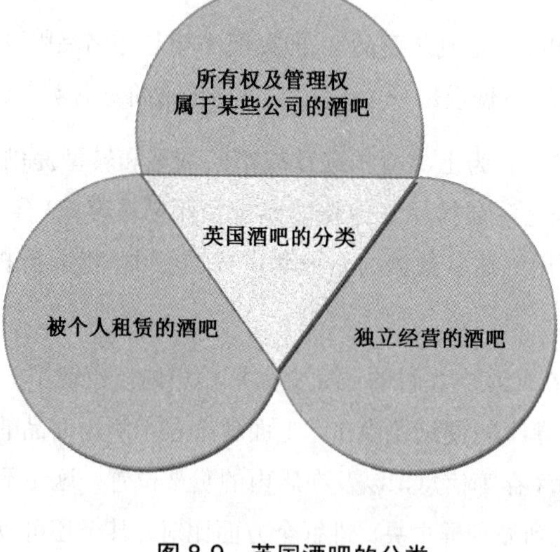

图 8-9 英国酒吧的分类

1. 所有权及管理权属于某些公司的酒吧

这种公司旗下的酒吧一般是最能在行业中站得住脚的。由于酒吧背后有强大的公司、企业做后盾，所以酒吧的规模是比较大的。同时也有强大的经济支柱，就算出现经营不善或者行业变化等问题，在公司的帮助下也能做出很好的调整或转型。

2. 被个人租赁的酒吧

租赁型酒吧的日子最不好过。由于酒吧所有者“肆意欺压”酒吧承租人，所以英国议会一个商业委员会，在过去十年对酒吧所有者占承租人便宜、隐瞒租金制定标准、强迫承租人只能从一家供应商购买啤酒等投诉展开了多起调查。

3. 独立经营的酒吧

独立经营的酒吧正好处于以上两种酒吧类型的中间地带，它比不上大公司旗下所属的酒吧，但又比租赁型酒吧的日子好过得多。所以这类酒吧在正常情况下很难做大，同时酒吧为其所有者带来的利润也是可观的。

而布尔金看中的酒吧大多是租赁型酒吧，他对每家酒吧都投入了 1 万～10 万英镑不等的资金进行翻新，并且安装了新式触摸屏收银机。该收银机能够链接到一个中心数据库，方便他观察酒吧卖出了哪些酒，又有哪些酒无人问津。

布尔金在过去一位银行业同事的帮助下，对酒吧的潜在销售额和利润进行预测，分析顾客可能会点什么酒，以及他们愿意付多少钱，而此前酒吧行业的低端市场并没有做到这一点。

布尔金还希望改善同酒吧承租人的关系。他要求公司经理每周与酒吧承租人碰面，讨论供应哪些啤酒、如何定价，以及怎样才能让自己的酒吧在众多竞争者中脱颖而出。

除此以外，要吸引英国人进酒吧还需要营造出轻松惬意的氛围。在赫特福德郡韦林的白马酒吧，当顾客走进酒吧的时候，大部分顾客都觉得自己就像是电影《欢乐酒店》里的诺姆。

就这样，通过追踪啤酒价格、分析顾客饮酒偏好等细节数据，布尔金帮助这些酒吧扭亏为盈，同时也为自己创造了巨大的利润。

第9章

电商物流

电子商务物流市场及物流模式

电子商务物流配送与配送中心

电子商务物流技术与信息管理

9.1 电子商务物流市场及物流模式

9.1.1 电子商务商业模式及发展趋势

随着信息网络化进程的加快，电子商务已经成为未来企业生存和发展的重要手段，企业由单纯的电子商务演变为电子商务企业。物流演变为电子商务物流，标志着现代物流发展进入一个新的阶段。传统企业在销售过程中，由于采取货款当面两清的结算方式，除少数大件商品外，商品转移基本上是由消费者自主完成，企业不考虑货物的售后运输、仓储分散等物流问题。电子商务情况则不同，无论是 B2B，还是 B2C，网上销售活动都是集信息流、资金流、物流运作于一身，采用的是一体化服务。

1. 电子商务商业模式

近年来，在全球经济保持平稳增长和互联网宽带技术迅速普及的背景下，世界主要国家和地区的电子商务市场保持了高速增长态势。以美国为首的发达国家，仍然是世界电子商务的主力军，而中国等发展中国家电子商务异军突起，正成为国际电子商务市场的重要力量。2009年以来，受国际金融危机影响，我国多数行业都遭受了不同程度的冲击，但包括网络购物在内的电子商务却逆势上扬，成为危机背景下经济增长的一个亮点。交易额同比大幅攀升、商务交易类网络应用逐步增加、电子商务产业链不断完善、新的商务服务模式层出不穷。电子商务是网络化的新型经济活动，已经成为我国战略性新兴产业与现代流通方式的重要组成部分。随着第三代移动通信技术（3rd-Generation，3G）的全面启动和“三网融合”的实质性推进，我国电子商务进入了一个高速增长期。

根据中国国家标准《物流术语》(GB/T 18354-2006)，电子商务（E-Commerce，EC）是指以电子形式进行的商务活动，它在供应商、消费者、政府机构和其他业务伙伴之间通过任意电子方式实现标准化的业务信息的共享，以管理和执行商业、行政和消费活动中的交易。电子商务包括商品和服务交易、金融汇兑、网上广告、在线数据传播、电子资金的划拨、商业拍卖、电子证券交易等。

电子商务商业模式的研究已经成为当前国内外研究的热点问题。所谓“商业模式”，是指一个企业从事某一领域经营的市场定位和盈利目标，以及为了满足目标顾客主体需要所采取的一系列的、整体的战略组合。

（1）麦肯锡（McKinsey）管理咨询公司认为存在三种新兴电子商务模式：销售方控制的商业模式、购买方控制的商业模式和中立的第三方控制的商业模式

①销售方控制的商业模式，只提供信息的卖主网站，可通过网络订货的卖主网站。

②购买方控制的商业模式，通过网络发布采购信息，是采购代理人和采购信息收集者偏好的模式。

③中立的第三方控制的商业模式，提供特定产业或产品的搜索工具，包括众多卖主的店面在内的企业广场和拍卖场。

（2）美国网络组织认为还包括以下商业模式

①电子商店，作为电子经济中买卖发生的场所，从传统的市场渠道中获取价值。

②信息中介，是内容、信息、知识及经验的代理商，能为某一特定电子商务领域增加价值，也称为内容集成商。

③信用中介，是在买卖双方建立信用的机构。

④电子商务实施者，特点是为其他电子商店或信息中介提供组件、功能及相关服务，使得电子商务得以进行或者进行得更好。

⑤基础设施供应商 / 商务社区，作为由跨越不同领域（如产品、内容及服务）机构，由于共同的兴趣，通过一个共同的基础设施组织到一起的商业集合体。

（3）把企业和消费者作为标准划分商业模式

获得业内一致认同的电子商务模式分类方法，以企业和消费者作为标准分别划分出企业—企业（B2B）、企业—消费者（B2C）、消费者—企业（C2B）和消费者—消费者（C2C）等模式。通过深入分析这些商业模式，可以发现，它们是相互依存、互为运作的手段和载体，只是分类基准不同而已。举例而言，在“企业—消费者”（B2C）模式下，企业将自己的商品在网上进行销售，即形成了“卖主网站”，卖主网站又通常被称为“电子商店”。研究电子商务的商业模式，即打破了这些分类的界线，将这些模式作为一个整体，并且是体现物流效益的载体。其商务模式如图 9-1 所示。

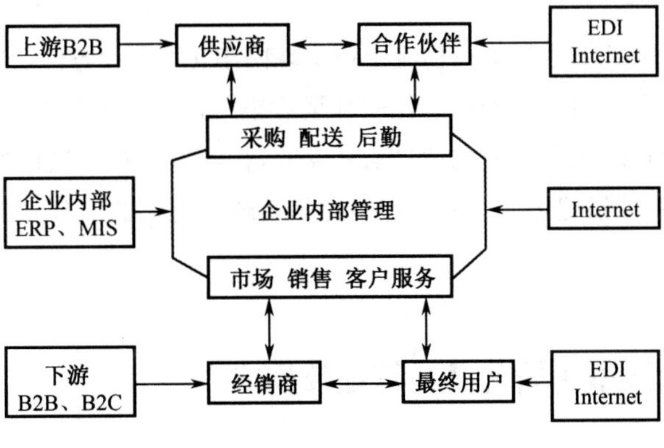

图 9-1　电子商务商业模式

2. 电子商务对物流提出新的要求

一方面，电子商务成功实现了商流、信息流、资金流在交易过程中的网络化，此时物流却成为电子商务发展的一个重要瓶颈。另一方面，电子商务不仅孕育了巨大的物流市场，又因为自身的特点对物流提出了更高的要求。在互联网开放的网络环境下，电子商务的买卖双方已经习惯了在线的交易方式。其消费习惯呈现网络化和信息化的特征，这是交易过程高效率、低成本的基本保障。

首先，电子商务买卖双方网络化的消费习惯，要求物流企业逐渐实现“只有货物在路上，其他全部在网上”的物流电子商务。

其次，电子商务买卖双方信息化的消费习惯，要求物流企业实现业务流程的信息化，具有较强的信息收集、处理及传输能力。因此，需要通过网络化和信息化的途径，实现企业自身低成本、高效率运作，同时为客户降低成本、节省时间。

用户十分注重新鲜的服务体验。当然，电子商务的买卖双方也不例外。例如，一个网络卖家通过电子商务把商品销售出去后，物流服务的第一步，在线提交订单要更吸引他；第二步，在线订单查询和货物查询要更吸引他；第三步，定时通过短信反馈货物的位置要更吸引他；第四步，可以自主随时随地通过短信和无线应用通信协议（Wireless Application Protocol，WAP）进行货物查询要更吸引他。因此，这就要求物流企业除了实现网络化和信息化之外，还要配备全球定位装置（GPS）、电子标签设备（RFID），并开通服务提供商（Service Provider，SP）短信增值业务和 WAP 无线查询业务。

目前，不论是 UPS、DHL、FedEx 等跨国公司，还是中邮物流、宝供等国内知名企业，都已经实现了不同程度的网络化和信息化。它们以雄厚的资本和巨大的投入为保障，不仅建设了在线查询和提交订单、在线支付的 B2C 物流电子商务网站，还实现了业务流程的信息化，更是斥巨资引入了全球定位系统、地理信息系统、电子标签等先进的技术，更有领先者已经实现短信和 WAP 无线查询业务。

开放的 B2B 电子商务平台为中小物流企业实现网络化“大开方便之门”。借助电子商务物流平台，“远程租用、分期付费”的信息化软件运营模式，有利于缺乏资金的中小物流企业实现信息化，实现交易流程和业务流程的信息顺畅交互，面向客户提供横向性价对比的需求服务。不仅为广大中小物流企业搭建了一个交易网络化和企业信息化的平台，还会提供 GPS、RFID、SP 等多种解决方案。

9.1.2 电子商务物流市场的含义、特征及构成

电子商务物流市场是电子商务市场的基础，一个成熟的电子商务物流市场是电子商务市场运行的保障，因为电子商务物流市场的运行和发展状况直接决定和影响电子商务的交易规模和实现程度。

1. 电子商务物流市场的含义

狭义的市场是指商品交换的场所，广义的市场是指商品交换关系的总和。

电子商务物流市场是指在电子商务环境下，构成物流服务的各种交换关系的总和。

这些交换关系主要包括以下几个方面。

（1）市场主体之间的关系

此关系不仅包括物流的提供者与需求者，而且也包括生产者、经营者，以及消费者与物流服务提供商之间的关系，还包括以上各市场主体与物流软件服务商的关系。

（2）市场客体之间的关系

此关系不仅包括与货物实体运动相关的物流作业服务，而且也包括物流管理咨询，以及支持物流运作的其他服务。

（3）市场运行过程中的有关关系

此关系包括物流市场的运行方式、运行机制，以及不同市场态势下的有关关系。

与传统商务活动相同，电子商务这种电子化的商务形式在交易过程中也包含着信息流、商流、资金流和物流。这“四流”相互协调整合，能有效确保交易的实现。物流作为商务过程中的重要环节，担负着原材料提供商与产品生产商之间，以及商家与顾客之间的实物配送服务，高效的物流体系是使电子商务优势得以充分发挥的保证。

然而，与物流重要作用形成鲜明对比的却是其自身管理的滞后，以至于成为制约电子商务发展的“瓶颈”。缺乏相应程度的物流体系支持，电子商务的运作效率将大大降低。物流管理已成为除支付认证、安全保密之外电子商务发展亟待解决的问题。

2. 电子商务物流市场的特征

电子商务物流市场的特征表现在以下几个方面。

（1）电子商务物流市场具有服务性的特征

在电子商务物流市场上，各方交易的不是商品，也不出让商品的所有权，而是一种物流服务。对于委托方来说，得到的是受托方提供的物流服务，同时支付受托方为自己提供物流服务的费用；对于受托方来说，得到的是通过提供物流服务，获得劳动的价值收入。同时，更加重视物流的系统化、标准化、服务的规范化等。

（2）电子商务物流市场具有技术性的特征

在物流业务委托代理关系的建立过程中，各方将会广泛地通过互联网络、使用各种先进的信息技术与管理进行商务往来，物流的运作方也将会采用先进的信息技术进行作业与管理，更加重视现代管理方法的运用，如 JIT、快速反应、物料需求计划、分销需求计划，以及物流资源计划等。

(3) 电子商务物流市场具有虚拟化的特征

电子商务为物流创造了虚拟空间，物流的各种职能及功能可以通过虚拟化的方式表现出来，人们可通过各种组合方式，寻求物流的合理化。电子商务改变物流的运作方式，电子商务可使物流实现网络的实时控制，网络对物流的实时控制是以整体物流形式来进行的。

(4) 电子商务物流市场具有响应性和灵活性的特征

电子商务使得客户的期望值不断提高，客户对配送的要求经常是最紧迫的，隔日送货甚至当日送货已成趋势。同时，大量货物直接送达消费者，使得分拣和配送批量减小，批次增多，要求物流系统具有更好的响应性。传统物流可以根据产品数量、高峰期等确定设施与人员配置，但电子商务的业务量难以预测，这就要求物流部门能迅速有效地适应需求的变化。同时，退货的增多，也要求物流更加灵活地进行退货处理。

为满足客户响应性与灵活性要求，需要高效的物流操作以快速发运产品，高效操作超出传统的分拣、包装和发货功能而形成扩展的仓库管理系统能力，包括寻址、增值服务、理货区管理，以及射频（RF）处理一体化。

(5) 电子商务物流市场具有竞争性的特征

电子商务将竞争的压力提高到一个新高度。随着越来越多的提供同样或相似产品的网上商店和网上交易的出现，产品正在变为商品，品牌优势正在消失，服务成为区分竞争对手的主要因素。为了保持竞争力，企业必须从整体上优化供应链，在不断改进服务的同时，尽可能降低物流成本，在提高劳动率的同时，使仓库和设备的利用率最大化。

(6) 电子商务物流市场具有可视性的特征

交易伙伴之间的协作一直是企业希望达到的目标，因为这样会降低对库存和安全储备的要求，消除因供应不足造成的停工，并通过整个供应链可视性来改进生产、配送计划。互联网以其实时性、通用性和较低的成本使交易伙伴之间的协作更加可行。电子商务使得协作必不可少，为满足客户对订单处理和可视性要求，供应链中的交易伙伴必须作为一个整体运作。这种“点到点”的物流覆盖了从供应商的供应到客户的获得，这种系统间的协作要求各个层面的一体化。

3. 电子商务物流市场的构成

电子商务物流市场的构成要素包括电子商务物流市场的主体和客体。

1）电子商务物流市场的主体构成

(1) 电子商务物流市场主体的含义

电子商务物流市场主体是指以独立形态从事、参加物流运作的有关当事人或机构组织。由于“商品不能自己到市场去，不能自己去交换……必须寻找它的监护人”。只有市场主体也就是商品的监护人才能实现商品的交易，推动商品的运动。在这一运动过程中，由于现实情况的不同，商品实体的运动及与其相关的其他活动（物流）可能存在着多种方式。既可能是商品的监护人自己去完成商品实体的运动及与其相关的其他活动（物流），也可能是商品的监护人委托其他当事人或机构组织去完成商品实体的运动及与其相关的其他活动（物流），或采取其他方式完成商品实体的运动及与其相关的其他活动（物流）。

（2）电子商务物流市场主体所具备的条件

电子商务物流市场主体一般应具备以下条件：第一，具有独立的经济利益，能够独立自主地进行自身的经济活动。第二，平等、自愿的权利让渡构成了其行为基础。在市场活动中，市场对自身权利的每一种（次）让渡，都必须有相应的价值反向让渡来进行补偿。

（3）电子商务物流市场的主体构成

从不同的角度来看，电子商务物流市场具有不同的构成，一般来说，其主要包括以下几个方面。

①按组织性质划分，电子商务物流市场包括企业、政府和消费者三大类。

企业

企业是社会经济活动的基本细胞，是依法自主经营、自负盈亏、自我约束、自我发展的经济实体，是市场主体中最具有拓展能力的组成部分，在电子商务物流市场中处于绝对的主导地位。一般来说，企业具有稳定的组织结构和科学决策系统。在电子商务物流市场中，企业可用多种标准来进行划分。

政府

中央或地方政府职能部门为实施其社会组织和管理职能而直接进入市场时，它们也就成为市场主体的一个组成部分。目前，随着我国电子政务的快速发展，政府通过网上进行采购，给电子商务物流增添了新的发展机遇。

需要注意的是：一方面，政府机构通常通过公开招标和协议合同的方式进行采购，而且也通过这种方式选择其采购货物的物流服务代理商；另一方面，强调低价优先和繁杂的文书程序是政府选择供货商和物流服务代理商的一个基本条件。

消费者

消费者作为市场主体在进行网上采购时，也会形成对物流服务的要求。目前的情况是，消费者在网上购买商品后，一般都是由销售者即卖方或销售者委托物流服务商进行送货。

②按作用划分，电子商务物流市场主体可以划分为物流服务需求者（即物流服务消费者）和物流服务的提供者两类。其构成、内容与特点如表9-1、表9-2所示。

表 9-1　物流需求者的构成需求内容与特点

物流需求者		需求内容	需求特点
企业	生产企业	物流作业服务 物流管理咨询	具有稳定性和连续性
	商业企业	物流作业服务 物流管理咨询	具有稳定性和连续性
	网站	物流作业服务 物流管理咨询	具有稳定性和连续性
政府		物流作业服务	稳定性相对差、规模变化较大
消费者		物流作业服务 物流管理咨询	不稳定、规模小

表 9-2　物流供给者的构成

分类依据	物流供给者（物流服务提供商）
按主导业务	提供物流作业服务
	提供物流信息服务
	提供物流咨询服务
	提供物流技术软件
	专业物流服务
按综合程度	综合物流服务
按资产组成	有限公司、股份公司等
按所有制	全民、集体、混合、三资以及个体等
按规模	大、中、小

2）电子商务物流市场的客体构成

（1）按货物的自然属性划分

按货物的自然属性划分，有金属材料、化工材料、机电产品、建筑材料、木材、燃料、机械产品、食品、服装等。

（2）按物流服务的内容划分

按物流服务的内容划分，有物流作业服务市场、物流信息服务市场、物流管理服务市场和综合物流服务市场等。

①物流作业服务市场是指提供专项物流作业服务的市场，如运输市场、保管市场等。

②物流信息服务市场是指提供物流信息服务的市场。

③物流管理服务市场是指提供物流咨询与管理等各项物流服务的市场。

④综合物流服务市场是指提供全方位物流服务的市场。

3）电子商务物流市场中市场主体与客体的关系

（1）电子商务物流市场主体的运行，是以电子商务物流市场中客体运动为目的和内容的；而电子商务物流市场客体的运行则依靠电子商务物流市场主体的推动和支持。

（2）电子商务物流市场对客体的需求规模，取决于电子商务物流市场主体所拥有的货币购买力；对市场客体的供给规模和结构，取决于市场主体的供给能力及其结构。

（3）从时期上进行分析，在较短的时期内，电子商务物流市场主体对电子商务物流客体的制约作用较为明显，电子商务物流市场的供求情况主要受主体因素的影响；在长时期内，电子商务物流市场主体与客体之间的关系，因供求关系的不同而呈现出不同的状况。供不应求时，电子商务物流市场客体对市场主体形成制约，其制约作用的强度随短缺程度的上升而增大；供过于求时，过剩的客体则只能受控于市场主体，市场主体对客体的控制程度，随过剩程度的增加而增强。

9.1.3　电子商务物流模式

目前，电子商务物流发展方兴未艾，各种物流企业层出不穷，物流模式也各不相同。所谓物流模式，又称为物流管理模式，是指从一定的观念出发，根据现实的需要，构建相应的物流管理系统，形成有目的、有方向的物流网络，采用某种形式的物流解决方案。在电子商务环境下，大致有以下五种主要的物流管理模式：电子商务营运商自建物流体系（企业自营物流）、第三方物流模式、物流企业联盟模式、第四方物流模式、综合物流代理模式。这些模式方案各具特色，但无疑都凸显出物流管理创新的主旨。

1. 自建物流体系

基于目前国内物流水平不能满足电子商务的要求，也有部分电子商务营运商选择自建物流系统，即自营物流。其好处是可以借鉴国内外的成功范例，完全规范化开展业务，并取得经验。但是存在投入资金的大幅增加，投资回报周期延长的问题。同时，由于我国地域的辽阔，地区的差异，行业发展的趋势等，存在着跨行业经营的风险。

电子商务企业自营物流，电子商务公司自身组织商品配送，可以说是自己掌握了交易的最后环节，有利于控制交易时间。企业可以根据自身具体情况开展自营物流。

（1）业务集中在企业所在城市，送货方式比较单一。由于业务范围不广，企业独立组织配送所耗费的人力不是很大，所涉及的配送设备也仅限于汽车及人力车而已。

（2）拥有覆盖面很广的代理、分销、连锁店，而企业业务又集中在其覆盖范围内。

（3）对于一些规模比较大、资金比较雄厚、货物配送量巨大的企业来说，投入资金建立自己的配送系统以掌握物流配送的主动权也是一种战略选择。

电子商务企业自建物流系统主要有两种情况：一是传统的大型制造企业或批发企业经营的 B2B 电子商务网站，由于其自身在长期的传统商务中已经建立起初具规模的营销网络和物流配送体系，在开展电子商务时只需将其加以改进、完善，就可满足电子商务条件下对物流配送的要求。二是具有雄厚资金实力和较大业务规模的一些传统的大型企业集团经营的电子商务公司，凭借原有的庞大的连锁分销渠道和零售网络，利用电子商务技术构建自身的物流体系，进行物流配送服务，在第三方物流不能满足其成本控制目标和客户服务要求的情况下，自行建立适应业务需要的畅通、高效的物流系统，并可向其他的物流服务需求方（如其他的电子商务公司）提供第三方综合物流服务，以充分利用其物流资源，实现规模效益。

自建物流系统的核心是建立集物流、商流、信息流于一体的现代化新型物流配送中心，而电子商务企业在自建物流配送中心时，应广泛地利用条码技术（Bar Code）、数据库技术（Database）、电子订货系统（EOS）、电子数据交换（EDI）、快速反应（QR），以及有效的客户反应（ECR）等信息技术和先进的自动化设施，以使物流中心能够满足电子商务对物流配送提出的如前所述的各种新要求。

2. 第三方物流模式

1）第三方物流模式的发展

第三方物流是近年来被广泛讨论的一个全新模式，它凭借其所具有的传统物流不可比拟的种种优势，满足了电子商务的空前发展对物流领域提出的更多要求。作为电子商务时代的新生事物，它值得我们予以进一步地关注和研究。

第三方物流的占有率与物流产业的水平之间有着非常规律的相关关系。西方国家的物流业实证分析证明，独立的第三方物流要占社会的50%物流产业才能形成。第三方物流的发展程度反映和体现着一个国家和地区物流业发展的整体水平，而一个国家物流业的发展水平在一定程度上反映了该国的综合国力和企业的市场竞争能力。面临新世纪全球经济新秩序正在建立和调整的现状，世界各国，以及区域经济组织都非常重视物流水平对于本国经济发展、国民生活素质和军事实力的影响。值得注意的是：物流一体化的方向和专业化的第三方物流的发展，已成为目前世界各国和大型跨国公司所关注、探讨和实践的热点。

电子商务的迅速发展对物流服务提出了更高的要求。由于技术先进，配送体系较为完备，第三方物流成为电子商务物流配送的理想方案之一。这也是社会分工日益明确的产物。除了有实力自建物流体系的大企业之外，更多的中小企业倾向于采用这种“外包”方式。在国外，第三方物流较为盛行。据调查，欧洲的第三方物流占整个物流份额的 20%～50%，美国和日本的这一比例分别为 50%和 80%。

目前，美国联合包裹运送服务公司（UPS）的首架“UPS 中国速递”号货机首飞北京，已获得中国直航权，并专门成立了物流方面的公司（UPS Logistics），准备主攻中国物流市场。在国内第三方物流中，中国邮政具有其他物流企业无法比拟的优势，如拥有遍布全国的运输网、营业网、投递网及结算网等，但这些传统业务留下来的“硬件”优势并不足以保证中国邮政能够在现代物流中取得有利的竞争地位。无论是对于传统部门还是新兴的物流公司，信息技术、经营理念、管理模式、服务质量等方面将成为电子商务时代开展第三方物流的核心内容。

2）第三方物流的含义

第三方物流（Third Party Logistics，TPL 或 3PL）是指由供方与需方以外的物流企业提供物流服务的业务模式，又称为合同物流、契约物流。可见，第三方物流实际上就是指由物流劳务的供方、需方之外的第三方去完成物流服务的物流运作方式。第三方是指提供物流交易双方的部分或全部物流功能的外部服务提供者。在某种意义上讲，可以说它是物流专业化的一种形式。

3）第三方物流模式的优势

较之传统的物流供应商，第三方物流作为一种战略联盟，对所服务的对象企业（开展电子商务的企业）而言，具有突出的战略优势，主要表现为以下几个方面。

（1）使客户企业集中于核心能力

日趋激烈的市场竞争使企业越来越难以成为业务上面面俱到的专家，企业要想维持其市场竞争优势，出路在于将其有限的资源集中于其核心能力（Core Competence）上。在这种情况下，电子商务营运商把经营重点投入到自己的核心业务中去，物流环节全部分包给专业物流企业，即通常说的第三方物流。这种物流模式的好处在于，对电子商务营运商来说，可以把精力集中于电子商务平台的建立和完善，加大专业业务的深度；对专业物流企业来说，既可以拓展服务范围，又可以借以提高自身的信息化程度。两者都在自己熟悉的业务范围内工作，对成本的降低和盈利的提高有较高的确定性。而第三方物流，凭借其物流专长，正好为其所服务的对象企业提供了一种充分利用外部资源（Out Sources）、处理非核心业务（物流管理）、集中精力于其最擅长领域的机会。换言之，对于物流并非其核心竞争力所在的企业而言，物流问题最好外包由 3PL 来解决。

（2）为客户企业提供技术支持或解决方案

随着技术进步和需求的变化，供应商或零售商有着越来越高的物流配送与信息技术方面的要求。例如，需要使用特殊的软件来设计一个把商品发送给客户的优化顺序和路线；或者需要一种公共的电子信息交换平台以实现信息共享。物流企业要满足这些需求就必须具备较强的技术创新能力，这同时也是物流企业得以生存和发展的关键。而普通的物流公司受限于其技术单一、实力薄弱，往往难以做到这点。可以说，只有 3PL 供应商这样的具备丰富专业知识（包括最新的 IT 知识）、深谙物流中存在的各种问题，把物流作为自己核心业务的企业，才肯投入 100%的力量来进行物流领域的技术创新，并且往往能够以一种更快速、更具成本有效性的方式来满足用户对新技术的需求。

国内有一个很好的例子：一家有着物流与 IT 双重专业背景的快步易捷（广州）信息服务有限公司提出了物流数据交换新概念——XDI，推出了基于 XDI 的“快步物流平台”，引起了业界的关注和企业的好评。快步公司创新性地提出了基于“XDI”的电子化物流解决方案，这是一种基于最先进的技术，能够安全、可靠地实现供应链伙伴之间物流业务协作的端对端服务。目前，在我国 EDI 应用尚不普及、应用水平较低的现实条件下，这种方案较为成功地实现了企业间的信息共享，极大地改善了物流过程。快步公司是宝供物流企业集团有限公司的信息技术合作伙伴，宝供利用 XDI 物流信息平台建立了与众多客户间及宝供各分支机构间的网络沟通，使得宝供可以直接从客户的信息系统中获得订单，而无须传真和手工录入。宝供的一个客户采用 XDI 物流信息平台后使每一个订单运行的时间缩短了 3 天，减少的库存占压每年有 1 亿元。

（3）为客户提供灵活性增值服务

3PL 提供各类物流增值服务，满足客户在诸如地理分布或个性化服务等多方面的灵活性要求。例如，美国 UPS 的一个部门，向那些哪怕 1 小时的设备停顿都会造成巨大损失的特殊客户提供一种更加复杂的第三方物流服务。这一服务明显节省了客户的成本，同时，由于客户“愿意为速度付钱”，因而这项业务也使这家物流企业获利颇丰。另外，3PL 供应商可以不拥有任何车辆、仓库及人力等物流资源，但却可以凭借其独特的解决方案，通过资源的外包，为客户组织这些物流资源。

（4）节省物流费用，减少库存

专业的 3PL 服务提供者利用规模优势、专业优势和成本优势，通过提高各环节的利用率节省费用，使客户企业能从费用结构中获益。3PL 服务提供者还借助精心策划的物流计划和适时配送等手段，最大限度地盘活库存，改善企业的现金流量。

（5）提升客户企业形象

3PL 企业的利润并非仅源于运费、仓储费等直接收入，而且来源于与客户企业共同在物流领域创造的新价值。所以，3PL 与客户企业的关系不是竞争对手而是战略伙伴。

为实现“双赢”的结果，3PL 企业会处处为客户企业着想，例如，通过全球性的信息网络使客户企业的供应链管理完全透明化，企业可随时了解供应链情况；极大地缩短交货期，以利于企业改进服务，树立自己的品牌形象；通过“量体裁衣”式的设计，制订出以顾客为导向、低成本、高效率的物流方案，为企业在竞争中取胜创造有利条件等。

正因为 3PL 具有如上所述的诸多优点，因而已在国际范围内获得了蓬勃的发展。

近年来，第三方物流正以较高的增长率成长着，其市场发展潜力极大，它的突出优势和特点使它成为了一种适合电子商务的全新物流模式。

4）第三方物流模式的分类

（1）按照物流企业完成的物流业务范围的大小和所承担的物流功能，可将物流企业分为功能性物流企业和综合性物流企业。功能性物流企业又称为单一物流企业，即它仅仅承担和完成某一项或几项物流功能，按照其主要从事的物流功能可将其进一步分为运输企业、仓储企业、流通加工企业等。而综合性物流企业能够完成和承担多项甚至所有的物流功能，综合性物流企业一般规模较大、资金雄厚，并且有着良好的物流服务信誉。

（2）按照物流企业是自主完成和承担物流业务，还是委托他人进行操作，还可将物流企业分为物流自理企业和物流代理企业。物流自理企业就是平常人们所说的物流企业，它可进一步按照业务范围进行划分。物流代理企业同样可以按照物流业务代理的范围，分成综合性物流代理企业和功能性物流代理企业。功能性物流代理企业，包括运输代理企业（货代公司）、仓储代理企业（仓代公司）和流通加工代理企业等。

在西方发达国家第三方物流的发展实践中，有以下几点值得注意。

①物流业务的范围不断扩大。一方面商业机构和各大公司面对日趋激烈的竞争不得不将主要精力放在核心业务，将运输、仓储等相关业务环节交由更专业的物流企业进行操作，以求节约和高效；另一方面，物流企业为提高服务质量，也在不断拓宽业务范围，提供配套服务。

②很多成功的物流企业根据第一方、第二方的谈判条款，分析比较自理的操作成本和代理费用，灵活运用自理和代理两种方式，提供客户定制的物流服务。

③物流产业的发展潜力巨大，具有广阔的发展前景。

5）物流一体化

随着市场竞争的不断加剧，企业建立竞争优势的关键，已由节约原材料的“第一利润源泉”、提高劳动生产率的“第二利润源泉”，转向建立高效的物流系统的“第三利润源泉”。20 世纪 80 年代，西方发达国家，如美国、法国和德国等就提出了物流一体化的现代理论，在发展第三方物流，实现物流一体化方面积累了较为丰富的经验，应用和指导其物流发展取得了明显的效果，使他们的生产商、供应商和销售商均获得了显著的经济效益。实现物流一体化，发展第三方物流，关键是拥有一支优秀的物流管理队伍。物流一体化的理论为中国的国有大中型企业带来了一次难得的发展机遇和契机，即探索适合中国国情的物流运作模式，降低生产成本，提高效益，增强竞争力。

（1）物流一体化的含义

所谓物流一体化，是指以物流系统为核心的、由生产企业经由物流企业到销售企业，直至消费者的供应链的整体化和系统化，是物流业发展的高级和成熟的阶段。物流业高度发达，物流系统完善，物流业成为社会生产链条的领导者和协调者，能够为社会提供全方位的物流服务。还有物流专家指出，物流一体化就是利用物流管理，使产品在有效的供应链内迅速移动，使参与各方的企业都能获益，使整个社会获得明显的经济效益。

物流一体化是物流产业化的发展形式，它必须以第三方物流充分发育和完善为基础，物流一体化的实质是一个物流管理的问题，即专业化物流管理人员和技术人员，充分利用专业化物流设备、设施，发挥专业化物流运作的管理经验，以求取得整体的最优效果。同时，物流一体化的趋势为第三方物流的发展提供了良好的发展环境和巨大的市场需求。

（2）物流一体化发展的三个层次

物流一体化的发展可进一步分为物流自身一体化、微观物流一体化和宏观物流一体化三个层次。

①物流自身一体化是指物流系统的观念逐渐确立，运输、仓储和其他物流要素趋向完备，子系统协调运作及系统化发展。

②微观物流一体化是指市场主体企业将物流提高到企业战略的地位，并且出现了以物流战略作为纽带的企业联盟。

③宏观物流一体化是指物流业发展到这样的水平：物流业占国家国民总产值的一定比例，处于社会经济生活的主导地位。它使跨国公司从内部职能专业化和国际分工程度的提高中获得规模经济效益。

从物流业的发展看，第三方物流是在物流一体化的第一个层次时出现萌芽的，但是这时只有数量有限的功能性物流企业和物流代理企业；第三方物流在物流一体化的第二个层次得到迅速发展，专业化的功能性物流企业和综合性物流企业以及相应的物流代理公司出现，发展很快；这些企业发展到一定水平，物流一体化就进入了第三个层次。

3. 物流企业联盟模式

（1）物流企业联盟的含义

物流企业联盟是指在物流方面通过签署合同形成优势互补、要素双向或多向流动、相互信任、共担风险、共享收益的物流伙伴关系。企业之间不完全采取导致自身利益最大化的行为，也不完全采取导致共同利益最大化的行为。

绝大多数物流服务利益产生于规模经济，这种规模经济导致了物流企业联盟的产生。物流企业联盟的效益在于物流联盟内的成员可以从其他成员那里获得过剩的物流能力，或处于战略意义的市场地理位置及卓越的管理能力等。

（2）物流企业联盟模式的特征

物流企业联盟模式一般具有以下特征。

①相互依赖。组成物流联盟的企业之间具有很强的依赖性，这种依赖来源于社会分工和核心业务的回归。

②分工明晰。物流联盟的各个组成企业明确自身在整个物流联盟中的优势及担当的角色，内部的对抗和冲突减少，分工明晰，使供应商把注意力集中在提供客户指定的服务上。

③强调合作。既然是联盟，当然要强调合作。许多不同地区的物流企业正在通过联盟共同为电子商务客户服务，实现跨地区的配送，满足电子商务企业全方位的物流服务需要。对于电子商务企业来说，通过物流联盟可以降低成本、减少投资、控制风险，提高企业竞争能力。

4. 第四方物流模式

（1）第四方物流的概念

第四方物流（Fourth Party Logistics，4PL）的概念是由 1998 年美国埃森哲咨询公司率先提出的。它将第四方物流定义为："所谓第四方物流是一个供应链的整合者以及协调者，调配与管理组织本身与其他互补性服务所有的资源、能力和技术来提供综合的供应链解决方案。"这个概念虽然得到物流行业人士的认可，但是距离实践仍然存在着相当的距离。尽管如此，应该看到，随着第三方物流的快速发展和现代物流技术的广泛应用，必将为第四方物流的发展提供商机，使得第四方物流具有巨大的发展潜力。

（2）第四方物流模式的特征

第四方物流主要是在第三方物流的基础上，通过对物流资源、物流设施、物流技术的整合和管理，提出物流全过程的方案设计、实施办法和解决途径，为客户提供全面意义上的供应链的解决方案。第四方物流模式具有以下特征。

①第四方物流是供应链的集成者、整合者和管理者。

第四方物流能够降低实时操作和传统外包产生的成本，通过第三方物流和优秀的技术专家、管理顾问之间的联盟，集成管理咨询和第三方物流的能力，为客户提供最佳的供应链解决方案。

②第四方物流通过影响整个供应链来进行增值。

第四方物流充分利用一批服务提供商的能力，包括第三方物流信息技术供应商、呼叫中心、电信增值服务等，提供全方位供应链解决方案来满足企业的复杂需求，它关注供应链的各个方面，既提供不断更新和优化的技术方案，又能满足客户的独特需求。

③第四方物流的解决方案共有四个层次——执行、实施、变革、再造。

第四方物流发展的思路是：首先大力发展第三方物流，为第四方物流发展作铺垫：其次加速电子商务与现代物流产业的融合，建立全国物流公共信息平台；再次转变政府职能，做好物流基础设施建设和产业服务，加快物流标准化建设。

9.1.4　电子商务的物流模式选择

1. 根据电子商务环境下物流的特点和企业自身的情况选择适合的物流模式

在电子商务物流运作中，强调商流、信息流、资金流与物流的整合作用，物流是实现电子商务的保证，是电子商务的基本要素和重要组成部分。电子商务的物流模式可以有多种选择，企业完全可以针对电子商务环境下物流的特点和企业自身的情况作出合理的决策。

（1）电子商务和其他商务活动使用同一物流系统

已经开展商务活动的机构，可以利用互联网建立电子商务营销系统，也可以使用现有的物流资源经营电子商务的物流业务、流通渠道良好的商家从事电子商务业务，这样具有较强的优势和有利条件。就制造商来说，他们的主要业务是产品的开发、设计和制造，但是，随着时代的发展和社会的进步，制造商已经开始涉足销售活动并积累了丰富的经验。他们不仅拥有完善的销售网络，而且还拥有覆盖整个销售区域的物流配送网络。制造商的物流实施比很多流通公司的物流实施更加先进和完备，这些制造企业完全有可能利用现有物流设施、技术和网络支持电子商务，开展电子商务下的物流业务。对这些企业而言，尤为重要的是物流程序的设计、物流服务的提供，以及物流资源的有效利用。中间商的主要业务是流通，所以他们从事物流业务更有优势。

（2）自建网上物流系统

网上物流系统是以互联网为基础的信息管理系统，对发货、收货、运输等信息进行采集、归纳和分析，同时对用户的数据库进行维护。其显著特点是使用互联网平台、安全数据交换技术，通过互联网与厂商和用户的系统来相互支持。将来的物流企业提供服务的程序将简化为四个步骤，如表 9-3 所示。

表 9-3　网上物流服务的程序

步骤	服务内容
第一步	寻找供货网页，互联网在组织信息时把信息放在一起，可以打开供应商的网页，咨询公司的服务、产品、价格、公司概况、经营现状、商誉等情况，极其顺利地进行市场调查，快速地获取全面信息，在很短的时间内完成网上订货
第二步	打开运输企业网站，选择理想的运输伙伴，在网上签订运输契约
第三步	利用自己公司的网页把本公司推销出去，让人们了解本公司的产品、服务、优势、特点等方面的内容，同时还为本公司客户提供网上订货功能，随时处理顾客的订货要求
第四步	对订单进行分析、统计并选择恰当的运输方式

以上功能是在网上虚拟的环境中实现的，这要求各方建立数据信息库。

（3）第三方物流公司开展电子商务

第三方物流公司扩大到一定规模以后，也希望将业务沿着供应链的上游或下游移动，向上移动到制造业，向下延伸到销售业。第三方物流公司开展电子商务的销售活动，可以利用有利的物流和信息网络资源，使两个领域的业务都做到专业化，使公司利润最大化。物流服务不同于信息服务，它需要专业性很强的管理技术，第三方物流公司进军电子商务的销售和信息服务领域需要三思而后行。美国联邦速递（FedEx）是世界上最大的快递公司，成立于 1973 年。该公司在 200 多个国家和地区通过 300 多个机场从事快运业务，它的物流网络几乎覆盖了世界的每一个角落，该公司拥有货机 600 多架，货车 4 万多辆，为全世界的客户提供 24～48 小时门到门的配送服务，运输量每天大约为 9 400t。航空货运量每月大约为 280×10^4t。FedEx 公司在物流配送领域取得了惊人的业绩。1995 年以第三方物流企业的身份开始从事电子商务业务，1997 年就像一家规范的电子商务公司一样开展电子商务活动，目前业绩非凡。

应根据现有的物流设施和物流手段，扩展电子商务交易商品的范围。在我国，大件物品送货上门的业务已开展十几年了。许多厂家（如家具制造厂），在送货服务、售后服务方面也都有丰富的经验。它们完全能利用电子商务在网上开展商品的式样、质地、材料、性能等的宣传并运用送货的有效手段而成为电子商务的新军。有关资料显示，我国在配送、代理、连锁等流通方式方面都具备了一定的基础。通过借鉴这方面的经验，应将传统的物流模式转化为电子商务下的新型物流模式。此外，新型的物流配送要有完善、健全的物流配送网络体系，网络上点与点之间的物流配送活动保持系统性和一致性，使整个配送网络具有最优的库存分布、最理想的库存水平、最快捷的市场反应和最快的输送手段等。分散的物流配送单体只有形成网络才能满足更高层次的生产和流通的需要。应大力利用邮政运输部门为电子商务提供物流和配送服务，因为邮政运输网络已经深入到农村（包括偏远的小山村），在城市，邮政网点更是覆盖了每一条街区。

（4）发展电子商务、接轨现代物流是专业市场的必然选择

发展电子商务、接轨现代物流是专业市场在新经济条件下实现功能创新、向现代流通业态转型的规律使然。由于专业市场所依赖的产业基础、商品标准化程度、商品属性的不同，决定了不同类型的专业市场发展电子商务物流的差异性。

作为区域经济的一个重要组成部分，专业市场在以贸促工、加快区域产业结构调整、推动区域经济发展中的显著作用已毋庸置疑。随着经济体制改革的深化和产业结构的不断调整，企业独立型销售网络的建立，特别是中国加入 WTO 后流通领域的全面开放，使得以电子商务、连锁超市、仓储和大卖场为主体的新型流通业态迅速发展，专业市场原先的体制优势逐步丧失、功能趋于弱化。面对发展中的危机，传统专业市场必须要实现交易方式、服务对象与服务内容等功能的创新，向现代流通业态转型。现代流通业态具有大市场、大流通、产供销联盟、全球性销售等特点，对信息流、物流的反应速度提出了更高的要求。互联网技术的应用和现代物流业的发展，给专业市场的商品流通注入了新的生机和活力。从传统模式下的现场、现货、现金交易到对各种资源的整合，专业市场通过发展电子商务搭建网上交易平台，并建立高效、畅通的物流体系来支持网络交易，对改善专业市场周边产业价值链和提高产业竞争力有着极大的作用。在新经济条件下，专业市场的进一步发展，关键在于如何运用信息技术、现代流通方式来改造提升传统专业市场，将传统专业市场的交易模式与电子商务有机融合起来并接轨现代物流，发展电子商务物流，整合和提升专业市场的功能。

可以通过采取以下策略，推进专业市场电子商务物流发展。

①加强专业市场信息化建设。加大专业市场信息化基础设施建设的投入，建立市场内部局域网，运用现代信息技术完善和加强市场经营管理，为经营者开展电子商务提供便利条件。

对尚未建立网站的大型专业批发市场，要帮助其提高认识，创造条件，加快建立自己的网站，利用网站发布信息、对外联络。已经建立网站的大型专业市场要进一步扩充功能，建设有自身特色的网上市场，积极开展电子商务，开展网上交易，以商品目录查询、网上导购、价格比较、在线洽谈为基础，逐步开展商情分析、行业动态、网上支付与结算等信息和商务活动，实现有形市场和无形市场的互动发展。

②建立专业市场信用监管评价体系。加快法律法规、技术标准、安全保障等信息化环境的建设，探索有效的信用评价方法，逐步建立专业市场监管评价体系，为专业市场发展电子商务物流体系提供信用保障。加强对网上经营行为的监督检查，坚决查处虚假信息、虚假广告、欺诈经营行为，严厉打击利用网络进行的违法违章行为。完善举报投诉系统，建立网上网下双重受理机制，保障生产经营者和消费者的合法权益。

③完善专业市场发展电子商务接轨现代物流的服务体系。推动传统专业市场向现代流通业态转型，把市场改造成企业连接现代流通网络的一座桥梁；加强市场举办者与相关部门的协调，尽快完善与发展电子商务、接轨现代物流相适应的金融结算、商品检测、物流配送、加工服务、信息网络等配套服务体系，实行通信、仓储、联运、装卸、货运代理、海关、商检、商务和社区服务等全方位配套，推动区域性、单一化的市场向跨区域、开放式的市场拓展。

④整合区域市场分散的物流资源。专业市场内的不同产业、不同种类、不同批量的商品对电子商务物流系统提出了较高的要求，这就需要依托专业市场发展起来的第三方物流企业具有强大的运作、管理能力，能够整合分散的物流资源，如运输车辆、仓库等设施或通过对其他一些运输、仓储、货代企业进行兼并或控股，实现物流资源的优化和整合，达到专业化的运作而带来的整体优势和规模优势。对于客户来说，他们可以共享一些基础设施和配套服务设施，降低信息搜寻成本和费用支出，获得规模效益，从而实现业主与客户的双赢。例如，义乌中国小商品市场通过整合一些分散的物流资源建立起来的联托运公司，把仓储、联托运站和通往全国大中城市的160多条托运线黏合在一起，形成了传统物流基础上的现代物流。

⑤探索不同类型专业市场的电子商务物流运作模式。由于不同经济区域的专业市场所依赖的产业类型、商品标准化程度、商品属性不同，因而各区域专业市场电子商务物流的运作模式有其独特的方式。作为专业市场的子系统——专业市场电子商务物流系统，必然是在专业市场发展战略的总体目标和模式框架下，根据专业市场的区位优势、产业类型、商品属性、流通活动的特点，开展有效的电子商务物流服务方式。

电子商务的优势之一就是能大大简化业务流程，降低企业运作成本。而电子商务下企业成本优势的建立和保持必须以可靠的和高效的物流运作为保证。现代企业要在竞争中取胜，不仅需要生产适销对路的产品、采取正确的营销策略，以及强有力的资金支持，更需要加强“品质经营”，即强调“时效性”，其核心在于服务的及时性、产品的及时性、信息的及时性和决策反馈的及时性。这些都必须以强有力的物流能力作为保证。

2. 我国当前物流模式选择亟待解决的问题

如果从一个行业的发展周期来看，我国的物流市场目前尚处于发展初期。当前的许多分销渠道只专注于物流流程的末端部分，相当多的公司对第三方物流、价值链和供应链的理解十分有限。甚至在许多人的头脑中，物流还只是一个“仓库+卡车”的概念。

在这样的现状下，要想尽快地将第三方物流模式应用于电子商务，亟待解决以下问题。

（1）经营理念亟待转变——应首先摒弃“大而全”、“小而全”的传统意识

对于我国的电子商务，“物流配送是电子商务的瓶颈”已是一句被说滥了的话。人们一般都认为这个瓶颈来源于电子商务企业的外部环境，其实并不尽然。这里来看一个实例：2000年某网站企业承诺1小时北京四环以内免费送货。为实现此承诺，这家网站在北京建了20余座仓库，雇有400人的送货队伍，仅仓储与配送两个环节的成本，每年至少800万元。撇开这样一种仅凭简单体力劳动进行商品运送的做法是否称得上是电子商务的物流体系不论，这家网站的前景首先就令人担忧，如此浩大的开支，它能支撑多久？更为重要的是，这样的物流管理方法并不能支持网站订单数量的快速增长。如若此“大而全”、“小而全”的传统经营意识不加以彻底摒弃，就无法发挥3PL的专业优势，电子商务的物流瓶颈也就很难突破。对于网络这样一个现阶段鲜有利润可言的新生事物而言，大量资金积压在配送网络的固定资产上不仅可惜，更使网络公司由于双重风险（传统物流和科技研发）的压力而难以发展其核心能力。

（2）通过提高专业技术，提供全方位、综合性的物流服务

电子商务企业要求第三方物流向它们提供的是全方位、综合性的物流服务，而不仅仅是单一的服务项目。目前，我国大多数的3PL公司都是以传统的“类物流”业（如仓储业、运输业、空运、海运、货运代理和企业内的物流部门等）为起点而发展起来的。从总体上看，其经营管理和技术实力普遍较弱，许多小型的服务商只能提供单一的物流服务。因此，提高技术水平是解决问题的根本。虽然业内一些先行者已拥有了自己的特色技术，但对于大多数新建的3PL公司来说，提高自己的技术水平仍需要一个过程。近几十年来，国外不仅提出了SCM（供应链管理）等先进的管理思想，并在现代物流管理科学的推广方面不断产生了许多新的概念和应用，如QR（快速反应）、ECR（有效的客户反应）、VMI（供应商管理的库存）、Cross Docking（交叉堆放）等。这些新的概念和应用，完全可以实行“拿来主义”为我所用，以促进我国第三方物流业的发展。事实上，已经有实例表明，国外基于SCM的物流管理模式已通过合资企业的形式在我国出现。可见，通过这样一些方式，我国新兴的3PL企业完全可以掌握国外最新的物流管理思想和技术，向电子商务企业提供全方位的综合服务。

（3）物流过程重组是解决物流问题的关键

目前在我国物流市场，存在着这样一种现象：一方面，仓库、运输车辆一直大量闲置，各配送公司进入高度的价格竞争，似乎每一个环节的物流资源都已经供过于求；另一方面，无论传统型企业还是新兴的电子商务公司又都众口一词地强调“物流是个瓶颈”。这种“瓶颈”

和“过剩”之间表面上的矛盾，值得我们深思。它恰恰反映出这样一个问题——物流的关键不在于某一个环节，而是物流过程的重组。物流过程的重组是供应链管理（SCM）方式对物流领域的必然要求。而 3PL 供应商们，作为供应链中涉及复杂、多对多物流及信息流交叉的节点单位，应当成为整个物流过程重组的驱动者。3PL 企业应当从以下两方面来把握物流过程的重组。

①物流过程重组的重点在于通过改善供应链伙伴之间的协作降低总体库存。长期以来，反向物流、订单流程、批量变化成本及库存成本等因素导致了我国供应链中一直都存在着巨大的隐性成本，此隐性成本使得我国的平均物流总成本是美国的 2～3 倍。

而从本质上说，上述这些导致隐性成本的诸因素，都不是通过单纯考虑物流过程的一个环节（如降低单位运输成本和仓储成本）所能解决的，甚至不是单纯一个企业内部的流程重组所能解决的。其根本解决之道，在于从供应链的整体出发，从物流的全过程出发，改善企业及业务合作伙伴之间的协作关系和运作模式。尤其是库存成本，它最依赖于供应链的协作方式，又是影响供应链效率的最大因素。换言之，改善供应链伙伴之间的协作以降低总体库存，是物流过程重组的重点和精髓所在。

②改善供应链伙伴之间协作的首要前提是实现物流各方的信息共享。没有伙伴之间有效的信息沟通，也就谈不上协作的实现，而目前我国物流各方信息共享十分有限，甚至基本不存在共享。以下几个原因导致了信息共享的缺乏。

首先，一些企业（包括 3PL 企业）不愿与合作伙伴共享信息的观念尚未消除，而这不利于持久关系的建立。

其次，缺少 IT 系统。例如，不论物流服务提供商还是最终用户都很少使用专用的仓库管理系统，库存管理仍主要由手工操作，最多不过是 Excel 等软件的运用。

最后，未充分发挥条形码在实物流和信息流之间的沟通桥梁作用。目前我国手写产品识别信息的情况很普遍，而能够利用条形码的零售终端占整个社会销售额的比例较低，即使使用了条形码，基本上也是将扫描条形码得到的统计信息“自用”。也就是说，零售单位的后台数据库并没有和供应商链接起来，没有实现信息的共享。

上述这几点，是造成物流过程中缺乏信息共享的主要障碍，同时也是 3PL 企业应努力、大有可为的方向所在。

9.1.5　专业市场电子商务物流运作模式案例

从开展电子商务企业的角度看，物流模式可以有多种选择。针对电子商务下物流的新特点，对各种模式及其在电子商务环境下的应用实例进行深入分析，是十分必要的。

专业市场电子商务物流运作模式是指在已经形成的区域商品交易市场背景下，专业市场通过发展电子商务为供需双方提供商品交易信息平台，并将市场交易服务与商品运输、仓储、配送服务相结合的一种运作模式。不同专业市场所依托的产业类型的差异性，决定了不同产业类型和商品类型的专业市场发展电子商务模式，以及电子商务物流运作模式的差异性。以浙江嘉兴中国茧丝绸交易市场、义乌中国小商品市场、绍兴中国轻纺城市场及农产品市场为例，分析探讨专业市场电子商务物流运作模式。

1. 嘉兴中国茧丝绸交易市场的电子商务物流运作模式

嘉兴中国茧丝绸交易市场的商品主要涉及茧、丝、绸等三大类，品种较单一，每一类都有严格的分级标准，等级清晰，相对于工业品来说标准化程度较高，交易双方只需看有无标准检验证书即可，不需要亲自到市场上检验商品的优劣。对于这一类商品标准化程度较高的市场来说，可以引导其采用会员制形式，发展网上交易，并建立相配套的信息系统、交易系统、结算系统、第三方物流配送系统等较为完善的电子商务模式。

商品标准化程度高的专业市场，完全可以实现一体化的电子商务物流运作模式。生产者、经营者与客户通过商务网络系统进行商务谈判，业务成交等相关信息会通过互联网传递到专业市场网络信息中心，由专业市场直接通过自身发达的联托运市场或由第三方物流企业，提供便捷的包括签证、报关、运输、仓储、保管和配送等的服务。

2. 义乌中国小商品市场和绍兴中国轻纺城市场电子商务物流运作模式

义乌中国小商品市场和绍兴中国轻纺城市场，经营的小商品、轻纺商品种类繁多，标准化程度低。如在义乌小商品市场上经营的商品，主要以服装、工艺品、小五金、玩具等日用品为主，包括了 28 个大类 10 万余种类型；绍兴中国轻纺城市场经营的国内外生产的面料可达万种。商品标准化程度不高且市场辐射能力较强的专业市场，可以通过在专业市场商务网络上建立自己的网站，与客户进行“网上交易，网下结算”，达成交易后，联托运市场负责将货物运往外地交易市场或本地经销商等目的地；对于需要签证、报关的企业，客户可直接联系报关公司或经由市场内的货运代理企业或第三方物流企业来代理。

义乌中国小商品市场物流运作与小商品市场商流、信息流运作遥相呼应。流通的整体过程由商流、物流和信息流组成，商流主要集中于小商品市场，物流主要集中于各类物流中心、货运中心，通过电子商务信息联系商流中心和物流中心，几大中心相互渗透，物流中心也延续商流过程，物流中心是物流市场承托双方交接的场所，集中大量货运信息，通过信息的接收、汇总、储存、分析和传输，提供各种代理、结算、集合竞价交易，满足物流委托方的要求。

义乌中国小商品市场通过电子商务技术，加快了现代信息传输技术的应用和推广，加强了市场信息网络建设，推动了市场交易技术、交易手段的创新：依托联托运市场和完备的物流网络体系的优势，采取了电子商务物流一体化和先进行“网上交易、网下结算”、再进行物流业务操作的两种并行的电子商务物流运作模式。

客户先在批发市场中看货、选货，确定货物的价格、数量、交货日期等，完成商流，即商品所有权转移的过程；或者是通过小商品市场电子商务系统浏览商品的种类、款式，并确认购货的价格、数量、交货日期，通过网上交易系统，完成商流。当商品市场收到客户订单并完成资金流的转换后，电话通知或网上传递信息给客户业主提供相应的货物，或从其他地区调货，通过小型车辆把货物运输至货运中心或物流中心，在确认货物代理，如运输线路的选择、价格的相关谈判工作程序后，进行货物的分拣、储存、加工，然后通过集装箱运输或直接发货。至于商品市场和商家的资金流转换则是在商家将谈判好的货物送达商品市场物流中心后，由商品市场将资金打入商家的账户；而客户的物流费用问题则由客户与联托运市场众多的物流经营者或其他第三方物流企业进行谈判，完成资金流的转换。当货物集中在物流中心准备发货时，如为国内货物则直接在其集货中心集货后配载运输，一般以地区为划分标准，把到一个地区的货物集中在一个集装箱货运车辆中进行运输，从而有效降低成本，提高货运效益；如为国际货物则先在集货中心集货，往往把到某一国家的货物集中在一起，集货完成后经过海关检查，贴上封条后再通过货运车辆运至指定港口、铁路、机场、航空港出口。

3．农产品交易市场电子商务物流运作模式

对于农产品交易市场来说，由于大多数农产品的易腐烂性，以及农产品价格对供求比较敏感的固有属性，通常以网上拍卖的形式进行销售。就电子商务物流运作模式而言，农产品与非农产品交易市场具有较大的差异性。由于农产品的鲜活易腐性，在流通过程中必须采取一定的保鲜措施，才能保证农产品合乎质量要求地进入消费领域。也就是说，农产品在进入流通领域之后，还需要进行分类、加工、包装及整理等流通加工活动，以保证农产品在物流过程中不变质、不污染。另外，农产品的种类繁多，可分为高温、常温、低温、生鲜及冷链等类别，所以在农产品交易市场的电子商务物流运作中，应对不同需求的农产品采取不同的配送和仓储方式，要求建立相配套的仓储（冷库）中心、农产品分类加工包装中心及电子结算中心等农产品电子商务配套设施。

综上所述，对于那些能按标准化实施分类的商品，可以发展基于电子商务的第三方物流配送，在整个电子商务物流运作系统上，工商企业与客户之间以网络为技术平台，以物流为运作平台，通过充分利用各种专业性的物流资源，实现联系网上商家与客户的物流处理功能；对于不能按标准化进行分类的商品，可以利用传统联托运市场的优势，并对传统联托运市场的分散的资源进行有效整合，建立物流中心，提升货运站场现代物流功能，引导其利用现货市场的优势，创办网上市场，搭建网上交易平台，实行与现货交易并行的电子商务物流模式；对大型农副产品批发市场，要充分发挥互联网的信息优势，探索配送、拍卖等交易方式，扩大农产品流通。总之，通过发展电子商务、接轨现代物流，为传统专业市场实现交易手段的创新、以物流带动商流和信息流提供了实时的交易平台和强大的物流运作支持，有力地推动了专业市场的持续繁荣。

9.2　电子商务物流配送与配送中心

9.2.1　电子商务物流配送概述

电子商务的出现刺激了物流配送的发展，物流配送的发展进而又促进了电子商务的发展，两者是一种相互促进的辩证关系；同时，物流配送的滞后阻碍了电子商务的发展，但是，不管电子商务如何发展，物流配送的发展趋势都是不可遏制的。

1. 电子商务物流配送的含义

电子商务物流配送是利用现代通信技术和计算机技术所进行的配送活动，或者是把现代信息技术应用于配送活动中。具体来讲，就是指配送企业采用网络化的计算机技术和现代化的硬件设备、软件系统及先进的管理手段，针对社会需求，严格地、守信用地按用户的订货要求，进行一系列分类、编配、整理、分工、配货等理货工作，定时、定点、定量地交给没有范围限度的各类用户，满足其对商品的需求。

2. 电子商务对传统物流配送的影响

电子商务物流配送能使商品流通较传统的物流配送方式更容易实现信息化、自动化、现代化、社会化、智能化、合理化和简单化。电子商务环境下的物流配送，使货畅其流，物尽其用，既减少了生产企业库存、加速了资金周转、提高了物流效率、降低了物流成本，又刺激了社会需求，有利于整个社会的宏观调控，也提高了整个社会的经济效益，促进市场经济的健康发展。

（1）给传统的物流配送观念带来了深刻的变革

传统的物流配送企业需要置备大面积的仓库，而电子商务系统网络化的虚拟企业将散置在各地的、分属不同所有者的仓库通过网络系统链接起来，使之成为“虚拟仓库”，进行统一管理和调配使用，服务半径和货物集散空间放大了。这样的企业在组织资源的速度、规模、效率和资源的合理配置方面都是传统的物流配送所不可比拟的，相应的物流观念也是全新的。

（2）网络对物流配送的实施控制代替了传统的物流配送管理程序

一个先进系统的使用，会给一个企业带来全新的管理方法。传统的物流配送过程是由多个业务流程组成的，受人为因素影响和时间影响很大。网络的应用可以实现整个过程的实时监控和实时决策。新型的物流配送业务流程都由网络系统链接，当系统的任何一个神经末端收到一个需求信息时，该系统都可以在极短的时间内作出反应，并可以拟订详细的配送计划，通知各环节开始工作。这一切工作都是由计算机根据人们事先设计好的程序自动完成的。

（3）网络缩短了物流配送的时间

物流配送的持续时间在网络环境下会大大缩短，对物流配送速度提出了更高的要求。在传统的物流配送管理中，由于信息交流的限制，完成一个配送过程的时间比较长，但这个时间随着网络系统的介入会变得越来越短，任何一个有关配送的信息和资源都会通过网络管理在几秒钟内传到有关环节。

（4）网络系统的介入简化了物流配送过程

传统物流配送整个环节极为烦琐，在网络化的新型物流配送中心可以大大缩短这一过程，主要表现在如下几个方面。

①在网络支持下的成组技术可以在网络环境下更加高效地被使用，物流配送周期会缩短，其组织方式也会发生变化。

②计算机系统管理可以使整个物流配送管理过程变得简单和容易。

③网络上的营业推广可以使用户购物和交易过程变得更有效率、费用更低。

④可以提高物流配送企业的竞争力。随着物流配送业的普及和发展，行业竞争的范围和残酷性大大增加，信息的掌握、信息的有效传播和其易得性，使得用传统的方法获得超额利润的时间和数量会越来越少。由于网络的出现，信息不对称所带来的盈利机会越来越少，任何投机取巧的机会都会在信息共享的条件下化为乌有，只有具有真正的创新和实力才能获得超额利润。

⑤网络的介入，使人们的潜能得到了充分发挥，自我实现的需求成为多数员工的工作动力。

在传统的物流配送企业中，大量的人从事简单的重复劳动，人是机器、数字和报表的奴隶，劳动的辛苦是普遍存在的。在网络化管理的新型物流配送企业，这些机械的工作都会交给计算机和网络，而留给人们的是能够给人以激励、挑战的工作，人类的自我实现的需求得到了充分的满足。

9.2.2 电子商务物流配送模式

物流配送是物流系统的一个子系统，是直接面对用户提供配送服务的子系统。由于服务的对象不同，特别是电子商务下的定制化服务需求，使得物流配送系统的网络结构、配送模式和服务方式呈现多样化，正确地选择物流配送模式，对提高物流效率和经济有着重要的影响。

1. 现代物流配送模式分类

（1）按经营主体划分

①自营配送。这种配送模式是指企业根据自己的经营规模、企业的商品配送量、企业的经营策略及业务网点等多种因素，在合适的地点自己建造一个或多个配送中心，依靠自己构建的网络体系开展物流配送业务，实现对企业内部及外部货物配送的模式。

自营配送模式的优点：企业围绕自己的销售直接管理和运作商品的配送业务，能最大限度地满足企业销售服务的要求，提供更灵活、更便捷的配送业务，服务质量和水平较高。

②外包配送。企业不建配送中心，而以签订合同的形式把企业的配送业务委托给专业化的第三方物流配送公司，并且与第三方物流配送公司形成长期合作的战略联盟，互赢互利。这样，对第三方物流配送公司的选择就显得十分重要，一旦选择能力差的物流配送公司，不但不能节省物流费用，反而使商品不能准时送达，形成脱销，对公司的信誉造成不良的影响。所以选择与配送业务广、现代化程度高、科技水平高、按照现代物流理念经营的专业化物流配送公司合作就显得特别重要。

在外包配送模式中，企业将自己的配送业务委托给第三方物流公司，相对来说企业对销售的整个流程的控制力就低一点。但是，这种集约式的作业方式显然是与现代化生产的专业化分工相呼应的，而且随着科技的不断进步和 GPS 等新的物流配送管理技术的发展，物流公司与企业的联系加强，协调更加紧密。现在全球的大型公司特别是跨国公司越来越倾向于把自己的物流配送业务外包，原因就在于此。外包式物流配送模式，如图 9-2 所示。

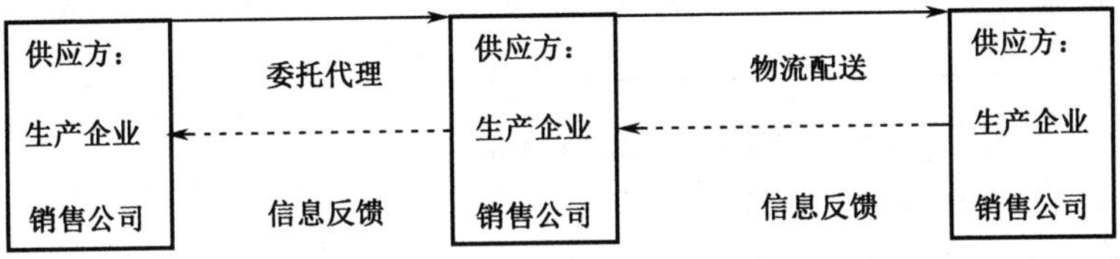

图 9-2　外包式配送模式

③共同配送。共同配送（Joint Distribution）又称协同配送，是指由多个企业联合组织实施的配送活动。国内大多相关专家认为，共同配送是指把过去按不同货主不同商品分别进行的配送，改为集中运货的“货物及配送的集约化”，也就是把拟配送的货物都装入同一条路线上运行的运输车辆里，用同一辆车为更多的客户运送货物，这是企业间为实现整体的配送合理化，以互惠互利为原则，互相提供便利的配送服务的协作型配送模式。

④混合配送。混合配送模式是指企业自身适当地建立小型配送系统，大范围的配送采用外包配送模式，小范围的配送采用自营配送模式。混合配送模式考虑自营配送与外包配送的优劣势，根据企业本身的特点，建立小范围的配送体系，如城市配送中心，而长距离的配送问题

由专业的第三方配送公司承担，企业不用太大的投资就可以保证城市内恰当的商品供应，避免因脱销而影响企业的市场份额；同时，又控制着对客户配送的主动权，一旦市场情况变化，需要调整企业经营战略，配送就可以积极地配合销售过程。

（2）按配送商品的种类及数量划分

按配送商品的种类及数量划分，如表9-4所示。

表9-4　按配送商品的种类及数量划分

类别	描述	特点
少品种大批量配送	有些物资，单独一个品种或几个品种就可能凑成一个装卸单元，因而可以组成大批量配送	品种少、数量大，便于合理安排运输和计划管理，物流成本低，可收到规模效益
多品种小批量配送	现代社会用户的需求往往是差异很大的，导致需求的品种多、数量少，使配送工作呈现出多品种、小批量的状态	品种多、批量小，配送难度大，技术要求高，使用设备复杂，要求管理严格，计划周密且要有灵活性
配套型配送	是按照生产企业、建设单位的要求，将其所要的多种物品配备齐全后直接送去的配送方式	有利于生产企业或建设单位专心致力于生产，加速生产进度

（3）按配送时间及数量划分

按配送时间及数量划分，如表9-5所示。

表9-5　按配送时间及数量划分

类别	描述	特点
定时配送	与用户签订协议，在商定的时间内准时配送货物	方便安排工作计划和运输；用户方便安排接货人员和设备
定量配送	在一定的时间、范围内，按规定品种和数量对用户进行货物的配送	可以充分利用集装箱和车辆能力，提高作业效率，便于合理调度车辆；用户便于合理安排人力和物力
定时定量配送	按规定的时间、数量对用户进行配送	兼有定时和定量两种特点
即时配送	按用户提出的时间要求和供货品种、数量进行配送	灵活性大，组织能力和应变能力强，用户可以充分压缩库存，趋向零库存
定时定路线配送	按运行时间表，在规定的线路上进行配送	适用于消费者集中地区，同时为多用户配送，运输工具利用充分，方便送货和接货的安排

2. 电子商务配送新模式

在电子商务环境下，也存在前面提及的几种配送模式，随着科学技术的进步，可以在虚拟环境下建立虚拟配送中心，采用虚拟配送模式。虚拟配送模式，就是商品到了虚拟配送中心仓库后不进库，直接在站台上，向需求客户进行配送，这样就使物流成本大大地降低了。但为了防止由于各种特殊情况而造成的运输车辆的滞后、延误，必须建立一个小型的配送中心或者在当地租借一个仓库，作为暂时库存的周转地。整个虚拟配送过程，如图 9-3 所示。

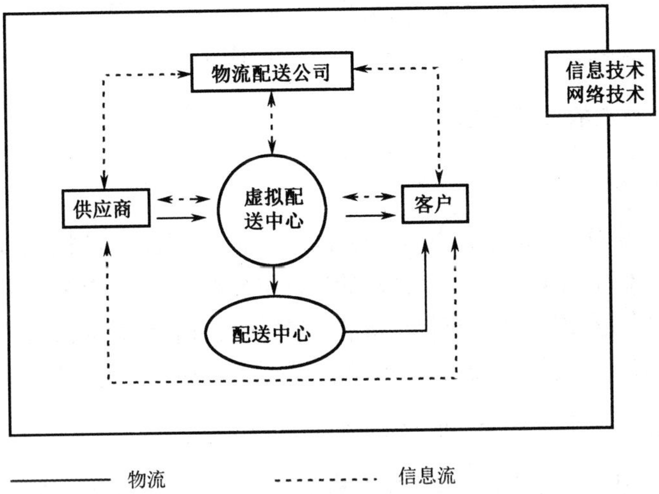

图 9-3　虚拟配送模式

虚拟配送模式的关键是整个配送系统的联系信息要实时、准确，各个环节的配合协调工作必须精准，这需要先进的计算机技术及网络技术的支持。具体来说，也就是供应方利用条形码技术给全部货物记上标志，按照计算机的优化配装策略进行装载。供应方、需求方及物流配送方（不管是自营或外包）都可以通过全球定位系统准确地知道货物所在地，并作好相应的准备工作。即使如远洋舰队这样大量运输的货物，一到目的地也不用进仓库，而是在码头上按照计算机的指令迅速进行分拣、配装，再运送到各个经销商手中。

虚拟物流配送中心利用计算机技术、网络技术、通信技术，以外界物流资源为依托进行物流代理业务，可以有也可以没有仓库、运输、包装等物流配送过程各个环节所需要的各种硬件设施，只要有发达的信息收集、加工、处理、监控网络系统，就可以通过信息网与供应商、需求商和第三方专业物流配送公司建立广泛联系。

虚拟物流配送模式可以提高物流配送资源的利用率，避免重复建设，实现低成本、高效率、优质量的配送服务。虚拟物流配送的主要优点是虚拟性、经济性、灵活性和高效率性；缺点是过分依赖网络技术及计算机技术，而这些系统又没有相应的紧急备用系统，一旦计算机系统或网络系统出现问题，那么整个物流配送系统甚至整个供应链管理系统就崩溃了。

9.2.3　配送中心系统设计

根据中国国家标准《物流术语》（GB/T 18354-2006），配送中心是指从事配送业务且具有完善信息网络的场所或组织，应基本符合下列要求：第一，主要为特定客户或末端客户提供服务；第二，配送功能健全；第三，辐射范围小；第四，多品种、小批量、多批次、短周期。随着现代生产和商业的发展，建立现代物流配送中心具有重要性和必要性，配送中心的设计也面临着越来越大的挑战。如何更快地完成大批量货物的快速核对、收取、出库、复核，如何降低库存成本、加强库存控制、提高空间、人员和设备的使用率，如何快速地找到指定的货物，如何在不停业情况下实现配送中心的自动盘点等，已经成为配送中心设计的热点和难点问题。

1. 配送中心网点的合理布局

（1）物流网点布局的基本内容

物流网点是指物资在流通过程中的中转仓库。如果将物流系统中的物流活动分为节点活动与线路活动，物流网点则是进行节点活动的位置和场所；同时，物流网点也是线路活动的起点或终点。物流网点是从物流的角度提出来的，它与从事物资经营的商流网点不一样。物流网点主要进行物资的包装、装卸、储存保管、配送等物流活动，一般不发生物资的供销业务。

物流网点按照不同的分类方法可分为多种类别。

①按物流网点中转物资种类的多少将其粗略地分为单品种网点和多品种网点两大类型。单品种网点只中转一种物资，而且该种物资的品种规格简单，互相之间的可替代性也比较强，如煤炭、水泥等；多品种网点中转多种类型的物资，或者虽然只中转一种类型的物资，该品种规格复杂，如机电产品、化工原料、金属材料等。通常物流网点都应该是多品种的，因为同类物资一般都有不同的品种规格，质量上的好坏和性能上的差异也总是存在的，它们的用途和使用方向也都有所不同。

②按物流网点的经营方式和服务对象，可将其分为公共物流网点和自营物流网点。公共物流网点是指物流网点由第三方物流提供商经营，面向社会提供物流服务，构成网点的各物流中心具有公共物流平台的性质；而自营物流网点则是以自身企业为依托进行物流服务的，其在运营方式和产品品种方面与公共物流网点有较大的不同。

（2）物流网点布局目标的分析与确定

以费用低、效益好为网点建设和经营的目的，进行物流网点的结构、环境、目标和功能等的分析。主要考虑以下几个方面的问题。

①物流网点系统的外部环境分析。如经济、社会大环境，经营管理环境，物理和技术条件，网点与外部的进、供货关系等。

②物流网点的结构关系分析。如计划区域内应设置的物流网点的数目，网点的地理位置，各网点之间的相关性，计划区域中中转供货和直达供货的比例等。

③物流网点布局的目标分析。如物流网点建设的技术先进性，经济合理性，系统多目标之间的兼容性，网点系统对环境条件变更的适应性等。

④物流网点系统的功能分析。如建立物流网点系统功能结构图，定义所需的功能技术条件，分析和阐明建立物流网点系统的约束条件，制定量化功能的定量指标。

2. 物流配送中心的选址

（1）物流配送中心合理选址的意义和基本原则

经过不断优胜劣汰的市场竞争，物流配送中心这一现代的、先进的流通机构已被发达国家企业和政府所接受并在积极推进。对于物流配送中心来说，不管是在何种市场经济条件下，都是提高流通行业组织化程度、实现集约化经营、优化社会资源配置、创造规模效益、推动流通科技进步、实现流通现代化的有效形式。

物流中心的合理选址是物流系统中具有战略意义的投资决策问题，物流中心选址是否合理，对整个系统的物流合理化和商品流通的社会效益有着决定性的影响。

物流中心是连接生产和消费的流通部门、利用时间及场所创造效益的设施。因此，不同的货物类别和不同的流通方式，决定设置物流中心的目的和必要性也是多种多样的，即

①为了调整大量生产和大量消费的时间差而进行的保管。

②为了调整生产和消费波动而进行的保管。

③为了以经济的运输批量发货和进货而进行的储备。

④把分散保管的库存物资汇集在一起，并提高包括保管、装卸在内的效率。

⑤从各个方面把多种供应商品集中起来，或者为了向消费者计划运输而将商品集中起来。

⑥为了提高对顾客的配送服务水平，而在靠近消费的地区保管。

⑦为了维持对顾客的服务水平，平时保持合理的库存。

⑧为了降低运输成本，组织批量运输或者设置货物集结点向终端用户配送。

⑨商流和物流活动分开，以提高效率。

⑩为了提高运输效率，在消费地点进行装配和加工等。

（2）物流配送中心的选址原则

①系统原则。

物流配送中心的工作，包括收验货、搬运、储存、装卸、分拣、配货、送货、信息处理，以及供应商、连锁商场等店铺的链接，如何使它们之间保持十分均衡、协调地运转是极为重要的。其关键是做好物流量的分析和预测，把握住物流的最合理流程。

②价值原则。

在激烈的市场竞争中，配送的准点及时和低缺货率等方面的要求越来越高，在满足服务高质量的同时，又必须考虑物流成本。特别是建造配送中心耗资巨大，必须对建设项目进行可行性研究，并对多个方案的技术、经济进行比较，以求最大的企业效益和社会效益，而选址方案的确定正是其中关键的一环。

③发展原则。

在进行物流配送中心的选址时，应考虑到方案的选择应有较强的应变能力，以适应物流量扩大和经营范围的拓展。在规划设计第一期工程时，应将第二期工程纳入总体规划，并充分考虑到扩建时业务工作的需要。

9.2.4 配送中心的信息管理系统

现代化的物流配送中心除了具备自动化的物流设备和物流技术外，还应具备现代化的物流管理信息系统，这样才能取得最大的效率和效益。建立物流配送管理信息系统的作用在于提高发货、配送准确率，提高服务和管理水平，降低成本和增加效益。

1. 物流配送中心信息系统概述

（1）物流配送中心信息系统的作用

配送中心的信息管理涉及三个不同的层次：业务运作层、业务管理层和战略决策层，分别对配送中心的日常业务、子系统内的作业、各子系统之间的联系乃至经营战略，起到支撑、管理和辅助决策作用。

①业务运作层信息管理的作用是进行日常作业组织，合理规划利用配送中心的资源，向上层提供必要的管理数据。配送中心业务运作层的信息管理内容包括单证信息的传输处理与监控、价格的确定、车辆搬运等设备信息的维护与利用、包装及流通加工规划、出入库信息、业务状态信息的追踪与查询、出口货物的报关和财务信息等。

②业务管理层信息管理的作用是通过对日常运作信息的统计分析，进行绩效考核，以便根据实际情况，编制或修订配送中心的作业计划。配送中心业务管理层的信息管理内容包括成本的审核和结算、客户关系信息的管理与分析、运输配送调度计划信息，以及库存计划与分析等。

③战略决策层信息管理的作用是根据企业的日常运作情况和分析，结合与配送中心相关的外部信息分析，应用模型进行分析和模拟，进行配送中心业务的全面评价和制订配送中心的资源配置方案，同时进行科学合理的预测，明确业务发展的目标和经营战略。战略决策层的信息管理内容包括市场环境信息、预测信息、模型信息，以及仿真结果分析与战略计划等。

（2）物流配送中心信息系统应满足的基本要求

信息系统是物流配送中心的重要组成部分，它必须满足现代化物流配送中心的以下要求。

①从本质上提高对顾客的各种信息服务的质量。

②满足商品组成变化和顾客需要变化的信息系统。

③对物流配送中心各工序的运作迅速作出批示。

④迅速吸收各工序中新的信息。

⑤提供有利于营业活动的信息。

⑥降低营运成本。

2. 物流配送中心信息管理系统的功能

物流配送中心信息管理系统的总体功能可以归纳为如下几个方面。

（1）提供日常运作的计划与监控，具备搬运、运输等资源的合理优化与货物追踪。

（2）提供电子数据交换能力，满足与供应链合作伙伴之间的信息交互。

（3）提供信息增值服务能力，如货物状态的查询等。

（4）连接金融部门和政府部门，提供电子商务营运环境功能。

（5）提供管理决策辅助功能。

就配送中心日常作业管理而言，其信息系统的功能，如下所述。

（1）业务管理。业务管理包括入库、出库、退货、残损管理，进货商品数量、发货商品数量管理，打印商品单据，便于仓库保管人员正确进行商品的确认。

（2）查询统计。入库、出库、退货、残损及库存信息的查询统计，可按相应的商品编号、分类、供应商、用户进行查询和统计。

（3）库存结构分析。库存结构分析指库存商品的入库、出库、退货、残损的统计及各种商品库存量、品种结构等的分析。

（4）库存商品管理。库存商品管理主要包括库存商品上下限报警，即对库存商品数量高于库存上限或低于下限的商品进行信息提示；库存停滞商品报警，即对某一段时间内有入库但没有出库的商品进行信息提示；缺货商品报警，即对某一段时间内有出库但没有入库的商品进行信息提示。

（5）保质期警报。保质期警报包括将逾保质期的商品的报警，即对库存商品的保质期在本日后某一时间段内到期的商品进行信息提示；已逾保质期的商品的报警，即对库存商品的保质截止期已超过的商品进行信息提示；商品保质期查询，即对库存的商品的保质截止期在某一时间段内到期的商品进行查询。

（6）货位调整。货位调整主要包括库存货位调整，即按库存商品的货位号进行调整；货位调整查询，即将库存商品按货位号进行统计。

（7）账目管理。统计某一时间段的单一商品明细账。

（8）条码打印。条码打印包括商品自编条码打印、商品原有条码打印、收银台密码条码打印等。

（9）盘点管理。盘点管理包括盘点清单制成、盘点清单打印、盘点数据输入或手持电脑输入、盘点商品确认、盘点结束确认、盘点利润统计、盘点商品查询及浏览统计。

3. 物流配送中心信息管理系统的构成

物流配送中心信息管理系统包括五大子系统：采购入库管理系统、销售出库管理系统、财务会计管理系统、配送管理系统和运营绩效管理系统，如图 9-4 所示。每个子管理系统之下又有许多子系统，每个子系统又能实现许多功能。正是由于这些功能齐全的管理软件和各种相应的物流设备相配合，才使一个现代化的物流配送中心能高效有序地运行。

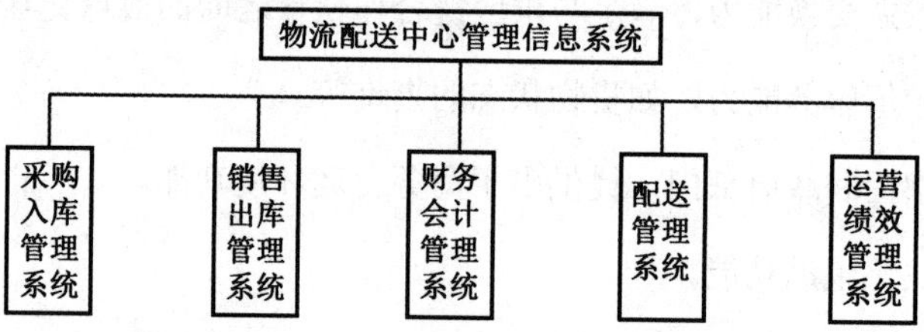

图 9-4　物流配送中心信息系统的构成

（1）采购入库管理系统

采购入库管理系统主要负责处理厂商相关作业，包括商品实际入库、根据入库商品内容做库存管理、根据需求商品向供货厂商下订单。采购入库管理系统的工作内容包括入库作业处理、库存控制、采购管理系统和应付账款系统等。

（2）销售出库管理系统

销售出库管理系统所涉及的对外作业主要是自客户处取得订单、进行订单处理、仓库管理、出货准备到实际将商品运送至客户手中为止，均以对客户服务为主。对内作业的内容则是进行订单需求统计，以传送到采购入库管理系统作为库存管理的参考，并从采购入库管理系统处取得入库数据；在商品发货后将应收账款账单送至财务会计管理系统；并由运营绩效管理系统处取得各项经营指标。

（3）财务会计管理系统

财务会计部门对主要依据采购部门传来的商品入库数据核查供货厂商送来的催款数据，并据此付款；由厂商或由销售部门取得出货单来制作应收账款催款单并收取账款。会计系统还制作各种财务报表提供给运营绩效管理系统作为参考。财务会计管理系统主要包括一般会计系统与人事工资管理系统。

（4）配送管理系统

配送管理系统包括派车计划，货物追踪管理系统，运输调度计划，车辆保养维修、燃料耗材管理系统，出货配送系统。

配送管理既是最后一个主要环节，也是全部配送工作的核心业务。要想合理、经济地进行货物配送，必须尽可能地实现“六个最”。即最少环节、最短距离、最低费用、最高效率、最大效益和最佳服务。在配送管理中，配送路线的选择和配送车辆的安排都要紧紧围绕上述目标来展开工作。配送管理的实施框架，如图 9-5 所示。

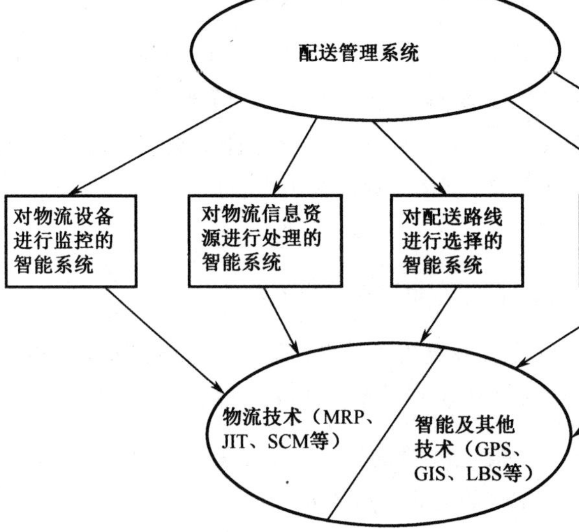

图 9-5 配送管理系统实施框架

配送作业中车辆是必备工具。车辆的保养维修是很重要的工作。车辆保养维修系统主要是收集车辆数据，如车辆数、行车里程、行车最高时速和车辆使用时间等，然后与每辆车所需的保养资料进行对比，当行车里程数到一定数量时由系统发出维修通知，送厂保养或更换零件耗材等。

燃料耗材是车辆的能量来源，燃料耗材管理系统主要是对车辆的用油量加以管理及成本计算，使燃料耗材的使用更具成效并节省成本。

出货配送管理部门执行派车计划系统，即由管理人员调用订单数据库，将当日预定的出货订单汇总，查询车辆数据库、车辆调用数据库、客户数据库及地图数据等，先将客户按其配送地址划分区域，然后统计该区出货商品的体积与重量，以体积最大者或最重者为条件来分配配送车辆的种类及派车数量。而后即访问外车调用数据库、公司自有车调用数据库、设备调用数据库、工具调用数据库和人力资源调用数据库，来制订出车批次、装车及配送调度，并打印配送批次规划报告、批次配送调度报表等。批次调度报表包括月台、人机设备、车辆、装车搬运人力、配送司机及随车人员分配报表。自动规划的派车计划可人工修改，修改后的数据即注入出货配送数据库，并作为车辆、月台、机具设备及人力调派等分派工作单打印的基础数据，以及设备调用数据库、车辆调用数据库、工具调用数据库和车辆调用数据的加项。

确定配送装车批次后由出货配送系统按客户打印出货单，拣货人员持出货单及批次调度报表将商品由拣取区取出并核定商品内容，然后集中于出货月台前准备装车。此时出货配送系统可提供配送线选择系统来决定每辆车按订单所需要的装车程序。商品装车后即由送货司机持出货单予以配送，出货单通常有多联，用于客户及配送司机的签收核定。商品送达客户处后，出货单由送货司机交回并输入数据，作为订单数据库、出货配送数据的减项，并转入会计系统作为应收账目的加项。出货单还需通过计算机网络直接送至客户计算机系统中，由对方在收到商品后传回确认收货凭证。这就要求系统具备对外的数据传办、接收和转换功能。配送系统还应具备配送途中数据传输及控制的功能，来跟踪商品动向、控制车辆及车上设备；在配送途中有意外状况发生时，还可通过通信系统重新设定配送模式所需的参数，重新取得新的配送途径并告知配送人员，使配送工作能顺利完成。系统主要的输出报表包括出货配送报表、出货配送差异分析报表和客户反应报表等。

出货配送系统包括配送路线选择、配送车辆安排等内容。

①配送路线选择。配送中心应在利用计算机系统进行货物配送路线大量模拟的基础上，选择适宜的配送路线。配送路线的选择要避免迂回运输、相向运输、空车往返等不经济的现象。

②配送车辆安排。可利用一些车辆配送安排的软件模型作为决策的参考依据。要立足于对车辆实行单车经济核算，提高配送车辆的装载使用效率。

（5）运营绩效管理系统

运营绩效从各子系统及流通部门取得信息，制定各种经营政策，然后将政策及执行方针告知各个经营部门，并将配送中心的数据提供给相关系统。运营绩效管理系统包括配送资源计划、经营管理系统、绩效管理系统及其系统构成功能。

4. 物流配送信息技术

物流配送信息技术包括计算机网络、条码技术（Bar Code）、电子数据交换（EDI）、射频技术（RF）、地理信息系统（GIS）、全球定位系统（GPS）、IC 卡技术、传感器技术和全球移动通信系统（GSM）等，它们都属于在物流配送中心使用的智能技术，其应用与物流配送中心功能要素的关系如表 9-6 所示。在物流中心功能要素上应用智能技术时，应该遵循这样的原则：实现同一功能要素中的某项作业时，要在不影响实施效果的前提下，尽量采取简便易行、投入成本较小的技术。在选择智能技术时，尽量选择多功能的技术，即选择用于多种物流要素的技术，这样可能减少引进或研发成本，节约时间，很快适应市场。

表 9-6 智能技术与物流功能要素关系表

要素名称	服务功能	主要技术
运输	在途驾驶员信息 路径引导 电子付费服务 运输车辆管理 紧急事件与货物安全 危险预警 货物跟踪	地理信息系统、条码技术、电子数据交换、计算机网络、射频技术、全球定位系统、IC 卡技术、传感器技术、全球移动通信系统
储存	货位管理 自动补货 储存安全	条码技术、计算机网络、传感器技术、射频技术
包装	自动识别 自动包装	条码技术、计算机网络
装卸搬运	自动分拣 自动分货	条码技术、计算机网络、人工智能
流通加工	作业管理	计算机网络
物流管理	订单管理 客户管理 设备管理	电子数据交换、计算机网络、人工智能、客户关系管理、全球移动通信系统

9.3 电子商务物流技术与信息管理

9.3.1 物流信息与物流信息化

在企业经营中，采购、生产、销售、物流、人力资源及财务等各部门处于同等重要的地位。企业的产品库存量、库存产品周转率、库存产品积压和滞销等信息，客观地反映了该企业产品的适销对路与否、流动资金占压的大小，以及产品销售部门工作业绩等情况。如果企业决策者懂得物流在企业经营中的重要程度，十分关注企业库存变化等物流信息，便可以及时调整产品生产计划、产品品种，杜绝采购上的浪费，减少物流成本，提高企业竞争力。如果企业将各个销售点、各个城市和各个地区的销售、库存、在途产品、原材料和零部件采购、付款和回款等所有物流、商流、资金流的信息一并收集、整理、筛选和分析，则可大大提升企业的经营管理水平。

1. 物流信息的含义、特征与分类

1）物流信息的含义与内容

根据中国国家标准《物流术语》（GB/T 18354-2006），物流信息是指反映物流各种活动内容的知识、资料、图像、数据和文件的总称。在紧密联系的物流网络系统中，每个节点回答上游节点的询问，向下游节点发出业务请求，根据上下游节点的请求和反馈提前安排货物输送过程。信息流在物流过程中起到了事前测算流通路径、即时监控输送过程和事后反馈分析的作用。在环环相扣的物流过程中，虚拟的场景和路径简化了操作程序，极大地减少了失误和误差，使得每个环节之间的停顿时间大幅度降低。

物流信息的内容可以从狭义和广义两方面来考察。

①狭义的物流信息。从狭义范围来看，物流信息是指与物流活动（如运输、保管、包装、装卸、流通加工等）有关的信息。在物流活动的管理与决策中，如运输工具的选择、运输线路的确定、每次运送批量的确定、在途货物的跟踪、仓库的有效利用、最佳库存数量的确定、订单管理和如何提高顾客服务水平等，都需要详细和准确的物流信息，因为物流信息对运输管理、库存管理、订单管理及仓库作业管理等物流流动具有支持保证的功能。

②广义的物流信息。从广义范围来看，物流信息不仅指与物流活动有关的信息，而且包含与其他流通活动有关的信息，如商品交易信息和市场信息、政策信息，还有来自企业内生产、财务等部门的与物流有关的信息。商品交易信息是指与买卖双方的交易有关的信息，如销售和购买信息、订货和接受订货信息、发出货款和收到货款信息等；市场信息是指与市场活动有关的信息，如供货人信息、顾客信息、消费者的需求信息、竞争者或竞争性商品的信息、促销活动信息、交通通信等基础设施信息等。

从广义上看，物流信息不仅连接生产厂家和最终消费者，而且在整个供应链上与物的流动起着相辅相成的作用。

2）物流信息的特征

物流信息一般具有如下特点。

（1）物流信息涉及面广，信息量大。物流信息随着物流活动，以及商品交易活动的展开而大量发生。多品种少量生产和多频度小量配送使库存、运输等物流活动的信息大量增加。零售商广泛应用销售时点系统（POS）读取销售时点的商品品种、价格和数量等即时销售信息，并对这些销售信息加工整理，通过电子数据交换系统（EDI）向相关企业传送。同时为了使库存补充合理化，许多企业采用了电子订货系统（EOS）。随着企业合作倾向的增强和信息技术的发展，物流信息的信息量在今后将会越来越大。

根据物流信息的这一特点，在收集物流信息时必须注意其全面性，凡是与物流相关的国内外信息，政治、经济、文化信息，生产、流通、消费信息，商流、物流、资金流信息等应该

全面进行收集、筛选、整理、加工和分析研究。例如，有时因天气预报信息被忽视，下暴雨、下雾、下雪等可能造成配送中断，商品脱销。有时因一场重大体育比赛、演出或一条新闻被忽视，也可能造成热卖商品的供货断档。

（2）物流信息时间价值性强。要求物流信息与商品流通的时间相适应，及时性强，更新快。多品种少量生产、多频度小数量配送、利用 POS 系统的即时销售时的各种作业活动频繁发生，从而要求物流信息不断更新，而且更新的速度越来越快。信息是瞬息万变的，应及时捕捉、及时筛选和研究分析。

（3）物流信息要具有较强的真实可靠性。物流信息和与物流相关的信息，都可能有真有假、有虚有实。因此，对信息要进行严格的筛选，去伪存真，把握真谛。要善于把握信息的脉搏，驾驭信息主流。

（4）物流信息技术手段配套利用，发挥综合效果。在信息日新月异发展的时代，各种新的信息技术和手段如雨后春笋般层出不穷。要将各种信息技术和手段配套利用，物流信息技术和物流软件技术并用。还应该与物流硬件设施，如仓库、配送中心、集装箱、托盘及自动分类分拣系统等相匹配。

（5）信息来源多样化。物流信息发生的来源、处理场所、传达对象地域分布很广。物流信息不仅包括企业内部的物流信息（如生产信息、库存信息等），而且包括企业间的物流信息和与物流活动有关的基础设施的信息。企业竞争优势的体现需要各供应链与企业之间相互协调合作。协调合作的手段之一是信息及时交换和共享。许多企业把物流信息标准化和格式化，利用 EDI 在相关企业之间进行传送，实现信息分享。另外，物流活动往往利用道路、港湾、机场等基础设施，因此，为了高效率地完成物流活动，必须掌握与基础设施有关的信息，如在国际物流过程中必须掌握与保税、通关和港湾作业等信息。

3）物流信息的分类

（1）按物流活动功能不同分类

按物流活动功能不同，可以将物流信息分为运输信息、仓储信息、装卸搬运信息、包装信息和加工信息等。

①运输信息。运输信息是产生于货物运输环节的物流信息，这是物流信息的主要信息之一。包括陆地货物运输信息、水上货物运输信息、航空货物运输信息、管道货物运输信息、邮政特快专递货物运输信息，以及各种货物代理运输信息。

②仓储信息。仓储信息是产生于仓储环节的重要的物流信息。包括各种仓库、货场的货物储存信息和代储信息。

③装卸搬运信息。装卸搬运信息是产生于货场和装卸搬运环节的物流信息。包括各种港口、码头、机场、车站、仓库、货场的货物装上、卸下、移送、挑选、分类、堆垛、入库、出库等信息。

④包装信息。包装信息是产生于物品包装环节的物流信息。包括各种仓库货物的包装和修改包装，以及包装物生产的信息。

⑤加工信息。加工信息是产生于流通加工环节的物流信息。包括商业配送进行的计量、组装、分类、保鲜、贴商标，以及商务快送、住宅急送等信息。

（2）按管理层次不同分类

按管理层次不同，可以将物流信息分为战略型物流信息、经营决策型物流信息和管理型物流信息。

①战略型物流信息。战略型物流信息主要用于制定企业经营战略时参考。企业的经营战略多种多样，复杂多变，企业的战略型物流信息在企业经营中占有重要地位，特别是在商品销售竞争激烈，消费者需求个性化、多样化时代，物流信息显得更为重要，它甚至关系到企业的生存和发展。

②经营决策型物流信息。企业的战略型物流信息侧重于全局性和经营理念性，企业经营决策型物流信息是根据企业的总体发展战略和经营理念，制定企业的经营决策模式，并按照经营决策模式确定企业物流计划、收集与企业有关的物流信息。企业的经营决策型物流信息的内容有企业物流发展规划、企业物流机构设置、企业物流人员配备、企业物流投资比重、企业物流网络构筑、企业物流设施建设、企业物流经营策略和企业物流合理化措施等。

③管理型物流信息。与战略型物流信息和经营决策型物流信息相比，管理型物流信息更具体、更细致一些。管理型物流信息的运用目的是更好地提高物流作业效率，最大限度地发挥物流系统的整体功能。其侧重点在于通过管理，使所有相关环节协调化、整合化、最优化。同时，使物流与商流、资金流同步。管理型物流信息，关联因素很多，牵涉的面也很广，信息量相当大。

以化妆品生产企业的配送为例，管理型物流信息的活动内容十分丰富。

研究分析产品特点，如品种多、品牌杂、消费需求变化大、商品变化周期短等。

以销售为轴心，在各地区建一个物流基地，将各地生产工厂的产品批量地运至地区物流基地汇总。

在各个城市建配送中心，负责向各商店、营业网点供货。

为防止出现断货，一方面按订单计划生产，另一方面在各商店和营业网点设终端计算机，使用手持终端随时将卖出的商品输入计算机，并传送至配送中心、物流中心、生产工厂和公司本部各相关管理部门。

各营业网点负责制订其所负责的若干个商品的供货计划，传递给各地区营业所汇总后上报公司本部。

各配送中心随时将库存变化情况上报各地区物流中心，各地区物流中心随时将各种数据上报公司本部。

公司本部的销售部门、物流部门、生产部门和采购部门，分别根据自己掌握的信息，结合自己的市场调查分析和预测，向公司决策者提出采购计划、生产计划、销售计划和物流计划。

公司决策者再根据各个部门的意见，结合自己掌握的经营决策信息和战略信息，综合研究、判断和分析，作出决策，指挥全局。

各商店、营业网点、配送中心、物流中心的管理部门，使用统一的信息标准，定时、定期填报汇总，信息的处理方式、传递时间、内容、种类等均按标准规定进行。

2. 物流信息的广泛性和重要性

1）物流信息的广泛性

可从两个角度来谈，一是物流系统本身信息的广泛性；二是物流相关信息的广泛性。

（1）物流系统本身信息的广泛性

就物流系统本身信息而言，包括交通运输信息、仓储信息、装卸搬运信息、包装信息、流通加工信息和配送信息。仅交通运输信息，就可列举出铁路、公路、水运、航空、管道等各种运输基础设施的建设进度、网络疏密、利用状况、畅通程度、收费标准、质量等级、营运能力、管理水平，以及火车、卡车、轮船、飞机等各种运输工具相互转换的难易度、物流结点的作业效率等。单说交通运输中的道路信息，又可分为道路路基、道路施工质量，道路长度、宽度、弯度，道路通行能力、道路标志及通信状态、道路发生交通事故的频度、道路周围环境及气候、桥梁高度及桥面负荷、道路上人与车辆的混杂情况、道路两旁山体滑坡及水浸的可能性等。物流是一个系统工程，强调系统的整合性和协调性。所以，运输、保管、装卸搬运及包装等各环节的协调运转，除了管理因素外，就是信息传递的及时性和顺畅程度。各个物流环节信息的整合和系统化筛选是十分重要的。每个环节的信息都不能间断，否则物流系统的整体优势就会受到影响。

（2）物流相关信息的广泛性

①物流信息与商流信息、资金流信息的关联。一般来说，没有商流就没有物流，商流信息是物流活动之源，而商流的后面是资金流的后盾支撑，因此，物流、商流、资金流和信息流是四位一体的关系。商流是一种买卖交易，国内外贸易，可能是批发、零售、采购或交换的过程，可能发生在人与人之间，也可能发生在计算机与计算机之间，即网上购物。不管是哪种方式的商流，成交后都必然有一个物流的过程。商流规模的大小、批次的多少等都直接关系到物流信息量的大小。

②物流信息与生产信息的关联。一方面，从库存货物的数量和种类可以大体了解到商品的销售状态，企业把库存信息和销售信息作为安排生产计划的参考；另一方面物流企业反过来也可以把生产企业的信息，如原材料采购、生产产品种类、数量、生产进度、备料、出厂日期及批量等收集起来，作为自己的信息资源有效地利用。

③物流信息与消费信息的关联。可以这样理解，市场需求决定生产，消费决定市场需求，

购买力和购买欲望又决定消费，而购买力和购买欲望又取决于消费者收入的多少和生活水平的高低。如果消费者生活水平高了，人的追求倾向变了，商流会随之改变。例如，现在喝牛奶的人多了，对食品、肉类、蔬菜、海产品要求的新鲜度关注了，这就要求物流企业多使用冷藏车运输、冷冻仓库保管、恒温一贯化物流，航空货运的数量也会不断增加，这类信息物流企业不可忽视。

④物流信息与国内外政治、经济，以及文化的关联。在国际形势缓和的状态下，经济全球化进展就顺利，进出口贸易量增加，国际物流活跃，运输量上升。反之，国际形势一紧张，情况则正好相反。从国外的实践来看，国家的大政方针、国民经济发展计划、产业政策、资金投向、大型项目计划、流通发展蓝图、城市规划，以及铁路、公路、港口、物流园区建设等信息与物流都有紧密的关联。

2）物流信息的重要性

人们把现代经济称为网络经济，人类现已进入信息化时代，每个人时时处处都在接触、收集和利用信息。信息能帮人们学习知识、提高技能；信息能帮人们节约时间，减少浪费；信息还能帮人们成就事业、发财致富。对于生产企业来讲，市场供求信息、销售状况信息、价格升降信息、消费者动态信息、同行企业信息、物流信息、资金流信息、商流信息乃至国内外时事、重大事件、金融、股市、保险、国家政策法规、领导人讲话、大型社会活动等信息都不可忽视。企业如果没有信息来源，就如人没有眼睛和耳朵，周围茫然一片，结果不可想象。假如卫星信号中断、国际通信失灵、雷达停转，或者找不到外语翻译，互联网没有画面，其结果更是不可想象。

（1）信息是物流的重要功能。信息在物流中本来就是重要的功能之一，物流信息对于物流活动来讲，犹如灵魂和生命一样重要。可以说，物流活动中没有信息的支撑，就没有物流系统。这是因为：信息提高了物流各个功能环节的效率。在运输环节中，由于使用了全球定位系统，对地面运输车辆和水运船只进行精确的跟踪定位，提供交通气象信息，异常情况报警信息和指挥信息，不仅能确保车辆、船只的运营质量和安全，而且能进行各种运输工具的优化组合、运输网络的合理编制，大幅度提高了运输效率；在货物保管环节中，由于使用了条形码信息技术，使商品的出入库、库存保管、商品统计查寻、托盘利用等所有保管作业实现了自动检测、自动操作和自动管理，大幅度降低了保管成本，提高了仓储效率；在装卸搬运和包装环节中，由于使用了电子数据信息和条形码信息技术，实现了自动化装卸搬运、模块化单元包装、机械化分类分拣和电子化显示作业，大幅度提高了装卸搬运和包装作业效率，加强了为用户服务的效率。

（2）信息提升物流系统的整体效益。由于使用了电子数据交换系统，使运输、保管、装卸搬运、包装等各环节功能之间，实现了数据的快速、批量传送。特别是各部门、各种运输工具、各种类型单位之间的横向数据交换。这就把物流的各个环节功能有效地衔接和整合起来，发挥了物流系统整体和综合优势。

（3）信息提升物流、商流、资金流的整体效益。由于有了互联网，充分利用事务处理系统（TPS）、管理信息系统（MIS）、决策支持系统（DSS）、销售时点信息系统（POS）等信息系统，把生产企业、批发零售企业、供应商、分销商、物流企业、金融信贷企业等通过现代信息技术联系在一起，及时、准确、批量地交换有关数据；商流、物流和资金流有机地连接起来，提升了整体效益；使生产、流通和消费能动地协调起来，克服了横向阻隔，实现了良性循环，避免了大量不必要的浪费，提高了经济和社会效益。

3. 物流信息化的概念与内涵

物流信息化，包括商品代码和数据库的建立、运输网络合理化、销售网络系统化和物流中心管理电子化建设等。物流信息化表现为物流信息收集的数据化和代码化、物流信息处理的电子化和计算机化、物流信息传递的标准化和实时化，物流信息存储的数字化、物流信息管理的高技术化、物流信息的商品化等。因此，要求数据库技术（Database）、电子订货系统（EOS）、电子数据交换（EDI）、条码技术（Bar Code）、快速反应（QR）、有效客户反应（ECR）及企业资源计划（ERP）等技术与观念在物流中得到普遍应用。

（1）物流信息化的概念

物流信息化是指物流企业以业务流程重组为基础，广泛使用现代物流信息技术，控制和集成企业物流活动的所有信息，实现企业内外信息资源共享和有效利用，以提高企业的经济效益和核心竞争力。

物流信息化程度的高低，是衡量现代物流企业实力的一个重要标志，是物流企业市场核心竞争力的表现。现代物流企业必须广泛使用现代物流信息技术，控制和集成所有的信息。有几台计算机，开发几个信息系统，买几台物流设备，不能称其为物流信息化。物流信息化意味着整个物流作业环节从运输、仓储、装卸搬运、包装、流通加工到配送全面使用现代信息技术，实现企业内外信息资源的优化配置和集成化管理；企业的发展更多的是利用信息。物流信息化的最终目的是提高企业的经济效益和核心竞争力，企业的经营管理要较以前有本质的、根本性的变化。

（2）物流信息化具有深刻的内涵

具体来说有以下五个方面。

①以现代物流信息技术为基础。信息化从某种意义上来说，就是现代信息技术的广泛应用过程。物流信息化也是这样，是现代物流信息技术在物流活动中的广泛应用过程。

②以物流信息资源开发利用为核心。物流信息资源是物流企业最重要的资源之一，开发利用物流信息资源既是物流信息化的出发点，又是物流信息化的目标，在整个物流信息化体系中处于核心地位。物流信息资源分内部信息资源和外部信息资源，内部信息资源是指物流企业内部经营管理和各个环节产生的信息资源，如物流计划信息、物流财务信息、物流运输信息、物流仓储信息、物流配送信息等。外部信息资源是存在于物流企业外部，对物流企业有影响的

信息资源，如物流市场信息、物流宏观经济信息、物流政策法规信息等。物流信息资源的开发利用，不仅要收集、掌握、加工、处理、储存、传递、使用和拓展内外物流信息资源，而且还要在此基础上重新设计物流业务流程，重新定位物流企业内外关系，重新构造物流企业组织架构，重新设计物流制度框架，重新考虑物流企业文化和重新变革管理模式。未来的物流市场竞争，更多的将是物流信息资源的开发和利用效能的竞争。

③物流信息化覆盖物流活动的各方面。物流信息化涵盖了物流企业生产经营活动的各个方面和全部过程，包括运输信息化、仓储信息化、装卸搬运信息化、包装信息化、流通加工信息化、配送信息化等。物流信息化除覆盖物流活动的各个环节外，还会引起物流企业组织结构、企业文化、企业经营管理理念和模式的变化。

④物流信息化的最终目的是增强企业的核心竞争力。在市场经济条件下，只有具有市场竞争和利润驱动的内在动力，才会使企业产生使用先进的物流信息技术改造传统物流的迫切要求。尽管物流信息化会使企业在物流上投入一笔资金，还要承受物流信息化带来的组织变革的阵痛，并承担可能失败带来的风险，但一旦成功将会给企业带来很大的经济效益。沃尔玛从美国一个小镇的杂货店发展成为今天的全球零售商巨头，一个重要的原因是得益于其先进的物流信息化系统，我国海尔集团的强大很大程度上也是得益于物流信息化。因此，物流信息化的根本动力就是增强企业核心竞争力，提高企业的经济效益。

⑤物流信息化是一个过程。物流信息化不是一朝一夕能够实现的。特别是对传统物流企业来说，信息技术的开始使用只是战术层次，只是某个物流环节的使用。随着其不断向物流活动各个环节的渗透，会进一步形成战略性影响。从作为自动化的工具和信息沟通的手段，到整个物流活动的信息化，是一个渐进的发展过程。物流信息化随着企业的发展而发展，而物流信息化水平的提高又反过来促进企业的发展，形成一个良性循环，从而推动企业不断向前发展。物流信息化的发展速度和水平提高一方面取决于企业的发展水平，企业发展快，物流信息化需求高，资金投入也大，从而推动企业物流信息化发展；另一方面，取决于物流企业员工的信息化知识和水平的高低，员工的物流信息化知识的水平高，乐意使用信息化技术和设备，可大大降低劳动强度，提高劳动效率，员工有舒适感和成就感，从而推动物流信息化进程。反之，就会阻碍物流信息化发展。因此，大力加强对员工的信息化知识和技术的培训，是提高物流信息化水平的一个重要条件。物流信息化还是一个不断学习的过程，企业要不断向物流信息化建设得好的和成功的企业学习，借鉴同类企业物流信息化建设的成功经验，使自己在建设过程中事半功倍，少走弯路。同时，还要不断总结自己在物流信息化建设道路上的成功经验和失败教训，加深对物流信息化的认识，从而促进物流信息化的发展和水平的提高。

4. 物流信息化的内容

(1) 现代物流信息技术的广泛应用

现代物流信息技术的应用是物流信息化的基本内容和基础，没有现代物流信息技术的广泛应用，不能称其为物流信息化。现代物流信息技术主要包括计算机技术、通信技术、网络技术、条码技术、电子数据交换技术、无线射频识别技术、地理信息系统、全球定位系统、快速反应技术和电子自动订货系统等。

计算机的广泛应用是物流信息化最基本的内容，是基础的基础。因为企业大多数信息现在都是以电子信息的形式出现，这就必须借助于计算机来进行信息处理。在信息化时代，没有计算机的企业，无法与社会交流信息，将是一个封闭的企业，从而使企业失去很多发展机会，甚至会使企业陷入困境。计算机应用包括硬件建设和软件应用，购买计算机硬件，企业必须投入一笔资金；开发和购置软件同样需要企业投入一笔资金，要克服重硬轻软的思想。

现代通信技术是计算机和通信技术的结合体，包括两个方面的内容：一是将计算机应用于通信中，解决复杂、庞大、快速的通信交换问题；二是将通信技术应用于计算机，使分散在异地的计算机或其终端联结，组成计算机通信网络，实现信息资源的共享。网络技术又叫计算机网络技术，是将具有独立功能的多台计算机、终端及其附属物流设备，通过通信设备和线路联结起来，并配以相应的网络软件构建的网络系统。既可以联结成简单的网络，也可以联结成复杂的网络，通常根据网络覆盖范围不同和应用技术不同可划分为局域网、城域网和广域网。局域网的覆盖面积一般在数千米内，特别适合企业内部信息化建设。城域网是将各个独立的局域网联结起来形成的一个规模更大的适合于大城市使用的网络。广域网又称为远程计算机网络，可以跨城市、跨地区，伸延到全国和全球，它可以租用公共电话网或专用线路，把远程的计算机联结起来，互联网是地球上最大的广域网。

（2）物流过程信息化

物流过程信息化即建设以适应物流市场变化，可迅速、快捷、灵敏反应的物流信息系统，形成以物流市场为核心，使物流要素的资源信息化、数字化、自动化，实现物流活动过程的优化和高度集成的信息体系。其主要体现在实现物流运输信息化、仓储信息化、装卸搬运信息化、包装信息化、流通加工信息化、配送信息化和信息处理的数字化等方面。

（3）物流管理信息化

物流管理工作包括计划、组织、指挥、协调和控制等功能，是一项复杂的系统工程。物流管理信息化彻底改善物流管理工作费时费力的状况，大大提高物流管理工作效率。通过建立物流管理信息系统，使物流计划制订更加科学合理，更加切合实际，并具有前瞻性。组织职能也将大大优化，更有效率。指挥路线不再是自上而下的单向指挥，而是自上而下和自下而上的双向指挥，指挥的效果能够得到及时反馈，协调交流更加快捷、直接、通畅。控制职能将进一步发挥作用，特别是事前控制将发挥更大作用，各种误差事故将及时得到反馈和纠正。管理信息化将覆盖物流管理的各个方面，通过建立人力资源、劳动工资、财务管理、成本核算、物耗能耗管理、技术管理等管理信息系统，使人流、财流、物流和技术流更加规范合理。彻底改变传统物流那种封闭的、强制的、分而治之的、以纵向层次组织为主体的信息流程，代之以开放的、民主的、组合分工的、以横向组织为主的信息化运作管理。

（4）加强企业信息网络及网站建设

现代物流企业必须充分利用计算机网络开展物流业务活动，必须构建企业内部信息网络和建立企业网站，企业网要与外部互联互通，实现物流信息资源共享。加强企业信息资源的开发利用，要根据企业的特点，建立企业信息资源库。充分利用企业内外信息资源，为企业管理和决策提供依据。

（5）重视信息管理机构的建立和人才培养

企业必须建立相应的信息管理机构，配备相应的信息管理人才，要建立物流企业首席信息官制度，培养自己的 CIO 人才。做好信息化基础工作，加强企业信息化标准工作，建立行之有效的规范信息管理制度，严格操作程序和规程，按信息化要求加强企业业务流程重组和优化。

5. 物流信息化对物流企业的影响

物流信息技术的飞速发展，物流信息设备和产品的日新月异，物流信息技术在物流领域的广泛渗透和应用，已对物流企业产生了重大影响，其主要表现在以下几个方面。

（1）物流信息化拓宽了物流企业的生存发展空间

由于物流信息技术在物流领域的广泛应用，使物流市场和物流企业逐步实现信息化、数字化、网络化，有效、合理地配置使用各种资源，方便物流企业进入其他地区、其他行业或其他企业的市场，甚至冲出国门、走向全球，从而大大地拓宽了物流企业的生存发展空间，有利于物流企业适应经济全球化的发展需要。

（2）物流信息化有利于物流企业经营规模的扩张

物流企业由于市场空间的扩大，往往会带来经营规模的扩张，而物流企业经营规模的扩张又常会带来自身的组织成本及管理费用增加，从而减弱组织的管理控制能力，物流企业只有通过信息化、数字化、网络化才能缩短由于经营规模扩张所带来的空间距离，降低组织成本和管理费用，从而形成物流企业的规模竞争优势，提高物流企业的市场竞争实力。

（3）物流信息化为物流企业赢得了时间竞争优势

物流信息技术的强大功能不仅可以在物流企业内加速物流信息的处理、存储、传递、使用和反馈，大大提高物流作业效率，而且可以整合企业间的不同信息系统，使物流供应链成员之间沟通信息更为方便、快捷，缩短了时间上的距离，为物流企业建立了一个有效的快速反应系统，从而赢得时间上的竞争优势。

（4）物流信息化为物流企业走向世界提供了有利条件

物流企业要冲出国门、走向世界，开展国际物流，就必须以物流信息化作为信息交流平台。在国际物流条件下，企业的经营管理是准时管理、精益化管理和柔性化管理。而所有这些管理，都需要现代技术的支持，都需要有一个信息化支撑平台。如准时管理，就需要资金流、物流、信息流合而为一，需要有能支持多功能集成的网络与物流信息化平台。现代物流是当代计算机技术与物流信息技术的运用，是先进物流思想的真实体现。

近年来，我国的物流业和物流信息化，正处在一个快速发展的时期。国内物流市场或者是物流信息化市场逐渐呈现出二元化的结构。以跨国公司和国内少数先进企业为主要客户群形成高端市场，而以国内中小企业客户为主，通过逐步实现信息化来完善自身物流这样的一个低端市场，也是不可忽视的。物流信息化是物流现代化的基础，没有物流信息化，物流领域中就不可能应用和发展如此多的先进技术和设备，计算机技术特别是信息技术的广泛应用彻底改变了当今物流的面貌。

6. 物流信息管理的原则

（1）系统原则

物流信息管理是多个管理层面的组合，物流信息管理最终是通过系统完成的。要有整体性观念，而不是简单、机械地叠加，要分阶段，有计划地实行。

（2）激活原则

繁多的信息，必须转化为有效信息系统的输入信息，即把物流管理信息激活，为我所用。

（3）整序原则

物流信息涵盖面广，信息量大，但实行要求较高，所以要求物流信息管理必须遵循整序原则。一个厂商的物流系统设计越有效，它对信息的准确性越敏感，而协调的、准时的物流系统是不可能用过度的存货来适应作业上的差错的，这是因为安全库存已被控制在最低限度。信息流反映了一个物流系统的动态，不准确的信息和作业过程中的延迟都会削弱物流的功能。因此，物流信息的质量和及时性是物流作业的关键因素。

（4）防范原则

一般来说，物流管理信息被本企业获得，则成为物流管理的钥匙，但若为竞争对手企业所获，则成为危害。所以自信息产生以来，安全性是永不会停止的话题。

（5）搜索原则

领导者只关心具体管理结果，而管理者要关心管理信息的来源，而这些信息往往不是表面的事情，是要有一定深度的挖掘才能得到的，要得到这些信息，就要遵循搜索原则。

9.3.2 电子商务物流技术

信息、物质和能源是人类社会发展的三大资源。当今，随着以计算机技术、通信技术和网络技术为代表的现代信息技术的飞速发展，人们越来越重视对信息资源的开发和利用，人类社会正从工业时代阔步迈向信息时代。电子商务物流技术的广泛应用，改变了传统的物流管理过程，使物流各节点之间的信息实时沟通和共享，提高了物流运作的效率和精确性，实现了对物流信息的有效管理与控制。

1. 电子商务物流技术概述

电子商务物流的发展是以电子商务技术和物流技术为支撑的。没有现代的电子商务技术和先进的物流技术的支撑，物流是难以得到发展的。目前飞速发展电子商务，一方面给物流技术增添了新的内容，如条码技术（Bar Code）、电子数据交换（EDI）、地理信息系统（GIS）、全球定位系统（GPS）及物联网（IOT）等；另一方面，它不仅给传统的以实物运作为主的物流技术提供了发展的机遇，而且也使传统的物流技术面临着挑战，传统的物流技术只有与现代的电子商务技术紧密地结合，才能发挥更大的作用，电子商务物流也才能得到有效的发展。

（1）电子商务给物流技术带来的变革

电子商务的发展不仅给物流带来了新的发展机遇，而且也使现代物流具备了信息化、网络化、智能化、柔性化和虚拟化等一系列新特点。这些特点不仅要求物流向系统化、社会化和高效化的方向发展，而且也给物流技术带来了新的变革。

①信息化给物流技术带来的变革。现代物流与传统物流的区别，主要在于现代物流有了计算机网络和信息技术的支撑，并应用了先进的管理技术和组织方式，将原本分离的商流、物流、信息流和采购、运输、仓储、代理、配送等环节紧密联系起来，形成了一条完整的供应链。现代物流技术包括现代物流技术手段和方法、物流技术标准、物流作业规范、物流基础设施设备和物流信息交换等方面的信息化研究。可见，物流信息技术是现代物流技术的重要组成部分。如条码技术（Bar Code）、数据库技术（Database）、电子数据交换（EDI）、自动数据采集（ADC）、增值网（VAN）、电子订货系统（EOS）、计算机辅助订货系统（CAO）、电子货币转账（EFT）、自动存取系统（AS/RS）、IC 卡、供应商管理库存技术（VMI）、连续补货计划（CRP）、仓库管理系统（WMS）、快速反应（QR）、有效客户反应（ECR）、准时制（JIT）、配送资源计划（DRP）、物流资源计划（LRP）、企业资源计划（ERP）、射频识别系统（RFID）、全球定位系统（GPS）、地理信息系统（GIS）、智能交通系统（ITS）和物联网（IOT）技术等，信息化构成了电子商务物流的基础，没有物流的信息化，任何先进的物流技术设备都不可能在物流过程中发挥有效的作用，电子商务物流也会有名无实。

②网络化给物流技术带来的变革。这里的网络化主要指的是物流技术在物流系统中的计算机通信网络与企业内部网的应用。电子商务的发展要求与之相对应的物流系统网络与其相适应。一是物流系统的计算机通信网络，它不仅包括物流配送中心与供应商、制造商的联系要通过计算机网络，而且包括其与下游顾客之间的联系也要通过计算机网络通信。如物流配送中心向供应商提出订单的过程，就可以使用计算机通信方式，借助于增值网（VAN）上的电子订货系统（EOS）和电子数据交换技术（EDI）来自动实现，物流配送中心通过计算机网络收集下游客户的订货过程也可以自动完成。二是组织的网络化，即企业内部网（Intranet）。例如，我国台湾地区的计算机业在 20 世纪 90 年代创造出了“全球运筹式产销模式”，这种模式的基本

点是按照客户订单组织生产，生产采取分散形式，即将全世界的计算机资源都利用起来，采取外包的形式将一台计算机的所有零部件、元器件、芯片外包给世界各地的制造商去生产，然后通过全球的物流网络将这些零部件、元器件和芯片发往同一个物流配送中心进行组装，由该物流配送中心将组装的计算机迅速发给订户，这一过程需要有高效的物流网络支持。

③智能化给物流技术带来的变革。为提高物流作业的效率，需要提高物流作业确定、运输（搬运）路径的选择、自动导向车运行，以及物流配送中心经营管理的决策支持等是不可回避的技术难题，它对于实现物流的智能化已成为电子商务下物流发展的一个新趋势。

随着电子商务的发展与普及，企业对物流系软件系统的发展与完善，目前物流系统的软件、物流仿真系统软件，以及制造执行系统软件与计划（ERP）系统集成的方向发展。

④柔性化给物流技术带来的变革。各个环节的智能化水平，如库存水平的运行轨迹和作业控制、自动分拣机。在物流自动化的进程中，物流智能效化有着非常重要的作用。

随着市场变化的加快，产品寿命周期正在逐步缩短，小批量、多品种的生产已经成为企业生存的关键。目前，国外许多适用于大批量制造的刚性生产线正在逐步改造为小批量、多品种的柔性生产线。这种发展趋势要求物流配送向柔性化的方向发展，也要求与传统的物流技术相结合。如工装夹具设计的柔性化、托盘与包装箱设计的标准化、生产线节拍的无级变化与输送系统调度的灵活性管理等。

⑤虚拟化给物流技术带来的变革。随着全球定位系统的应用，社会大物流系统的动态调度、动态储存和动态运输将逐渐代替企业的静态固定仓库。由于物流系统的优化目的是减少库存直到零库存，这种动态仓储运输体系借助于全球定位系统，充分体现了未来宏观物流系统的发展趋势。

随着虚拟企业和虚拟制造技术的不断深入，虚拟物流系统已经成为企业内部虚拟制造系统一个重要的组成部分。例如，英国一家公司采用三维仿真系统对拟建的一条汽车装配线及其相关的仓储输送系统进行了虚拟仿真，经过不断完善和修改，最终的系统降低了成本，提高了效率。

（2）电子商务物流技术的含义

电子商务物流技术一般是指与电子商务物流要素活动有关的所有专业技术的总称，可以包括各种操作方法、管理技能等，如流通加工技术、物品包装技术、物品标识技术及物品实时跟踪技术等；物流技术还包括物流规划、物流评价、物流设计及物流策略等；当计算机网络技术的应用普及后，物流技术中综合了许多现代技术，如条码、电子数据交换、射频识别技术、地理信息系统和全球定位系统等。

（3）电子商务物流技术的构成和种类

电子商务物流技术作为与电子商务物流要素活动有关的、实现物流目标的所有专业技术的总称，从不同的方面来划分，电子商务物流技术的构成和种类也不同。一般来说，电子商务物流技术的构成和种类主要有以下几个方面。

①按范围划分，电子商务物流技术有狭义和广义之分。狭义的电子商务物流技术主要是指电子商务物流活动过程中的有关物流技术。如货物实体在运动过程中的一些物流技术、有关物流信息运动的一些物流技术等。广义的电子商务物流技术不仅包括电子商务物流活动过程中的有关物流技术，而且也包括其构成之外的一些物流技术，以及物流技术的发展规律等，如物流规划技术、物流效率分析与评价技术等。

②按内容划分，电子商务物流技术可划分为实物作业技术和电子商务技术。实物作业技术主要包括包装技术、运输技术、储存保管技术、装卸搬运技术和流通加工技术等；电子商务技术主要包括条码、电子数据交换、射频识别技术、地理信息系统和全球定位系统等。

③按领域划分，电子商务物流技术可划分为物流硬技术和物流软技术。物流硬技术是指组织实现电子商务物流过程所需要的各种材料、物流机械和设施，如各种包装材料、运输工具、仓储设施，以及服务于物流的电子计算机、通信设施等方面的技术；物流软技术是指为组织实现高效率的电子商务物流所需要的计划、分析、评价等方面的技术和管理方法等，如物流设施的合理使用和调配、运输路径选择等技术。

就目前来看，在我国电子商务物流的发展过程中不仅要重视物流硬技术的建设，更要重视物流软技术的建设，通过物流软技术的建设，来更好地发挥物流硬技术的作用，提高电子商务物流的效率。

④按物流的实物作业过程划分，电子商务物流技术可划分为包装技术、运输技术、储存保管技术、装卸搬运技术、流通加工技术及配送技术等。

（4）电子商务物流技术的评价标准

电子商务物流技术的评价标准一般包括以下几个方面。

①先进性标准。先进性标准是在采用电子商务物流技术时，应尽可能采用先进的电子商务物流技术。对于电子商务物流技术先进性的评价，不仅要从技术的功能性、稳定性、可靠性上进行评价，而且也要从技术是否具有拓展性、是否安全等方面进行评价；不仅要重视和考虑电子商务技术和物流作业技术的先进性，而且也要考虑两者的配套性和协调性，谨防两者脱节，给电子商务物流活动带来不必要的损失，影响电子商务物流效率的提高。

②经济性标准。经济性标准是指在采用电子商务物流技术时，要考虑电子商务物流技术在经济上的合理性。一是要考虑采用某项电子商务物流技术时的投资规模。投资规模不能脱离企业的财务实际，如果投资规模过大，脱离了企业的实际，不仅会使企业背上沉重的财务负担，而且也会造成投资效益的下降；二是要考虑企业的物流规模和发展方向。一般来说，对于物流规模较小、且不把物流作为主要发展方向的企业来说，应尽量减少在物流硬技术方面的投资，相应地扩大在物流软技术方面的投资；而对于物流规模较大且把物流作为主要发展方向的企业，不仅要进行物流硬技术方面的投资，而且更为重要的是，应适当加大在物流软技术方面的投资；三是要考虑电子商务物流技术在应用过程中的费用问题。

③适用性标准。适用性标准是指电子商务物流技术的应用应适合物流的现实经济状况。在当代，技术的发展与社会经济的发展关系是紧密相关的，技术的先进性必须与经济上的合理性相结合，只有这样，物流技术的应用才能给社会经济带来最佳的经济效益，物流技术才有其发展价值。适用性的评价标准产生了“适用技术”的概念。

适用技术就是在具体条件下使用能带来实际效益的技术。先进的技术并不一定都是适用的技术，只有能够带来实际效益的技术才能成为适用的技术。从这一观念出发，在物流管理中，无论是对于物流硬技术的采用，还是对于物流软技术的采用，都必须采用物流中的适用技术，既要考虑电子商务物流技术上的先进性，又要考虑物流经济上的合理性，不能片面地追求物流技术上的先进性，而不讲经济上的合理性。因而在物流活动的实际过程中，对于物流过程中的某一个项目、技术方案或新的措施等，都应进行技术分析和评价（或可行性研究），务必使技术和经济相统一，使两者处于最佳的状态之中。

（5）电子商务物流技术的作用

电子商务物流技术存在于电子商务物流活动的各个方面和各个环节，电子商务物流技术是否先进、合理，直接影响着电子商务物流活动的运行状况。电子商务物流技术的作用主要表现在以下几个方面。

①电子商务物流技术是提高电子商务物流效率的重要条件。电子商务物流的优势之一就是能简化物流业务流程，提高物流的作业效率。人们可以通过电子商务技术，对物流活动进行模拟、决策和控制，从而使物流作业活动选择最佳的方式、方法和作业程序，提高物流作业的质量和效率。

②电子商务物流技术是降低电子商务物流费用的重要因素。先进的、合理的电子商务物流技术不仅可以有效地提高电子商务物流的效率，而且也可以有效地降低电子商务物流费用。这主要是由于先进的、合理的电子商务物流技术的应用不仅可以有效地使物流资源得到合理的运用，而且也可以有效地减少物流作业过程中的货物损失。

③电子商务物流技术可以提高电子商务物流的运作质量、提高顾客的满意度，电子商务物流技术的应用不仅提高了电子商务物流效率，降低了物流费用，而且也提高了客户的满意度，密切了与客户的关系。电子商务物流技术的应用，快速响应系统的建立，可使企业能及时地根据客户的需要，将货物保质保量的迅速地送到客户所指定的地点。

此外，先进合理的电子商务技术的应用，还有利于实现物流的系统化和标准化，有利于企业开拓市场，扩大经营规模，增加收益。

2. 电子商务物流技术及其在物流中的应用

如前所述，电子商务物流技术是与电子商务物流要素活动有关的、实现物流目标的所有专业技术的总称，它包括许多方面。按内容划分，电子商务物流技术可划分为实物作业技术和电子商务技术。在此，主要介绍电子商务技术及其在物流中的应用。电子商务方面的技术主要包括条码技术、电子数据交换、射频识别技术、地理信息系统和全球定位系统等。

1）条码技术及应用

（1）条码技术的概念与作用

根据中国国家标准《物流术语》（GB/T 18354-2006），条码（Barcode）是指由一组规则排列的条、空及其对应字符组成的标记，用以表示一定的信息。条码技术（BarCode）是在计算机的应用实践中产生和发展起来的一种自动识别技术。它是为实现对信息的自动扫描而设计的。它是实现快速、准确而可靠地采集数据的有效手段，条码技术的应用解决了数据录入和数据采集的“瓶颈”问题，为供应链管理提供了有力的技术支持。

条码技术为用户提供了一种对物流中的物品进行标识和描述的方法，借助自动识别技术、POS系统、EDI等现代技术手段，企业可以随时了解有关产品在供应链上的位置，并即时作出反应。当今在欧美等发达国家兴起的有效客户反应（ECR）、快速反应（QR）及自动连续补货（ACEP）等供应链管理策略，都离不开条码技术的应用。条码是实现POS系统、EDI、电子商务和供应链管理的技术基础，是物流管理现代化、提高企业管理水平和竞争能力的重要技术手段。

条码技术是实现自动化管理的有力武器，有利于进货、销售、仓储管理一体化；是实现EDI、节约资源的基础；是及时沟通产、供、销的纽带和桥梁；是提高市场竞争力的工具；可以节省消费者的购物时间，扩大商品销售额。物流条码是条码中的一个重要组成部分。它的出现，不仅在国际范围内提供了一套可靠的代码标识体系，而且为贸易环节提供了通用语言，为EDI和电子商务奠定了基础。因此，物流条码标准化在推动各行业信息化、现代化建设进程和供应链管理的过程中将起到不可估量的作用。

（2）物流条码的标准体系的内容

物流条码的标准体系的内容主要包括码制标准和应用标准。

①码制标准。主要有通用商品条码（EAN-13）GB/T 12904-91、交叉二五条码 GB/T 16829-97和贸易单元128条码（EAN/UCC-128）GB/T 15429-94等。

这三种条码是物流条码中常用的码制，它们的具体应用在实际中又有所不同。一般来说，通用商品条码用在单个大件商品的包装箱上；交叉二五条码可用于定量储运单元的包装箱，ITF-14和ITF-6附加代码共同使用也可以用于变量储运单元；贸易单元128条码的使用是物流条码实施的关键，它能够标识贸易单元的信息，如产品批号、数量、规格、生产日期、有效期及交货地等。

②应用标准。物流条码体系的应用标准主要包括位置码、储运单元条码和条码应用标识。

《EAN位置码》主要提供了国际共同认可的标识团体和位置的标准，也正逐渐用于标识交货地点和起运地点，成为EDI实施的关键。

《储运单元条码》国家标准起到了对货物储运过程中物流条码的规范作用及实际应用中具

有标识货运单元的功能，是物流条码标准体系中一个重要的应用标准。

《条码应用标识》是商品统一条码有益的和必要的补充，填补了其他 EAN/UCC 标准遗留的空白，它将物流和信息流有机地结合起来，成为连接条码与 EDI 的纽带。

（3）条码技术在仓储配送业中的应用

仓储配送是产品流通的重要环节。美国最大的百货公司沃尔玛在全美有 25 个规模很大的配送中心，一个配送中心要为 100 多家零售店服务，日处理量约为 20 多万个纸箱。每个配送中心分三个区域：收货区、拣货区和发货区。在收货区，一般用叉车卸货，先把货堆放到暂存区，工人用手持式扫描器分别识别运单上和货物上的条码，确认匹配无误才能进一步处理，有的要入库，有的则要直接送到发货区，称为直通作业以节省时间和空间；在拣货区，计算机在夜班打印出隔天需要向零售店发运的纸箱的条码标签，白天，拣货员拿一沓标签打开一只只空箱，在空箱上贴上条码标签，然后用手持式扫描器识读。根据标签上的信息，计算机随即发出拣货指令，在货架的每个货位上都有指示灯，表示那里需要拣货及拣货的数量，当拣货员完成该货位的拣货作业后，按一下“完成”按钮，计算机就可以更新其数据库；装满货品的纸箱经封箱后运到自动分拣机，在全方位扫描器识别纸箱上的条码后，计算机指令拨叉机构把纸箱拨入相应的装车线，以便集中装车运往指定的零售店。

在国内，条码在加工制造和仓储配送业中的应用也已有了良好的开端。例如，某卷烟厂，成箱的纸烟从生产线下来，汇总到一条运输线。在送往仓库之前，先要用扫描器识别其条码，登记完成生产的情况，纸箱随即进入仓库，运到自动分拣机。另一台扫描器识读纸箱上的条码。如果这种品牌的烟正要发运，则该纸箱被拨入相应的装车线。如果需要入库，则由第三台扫描器识别其品牌。然后拨入相应的自动码托盘机，码成整托盘后送达运输机系统入库储存。条码的功能在于极大地提高了成品流通的效率，而且提高了库存管理的及时性和准确性。

2）电子数据交换技术及应用

（1）电子数据交换技术简介

根据中国国家标准《物流术语》（GB/T 18354-2006），电子数据交换（Electronic Data Interchange，EDI）是指采用标准化的格式，利用计算机网络进行业务数据的传输和处理。电子数据交换，按照同一规定的一套通用标准格式，将标准的经济信息，通过通信网络传输，在贸易伙伴的电子计算机系统之间进行数据交换和自动处理，俗称“无纸贸易”。以往世界每年花在制作文件上的费用达 3 000 亿美元，所以“无纸化贸易”被誉为一场“结构性的商业革命”。

构成 EDI 系统的 4 个要素是 EDI 软件、硬件、通信网络及数据标准化。一个部门或企业若要实现 EDI，首先，必须有一套计算机数据处理系统；其次，为使本企业内部数据比较容易地转换为 EDI 标准格式，须采用 EDI 标准；另外，通信环境的优劣也是关系到 EDI 成败的重要因素之一。由于 EDI 是以事先商定的报文格式形式进行数据传输和信息交换，因此，制定统一的 EDI 标准至关重要。世界各国和地区开发 EDI 得出一条重要经验，就是必须把 EDI 标准放在首要位置。EDI 标准主要分为以下几个方面：基础标准、代码标准、报文标准、单证标准、管理标准、应用标准、通信标准及安全保密标准。

在这些标准中最首要的是实现单证标准化，包括单证格式的标准化、所记载信息标准化，以及信息描述的标准化。单证格式的标准化是指按照国际贸易基本单证格式设计各种商务往来的单证样式：在单证上利用代码表示信息时，代码应处位置的标准化。目前，我国已制定的单证标准有中华人民共和国进、出口许可证，原产地证书，装箱单和装运声明等。信息内容的标准化涉及单证上哪些内容是必需的，哪些内容不一定是必需的。例如，在不同的业务领域，同样的单证上所记载的内容项目不完全一致。信息格式的标准化指在单证上所记载的信息的表示必须符合国际或国家标准，否则势必无法与外界交换信息，如图 9-6 所示。

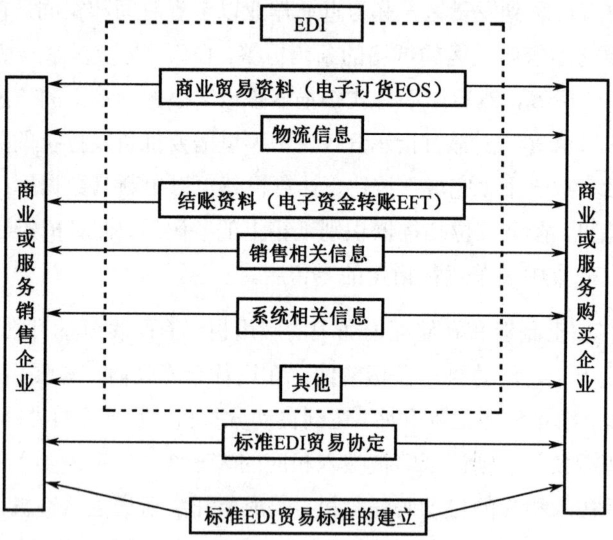

图 9-6　EDI 系统

（2）电子数据交换技术在物流过程中的应用

EDI 是一种信息管理或处理的有效手段，它可以对物流供应链上的物流、信息流进行有效的运作，如传输物流单证等。EDI 在物流运作中的目的是充分利用现有计算机及通信网络资源，提高交易双方信息的传输效率，降低物流的运作成本。具体来说，主要包括以下几个方面。

①对于制造业来说，利用 EDI 可以有效地减少库存量、缩短生产线待料时间，降低生产成本。

②对于运输业来说，利用 EDI 可以快速通关报检、科学合理地运输资源，缩短运输距离、降低运输成本费用、节约运输时间。

③对于零售业来说，利用 EDI 可以建立快速响应系统，减少商场库存量与空架率，加速资金周转，降低物流成本。同时也可以建立起物流配送体系，完成产、存、运、销一体化的供应链管理。

3）射频识别技术及应用

（1）射频识别技术简介

根据中国国家标准《物流术语》的解释（GB/T 18354-2006），射频识别是指通过射频信号识别目标对象并获取相关数据信息的一种非接触式自动识别技术。射频识别技术的基本原理是电磁理论，其优点是不局限于视线，识别距离比光学系统远，射频识别卡具有读/写能力，可携带大量数据，难以伪造，且具有智能性。

射频识别系统（RFID System）是由射频标签、识读器、计算机网络和应用程序及数据库组成的自动识别和数据采集系统。射频识别系统的传送距离由许多因素决定，如传送频率、天线设计等。对于应用射频识别的特定情况应考虑传送距离，工作频率，标签的数据容量，货物尺寸、重量、定位，响应速度及选择能力等。RFID 适用于物料跟踪、运载工具和货架识别等要求非接触数据采集和交换的场合，由于 RFID 标签具有可读/写能力，对于需要频繁改变数据内容的场合尤为适用。

近年来，便携式数据终端（PDT）的应用多了起来，PDT 可把那些采集到的有用数据存储起来或传送至一个管理信息系统。便携式数据终端一般包括一个扫描器、一个体积小但功能很强并带有存储器的计算机、一个显示器和供人工输入的键盘。在只读存储器中装有常驻内存的操作系统，用于控制数据的采集和传送。PDT 存储器中的数据可随时通过射频通信技术传送到主计算机。操作时先扫描位置标签，货架号码、产品数量就都输入到 PDT，再通过 RFID 技术把这些数据传送到计算机管理系统，可以得到客户产品清单、发票、发运标签、该地所存产品代码和数量等信息。

（2）射频识别技术在物流中的应用

射频识别技术在物流中的应用主要表现在：首先，射频识别技术可用于物流过程中货物的库存管理；其次，射频识别技术可用于物流过程中货物的运输管理；最后，射频识别技术可用于物流过程中货物的分拣管理。

因为，无论货物是在订购之中，还是在运输途中，都可通过射频识别技术，以及由其所组成的系统使各级物流管理人员和作业人员都可以实时掌握所有的信息，避免货物的重复运输。该系统的运输功能就是靠贴在集装箱和装备上的射频标签（Radio Frequency Tag）实现的。RFID 接收转发装置通常安装在运输线的一些检查点上（如门柱上、桥墩旁等），以及仓库、车站、码头、机场等关键地点。接收装置收到 RF 标签信息后，连同接收地的位置信息上传至通信卫星，再由卫星传送给运输调度中心，送入中心信息数据库中。对于库存管理来说，也可以通过射频识别技术及由其所组成的系统，及时地掌握和了解各种货物的库存数量，通过网络系统传输给管理中心，以便及时地进行决策。可见射频识别技术不但可大大地提高物流的效率，而且也可大大地降低物流的作业成本。

4）地理信息系统及应用

（1）地理信息系统简介

根据中国国家标准《物流术语》的解释（GB/T 18354-2006），地理信息系统（GIS）是指由计算机软硬件环境、地理空间数据、系统维护和使用人员四部分组成的空间信息系统，可对整个或部分地球表层（包括大气层）空间中有关的地理分布数据进行采集、储存、管理、运算、分析显示和描述。地理信息系统是20世纪60年代迅速发展起来的地理学研究新成果，是多种学科交叉的产物，它以地理空间数据为基础，采用地理模型分析方法，适时地提供多种空间的和动态的地理信息，是一种为地理研究和地理决策服务的计算机技术系统。

GIS的基本功能是将表格型数据（无论它来自数据库、电子表格文件或直接在程序中输入）转换为地理图形显示，然后对显示结果浏览、操作和分析。其显示范围可以从洲际地图到非常详细的街区地图，显示对象包括人口、销售情况、运输线路及其他内容。

GIS主要由四部分组成：计算机硬件系统、软件系统、空间地理数据库、GIS系统维护及使用人员。GIS的基本组成，如图9-7所示。

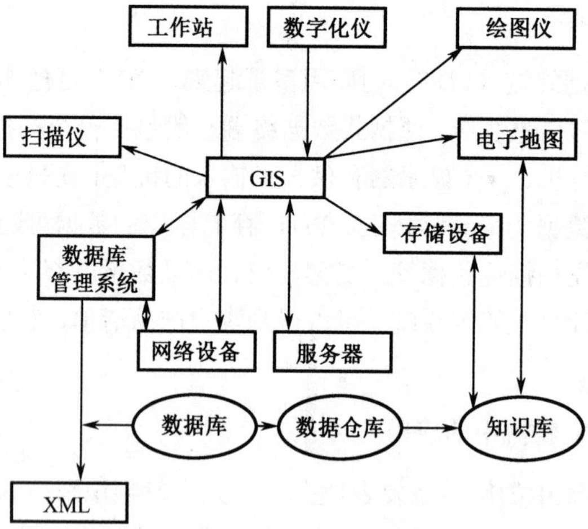

图9-7　GIS的基本组成

（2）地理信息系统在物流中的应用

①地理信息系统在仓库规划中的应用。地理信息系统本身是把计算机技术、地理信息和数据库技术紧密结合起来的新型技术，其特征非常适合仓库建设规划，从而使仓库建设规划走向规范化和科学化，使仓库建设的经费得到最合理的使用。仓库地理信息系统作为仓库管理信息系统的一个子系统，依据地理坐标、图标的方式更直观地反映仓库的基本情况，如仓库建筑情况、仓库附近公路和铁路情况和仓库物资储备情况等。它是仓库管理信息系统的一个重要分支和补充。

②地理信息系统在铁路运输中的应用。铁路运输地理信息系统便于销售、市场、服务和管理人员查看客运站、货运站、货运代办点、客运代办点之间的相对地理位置，以及运输专用线和铁路干线之间的相对地理位置。不同颜色和填充模式区分的各种表达信息，使用户便于识别销售区域、影响范围、最大客户、主要竞争对手、人口状况及分布、工农业统计值等。由此

可看到能够增加运输收入的潜在地区，从而扩大延伸服务。通过这种可视方式，可以更好地制定市场营销和服务策略，有效地分配市场资源。

③车辆监控系统。车辆监控系统是集全球定位系统、地理信息系统和现代通信技术于一体的高科技系统。其中主要功能是对移动车辆进行实时动态的跟踪，利用无线技术将目标的位置和其他信息传送至控制中心，在控制中心进行地图匹配显示监控和查询，从而科学地进行调度和管理，提高运营效率。移动车辆如果遇到麻烦或者其安全受到侵害，可以向控制中心发送报警信息，及时得到附近报案部门的支援，因此，车辆监控系统还能够提供车辆安全服务，其应用是相当广泛的。

④在物流分析方面的应用。地理信息系统在物流分析方面的应用，是指利用地理信息系统强大的地理数据功能来完善物流分析技术。国外公司已经开发出了利用地理信息系统为物流提供专门分析的工具软件。完整的地理信息系统物流分析软件集成了车辆路线模型、最短路径模型、网络物流模型、分配集合模型和设施定位模型等。

第一，车辆路线模型。用于解决一个起点、多个终点的货物运输中如何降低物流作业费用，并保证服务质量的问题。包括决定使用多少辆车、每辆车的路线等。

第二，网络物流模型。用于解决寻求最有效的分配货物路径问题，即物流网点布局问题。

第三，分配集合模型。是根据各个要素的相似点把同一层上的所有或部分要素分为几个组，主要用以解决和确定服务范围、销售市场范围等问题。如某一公司要设立 X 个分销点，要求这些分销点要覆盖某一地区，而且要使每个分销点的顾客数目大致相等。

第四，设施定位模型。用于确定一个或多个物流设施的位置。在物流系统中，物流中心、仓库和运输线共同组成了物流网络，物流中心和仓库处于网络的节点上，节点决定着线路，如何根据经济效益等原则并结合供求的实际需要，在即定区域内确定设立多少个物流中心和仓库，每个物流中心和仓库的位置及规模等。

5）全球定位系统及其应用

（1）全球定位系统简介

根据中国国家标准《物流术语》（GB/T 18354-2006）的解释，全球定位系统（Global Positioning System，GPS）是指由一组卫星组成的、24 小时提供高精度的全球范围的定位和导航信息的系统。全球定位系统具有在海、陆、空进行全方位实时三维导航与定位的能力。GPS 系统由 21 颗工作卫星和 3 颗在轨备用卫星组成 GPS 卫星星座，记为（21+3）GPS 星座。24 颗卫星均匀分布在 6 个轨道平面内，轨道倾角为 55°，各个轨道平面之间相距 60，即轨道的升交点赤经各相差 60，每个轨道平面内各颗卫星之间的升交角距相差 90，一轨道平面上的卫星比西边相邻轨道平面上的相应卫星超前 30。这种结构与设备配置使 GPS 具有全天候、高精度、自动化和高效益等显著特点，能在全球绝大多数地方进行全天候、高精度、连续实时的导航定位测量。

（2）全球定位系统在物流领域的应用

GPS 在物流领域可应用于汽车自定位、跟踪调度，以及铁路运输等方面的管理，也可用于军事物流。

①在汽车自定位、跟踪调度方面的应用。利用 GPS 的计算机管理信息系统，可以通过 GPS 和计算机网络实时收集全路汽车所运货物的动态信息，可实现汽车、货物追踪管理，并及时进行汽车的调度管理。据丰田汽车公司的统计和预测，日本公司利用全球定位系统开发的车载导航系统，使日本车载导航系统的市场在 1995—2000 年间平均每年增长 35%以上，全世界在车辆导航上的投资平均每年增长 60.8%，因此，车辆导航成为未来全球定位系统应用的主要领域之一。

②在铁路运输方面的管理。利用 GPS 的计算机管理信息系统，可以通过 GPS 和计算机网络实时收集全路列车、机车、车辆、集装箱及所运货物的动态信息，可实现列车、货物追踪管理。只要知道货车的车种、车型、车号，就可以立即从近 10 万千米的铁路网上流动着的几十万辆货车中找到该货车，还能得知这辆货车现在何处运行或停在何处，以及所有的车载货物发货信息。

③用于军事物流。全球定位系统首先是因为军事目的而建立的，在军事物流中，如后勤装备的保障等方面，应用相当普遍。通过 GPS 技术及系统，可以准确地掌握和了解各地驻扎的军队数量和要求，无论是在战时还是在平时，都能及时地进行准确的后勤补给。

9.3.3 电子商务物流信息管理系统

信息技术是信息管理系统的基础，只有把信息技术与物流管理结合起来，才能真正发挥物流信息管理系统的作用。物流信息管理系统是由人员、计算机硬件、软件、网络通信设备及其他办公设备组成的人机交互系统，其主要功能是进行物流信息的收集、储存、传输、加工整理、维护和输出，为物流管理者及其他组织管理人员提供战略、战术及运作决策的支持，以达到组织的战略竞优，提高物流运作的效率与效益。

1. 电子商务物流信息管理系统概述

1）电子商务物流信息管理系统的含义

电子商务物流信息管理系统是一个由人、计算机网络等组成的能进行物流相关信息的收集、传送、储存、加工、维护和使用的系统。由于电子商务物流是信息网络和传统物流的有机结合，物流企业本身正以崭新的模块化方式进行要素重组，所以电子商务物流信息管理系统不仅是一个管理系统，更是一个网络化、智能化、社会化的系统。

物流系统的不同阶段和不同层次之间通过信息流紧密地联系在一起，因而在物流系统中，总存在着对物流信息进行采集、传输、储存、处理、显示和分析的物流管理信息系统。它的基本功能主要有数据的收集和录入、信息的储存、信息的传播、信息的处理和信息的输出等几个方面。

2）电子商务物流信息管理系统的功能

电子商务物流信息管理系统的主要功能如下。

（1）集中控制功能。该功能提供对物流全过程的监控，并能对各环节数据进行统计、分析，得出指导企业运营的依据。所涉及的环节有业务流程的集中管理；责任管理；运输管理；费用结算管理；仓储管理及统计报表等。

（2）运输管理功能。运输管理分为制订计划、接单、发运、路线和签收五个环节，在发运和到站过程中可能存在短暂的中转。

①计划管理。包括分拨配送管理及运输计划管理。物流业务中的一个重要的服务内容就是保证货物安全、准确、及时到达目的地。为了保证货物在运输过程中不混乱、不丢失，就必须知道分拨配送货物的明细信息。厂商根据产品在全国各地市场的销售情况和生产情况向运输商发送产品的分拨配送指令，即分拨配送货物的明细信息，运输商根据指令做出运输计划，并向厂商确认。

②接单管理。依据已审批的运输计划对需要运输的货物做出相应的交接单，以确保送货时货物不混乱、不丢失。

③发运管理。在发运过程中，除了货物的发运信息外，还记录着运输企业（如运输工具、承运人）的相关信息等。有了这些信息，当运输过程中出现货损、货差时，可以很容易地进行责任管理。

④路线管理。提供在途跟踪功能，对运输过程中的路线进行跟踪管理。

⑤签收管理。提供正常和非正常的签收管理。

⑥运输过程中的单证管理。如分拨配送单、运输计划单及货物交接单等。

（3）仓储管理功能。包括入库管理、出库管理和库存管理。

（4）统计报表功能。统计报表是物流信息系统中最主要的信息输出手段，是企业领导和客户了解业务状况的依据。该系统既可以提供动态的统计报表功能，也可以提供多种固定的统计报表。

（5）客户查询功能。该功能为客户提供灵活多样的查询条件，使得客户可以共享物流企业的信息资源，如货物物流分配情况，货物在途运输状况——实时货物跟踪，货物库存情况等。

3）电子商务物流信息管理系统的控制

在物流业务发生过程中，伴随着物流产生数据流。在数据的发生过程中，有许多相对固定的数据，很少需要维护，这些将作为基础资料。另外，作为系统，还需要设置某些权限，来对某些操作权限进行限制。

（1）安全加密功能。使用本系统的每个用户都需要经过严格的认证管理。

（2）权限设置功能。对每个经认证的用户所有的权限进行设置控制。

（3）代码管理功能。对本系统所用的基础代码进行管理维护。

（4）用户信息反馈功能。对每一个进入本系统的用户提供信息反馈功能。

4）电子商务物流信息管理系统的层次结构

处在物流系统中不同管理层次上的物流部门或人员，需要不同类型的物流信息。因而一个完善的物流信息管理系统，应具有以下几个层次。

（1）数据层。将收集、加工的物流信息以数据库的形式加以存储。

（2）业务层。对合同、票据、报表等进行日常处理。

（3）运用层。包括车辆运输路径选择、仓库作业计划、库存管理等涉及当前运行的短期决策。

（4）控制层。建立物流系统的特征值体系，制定评价标准，建立控制与评价模型，根据运行信息监测物流系统的状况。

（5）计划层。建立各种物流系统分析模型，辅助高层管理人员制订物流战略计划。

5）电子商务物流管理信息系统的类型

（1）按系统的结构分类可分为单功能系统和多功能系统

单功能系统只能完成单一的工作，如合同管理系统、物资分配系统等，这种系统属于淘汰型，在电子商务物流中的作用不大，只是构成电子商务物流管理信息系统的基础子系统。多功能系统能完成一个部门或一个企业所包含的全部物流信息管理工作，如仓库管理系统、运输管理系统等。这类系统是目前我国物流企业常用的信息管理系统，其作用在电子商务物流中将大大削弱，也必将被网络物流信息管理系统所代替。

（2）按系统的功能性质分类可分为操作型系统和决策型系统

操作型系统是按照某个固定模式对数据进行固定的处理和加工的系统，它的输入/输出和处理均是不可变的，如财务会计管理系统。决策型系统能根据输入数据的不同，运用知识库的方法，对数据进行不同的加工和处理，并给用户提供决策的依据，现行电子商务就是一种人机对话共同决策的系统。

（3）按系统的配置分类可分为单机系统和网络系统

单机管理信息系统仅能在一台计算机上运行，虽然可以有多个终端，但主机只有一个。网络信息系统使用多台计算机，相互间以通信网连接起来，使各计算机实现资源共享。显然，单机系统只是一个过渡，网络系统才是发展方向。

2. 物流信息管理系统的构成

根据中国国家标准《物流术语》（GB/T 18354-2006）的解释，物流管理信息系统是指由计算机软硬件、网络通信设备及其他办公设备组成的，在物流作业、管理、决策方面对相关信息进行收集、存储、处理、输出和维护的人机交互系统。物流管理信息系统构成主要包括以下内容。

1）智能运输系统

智能运输系统是指综合利用信息技术、数据通信传输技术、电子控制技术，以及计算机处理技术对传统的运输系统进行改造而形成的新型运输系统。

2）货物跟踪系统

货物跟踪系统是指利用自动识别、全球定位系统、地理信息系统、通信等技术，获取货物动态信息的技术系统。

3）仓库管理系统

仓库管理系统是指为提高仓储作业和仓储管理活动的效率，对仓库实施全面管理的计算机信息系统。库存信息管理系统是对保存在物流中心内的商品进行实际管理、指定货位和调整库存的信息管理系统，是物流管理信息系统的中心，对于制订恰当的采购计划、接受订货计划、收货计划和发货计划，正确把握和控制商品库存是必不可少的。

（1）收货信息管理系统

收货信息管理系统是指根据收货预定信息，对收到的货物进行检验，与订货要求进行核对无误之后，记入库存、指定货位等的收货信息管理系统。

（2）发货信息管理系统

如何通过迅速、准确的发货安排，将商品送到顾客手中，是物流信息管理系统需要解决的主要课题。发货信息管理系统是一种与接受订货信息管理系统、库存信息管理系统互动，向保管场所发出拣选指令或根据不同的配送方向进行分类的信息管理系统。

4）销售时点系统

销售时点系统（Point of Sale，POS）是指利用光学式自动读取设备，按照商品的最小类别读取实时销售信息，以及采购、配送等阶段发生的各种信息，并通过通信网络将其传送给计算机系统进行加工、处理和传送，以便使各部门可以根据各自目的有效地利用上述信息的系统。

销售点系统在对销售商品进行结算时，通过自动读取设备（如收银机）在销售商品时直接读取商品销售信息（如商品名、单价、销售数量、销售时间、销售店铺、购买顾客等），并通过通信网络和计算机系统传送至有关部门进行分析加工以提高经营效率的系统。关于销售时点系统的说明，如表 9-7 所示。

表 9-7　销售时点系统说明表

效　益	内　容	说　明
提高服务品质	缩短结账时间 减少收银结账错误 提供多样化的销售形态 改变商家形象	解决高峰时刻顾客等候时间 减少因人为错误所引起的误会 接受非现金购物服务 提供顾客现代化购物环境
降低成本	畅通物流 人员效率提升 精确行政账务管理	利用 POS 系统，提高商品效益 缩短时间，有效利用人力资源 防范作业人员舞弊，使现金管理合理化
增加效益	提高销售量 提升采购效率 最佳商品计划 有效运用陈列空间 掌握营业目标 资金灵活调度 增加商场竞争能力	客户分析，调整适当商品结构，增加销售业绩 精确掌握单品库，适时适量采购策略 精确统计分析单品销售量，掌握畅、滞销商品 使商品陈列位置合理化 透过 POS 系统，达成营业目标 营业资料的收集迅速属实，数据可靠 分析消费趋势，以调整销售策略及经营方针

5）电子订货系统

电子订货系统（Electronic Ordering System，EOS）是指不同组织间利用通信网络和终端设备进行订货作业与订货信息交换的体系。按应用范围可分为企业内的 EOS、零售商与批发商之间的 EOS，以及零售商、批发商与制造商之间的 EOS。EOS 的基本框架，如图 9-8 所示。

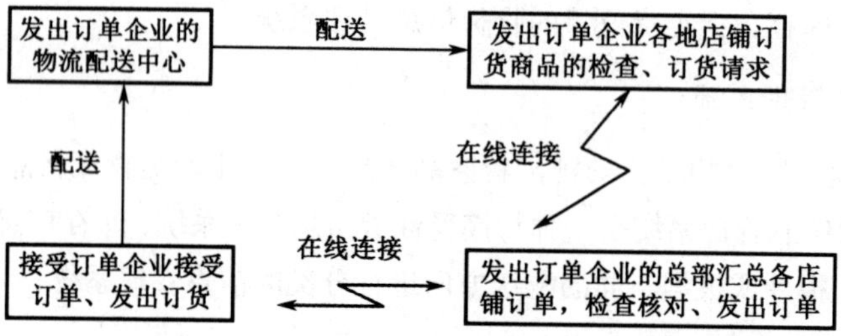

图 9-8　EOS 的基本框架

（1）应用电子订货系统的基础条件

①订货业务作业标准化，是有效利用 EOS 的前提条件。

②商品代码的设计。商品代码设计是应用 EOS 的基础条件。在零售业的单品管理中，每一个商品品种对应一个独立的商品代码，商品代码应该使用国家统一规定的标准。

③订货商品目录账册的设计和运用。订货商品目录账册的设计和运用是 EOS 成功的重要保证。

④订货终端设备。计算机和订货信息输入/输出终端设备和 EOS 系统设计是 EOS 的基础

条件。

（2）电子订货系统在物流管理中的作用

①提高订货效率。传统的订货方式效率低下，如上门订货、邮寄订货、电话订货、传真订货、会议订货等往往效率都不高，EOS 系统可缩短从接到订单到发出订货的时间，缩短订货商品的交货期，降低商品订单的出错率，节省人工费用。

②减少商品库存。EOS 有利于提高企业的库存管理效率，同时也能防止特别畅销商品缺货的现象，使企业保持一个合理的库存水平。

③正确判断市场行情。对于生产厂商和批发商来说，通过分析零售商的订货信息，有利于正确判断市场行情，哪些商品畅销，哪些商品滞销，有利于调整生产和销售计划。

④提高物流信息系统效率。由于实行电子自动订货，各个业务子系统之间的数据交换更加方便迅速，从而有利于提高企业的物流信息系统效率。

除了上述信息管理系统以外，物流信息管理系统还涉及运输信息管理系统、包装信息管理系统、流通加工信息管理系统、成本管理信息系统、配送信息管理系统、EDI 处理信息系统及物流综合管理信息系统等。

3. 物流信息管理系统的设计

（1）电子商务物流信息管理系统的开发过程

建立电子商务物流信息管理系统，不是单项数据处理的简单组合，必须要有系统规划。因为它涉及传统管理思想的转变、管理基础工作的整顿提高，以及现代化物流管理方法的应用等许多方面，是一项范围广、协调性强，人机紧密结合的系统工程。

物流信息系统规划是系统开发最重要的阶段，一旦有了好的系统规划，就可以按照数据处理系统的分析和设计持续进行工作，直到系统的实现。物流信息系统的总体规划分为四个基本步骤。

①定义管理目标。确立各级管理的统一目标，局部目标要服从总体目标。

②定义管理功能。确定管理过程中的主要活动和决策。

③定义数据分类。把数据按支持一个或多个管理功能分类。

④定义信息结构。确定信息系统各个部分及其相互数据之间的关系，导出各个独立性较强的模块，确定模块实现的优先关系，即划分子系统。

（2）电子商务物流信息管理系统开发的内容

有了系统规划以后，还要进行非常复杂的开发过程，作为电子商务物流信息管理系统开发的内容，主要包括以下几个方面。

①系统分析。主要对现行系统和管理方法，以及信息流程等有关情况进行现场调查，给

出有关的调研图表，提出信息系统设计的目标，以及达到此目标的可能性。

②系统逻辑设计。在系统调研的基础上，从整体上构造出物流信息系统的逻辑模型，对各种模型进行优选，确定出最终方案。

③系统的物理设计。以逻辑模型为框架，利用各种编程方法，实现逻辑模型中的各个功能块，如确定并实现系统的输入、输出、存储及处理方法。此阶段的重要工作是程序设计。

④系统实施。将系统的各个功能模块进行单独调试和联合调试，对其进行修改和完善，最后得到符合要求的物流信息系统软件。

⑤系统维护与评价。在信息系统试运行一段时间以后，根据现场要求与变化，对系统作一些必要的修改，进一步完善系统，最后和用户一起对系统的功能、效益作出评价。

4. 电子商务物流信息管理系统的发展

（1）电子商务物流信息管理系统发展的意义

物流管理信息系统应向信息采集的在线化、信息存储的大型化、信息传输的网络化、信息处理的智能化，以及信息输出的图形化、社会系统化的方向发展。其中，向社会系统化方向发展，今后将越来越具有战略意义。

①企业日益重视经营战略，建立物流信息系统是必要的。具体地说，为确保物流竞争优势，建立将企业内部的销售信息系统、物流信息系统、生产、供应系统综合起来的信息系统势在必行。

②由于信息化的发展，各企业之间的关系日益紧密。如何与企业外销售渠道的信息情报系统、采购系统中的信息情报系统，以及与运输信息系统连接起来将成为今后重点研究解决的课题。建立不仅限于本企业，还包括社会上多个企业之间的信息情报系统的重要性将日趋增加。

③物流信息情报系统将日益成为社会信息情报系统的一个组成部分。企业的物流已经不只是一个企业的问题，被编组进入社会系统的部分将日益增多。在这种形势下，物流信息情报系统将日益成为社会信息情报系统的一个组成部分。

总之，上述数据关系在信息系统中非常广泛。它们之间的关联总是通过一定的数据交换来实现的，这些可以说是它们的共性。因此，利用这些共性，可以将这些类似关系的数据维护抽象成一个类型，从而降低了软件的费用并大大方便了系统维护。

（2）计算机辅助采购及物流支持

计算机辅助采购及物流支持（Computer-Aided Acquisition and Logistic Support，CALS）是一种利用互联网技术、现代化管理方法、生产技术、自动控制、系统工程技术将整个社会经济运行中的各经济要素有机地结合起来，实现资源优化配置、降低成本、提高效益的综合管理系统。CALS 是在计算机集成制造系统（CIMS）的基础上，结合了电子商务而发展起来的。

1985 年，美国国防部为解决武器的开发成本、质量及时间问题，实施了比较简单的 CALS。

冷战之后，CALS 的重要作用为工商界所认识，美国商业部开始将 CALS 引入美国的社会经济体系中。随后，日本和西欧发达国家也相继开发了 CALS，并已取得了良好的效果。

CALS 的技术基础是互联网络和统一数据格式。它的优点是其对象超越单个企业，面向整个社会经济。CALS 利用广域网（如 Internet）与局域网（如 Intranet/Extranet）的互联技术，把企业内部的 CIMS 系统与企业间的电子商务系统结合起来。这样，它就能立足于服务全社会的经济运行，将社会经济的各个环节连成一体，为克服市场机制的盲目性和滞后性提供了一种很好的管理和调控方式。CALS 的信息流还可以通过信息的集成化、标准化实现信息共享，联系了产需双方，实现对商品流通过程的主动调控。它还能调动各个环节协调动作，完成材料采购、商品生产、运输、仓储、包装、装卸，以及流通加工等一系列物流活动。这样，不仅提高了物流设备利用率，还可以达到准时生产和准时流通（JIT）及零库存，企业将节省大量的流通费用。而且由于 CALS 是由计算机控制的，因而出错率极低，物流质量就会大幅提高。由于 CALS 既是管理系统又是生产系统，它还可以在流通过程中根据内外部环境的变化，利用弹性生产系统（FMS）对包装和流通加工进行辅助设计，有利于流通服务的发展。

另外，CALS 在流通过程中，还有辅助决策的功能。它从社会各个方面收到信息后，自动地加以分析和处理数据，并能提供决策建议，使物流企业能比较方便地从 CALS 中找出适应市场需求变化的最终决策方案。

从社会角度看，CALS 加快了整个社会经济的运行速度，提高了运营质量，以及系统内的整体竞争能力。如果能形成国际统一的技术标准，则 CALS 将成为国际化物流的基础，为世界经济一体化作出重大贡献。

（3）中国物流软件开发与应用情况

物流运作管理软件是需求最为广泛的物流软件，在调查的企业中有 50.6%的企业准备开发物流运作管理软件；有 33.8%的企业准备开发库存分析软件；有 24.7%的企业准备开发条码扫描系统；有 22.1%的企业准备开发配送资源系统；有 21.4%的企业准备开发运输决策软件；有 9.7%的企业准备开发仓库选址软件，如表 9-8 所示。

表 9-8 中国物流软件应用情况

单位：家

企业数量	物流运作管理软件	库存分析软件	条码扫描系统	配送资源系统	运输决策软件	仓库选址软件
生产企业	53	39	28	16	20	8
商业企业	6	6	4	5	4	3
物流企业	19	7	6	13	9	4
总计	78	52	38	34	33	15
比例（%）	50.6	33.8	24.7	22.1	21.4	9.7

9.3.4 物流信息平台

物流业已成为世界各国和地区公认的新的经济增长点，是提高国家综合实力和企业国际竞争能力的重要保证。物流信息平台规划是区域物流规划的重要组成部分。政府在区域物流信息平台的规划和建设中应定位在具有公共性质的部分，统一称为区域物流“公共”信息平台。物流信息化是制约区域物流发展的“瓶颈”，区域物流公共信息平台的规划和建设，对加速区域物流业发展和中小企业物流信息化具有重要的现实意义。

1. 物流公共信息平台的含义及功能

1）物流公共信息平台的含义

根据中国国家标准《物流术语》（GB/T 18354-2006）的解释，物流公共信息平台是指基于计算机通信网络技术，提供物流设备、技术、信息等资源共享服务的信息平台。物流公共信息平台是 GPS/GIS 和电子商务等多种技术在经贸、交通运输、仓储、货运代理、联运、集装箱运输，以及政府行业管理等物流相关领域的集成应用，物流公共信息平台是物流产业的重要组成部分，其对物流产业的发展起着基础性的支撑作用。

2）构建物流公共信息平台的意义与目标

（1）构建物流公共信息平台的意义

构建物流公共信息平台的意义主要表现在以下几个方面。

①整合现有物流信息资源，避免重复建设，推进流通现代化进程。

②加快物流企业信息化进程，降低企业信息化投资成本，提供多样化物流增值服务，增强企业竞争能力。

③推进物流综合信用体系和物流交易的网络安全建设，推动电子商务的发展。

④推动物流信息标准化的建设，建立物流相关政府职能部门间协同工作机制，有利于政府制订物流产业发展规划。

（2）构建物流公共信息平台的目标

物流公共信息平台旨在大力推进信息化发展，发挥信息技术和电子商务在现代物流业中的应用作用，积极拓展经济发展的新空间；加快传统物流企业实现向现代物流的转变，以适应当今世界现代信息技术高速发展的趋势；强化政府对市场的宏观管理与调控能力，支持物流行业的创新、标准化、规范化管理；积极开拓国内市场、进入国际市场，打造一个提高企业竞争力、提升经营效益的公共服务性平台。

3）物流信息平台的功能

（1）总体功能：以服务为本，以满足企业需求和提高政府服务效率为目标；建立整合物流企业需求，合理配置现有资源，促进协同经营的机制，提高政府行业管理部门对物流市场的宏观管理和调控能力。

（2）基本功能：综合信息服务功能、异构数据交换功能、物流业务交易支持功能、货物跟踪功能、行业应用托管服务功能等，如图 9-9 所示。

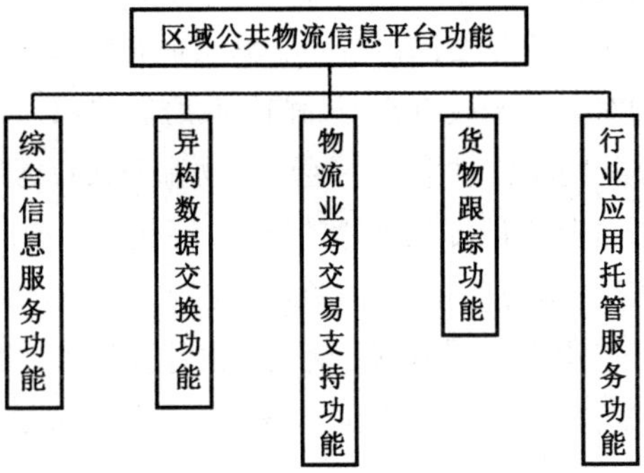

图 9-9　区域公共物流信息平台功能

①综合信息服务功能。综合信息服务平台连接区域物流企业、物流运作设施，以及政府管理部门与相关职能部门的信息系统，是区域物流信息资源的汇集中心，也是国内外了解区域物流资源的窗口。综合信息服务平台应具有信息发布和查询功能，要满足不同的物流信息需求、主体的信息需求和功能需求。

②异构数据交换功能。数据交换平台应担负起物流信息系统中公共信息的标准化和规范化定义、采集、处理、组织和存储，以及解决异构系统和异构数据格式之间的数据交换和格式转换功能，实现区域不同物流信息系统之间的跨平台连接和交互，促进区域物流系统的通畅运行，为物流企业提供“一站式”接入服务，有利于我国物流企业提高参与国际竞争的能力。

③物流业务交易支持功能。电子商务时代要求电子化物流与之相适应。电子化物流业务交易平台的主要功能包括物流综合信用认证、安全认证、网上采购招标、电子订舱、电子支付与结算、网上保险、网上报关、网上交税和网上出入境商品检验检疫等。

④货物跟踪功能。随着通信、互联网技术的发展和 GPS/GIS 技术的广泛应用，物流企业和客户可以利用 GPS/GIS 技术，通过局域网或互联网实时跟踪货物及运输车辆的状况，从而为物流企业的高效率管理及高质量的服务提供技术支持。公共物流信息平台为物流企业提供货物跟踪支持功能，各物流企业只需购买 GPS/GSM 智能车载单元即可为客户提供高质量的物流状态跟踪服务。

⑤行业应用托管服务功能。公共物流信息平台不仅为大型物流企业实现物流一体化搭建桥梁，还应承担为中小物流企业提供物流信息化服务的职责。我国众多中小型物流企业规模小，

无力投资完善的信息系统，导致整体服务质量不高，造成地方产业升级困难，物流成本高等现象。应用服务提供商（ASP）为中小企业提供物流应用软硬件设施租赁服务，与 ASP 合作搭建物流行业应用服务平台是解决中小企业物流信息化的有效途径。通过应用服务平台，中小物流企业能方便地应用所需的物流管理系统，降低中小物流企业信息化投资成本及风险，实现仓储、运输、调度、客户、财务等作业管理与日常管理的信息化，提高整体物流行业服务质量。

4）物流公共信息平台功能需求分析

公共物流信息平台的建设目的主要在于满足物流系统中各个环节的不同层次的信息需求和功能需求，这就要求信息平台不仅要满足货主、物流企业等对物流过程的查询、设计、监控等直接需求，还要满足他们对来自于政府管理部门、政府职能部门、工商企业等与自身物流过程直接相关的信息需求。公共物流信息平台在通过对物流公共数据的采集、处理和公共信息交换为企业物流信息系统完成各类功能提供支撑的同时，还起到为政府相关职能部门做信息沟通枢纽的作用，从而为政府的宏观规划与决策提供信息支持。一个有效集成的公共物流信息平台，应该能够为物流服务提供商、货主 / 制造商、交通、银行及海关、商检、税务等政府相关部门提供一个统一、高效的沟通界面，为客户提供完整、综合的供应链解决方案。

2. 物流公共信息平台构建

（1）物流公共信息平台构建原则

物流公共信息平台的建设是一个复杂的系统工程，涉及多个新的子系统的建设，并将原来已经建设的各行各业各部门相关的系统统一进来。为了保证整个平台功能最优化和效益最大化，需要对各种因素进行权衡考虑，并遵照一定的原则进行建设。

①积极建设与充分整合相结合

物流公共信息平台涉及现有社会结构中的交通、银行及海关、商检、税务等政府相关部门，因此，平台架构的建设要考虑现有这些机构的管理模式，进行资源整合。

②前瞻性与阶段性相结合

技术和需求都是在不断的变化之中，因此，物流公共信息平台的构建需要具有适当的前瞻性，充分考虑到未来的技术发展方向和需求变化方向。

③标准化与可扩展性相结合

在物流产业发展过程中，第三方物流（甚至是第四方物流）已经逐步发展起来，系统设计和建设时要充分考虑到这些发展情况，为将来的发展预先留好接口和数据字段，使系统在一定阶段内都能够适应物流的发展需要。

④先进性与安全性相结合

物流信息平台承载着各种各样的物流基础数据信息和物流交易信息，直接服务于众多物流企业，在采用先进技术的同时也要保证系统运行时的稳定与安全。

（2）“基础层—支撑层—平台层—应用层”的架构模型

采用“基础层—支撑层—平台层—应用层”的架构模型来构建和协调公共物流信息平台、政府各行业管理部门的信息系统、枢纽城市物流公共信息平台，以及物流企业信息系统之间的跨部门、跨行业、跨地域的协同关系，如表 9-9 所示。

表 9-9　“基础层—支撑层—平台层—应用层”的架构模型

基础层	信息化基础设施，如电信网络，计算机硬件及物流设施，物流信息标准（产品电子编码及数据交换标准）的应用及推广，物流政策环境及人才培养等
支撑层	认证中心、公共数据库、安全管理机制及软件发展标准等
平台层	多对多数据交换中心，实时监控主动响应系统，数据及系统复原机制，防毒、防核、数据传输加密及密钥等安全解决方案，系统服务水平及运营成本平衡，客户服务中心机制及运营，收费机制规划及运营等
应用层	企业对企业（B2B）及企业对政府（B2G）两大部分，主要实现跨组织流程的物流信息整合应用，对于各个企业内部的信息化系统，将以国际标准为参考，采取开放式的接口

物流信息平台建设涉及各种各样的技术和管理问题，这就要求各相关环节在整个物流公共信息平台架构下，在努力做好自己工作的同时，积极配合其他相关环节，通过规范流程、制定相应的标准和法律法规，通过具体项目的实施，使得物流公共信息平台的建设顺利开展起来，从而不断进行物流服务创新，实现对客户的物流增值服务，在实现整体效益最大化的同时，实现个体利益的最大化。

3. 物流公共信息平台的运营模式

物流公共信息平台原则上应坚持谁建设谁运营的策略，采用企业化运作模式，并建立相应的运营机制和信息共享机制。政府应筹集适当的引导资金作为股份投到公共信息平台的建设中，制定相关政策拉动物流市场需求，引导企业积极参与平台建设。平台建设的参与者应包括政府、企业、物流相关政府职能部门、相关行业协会、高等院校和科研院所。

物流公共信息平台的运营方式基本上可以分为三种模式。

（1）以政府为主的业务模式。在这种业务模式下，公共物流信息平台的规划、建设和运营维护都由政府直接负责，政府主导的力量很强，但也存在很多弊端，如容易造成与市场结合的紧密度不够、需要长期投入等。

（2）由政府选择并组合具有公共服务及相关执行经验的单位作为公共物流信息平台建设单位，并选择信息化管理水平较高，具有建设及运营经验的厂商作为运营单位，有利于推进物流信息标准化建设和降低实施成本。

（3）以企业为主的业务模式。在这种模式下，企业自主经营，不会给国家带来太大资金压力，而且由于企业盈利的需要，也会积极探索平台营销的方案，与市场需求的结合度也会比较好，企业也会对平台的具体功能和服务质量持续改进。但企业行为有一定的局限性，整体规划性不强，投资压力较大。

物流公共信息平台应采取政府引导、行业约束、企业自主的市场化运营模式。应面向企业，通过政府相关政策和行业协会制度的制约，引入行业准入机制和会员制管理方式。对于加入平台的企业会员，平台可通过收取会费、用户服务费、租赁费、广告费等方式进行市场运作的自主经营，提供有偿服务。政府主要行使宏观调控职能，负责指导公共物流信息平台共享信息服务价格的制定和市场引导政策的出台等。

4. 物流公共信息平台的运行实例

（1）物流服务企业的信息化与电子商务化

物流涉及的环节众多，地域和时间跨度大，如何提高物流效率、降低物流成本，以及提供物流全过程的信息反馈，是物流企业能否吸引客户并取得竞争优势的关键。物流企业应通过技术手段，建立管理信息系统，为提高物流企业物流效率和管理水平，以及实现资源整合提供解决手段。联邦快递公司对物流的理解是：“利用信息技术方案和增值操作流程，以及全球运输网络为客户创造或赢得时间的一种方法”。它看似简单，却体现出物流服务最关键的要素和实现这种服务所必要的途径。

案例 9-1

宝供物流构建基于互联网的综合物流信息系统

宝供物流企业集团有限公司的客户绝大多数都是外资企业，宝供提供这些企业在中国地区的全程物流或区域物流。通过信息系统的建设把物流优势集中到客户服务和减少流通环节这一方面，是宝供成功的要点。宝供的利润产生于提供全程物流合同价格与内部控制实际分项成本（仓储、运输、配送）的差额，虽然宝供的报价并不低，由于它有健全的物流网络，使客户的商品在不同的地域受到相同的对待，所以很多外企客户宁愿多花一点钱委托宝供去管理。因此，宝供储运向客户灌输现代物流观念和帮助他们规范管理流程是需要一个长期过程的。根据客户业务量和区域消费水平，将物流运作网点分为两个层次：在北京、上海、广州、武汉、成都、沈阳 6 个中心城市设立分公司。在福州、厦门、深圳、香港、海口、长沙、贵阳、昆明、重庆、合肥、西安、郑州、济南、苏州、杭州、南京、青岛、大连、长春、哈尔滨、天津、石家庄、太原、兰州、乌鲁木齐，以及南宁、宁波、襄樊、齐齐哈尔、烟台等城市设置物流运作点或办事处。

根据供应链物流信息管理系统的要求，把物流管理中的货物运输系统分解为接单、发运、到站、再发运、再到站、接收等环节进行操作。在运输方式方面分为短途运输、公路运输、铁路运输，加入内河运输、海运和空运，使得系统能够涵盖所有的运输方式。

针对宝供物流企业仓库面积大、分布广的特点，把仓储部分分为仓库管理和货品仓储管理，通过综合物流信息系统将总公司、分公司和 40 多个物流运作点或办事处联为一体，实现了能够支持供应链管理集成化的物流网络。

宝供物流是由一家从事传统储运业务的公司发展起来的，实现了从传统、单一的物流向现代化集成、综合的物流功能转换。运用综合物流信息系统完善物流服务，整合物流资源，实现商流、物流、信息流、资金流的一体化。宝供物流企业集团对电子化物流管理方面给予特别关注，并取得显著成效：1997年10月宝供物流在国内率先提出并实现了互联网上的物流信息系统架构；1998年10月实现与客户共享物流信息资源；1999年10月建立业务成本的核算系统；2000年底建立了基于XML标准的电子数据交换平台，采用XML技术为客户提供个性化的服务，实现了物流、信息流、资金流一体化管理的电子化物流服务。正是因为宝供的决策人员认识到信息化在物流管理中的重要性，宝供在短短几年里总业务量增长了近10倍，全国网点增长近30个，客户由创建初期的10家增至50余家。

宝供物流企业集团将物流运作网络分为总部监控、分公司管理、物流运作点操作三个层次。形成了物流运作网络组织与物流信息网络管理的良好结合。宝供集团将物流运作点、分公司和客户有关信息建立在以互联网、内联网为基础的综合物流信息系统上，该系统利用了虚拟专用拨号网，可以实现供应商、客户及运作节点在水平基础上的实时运作。

信息网络服务根据客户需求进行货物跟踪，记录物流运作绩效，分析物流运作质量、效率，可为客户提供提高物流效率、质量的基础数据。

根据宝供的经验，第三方物流企业要想在激烈的竞争中争取到属于自己的一片天地，就必须清醒地认识到这几点：注重建设一套完整的物流信息管理系统，为物流运作提供电子化管理；注重应用一个能快速、方便、安全可靠地交换数据的方法，即电子数据交换平台应用；注重为客户提供个性化的物流信息服务，如为客户设计网页等。

广东宝供物流集团的物流信息系统给企业带来的效益是显而易见的，它可以优化客户供应链管理，为客户提供个性化服务以争取到更多的客户，可以支持企业决策。

资料来源：蒋长兵，现代物流管理案例集. 北京：中国物资出版社，2005.

案例9-2

中远集团电子商务发展战略

不同的企业或行业，因为主营业务的不同，其信息技术的应用都带有深刻的行业色彩。具体到中远集团，可以说，他们的信息系统的建设历程实际上就是一个对电子商务不断认知、探索、发展的过程。

1. EDI起步

中远集团主要从事海洋运输，在货物运输的过程中，打交道的部门涉及银行、海关、港口、码头、商检和卫生检疫等各种各样的单位，货物的流转和信息传递息息相关。如果采用纸质文件形式进行信息传输，工作量之大是不可想象的。所以，从20世纪80年代初中远集团就开始了电子数据交换（EDI）方面的研究，当时研发出的EDI标准后来成为了中国海运界的通用标准，一直沿用至今。

中远集团EDI中心的建设起步于20世纪90年代初，当时主要是与国际著名的GEIS公司合作，由他们为中远集团提供报文传输服务。1995年，中远集团正式立项，1996—1997年完成了中远集团EDI中心和EDI网络的建设，该EDI网络基本覆盖了国内50多家大、小、中货和外代网点，实现了对海关和港口的EDI报文交换，并通过北京EDI中心实现了与GEIS EDI中心的互联，连通了中远集团海外各区域公司。之后，中远集团已经通过EDI实现了对舱单、船图及箱管等数据的EDI传送，在电子商务方面走在了国内运输行业的前列。

2. “中远网”建设渐入佳境

1997年，中远集团投入大量资金和人力，建成中远集团全球通信专网，并以该网络为基础，构建了中远集团Intranet网络平台。该平台的建成，促进了中远集团全球E-mail中心的建设。截至1999年10月，中远集团已经建成以北京为中心，覆盖中国、新加坡、日本、美洲、欧洲、澳大利亚等国家和地区的电子邮件网络，中远集团海内外的大部分业务人员就已经开始通过其全球E-mail系统进行日常业务往来。

1997年1月，中远集团总公司正式开通公司网站。北关、欧洲中远集运、中远散运和广远等集团各所属单位的网站也相继建成。网站的建立在树立中远集团良好企业形象、扩大中远集团影响、为用户提供高效便捷服务等方面取得了一定的成效，同时也为中远集团开辟了一条通过互联网与外界沟通信息、加速中远信息流转的新途径。

1998年9月，中远集运在网站上率先推出网上船期公告和订舱业务。这一业务的开展，突破了传统服务中速度慢、效率低、工作量大及差错率高的问题，将货运服务直接送到客户的办公桌上，使客户足不出户便可办理货物出口业务流程中的委托订舱、单证制作、信息查询等多种业务手续。在网上订舱业务的基础上，中远集团又向全球客户推出了中转查询、信息公告及货物跟踪等多项业务，从而使全球互联网用户均可直接在网上与公司开展商务活动。公司推出的整套网上营销系统，已具备虚拟网上运输的雏形，具有较强的双向互动功能和较高的服务效率。其中电子订舱系统可使每一位网上用户在任何地区和时间内，通过互联网与公司开展委托订舱业务，任何一位客户只要具备上网条件，都可足不出户地直接访问中远的电子订舱系统。货物运输及中转查询系统则体现出方便、快捷、准确的操作特色。这项功能可使客户对货物实行动态跟踪，在网上随时查询单证流转、海关申报、进出口及中转货物走向等相关信息。信息公告系统还可以在最短的时间内将中远有关船期调整、运价变化等情况在互联网上作出反映。中远集团电子商务应用的成功开展，极大地提高了市场营销的科技含量，新的客户群越来越多地从互联网上聚集而来。

“中远网”的建设已初具规模，中远集团近20个所属单位网站的建设基本完成，各站点间也实现了链接，组成了“中远网”的基本框架，无论从企业形象还是业务功能上，都在向世界辐射着中远的影响。

3. 电子商务发展战略

中远发展电子商务的战略目标定位在从全球客户的需求变化出发，以全球一体化的营销体系为业务平台，以物流、信息流和业务流程重组为管理平台，以客户满意为文化理念平台构建基于互联网的、智能的、服务方式柔性的、运输方式综合多样并与环境协调发展的网上运输和综合物流系统。

（1）动力平台——满足全球客户需求变化

随着电子商务的发展，客户的需求正由实体交易转向虚拟交易，客户最终关心的是以消费者为本的“供给链”、“供给链管理”以及“供给链一体化”在网上与现实之间的完美结合。因此，中远发展电子商务的根本出发点和唯一动力就是围绕全球客户的需求变化，为企业创造最佳的效益。

（2）业务平台——全球一体化的市场营销体系

包括中远在内的国际上各大航运企业的内部资源配置模式正在由航线型资源配置模式向全球承运的资源配置模式转变，将全球各地的人员、设备、信息、知识和网络等资源进行全方位、立体化的协调和整合，形成全球一体化的营销体系。中远电子商务是其全球营销体系的网上体现，中远全球营销体系则是中远全球性电子商务的基础平台。

（3）管理平台——物流、信息流和业务流程的重组

中远电子商务的管理平台是实现物流、信息流和业务流三流的统一，以创造更科学、更合理、更节约的生产与消费的衔接。这一管理体系从构成上讲，不是单纯的硬、软件技术，而是从市场上收集各种物流提供者所提供的信息，包括服务内容、方式、费用和时间等，以及以客户需求为准提供服务水平、质量和成本等信息，并将两方面的信息进行集中、加工整理、分析和融会贯通，从而在供求关系上达到互动性交易。中远作为全球承运人，航运作为全球物流的主干环节，与客户和其他环节的物流提供商存在天然密切的联系而使得其发展电子物流具备先天优势，其中，关键是要以互联网为基础，整合客户供应链各环节的物流提供者，构造面向客户的虚拟综合物流网络。

（4）服务平台——“一站服务”和“绿色服务”

中远独具特色的“一站服务”，现在是由其全球营销网络中的每一个服务窗口全部接受客户原先需在公司其他几个部门或窗口才能完成的托运操作手续。客户只要找一位业务员，进一道门，办理一次委托手续，就可以将极其烦琐的出运操作流程交付处理。中远推出的“绿色服务”，是指业务人员进驻客户单位进行联合办公，客户只需提供委托书或订舱书，整个出运业务流程便全部由这些业务人员来完成。将“绿色服务”的功能直接嵌入客户的内部网络中，参与客户的电子商务过程，给客户提供更优良的服务平台。

（5）技术平台——互联网和中远全球信息管理系统

完善的电子商务的前提和基础是完善的企业级计算机网络及金融、贸易和法律环境，中远集团正致力于从系统设计、数据标准、功能模块、网络技术上，将现有信息系统按照电子商务的更高要求进行完善和调整，致力于在国内外推广电子提单的应用，并在中国航运电子商务业内标准的建立上作出自己应有的贡献。

如果说企业过去建网、做信息系统多源于提高办公效率的目的，现在搞电子商务则更多了一重关乎企业生存发展的使命感。企业做电子商务，首先都是搭平台建网站，但这只是第一步，电子商务之路应该怎么走，还要看企业想用这个平台做什么。产品制造型企业想建的可能是网上市场，通过它更好地卖东西；服务型企业可能更希望通过网站增强、延伸自己的服务内容和手段，使自己更具竞争力。但这也只是泛泛而谈，让电子商务真正成为促进企业发展的有效手段，最重要的还是应该从核心业务入手，切入企业的关键需求。

以中远集团为例，它的核心业务是物流运输，涉及的单位多，处理的信息量大，为用户提供服务最需要解决的就是方便用户的办事流程，进行高效、准确、安全的信息服务。多年来，他们一直围绕这个主题，在运输服务领域进行信息技术的探索应用，从 EDI 中心、企业内部网到现在的“中远网”建设，先实现了信息流转电子化，然后一步步地把自己的各种业务搬上网，现在又在筹划开拓新的服务内容。他们看清了物流运输中自己应该扮演的角色，走出了一条具有中远特色的电子商务发展之路。

资料来源：中国物流设备网 http://china.56en.com/lnfo/8973 fIndex.shtml.

（2）基于互联网的物流信息与商务平台的建立及应用

通过在互联网上建设物流信息商务平台的方式，使物流需求方可以通过此平台提供物流需求，物流服务商也可借此平台进行低成本的全球网络营销。这样，物流需求方在选择物流服务商时，有更大的选择余地，减少盲目性与随机性，同时也可大幅度降低物流企业的营销宣传费用，提高物流与相关资源的利用程度。除了公共的物流信息与商务平台之外，物流供求双方在长期合作、相互信任的基础上，也可通过联网，实现信息的共享与信息的及时传递，这也是快速反应系统、有效的客户反应系统、持续补货系统，以及供应商管理存货系统等先进的管理技术方法实施的保证。

案例 9-3

青岛港建立现代物流电子商务平台

现代物流与电子商务是现代港口的发展方向，因而青岛港将发展现代物流与电子商务作为其发展战略的重点。信息化对于一个百年大港到底能起到什么作用？2007 年 6 月中旬，国家电子商务专项《青岛港现代物流及电子商务系统工程》正式通过验收。专家表示，这一项目有力地促进了港口现代化建设，产生了显著的经济效益和社会效益，在全国港口的现代物流及电子商务建设中具有很强的示范作用。2007 年青岛港年增加港口吞吐量 3 000 万吨、集装箱吞吐量 100 万吨以上，其中信息化所占比重约 10%。

面对当前全球电子商务和现代物流的飞速发展，作为具有 116 年历史的国家特大型港口的青岛港，于 2005 年 9 月开工建设了《青岛港现代物流及电子商务系统工程》项目。该项目是国家发改委组织的技术创新项目，也是交通运输部在国家发改委立项主持的电子商务项目，旨在为我国现代物流和电子商务的建设发展发挥示范作用。这一工程把建立现代物流及电子商务平台作为首要任务。对口岸用户而言，最需要的就是"一站式"的物流业务，而物流业务管理中的船舶"一站式"申报系统、危险品申报系统、国检快速查验系统、集装箱箱体鉴定系统、危险品监管系统、网上对账系统、网上支付系统、在线订舱系统和集中采购系统等成功实现了各个业务系统之间的信息互效提升交易机会，降低交易风险，整合业务流程，实现信息共享。

据悉，该项目构建的现代物流与电子商务平台，现已拥有用户 6 000 多家；项目加强了与口岸监管部门的合作和协同，提高了通关效率，为港口发展创造了优越的口岸环境；建设和应用了物流供需链基础应用系统，已被青岛、日照、威海等市的几十家大型物流企业使用；建立了以港口为核心的物流枢纽网络系统，实现了物流过程的数据集成，形成了集成化的物流信息中心；与农业银行、工商银行、交通银行等金融机构达成合作，实现电子商务平台的网上交易和电子支付；推动、完善了现代物流和电子商务相关的标准化体系建设，遵循我国已建立或正在建立的物流及电子商务标准，同时根据口岸物流和电子商务业务应用及发展需求，建立结构合理、技术先进的实用标准，实现以标准化为基础，科学的信息采集、处理和传递；项目还实现了港口与铁路之间的信息交互。

另外，这一工程还实现了一系列技术创新：通过对物流供需链业务流程的整合优化，形成了接口开放、适合青岛口岸监管模式的物流供需链管理解决方案；通过改善码头作业流程，创新性地建立实施了全国海关的新型放行模式——闸口比对放行模式；建立实现了山东口岸，集船代、海事、海关、引航和港口为一体的协同船舶申报模式；采用 RFID 红外信号、自动识别等技术，将车牌号码和过磅数据一并保存至数据库，提高车辆过磅效率，提货安全性大大增强。

青岛港现代物流及电子商务系统工程的建设完成，不仅推动了港口电子商务服务，通过该项目还为海关、国检、海事、铁路、货主、船公司及船代等重要口岸单位和物流企业建立了信息交换共享的途径，为进一步优化物流行业业务流程、整合信息资源和拓展应用区域奠定了良好的基础。

资料来源：和讯网 http://news.hexun.com/2008-06-27/107013299.html.

案例 9-4

医药物流电子商务平台运营

集成了信息、增值业务、第三方物流的中国民生医药配送中心电子商务平台已经运营。这是我国首家按良好供应规范（Good Supply Practice，GSP）标准建立的专业化、现代化、网络化、信息化的特大型公用医药物流中心。在电子商务中，药品这种特殊商品，具备严格、统一、完善的技术标准、名称、质量体系，而且流通量大，单位价值高，非常适合采用电子商务方式购销。但据有关专家介绍，以往的医药类电子商务网站往往以提供信息为主，更多的是“企业的门面”，真正实现交易的没有多少。

“只有信息是不够的，我们需要的是一种全新的医药流通模式，而这种模式需要互联网作为基础来解决”，北京某大药房的负责人表示。经国家药监局批准，中国民生医药作为第一家试点企业建立配送中心电子商务平台，不仅发布大量的行业信息，还提供了遍及医药制造、医药产品、监管法规、药品信息，以及遍布全国的生产、流通信息20余万条。

上下游企业都对这种“网上药交会”赞不绝口。一家医药企业的销售代表表示，必须全面提供销售、采购、招商、代理、科研成果、资源合作等医药行业的完整业务需求，并具备发布、查询、通知、业务配对等功能，这才叫真正的电子商务。现在，通过该网站，企业不仅可以查到药品的订单，还可以查询药品的流向，以及某个区域对于某种药品的需求程度。用户可以通过网站提供的数据库服务，做到以销定产。

资料来源：中国自动化网 http://www.ca800.com/news/html/2007-5-10/n14579.html.

第10章

网上商店经营与管理

网上商店的概述

网上商店的结构及功能

网上商店开设前的准备

网上商店的建立过程

10.1 网上商店的概述

在人们的生活中，购物是人人都有的一种生活活动。有了 Internet 之后，在新型的生活环境中，人们的观念和习惯也在不断地发生着变化。电子商务作为一种新的生活方式，也随着时代的变革而进入人们的生活，改变着人们的生活。在网络环境中购物，是一种极富吸引力的新的购物体验。在网上商店里购物也有一个类似物理商店一样的购物环境，只不过它是虚拟的现实，也就是我们常说的网店。

10.1.1 网店的概念

网店全称网上商店，又称为网络商店、电子商店、虚拟商店，是指从浏览、订购、付款、结账等所有交易流程都可以在 Internet 上完成的网站。从技术特点上看，网上商店可大可小是利用 Internet 技术实现商品或服务交易的一种新型的无店铺销售方式。

对于广大消费者来说，到现实商店购物已经是习以为常的事了。人们印象中的商店有着气派的门面、华丽的地板、漂亮的营业员、拥挤的人群，还有看得见、摸得着、实实在在的商品。而网上商店却去掉了这些表象，只留下了建立在 Internet 上的一个站点，看东西就是“浏览”，买东西称为“下订单”，付钱称为“在线支付”。在电子商务的服务范围内，网上商店是最普通的应用，它是建立在网络世界中的虚拟商店，与传统超市、百货公司不同的是，到网上商店消费，人们可以不必出门，只是在家中通过计算机在线选购。商店老板也不用将笨重的商品搬到店铺中，等人上门，只需将商品的影像以多媒体的方式通过 Internet 呈现在计算机屏幕上即可。

网上商店在 Internet 上就是一个站点，它可以只是一间小机房、一台计算机、一套联网设备和相应的一套软件，就可以达到与现实中一个规模不小的商店同样的市场覆盖面。网上商店摆放的是商品的目录和各种商品文字影像的介绍，这样的信息通过网络可以传送到访问商店站点的千家万户的计算机中，看到各种商品的具体型号、规格和售价，以及商品的真实图片（图像）和性能介绍，达到亲临商场的效果。

尤其具有吸引力的是，这种方式还可以方便实现亲临现场无法达到定制的目的。例如，对于一个要购买西服的消费者来说，如果他非常喜欢一个品牌的西服，而现有的品种又没有适合自己的色彩、款式、大小搭配的话，他只需将自己喜欢的色彩、款式和尺寸通过电子邮件发给这个商家，便可以在很短的时间里满足自己的要求。爱好汽车的朋友们可以按照自己的要求来组装一辆本来不存在的汽车，来满足自己与众不同的驾车习惯。这种销售方式在国外的一些比较大的汽车公司，如美国的克莱斯勒公司，已经开始运行了。我国的海尔公司在美国也实现了在网上商店里按顾客要求定制生产制冷酒柜，获得了顾客的好评，成为最受欢迎的企业之一。

眼下网上商店林立，网上商品琳琅满目。网上商店已经成为网上商品市场的一个重要的组成部分。有的网络公司为了吸纳信息资源在网上提供免费的空间，有的网络运营服务商在租赁网上空间，有的还提供多种类型快速建立网上商店的模板。建立网上商店已经成为一件轻松、快捷的事情。图 10-1 所示为淘宝网上众多网上商店热卖的各种商品。

图 10-1　淘宝网上众多网上商店热卖的各种商品

10.1.2　网店的形态

在电子商务发展的早期，一些网上零售网站又称为网上商店，如亚马逊网上书店、当当网上书店等。随着这些网上零售网站的快速发展，其经营商品的品种越来越多，规模也越来越大，因此，这些独立的电子商务网站通常都不再称为网上商店，而改称“网上商城”了。一些大型电子商务网站除了自己销售产品之外，也可能为其他企业提供租用网上商店或者开设网上专卖店的业务，“网上商店”的确也不能确切描述其全部含义。

（1）网上店铺

网上店铺如同传统零售商业的商店，不过它提供的不是真实的商品或服务，而是提供有关商品和服务的信息。在网上设立店铺、发展交易渠道，不用像传统渠道那样看重地理位置，也无须支付昂贵的租金或进行大量的固定资产投资，但必须做好推广或者考虑在比较理想的网上商城设点，否则很少有人寻找到其店铺的位置。

（2）网上商城

网上商城又称为网上购物中心。类似传统零售商业中的购物中心，只是传统的商业大厦中容纳不了许多商店，而网上商城则可容纳成千上万的零售店铺。网上商城通常是由购物服务提供者来组建，进而再设分销网络。

（3）网上商业大街

网上商业大街又称为网上商贸街。网上商业大街与传统零售商业大街一样，是由许多店铺或购物中心组成的，可供用户浏览、购物的场所。从网上的实际运作来看，网上商业大街与网上购物中心的区别不是非常大，效益的区别也不十分明显。像“网上三好街”“网上汉正街”“网上科货街”等都是典型的网上商业大街。

“网上三好街”就是以网络为载体，联合知名的IT产品经销商整合营销渠道，共同建立起来的地方性的网上营销体系，也是为在该站注册的辽宁、吉林周边地以中小分销商提供全面的增值渠道服务的一个网上市场。该网上市场设有市场商讯、二手市场、报价中心、商家名录等，图10-2所示为“网上三好街”主页。

图10-2 “网上三好街”主页

10.1.3 网店的特点

网上商店目前快速发展的事实，已经揭示了它与传统商店相比有其无可比拟的优势，这些优势主要包括以下几个方面。

（1）全天经营和良好的“购物”环境

网上商店可一天24小时，一年365天无休息的提供营销服务，并且消费者无须走出家门，无须排队等候，可以自由自在地在商店“选购”，可指定送货地点。

（2）无国界、区域界限的经营

国际网络无远近之分，只要拥有计算机，即可随时到电子空间的网上商店里遨游，对于网上商店的店主而言，商品一上网络即有可能成为国际品牌，而无须花费昂贵的国际营销费用：以最少的成本将自己的货品、服务推销到全世界。

（3）全方位展示产品或服务的优势

传统的店铺中虽然可以把真实的商品展示给顾客，但对一般顾客而言，对所购商品的认识往往是很肤浅的，也无法了解商品的内在质量，往往容易被商品的外观、包装等外在因素所迷惑。网上商店则可利用多媒体技术，全方位展示产品或服务的外观、性能，以及决定产品或服务功能的内部结构，从而有助于消费者更全面地认识商品或服务。

（4）客户范围广

网上商店在互联网上，只要是上网的人群都有可能成为商品的浏览者与购买者，这个范围可以是全国的网民，甚至是全球的网民。只要网上商店的商品有特色，宣传得当、价格合理、经营得法，网店每天都会有不错的访问流量，大大增加销售机会，取得良好的销售收入。

（5）开店方式便利、经营方式灵活

在传统营销中，要建立一个新商店并非一件容易的事。要选地点、租房、装修、招工，还要申办营业执照、办理税务转移证明、准备样品、进行人员培训。可是在网络时空里，只要半小时，就可以把网上商店从成都开到深圳、哈尔滨，用一天的时间，就可以建立起十几个网上商店，使企业很快把触角伸出去，进入全国甚至世界的网络市场。

网店的经营借助互联网进行，经营者可以全职，也可以兼职，营业时间也比较灵活，只要能对客户的咨询给予及时回复就不影响经营。网上开店不需要经过严格的注册登记手续，因此，可以随时转换经营其他商品，可谓进退自如，没有包袱。

（6）经营规模不受场地的限制

网上商店的经营者，在“店铺”中摆放多少商品几乎不受任何限制，只要经营者有足够的商品开发能力，服务器都可以予以满足，而且经营方式也很灵活，经营者既可以做零售商，也可以做批发商。

（7）成本低廉

销售主要涉及三个方面的成本：开店成本、存货成本、营销成本。

①开店成本低廉。在网络上开辟一家“商店”，其开店成本主要涉及自建网站的成本、软硬件费用，再加上网络使用费，以及往后的维护费用。这些比起普通店铺经常性的支出，如昂贵的店面租金、装潢费用、水电费、营业税及人事费用等要低廉得多。如果直接向互联网服务提供商（ISP）租赁店面，则成本更为低廉。

②存货成本低廉。网上商店可以在接到顾客订单后再向制造厂家订货，而无须将商品陈列出来供顾客选择，或在网页上打出商店出售货物的名称以供选择。因此，许多网店都属于无

存货商店。可见，网上商店不会因为存货而增加其经营成本。

③营销成本低廉。网上商店同时兼备了促销的功能，其货架上的商品同时又是广告宣传的样品，经营者可降低促销广告的费用。

鉴于这三方面的低廉成本，使网店的商品在价格上通常比一般的商店更有优势。

（8）便于收集顾客信息

服务器在收到客户订单后，可自动将客户信息汇集到用户信息数据库中，以便将来用于产品的营销活动，或更多的客户关系管理项目。

但任何事物都有其两面性。对于从传统商店经营者来说，创立并经营网上商店将必须面对技术这一问题。毕竟，网上商店，一半是商务运作，一半是技术。此外，必须承认的是，网上商店的运作除了技术本身之外，还与整个商业市场环境有很大的关系，例如，客户对网上商店的认可程度、网络的普及程度、信用卡的使用和安全程度、货物投递的快速可靠程度，以及客户对网络邮购的信任程度都直接影响网上商店的发展。

10.1.4 网店的作用

网上商店除了具有上述特点之外，还是一个有效的网络营销工具。从表面来看，通过网络直接销售产品是网上商店的基本功能。但如果从企业整体营销策略和顾客的角度考虑，网上商店的价值还主要表现在展示产品信息扩展销售渠道，赢得顾客信任。

（1）扩展网上销售渠道

在传统的竞争中，销售渠道是营销组合中的最重要的要素之一。有实力的厂商纷纷建立自己的专卖店，并在各大商场激烈地争夺销售空间，但这是要付出巨大代价的。随着上网人数的增加，网上零售逐步开展起来。对于一些有实力的企业来讲，开拓网上销售渠道已经成为不可忽视的营销策略。

网上商店则可以在一定程度上满足企业网上销售的需要，而且厂家不必一次性投入大量的资金，避免了复杂的技术开发，适用范围更加广泛，风险也较小。因此，对于没有建立企业网站或者不具备电子商务功能的网站，网上商店将发挥一定的补充作用。即使对于有电子商务网站的企业，也可以合理地利用网店来更好地进行网站的宣传和推广，对网上的业务开展进行很好的补充。

（2）赢得顾客的信任

研究表明，影响顾客网上购买决策的主要因素有网上支付的安全性、网页打开时间、产品价格水平、顾客服务、个人信息保护、退货政策、送货时间和费用等。在条件相近的情况下，消费者总是更加偏向在知名度高的网站购物，这就是品牌效应。不仅在实体商店中是这样，网上商场的品牌知名度对用户购买决策同样具有重要影响，而且由于网上购物不受地理位置的局限，消费者这种偏向可能会更强烈一些。

消费者对著名网上商场具有更高信任度的事实同样会惠及网上专卖店。以新浪网上商城为例，从用户的角度来看，尽管网上专卖店的服务主要是由商家直接经营，但由于其仍然属于新浪网的一个组成部分，故用户是出于对新浪品牌的信任才在那里购物的。对于一个知名度不是很高的企业，假设自行建立的功能完善的电子商务网站，尽管与新浪网上商城有同样的支付方式和配送渠道、退货政策等条件，但未必就能得到消费者的信任。因为作为电子商务平台，网上商城在对入驻商家进行管理的同时，同样也要对消费者的权益负责。正如我们在大型商场中某品牌的专卖店购买商品一样，如果某产品质量有问题，即使该专卖店已经终止了服务，商场仍有责任保护消费者权益。

10.1.5　我国网店的发展现状

随着 Internet 的不断发展和延伸，利用 Internet 这个新型的环境来销售商品或服务，已经成为商品交易的新选择。从国际上召开的一系列关于“如何利用 Internet 来制造商机”等研讨会的踊跃现象即可看出，网上商店已经成为一个不可阻挡的浪潮，这种交易方式的优越性也日渐被人们所理解和接受，并且这种观念正在以难以想象的速度传播到世界的各个角落。

在我国，随着各项技术的日益完善，Internet 知识的不断普及，使得 Internet 逐渐成为人们生活和工作中的重要工具。人们对网上商店的认识也在不断加深，参与意识日趋浓烈，给网上商店的发展创造了良好的先决条件。网上商店蓬勃发展的良好趋势已初现端倪，从政府到公民，普遍认为信息时代已经到来。作为信息时代一种重要形式的网上商店将会取代旧有的商业模式，成为新时代的宠儿。

前面所述的，网上商店的优点，正在被越来越多的企业所认识。

现有的商业形式竞争过于激烈，在不断有商场关门的情况下，作为崭新概念的“网上商店”正在吸引更多的投资者进行尝试。许多大中型企业都相继建立了自己的企业网，并有相当一部分实现了与银行的联网。部分中小企业，特别是许多农村乡镇企业开始设立自己的网站。采用 Internet 技术，我国的商业自动化建设也已取得了长足的进展。这些都为网上商店的进一步发展打下良好的基础。

目前，我国为了更快地促进整个国民经济的发展，正在采取一些倾斜政策，积极扶持电子商务的发展。国家相关部门纷纷出台一系列政策法规，规范电子商务的运作，支持电子商务的发展，为电子商务的发展创造良好的外部环境；Internet 运营商不断调低网络使用费，大力推动网络普及。

统计数据显示，截至 2013 年 12 月，我国网民规模达 6.18 亿，因特网普及率为 45.8%；中国.CN 域名规模为 1083 万，占中国域名总数比例达到 58.7%。商务类应用继续保持较高的发展速度，其中网络购物（包括团购）尤为明显。截至 2013 年 12 月，我国网络购物用户规模达到 3.02 亿人，网络购物使用率提升至 48.9%。网络交易金额也处于持续攀升状态，2013 年交易金额达到 1.85 万亿元，如图 10-3 所示。网络零售市场交易总额占社会消费品零售总额的

7.9%，展现出了网络购物对实体购物较强的替代作用。

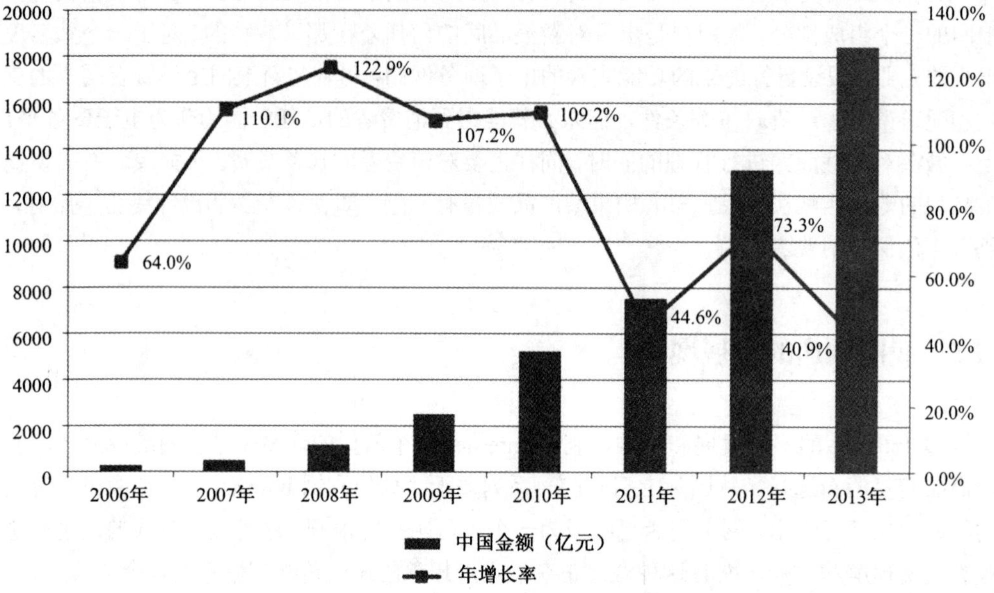

图 10-3 2006—2013 年中国网购交易金额及增长率

从以上数据可以看出中国网络购物逐渐成为网民常态的消费方式，网络零售也成为流通市场日益重要的组成部分。但是，目前网上商店在中国的发展仍然需要对以下问题加以关注。

（1）网上商店商品品质的可信度。在今天的国内市场上，人们即使亲眼看到、亲手摸到商品，也常常会怀疑自己是否受到了欺骗，买到了假货。如果仅凭一些照片和说明，绝大多数消费者会认为这是一种并不值得他们轻易相信的购买方式。因此，发展网上商店必须进一步规范商品流通市场，加大打击假冒伪劣商品的力度，保证交易商品质量。

（2）进一步改变人们的购物观念。尽管中国网络购物已取得了极大的发展，但是很多人都把购物看作一种消遣娱乐的方式。人们往往借上街或到商场购物之机让自己放松一下，或者达到交流感情的目的，因此，在网上商店进行网上购物还无法在短时间内完全取代传统购物。所以，发展电子商务仍然需要进一步在全社会倡导网上消费的新购物观念。

（3）经营者知识经验欠缺。中国仍然存在大量的商人还没有从传统商业模式的思维中跳出来，他们缺乏相关知识和经验，有的根本就没听说过网上商店，更不用说去投资开店了。

（4）中国还没有比较完善的发展网上商店的法律、政策，许多人不敢轻易开店。

（5）Internet 本身存在的技术问题也在影响着网上商店的发展，如交易安全问题、交易可信度问题、货款交割问题、保密问题等。虽说国际上已有了一些解决方法，如安全加密体系和认证技术等，但由于仍存在这样或那样的一些问题，还无法完全打消交易双方的顾虑。

上述问题都是网上商店进一步发展必须研究和解决的问题，也是我国发展电子商务的关键所在。

10.2　网上商店的结构及功能

10.2.1　顾客网上购物流程

一般网上商店的顾客购物流程，如图 10-4 所示。

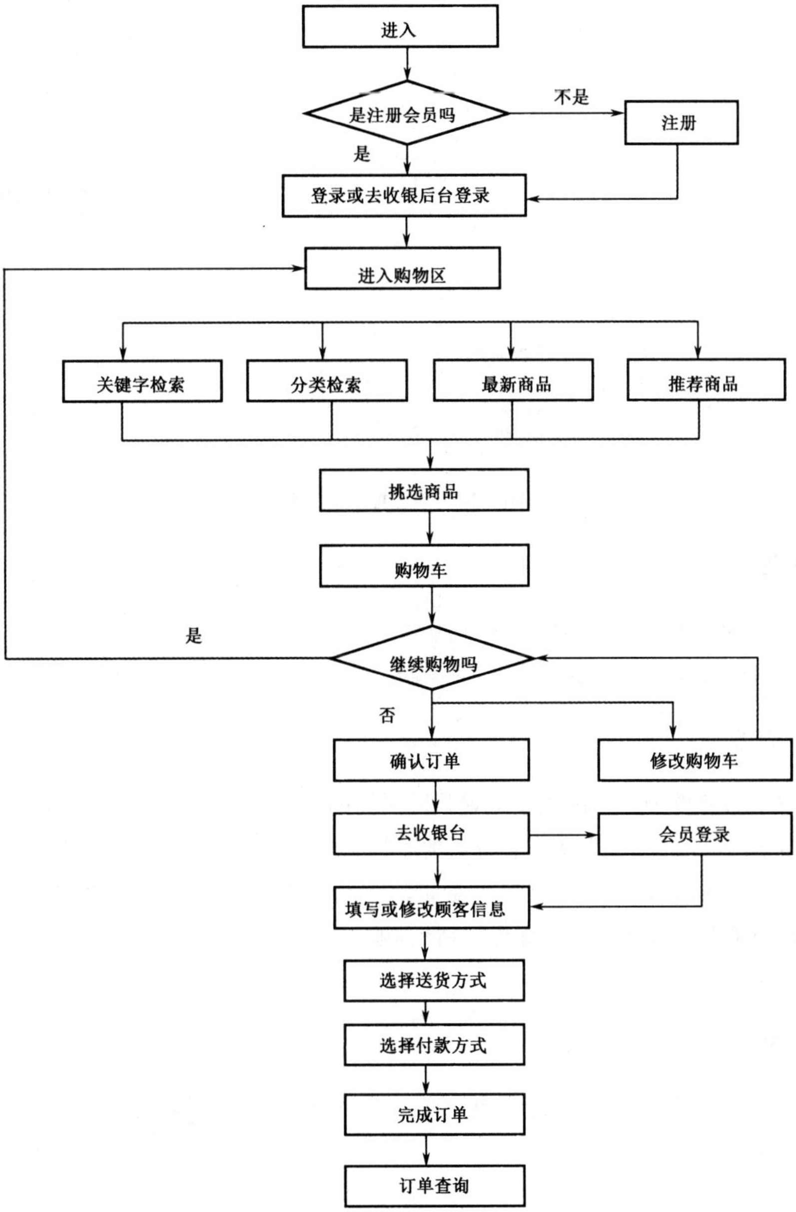

图 10-4　网上购物流程

1. 用户注册

消费者第一次在该网上商店购物时，需要在该网上商店注册姓名、地址、电话、E-mail等必要的用户信息，以便商家进行相关的操作，经过验证，成为会员，如图 10-5 所示。

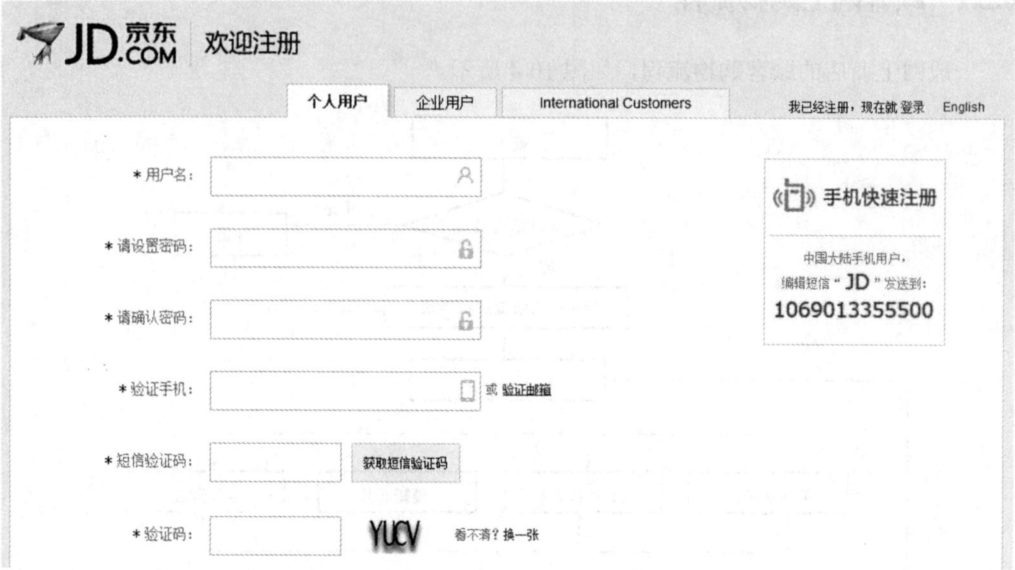

图 10-5 用户注册页面

2. 浏览商品

网络消费者通过网上商店提供的多种搜索方式，如产品组合、关键字、产品分类、产品品牌查询等，对商店经营的商品进行查询和浏览。

3. 选购商品

网络消费者按喜欢或习惯的搜索方式找到所需的商品后，可以浏览该商品的使用性能、市场参考价格等商品简介，以及本人在该店的购物积分等各项信息。然后在查询到的想要购买的商品编号和品名的购物条中输入所需的数量，并单击“订购”按钮，即可将商品放入购物车，此时可在购物车中看到自己选购的商品。在确定购买之前，消费者可在购物车中查看、修改选购的商品，如图 10-6 所示。

4. 订单确认

当消费者决定要购买购物车内的商品时，需要单击“订购”按钮，填写收货人的相关信息，如图 10-7 所示。

图 10-6　选购商品

图 10-7　订单确认

5．支付货款

消费者在收到卖方的发货通知后，就要用电子现金、电子支票、信用卡等形式的电子货币进行支付，消费者支付完毕，买卖双方的开户行与信用卡公司之间通过认证机构、清算系统进行最后的资金清算。

（1）货到付款

货到付款是最原始的付款方式。商家将商品交给客户，客户查验货物后以现金的方式支付给商家。例如，京东商城、亚马逊等网站都支持这种付款方式。这种付款方式的最大优点是，不依赖于任何支付系统，很适用于偶尔购物的普通消费者。

（2）汇款和银行转账

汇款指客户在完成订单时，通过邮政系统或银行系统汇款，当商家接到汇款后，再将商品发给客户。这种支付方式有以下三个缺点：

①客户网上购物后需要再到邮政系统或银行一次。

②客户购买的商品不满意，调换起来非常麻烦。

③货款资金没有保障。

汇款方式适用于购买外地不易损坏的商品。

（3）电子支付

电子支付指通过银行卡或信用卡支付完成的支付。使用电子支付方式付款，已成为电子商务支付的主流。电子支付涉及客户、商家、银行、CA 中心等。一般的电子商务支付过程如下所述：

①根据购买的商品的价格，客户填写资金的卡号，并将这些信息提交给商家。

②商家将需转账的金额及自己的账号一同转给支付网关。支付网关的作用是将外部的公用网络银行的内部网络隔离开来，以保证银行内部网络的安全。

③支付网关验证客户的卡号是否有效。如果有效则请求银行冻结客户卡内的款项，将信息转给该商家，告诉商家可以支付给客户商品。

④商家告诉客户可以完成此订单。

⑤商家发出信息给支付网关，请求兑现。

⑥支付网关将客户卡内冻结的款项划到商家账号内。

6．配送货物

网上购物者在确定购买的商品后，即可选择货物支付方式。当商店在确定了用户所订购的商品后，可以根据客户的要求在用户希望的时间内将商品邮寄或送货上门。

7．验收货物

如果是送货上门，消费者应检查收到的送货单、商品情况和发票，并可通过送货人或网上留言、评价反馈你对该网上商店的相关意见。如果通过邮寄方式收到货物，消费者也应注意验收货物。

10.2.2　网上商店的构成和功能

网上商店由前台和后台构成，网站前台是面向网站访问用户的，也就是给访问网站的人看的内容和页面，网站前台访问可以浏览公开发布的内容，如产品信息、新闻信息、企业介绍、企业联系方式、提交留言等操作，管理可以通过密码进到后台的网页，来发布新闻、查看留言等操作。网站后台是指用于管理网站前台的一系列操作，如商品、信息的增加、更新、撤除，会员管理，订单管理等。通过网站管理后台，可以有效地管理网站供浏览者查阅的信息。网上商店的一般构成如图 10-8 所示。

图 10-8　网上商店首页

1. 网上商店前台功能

网上商店的前台有以下功能：

（1）会员登录：在网站首页中有会员登录框，在对应的文本框中输入正确的用户名和密码后，页面中有相应的信息提示登录成功，也可修改会员的资料和密码。

（2）推荐商品：指定在首页中推荐的商品，包括商品的缩略图、名称、价格。

（3）特价商品：指定特价的商品。

（4）热卖商品：公布热卖的商品。

（5）商品搜索：按商品类别、名称、关键字搜索。

（6）购物车：将欲购买的商品放入其中，可以更改数量或撤销某些商品。

（7）收银台和生成订单：购物后，可进入收银台，确认支付和配送方法后生成订单。在生成订单的同时，系统发邮件通知商店管理员。消费者可以查询自己订单的处理情况和历史订单。

（8）网站公告：公布站内新闻。

（9）顾客点评：在每个商品的详细介绍中消费者可以对这个商品进行点评。

（10）留言板：供顾客自由留言。

（11）友情链接：与其他网站交换友情链接。

（12）广告位：安排动画广告。

（13）客户支持：可以在线反馈客户意见。

2. 电子商务后台功能

网上商店的后台页面如图 10-9 所示，页面左边为管理导航条，右边页面为具体管理内容。

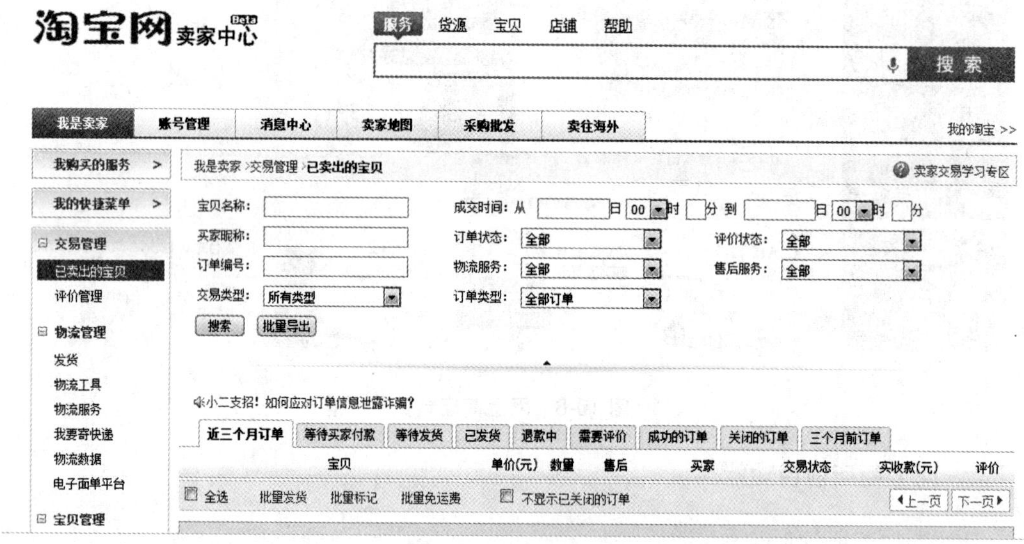

图 10-9　后台管理页面

（1）口令管理

由管理员设定其他工作人员的工作权限。

（2）商品管理

商品类别管理：包括添加、删除、修改商品分类。可根据实际需要设置多级商品分类。

分类商品管理：在不同的类别下管理商品，包括商品上传、修改和删除功能。商品资料包括商品名称、品牌、图片、产地（生产商）、市场价、VIP 会员价、商品详细信息等。缺货提醒，当库存商品数量较低时，系统提示及时增加库存。

（3）订单管理

①待处理订单

由于网上购物的特殊性，并非所有确认订单的会员都是真实需要购买商品的。因此，在系统中增加了“待处理订单”的管理。可以通过电话、邮件等方式和会员联系，当会员正式确认需要购买商品时，确认订单，订单就进入了“处理中订单”的列表中。

②处理中订单

显示用户已经确认购买的订单。“处理中订单”包括订单配送确认和收款确认的步骤。可以由管理员进行确认，确认时系统自动发送邮件给客户。

③历史订单

完成了配送和收款的订单是已经完成的订单，可以将其存档，供日后查对之用。

④订单统计。按时间统计销售额等资料。

（4）会员管理

修改、删除会员资料，确认或取消 VIP 会员等。

（5）网站管理

①评论管理。可管理顾客点评。

②公告管理。发布、删除商店公告。

③弹出窗口管理。控制是否在首页弹出广告窗口、修改窗口内容。

④广告位管理。管理网站固定广告位和浮动广告，可控制是否使用浮动广告。

⑤友情链接。可增加、删除友情链接。

⑥访问统计。查询访问统计。

⑦其他管理。修改关于联系方法、付款方法、版权信息等资料。

（6）配送支付管理

在客户生成订单时需要指定配送和支付方式，该功能专门增加或删除这些配送和支付方法。

10.3 网上商店开设前的准备

10.3.1 网店的适用对象

（1）初创业者

开网店就意味着增加了一条销售渠道，对于初创业者的好处是不言而喻的。此外，创业者在公司建立的初期，知名度低，自然就没有生意，开网店可以让客户知道有这么一个店铺，网民也可以用搜索引擎找到店铺的链接，建立起知名度就迈出了创业的第一步。

（2）大学生

大学生的课余时间相对比较多，其中大多数对网络的应用并不陌生，上网开店，并不是一件很难的事。事实上，如今大学生创业已颇为流行，而网店的种种优势相对于大学生而言，体现得更为明显。因而开网店，可算是大学生创业的一条捷径。

（3）有货源的小商户

网上开店的一个必要因素就是货源，有货源的小商户在这方面自然拥有一定的优势。

（4）小型企业管理者

对于小型企业来说，网上销售、网上开店无可厚非是一种必然的选择。过去，那些名不见经传的中小企业，要想把产品送进大百货店的大门简直比登天还难，可如今网络店铺给他们提供了一个广阔的天地，解开了中小企业产品销售难的死结。不受地理位置、经营规模、项目等因素制约，只要上网就能资源共享，中小企业在网络店铺上与知名大品牌实现了平等。

（5）整天上网的人

网上开店并不需要整天活动在网上，作为网上店主，也许每天只需要 1 个小时就可以照顾好自己的商店。但假设每天有大部分时间花在网上，那也是一种绝对的资源。经常活动在网上，可以找到更多的网上客户资源，可以在客户服务上尽可能地做到尽善尽美。同时，还可以学习到更先进的技术，把自己的网上商店管理得很好。

（6）普通企业白领

开网店的过程和手续都不复杂，而普通的企业白领也可尝试利用业余时间开网店。

店虽小，但是意义却不同，在这里可以体会到自己做老板的感觉，还可以结识更多的朋友。在业余时间，照顾自己的小店，不只是一种寄托，也是一份事业。

（7）实体店经营者

现在，越来越多的实体店经营者也加入了建设网店的大军之中，这主要是出于拓展销售渠道，抢占网上市场份额的目的；也有部分是基于企业营销战略的调整、或是消费者购物方式变化来考虑的。

10.3.2　网店商品的选择

在选择合适的网上商店启动方案之前，必须要确定什么商品在网上有竞争力。认真地研究商品属性，科学地筛选适应网络销售的商品，是上网开店成功的重要因素。

1．网店的商品类型

网上商店提供的商品和服务大致可以分为 3 类：实物商品、数字化商品、在线服务。

（1）实物商品

在网上商店出售的实物商品与传统普通商店出售的实物商品是没有什么两样的，从理论上来说，凡是在传统商店出售的物品都可以在网上商店出售。在网上商店出售是指只将商品的有关信息放在网络上，让消费者来选择是否购买，然后通过送货公司将在网上商店售出的货物送到消费者手上。至于货款支付方式的形式是不同的，有在线支付、款到送货和货到付款等。

（2）数字化商品

数字化商品是网上商店独有的商品，它在普通的商店反而不方便销售。数字化商品例如，在网络上出版的各种电子书刊，它是直接在网络上流通的。电子书刊是由计算机制作出来，通过计算机网络发行，读者也是通过计算机屏幕来阅读的，它完全可以没有实物形式，是仅存于网络空间上。在互联网上有许多网站都出版电子书刊，用户只要在网络上订阅，每月缴纳一定数量的订阅费上就能够在自己的电子邮箱定时收到所订书刊。当然，这些数字化商品在一定程度上也能够转化为实物商品，如把电子书刊制作成光盘、磁盘等。随着计算机网络技术和数字化技术的发展，各种影视产品也将大量数字化，各种数字化电影、数字化电视、数字化新闻将会成为主流。所以未来在网上商店出售的数字化商品将会越来越多，无论是商品的种类还是交易量都将会占越来越大的比例。

（3）在线服务

在线服务是指在计算机网络上提供的各种服务，这类服务包括信息服务和中介服务等。例如，在互联网的许多网站上都提供股市行情，这是典型的金融证券信息服务，用户可以在自己家中通过计算机获得即时的股市行情。中介服务也是网络提供在线服务的最普遍的一种形式，目前较常见的有代订飞机票、在线预订旅馆房间、医院预约、房地产中介等。

2．网店商品的原则

无论开设何种网上商店，在选择销售商品时，一般都应遵循以下原则。

（1）选择那些比较精通的商品。

（2）选择时效性要求不高的商品，除非确定能按时将商品交到客户手中。

（3）选择普遍适用的商品，那些需要客户试用的商品会给销售带来很大的麻烦，也可能因此而失去大量的顾客。

（4）选择适合网上顾客群的商品。就国内目前的发展情况来看，网上购物的客户群以年轻人为多，而且这种情况在最近几年内也看不出有任何变化的迹象，因此，抓住年轻人的爱好和需求是成功的关键。

3．适合网上销售商品的特点

在选择欲售商品时，还应考虑所选择商品是否适用于网上销售。网上购物一方面具有互动性强、成本低、方便快捷等优势；另一方面在提供消费者体验方面表现明显不足，缺乏商品的触摸感。根据这些特点，应尽量使网上商店的产品具有以下特点。

（1）标准性

这类产品的质量和性能由一些固定的数量指标来规定，产品之间没有多大差异，性能和价格等在购买前后都非常透明且稳定，因此，不需在购买时进行验证或比较。这类产品有计算机、书刊、家电、通信产品等。

（2）重购性

有些产品虽需要使用之后才能对产品好坏作出评价，但客户已经有这种产品的购买和使用体验，对产品的质量和性能非常熟悉。这类产品以日常生活用品居多，一般价格不高但需重复购买。这类产品有生活家居用品或服务、食品、化妆用品、金融保险服务等。

（3）时尚性

随着人们生活质量的不断提高，对时髦、前卫型产品或特色服务的需求越来越多。但这类产品和服务在现实生活中往往“可遇不可求”或没有时间进行深入的了解，但在网上却很容易找到相关的信息。由于网民中时尚新潮者居多，网友之间联系非常密切，根据客户反馈信息定制的时尚类产品在网上很容易售卖。这类产品主要有服装、礼品、保健服务等。

（4）快捷性

有些产品或服务采用网上订购并送货上门的方式，大大节省人们的时间，例如，票务服务、订餐、旅店预订服务等。

以上所列仅仅是在目前技术发展水平上的简单总结，对于网上能卖什么或者不能卖什么，还有待于更多的实践检验。对于网上商店经营者来说，在经营过程中必须注意不断调整产品结构使之与消费者的需求相适应，并充分发挥网络便捷的沟通优势，准确把握消费者的心理，及时为他们提供尽可能丰富的商品选择，只有这样，才能确立网上商店的经营优势。

至于在网上具体哪些商品好卖，从统计报告上看，商品生活化趋势更加明显，服装鞋帽、日用百货等生活用品的网购消费群体继续扩大。如图 10-10 所示，反映了 2013 年中国网络购物市场用户购买商品种类的分布。其中，服装鞋帽是网络购物市场最热门的销售品类，其购买人群占 75.6%；其次是日用百货和计算机、通信数码产品及配件，所占比例分别为 45.1%和 43.3%。

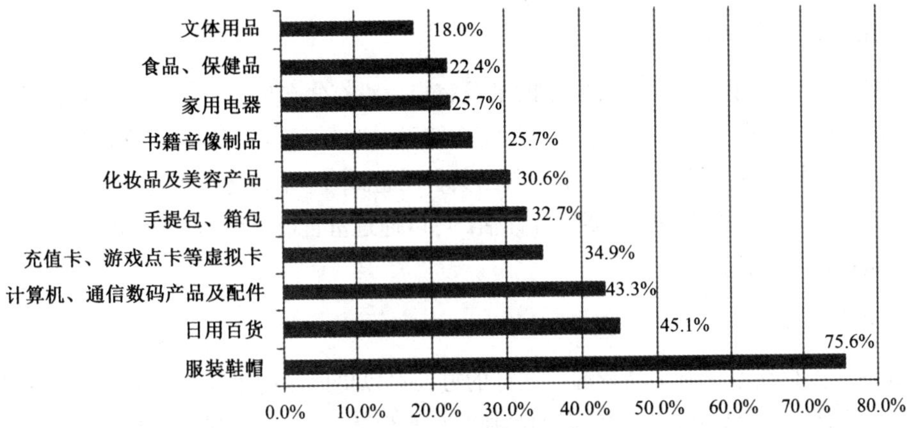

图 10-10　2013 年中国网络购物市场用户购买商品种类的分布

10.3.3　货源的寻找

怎样才能寻找到适合自己创业的货源，是所有网上开店的创业者最关心的问题，也是网上创业行动的标志，关系到网上创业能否成功。一般来说，可以从下列几方面考虑进货源头。

（1）批发市场进货

批发市场进货是最常见的进货渠道，如果网上商店是经营服装，那么可以去周围一些大型的服装批发市场进货，在批发市场进货需要有强大的议价能力，力争将批发价压到最低，同时要与批发商建立好关系，在关于调换货的问题上要与批发商交涉清楚，以免日后引起纠纷。

当然，批发市场进货也完全可以使用网上的货源平台，例如，阿里巴巴打造的全球最大的采购批发平台 1688.com 便是其中最著名的。

（2）厂家货源

正规的厂家货源充足，态度较好，如果长期合作的话，一般都能争取到滞销还款。但是一般而言，厂家的起批量较高，不适合小批发客户。如果有足够的资金储备，并且不会有压货的危险或不怕压货，可以考虑选择厂家进货。

（3）大批发商

一般用百度、谷歌就能找到很多。他们一般直接由厂家供货，货源较稳定。不足的是因他们已经做大了，订单较多，服务难免有时就跟不上。而且他们一般都有固定的回头客，怕没有批发商，很难和他们谈条件，除非订的次数多了，成为一个大客户，才可有特别的折扣或优惠。他们的发货速度和换货态度也往往不尽如人意。订单多、发货慢可通过提前订货来解决，真正的问题在于换货。收到的东西有时难免有些瑕疵，尤其是饰品，应事先要做好充分的沟通与协商。

（4）刚刚起步的批发商

这类批发商由于刚起步，没有固定的批发客户，没有知名度。为了争取客户，他们的起批量较小，价格一般不会高于甚至有些商品还会低于大批发商。还可以按照你进货的经验和他们谈条件，如价格和换货等问题。为了争取回头客，他们的售后服务一般比较好。不足的是因为是新的批发商，他们的诚信度需要进行评估。可以通过留言板上别人对他们的评价和他们自己出具的资信证明来评估。

（5）品牌代理

通过品牌授权获取优质正品货源，这样的方式可以借助品牌本身具有的知名度来提高网店的销量，并且所售商品有着相对较高的品质和信誉保障。目前，品牌的代理同样可以通过网上分销平台来实现，例如，天猫供销平台（gongxiao.tmall.com）便是分销商与品牌商建立深度合作的场所。

（6）关注外贸产品或 OEM 产品

目前许多工厂在外贸订单之外的剩余产品或者为一些知名品牌的贴牌生产之外会有一些剩余产品处理，价格通常十分低廉，通常为正常价的 2～4 折，这是一个不错的进货渠道。

（7）买入库存积压或清仓处理产品

因为急于处理，这类商品的价格通常是极低的，如果有足够的砍价能力，可以用一个极低的价格采购，然后转到网上销售，利用网上销售的优势，利用地域或时空差价获得足够的利润。不过，这就需要密切关注市场的新信息及动态了。

（8）寻找特别的进货渠道

通过一些特殊的关系渠道，或者有机会直接从港澳、国外进到一些国内市场上看不到的商品，或者一些价格较低的商品。

在以上进货渠道中，对于小本经营的卖家而言，后三者更适合一些，但是要找到这样的进货渠道难度大一些，需要卖家们多用时间，细心留意。网上开店，进货是一个很重要的环节，不管是通过何种渠道寻找货源，低廉的价格是关键因素，找到了物美价廉的货源，网上商店就有了成功的基石。

10.3.4　开店前的规划策略

对于经营一个网上商店，开店前的规划策略是非常重要的。具体开店规划步骤分别说明如下。

1．营销策略的决定

对于已经拥有传统渠道的商家而言，开设网上商店应考虑对传统渠道的影响，并重新拟定整体市场营销策略。以某知名公司为例，其销售策略是希望新渠道能逐渐取代传统售票专柜渠道，以节省渠道成本，利用网上商店，可提供消费者在家里利用网上购票定位，线上通过信用卡付款后立即取得入场密码。整个流程比传统渠道节省了相当可观的手续费与时间，而利用这种渠道购票的消费者也因而得到更高的折扣。而事实证明该公司的策略非常成功，赢得不少消费者的好评。

2．规划商品的销售及配送方法

列出你公司出售的所有产品和服务，而后考虑哪些商品是需要由人工递送的实体化商品，哪些商品可以用数字化方式传送。对于可用数字化方式传送的商品，可直接利用网上商店将数字化的信息（如软件、电子图书、图片）直接传送给你的客户，节省物流及零售商的费用。对于必须由人工递送的实体化商品，可以考虑在以下方式中进行选择：专业的配送公司送货、由各种快递公司代劳、交给邮局代理、亲自送货等；无论是哪一种方式，都必须在开店前定下来。

商品的配送还应掌握便利与效率的原则方能吸引客户的购买欲望。以美国著名的电子零件经销商 Marshall 公司为例，即通过与 UPS 快递公司的合作，成功地将产品的配销网络延伸到全球。再有全世界最大的网上书店 Amazon，则提供顾客在订购时选择快递、空运、海运等多种不同的配送方法，以节省顾客的等待时间。

3．营销评估

营销评估包括营销的目标和资源及对竞争对手进行评估。具体从以下三个方面进行评估。

第一，设定具体可行的营业目标。对于初设网上商店，请暂时先不要将你的营业目标定得太高。因此，营业的初期应以拓展市场及增加知名度为目标。

第二，对现在网上的工作状况，以及现有客户和潜在客户等资源进行评估，包括通过已有的网上形象所得到的每一条反馈信息。

第三，对竞争对手的网上形象进行评估，它是判断网上市场营销所需投入力度的一个关键步骤。你可以通过访问其 Web 站点或与其在网上世界会面，看它们带有指向其网上形象的新闻稿、商用明信片及其他传统市场推销材料来了解对手。同样还需看一看供应商和顾客、公司所属的行业和贸易集团及其他合作伙伴的网上形象。

4．经营成本的预估

就像开一个普通商店一样，投入多少是因人而异的，大的商店要求投入就要多一些，小商店要求可能相对少一些。在网上开设虚拟商店同样可作成本分析，这里主要包括广告成本、开办成本和经营成本。广告成本的投入与普通商店一样，是一项弹性很大的开支，要视具体情况而定。不同的是网上商店除了可以在传统的报纸电视上做广告以外，还可以利用网络，在网上一些热门网站上做广告也能取得很好的效果。虚拟商店的开办成本主要包括硬件设备、软件配备、网页设计费、ISP的申请费或租金和各种手续费用，如果以租用的形式开办虚拟商店，那么开办成本是以租金为主。经营成本主要包括网络通信费用（如专线月租、以通信量多少计算的通信费等）、设备维护费、售后服务开支、网页维护开支、商品退货成本、人员工资成本等。

5．决定客户的付款方式

目前的网上开店主要有以下几种付款方式。

（1）邮局汇款：此种方式对于很多对网络存在戒心的人比较适用，他们认为邮局汇款可信度比较高，不过这种方式汇款周转周期长、费用高、通邮不方便等，不受欢迎。

（2）当面交易：此种基本是同城间的买卖双方进行的交易，或者您的商品非常重要，您需要当面验货。

（3）银行转账：这是比较流行的一种方式，汇款周期短，费用低，查询方便。

（4）在线第三方支付：就是网上在线支付，是指卖方与买方通过电子商务网站进行交易时，银行为其提供网上资金结算服务的一种业务。它为企业和个人提供了一个安全、快捷、方便的电子商务应用环境和网上资金结算工具。常用的在线支付平台，如支付宝、快钱、云网、网银等。

6．后台作业处理的规划

由于目前网络上交易的商品金额不大，而为了促销又往往会提供许多优惠。因此，订单处理的成本将是关系到网上商店是否能生存的重要因素。一个完善的后台作业处理应包括商品资料库管理系统、商品自动上柜系统、线上订购及订单管理系统、线上安全支付系统、会员管理系统等。

事实上，许多作业处理、包装、运送等费用等都关系到成本，例如，对订单的处理是计算机化还是“人”来处理，以及付款方式的选择、信用卡授权号码方式等都将影响着商店的营业成本。

7. 充实相关法律政策知识

网上开店虽然是被普遍看好的新兴的热门行业，但它与传统商业并无太大的差别。现实世界的法律仍可套用于虚拟世界。

10.4　网上商店的建立过程

10.4.1　选择网上商店的建立方式

目前，建立个人网上商店主要有三种可供选择的方式。

（1）自建商务网站

经营者自己亲自动手或者委托他人进行网站的设计，网站的经营与大型的购物类网站没有关系，完全依靠经营者个人的宣传吸引浏览者，如图 10-11 所示。

图 10-11　一家自建商务网站示例

自建商务网站的建设方式有两种：一是完全根据商品销售的需要进行个性化设计，这需要进行注册域名、租用空间、网页设计、程序开发等一系列工作，个性化较好，但费用较高；一是向一些网络公司购买自助式网站模块这种方式，操作简单，费用较低，但是缺乏个性。

自建商务网站的缺点是建设费用较高，同时还需要投入足够的时间与金钱进行网站宣传，优点是网店内容不受固定格式的限制，也不必交纳诸如商品交易费之类的费用。

（2）入驻网上商城

入驻网上商城即在专业的大型网络交易平台上注册会员，开设网上商店。建设一个功能完善的电子商务网站需要投入大量资金，还要涉及网上支付、网络安全、商品配送等一系列复杂的问题，对于许多中小企业来说，不仅进入门槛很高，而且由于网上销售还没有成为产品销售的主流渠道，即使有实力建立一个具备网上交易功能的网站，实际上也不一定划算。因此，建立在第三方提供的电子商务平台上的网上商店作为一种网络营销和网上销售方式，有其独特的作用。易趣、淘宝、易购、拍拍等许多大型专业网站都向个人提供网上开店服务，只要支付少量的相应费用（网店租金、商品登录费、网上广告费、商品交易费等）或者免费，就可以拥有个人的网店，进行网上销售。用这种方式建立网上商店比较简单，适合在资金、技术等方面不具有优势的个人或企业，而且易于操作。

（3）以论坛为店铺

有人通过在论坛上发表商品信息，把论坛当作店铺，把帖子当作商品陈列架，这种方式无疑是最快捷、最省事的一种。但这种店铺最易受到网民的质疑，交易双方的信用都没有保证，交易也就难免要受到影响。不过，如果口碑好，在论坛上做生意，很容易形成固定的顾客群。随着网店的发展及普及，这一方式与大部分民众对网店的理解有出入，因而在这里将不对该方式进行讨论。

10.4.2 自建商务网站的步骤

1．选择网络服务方式

网络的建设可以分为两种：一种是自行架设主机，另一种是租用ISP空间。网站投资选择的主要问题是资金问题。如果一个企业规模较大，资金充足，而且有大量的信息需要与外界交流，选择自己建立企业网站接入Internet是比较理想的；如果企业与外界没有很多的信息交流，且资金有限，租用ISP空间是比较理想的。租用ISP空间又分两种形式：虚拟主机与服务器托管。三种网络服务方式的优缺点对比如表10-1所示。

表10-1　三种网络服务方式的优缺点对比

形　式	优　点	缺　点
虚拟主机	相对比较经济，可以获得必要的服务，是初期建立网上商店的最佳选择，不需担心日后主机维护的问题	有空间的限制，当网上商店规模渐增时就会觉得虚拟主机的服务已经不能满足需要
服务器托管	服务器托管或者租用服务专柜，可以自主决定服务类型，可以不断添加服务种类，不会受到空间的限制，不需担心日后主机的维护问题	所有提供服务的软件都要自己开发或者购买，相对于前一种形式，其维护费用大大增加，所以适用于网上商店已经发展到一定规模时采用

续表

形　式	优　点	缺　点
自行架设主机	网上商店的建设完全自主，用户享有一切权利，可以提供各种类型的服务	费用是三种形式中最高的，在建设初期的技术要求也是最复杂的，需要考虑主机等级、服务器、终端机等硬件设备，还有防火墙设置、相关软件的购买、向 ISP 申请专线等，此外，还必须考虑主机的维护问题

2．办理相关登记与申请

在网络上开店必须为网上商店取一个名称，然后办理工商营业登记或变更营业项目。要联系至少一家银行以提供网上支付服务，还要申请域名，在有关部门登记成为合法的、唯一的网络地址，最后要向 ISP 申请连线，以保证与 Internet 的信息交流，开展正常的网络营销活动。

3．采购计算机设备

决定店面的设立方法之后，接下来就该采购计算机设备，如果是自行架设主机，就得考虑主机档次、路由器、服务器、终端机等硬件设备，还有防火墙建置，其他相关软件的购买，向 ISP 申请专线等。若是租用 ISP 的硬盘空间就比较单纯，你只要买台个人计算机，再跟 ISP 申请空间即可，也不需担心日后主机维护的问题了。

4．店面装修

店面的装修可以用以下三种方式中的任意一种。

（1）利用 ISP 提供商提供的店面服务。这是建立网上商店最简单、但未必是最便宜的方式。可以从 ISP 提供商那里下载软件，来建立在线商店。通常是以向导方式建立，只需按照屏幕指示操作即可。有些解决方案非常简单，无须特别的软件或者网页编程的知识。但是这样建立的店面比较缺乏个性。

（2）利用店面软件包建立店面。店面软件包提供了创建在线处理交易的网上商店所需的工具。这种方式特别适用于本身编程能力不强，但又希望设计出有一些自己特色的网上商店的店家。

（3）自行设计店面。如果对以上两种方式设计的店面都不满意，可以自己学习编程，自己动手设计店面，这样做虽然比较费力，但设计出来的店面更符合你个人的要求，且富有个性。

不论是以何种方式装修店面，好的网页都应该是既让使用者感觉舒服，又能吸引消费者的购买兴趣。如果你设计的网页具备高度的感染力并能成功地引导消费者经历一个愉快而高度互动的购物过程，那就是一个好的网页；反之，如果让使用者感到操作不便或是觉得乏味无趣，那就是一个失败的网页。好的网站内容设计，应掌握下列要诀。

①避免过大的图片和太长的网页界面，以免影响下载速度。

②人机界面须具备感染力，且可在不同的浏览软件下观看。

③必须将产品作适当的分类，及时提供充分的产品信息。

④提供简便搜索的功能，订购流程流畅。

5. 后台作业处理的设计

一个完善的后台作业处理应包括商品资料库管理系统、商品自动上柜系统、线上订购及单元管理系统、线上安全支付系统、会员管理系统等。若是自行架设网站或是租用ISP硬盘空间，这些后台作业系统可能都要自行设计或委托电脑公司设计，或是购买套装软件。

6. 测试开业

由于网上商店涉及的范围较广，有通信方面、计算机方面，也有商业方面，比普通商店要复杂一些，并且还有相当多的技术问题；因此，系统建设完成，正式上网营运前，必须先做一番测试，测试没问题后才正式上网。对网上商店的测试主要是系统功能测试、离线测试、在线测试、不同时段拨号测试、同时段多人同时拨号测试、不同平台测试、不同浏览器测试等。一切测试都通过后，就可以正式上网开业了。

10.4.3 入驻网上商城的步骤

1. 选择合适的网上交易平台

入驻网上商城开设网上商店，不仅依托网上商城的基本功能和服务，而且顾客主要也来自于该网上商城的访问者，因而平台的选择非常重要。但用户在选择网上商城时往往存在一定的决策风险，尤其是初次在网上开店，由于经验不足，以及对网上商城了解比较少等原因而带有很大的盲目性。有些网上商城没有基本的招商说明，收费标准也不明朗，只能通过电话咨询，这也为选择网上商城带来一定的困惑。

不同网上商城的功能、服务、操作方式和管理水平相差较大，理想的网上商城具有以下基本特征。

（1）良好的品牌形象、简单快捷的申请手续、稳定的后台技术、快速周到的顾客服务、完善的支付体系、必要的配送服务，以及售后服务保证措施等。

（2）有尽可能高的访问量，具备完善的网店维护和管理、订单管理等基本功能，并且可以提供一些高级服务，如对网店的推广、网店访问流量分析等。

（3）完善的收费模式和合理的费用水平也是重要的影响因素之一。

不同的个人可能对网上销售有不同的特殊要求，选择适合本商店产品特性的网上商城需要花费不少精力，完成对网上商城的选择确认过程大概需要几个小时甚至几天的时间。不过，前期调研的时间投入是值得的，可以最大可能地减小盲目性，增加成功的可能性。

由于网上商店建设和经营具有一定的难度，需要经验的积累，因此，在初次建立网上商店时，最好进行多方调研，选择自己喜爱、适合自己产品特点，又具有较高访问量的网上商城。

在资源许可的情况下，也不妨在几个网上商城同时开设网上商店。

2. 向网站申请开设店铺

申请店铺要按照网站的要求来进行，并且要详细填写自己商铺所提供商品的分类，以方便目标客户准确、快速地找到店铺。申请卖家大致需要三步：首先填写个人资料；其次提交身份证；最后提交银行卡。各平台网站都有详细的开店教程或指导，只需要一步一步按照提示申请就行了。下面以淘宝网为例，介绍申请店铺的一般流程。

（1）注册信息成为会员，并通过手机或邮箱进行验证，如图 10-12 和图 10-13 所示。

图 10-12　设置登录名

图 10-13　填写注册信息

（2）申请开店。在首页单击“卖家中心”，进入页面后可找到“免费开店”选项，如图 10-14

所示。

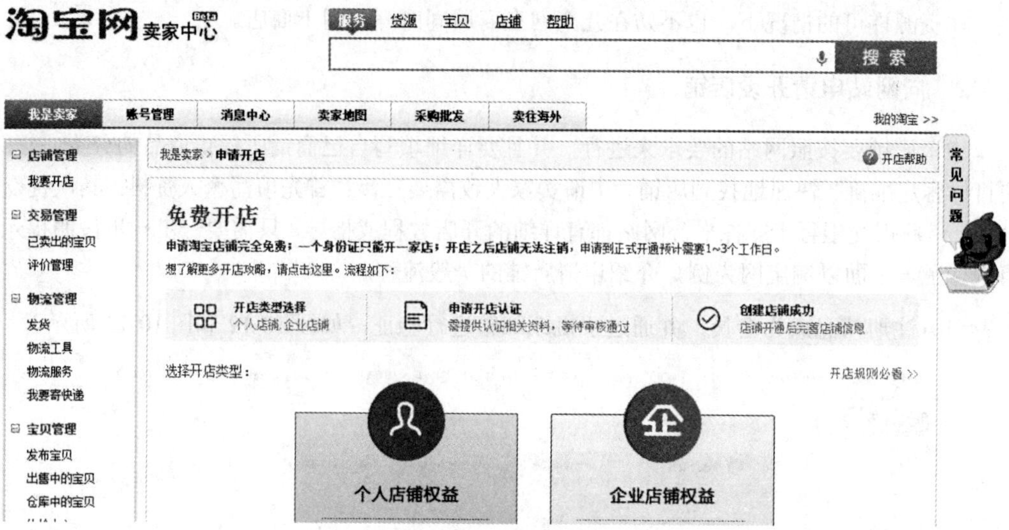

图 10-14　申请开店

（3）支付宝账户绑定，如图 10-15 所示。

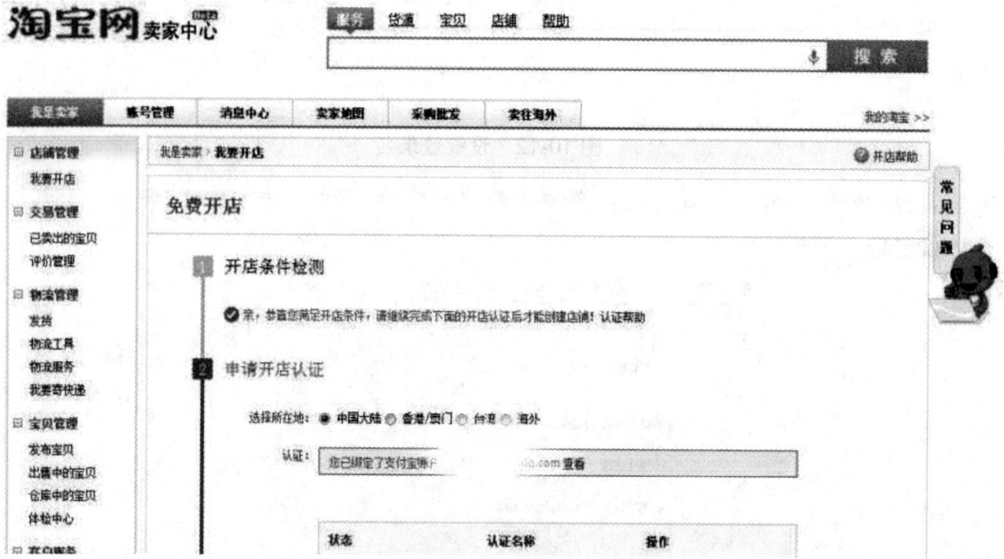

图 10-15　支付宝账户绑定

（4）进行开店认证。其中包括“支付宝实名认证”和“淘宝身份信息认证”两项（如图 10-16、图 10-17 所示）。支付宝实名认证与淘宝开店认证提交成功后需等待两个工作日，然后可进入淘宝开店页面查看认证审核结果。

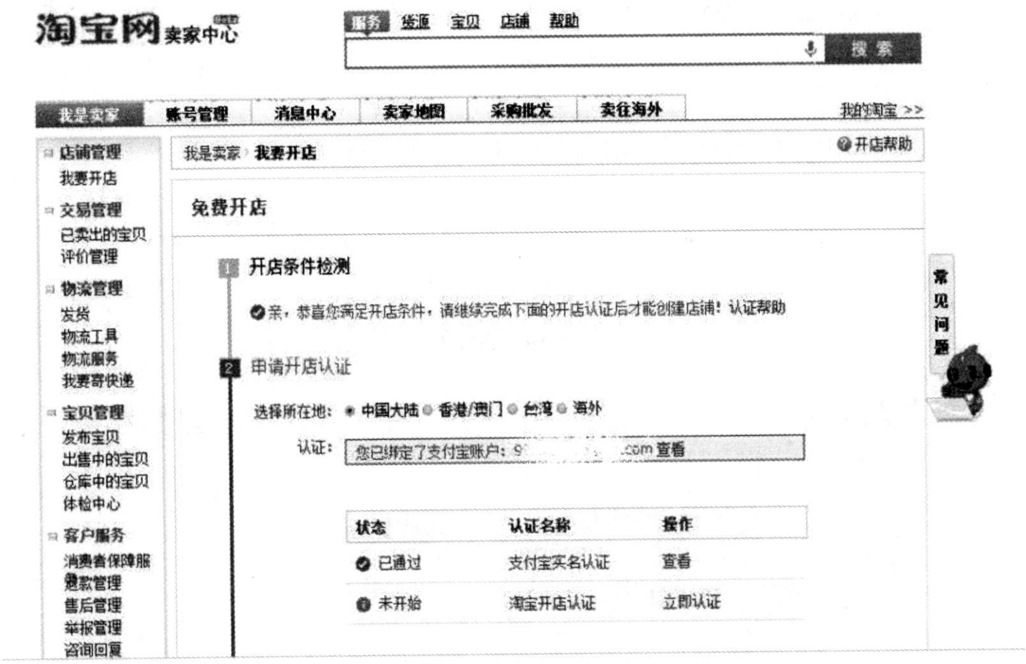

图 10-16　申请开店认证

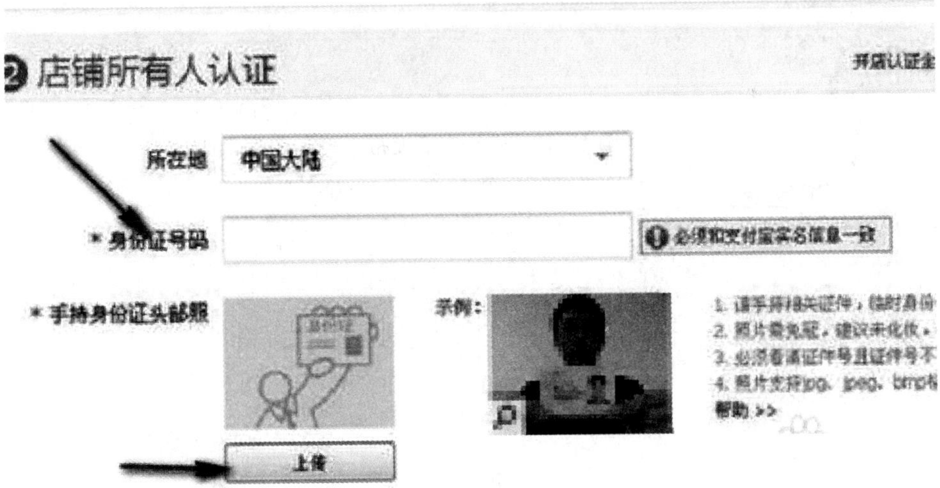

图 10-17　淘宝身份信息认证

（5）创建店铺，并进行店铺设置，如图 10-18 所示。

（6）发布产品。选择产品发布方式，选择产品所属类别，填写产品信息，如图 10-19、图 10-20 和图 10-21 所示。

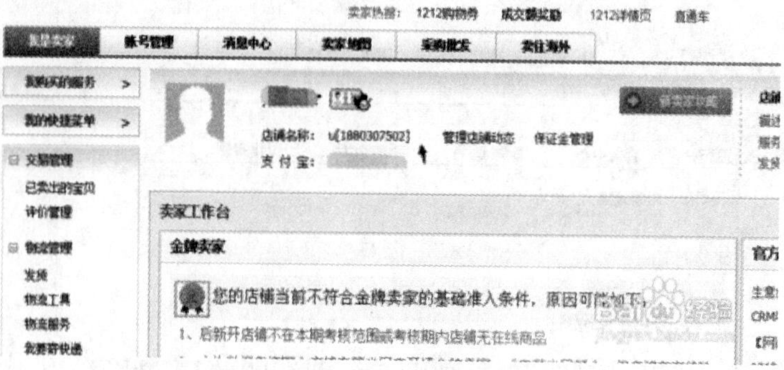

图 10-18 店铺设置

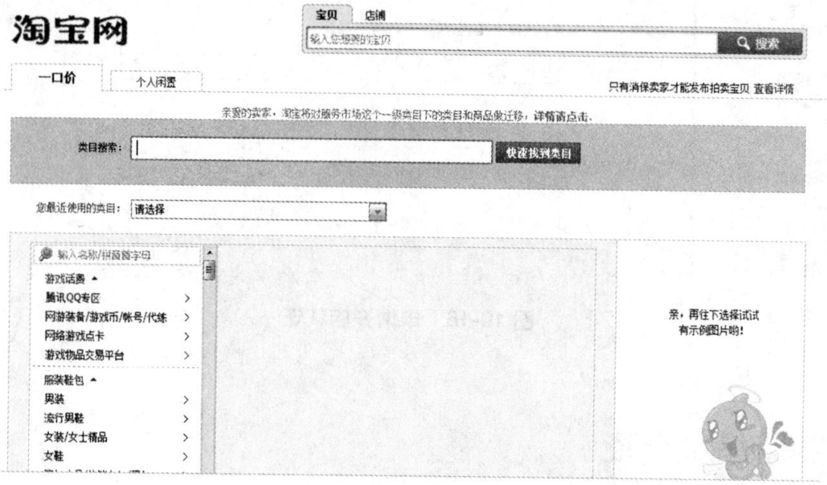

图 10-19 选择产品发布方式

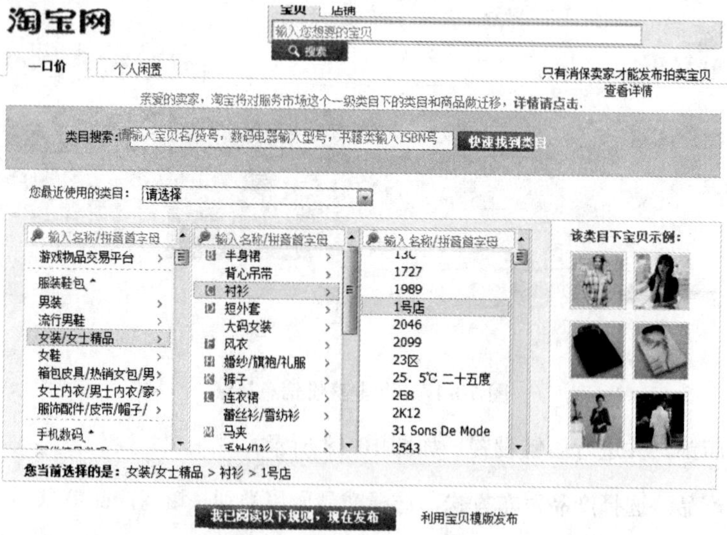

图 10-20 选择产品所属类别

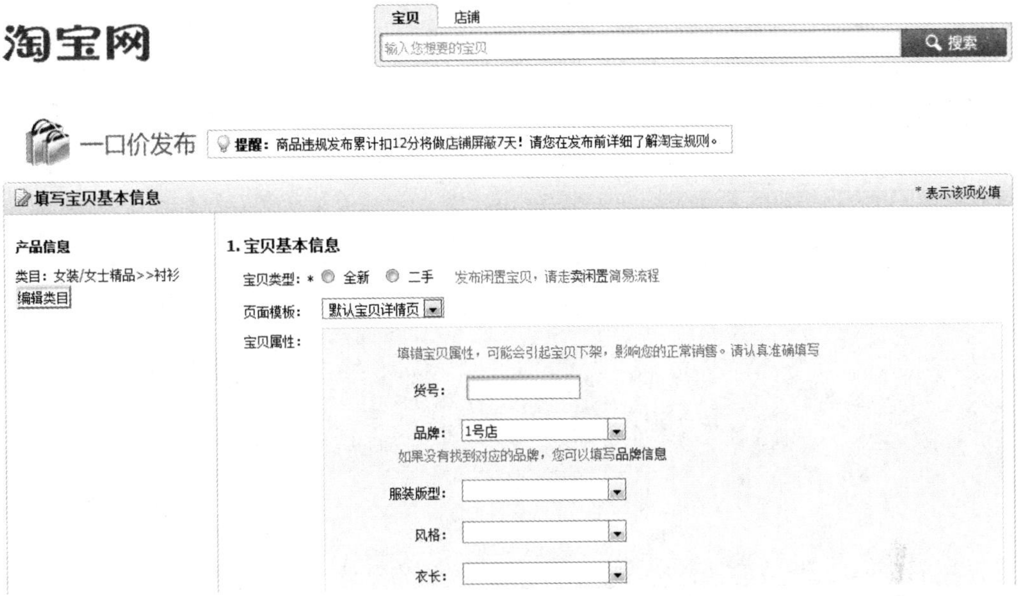

图 10-21　填写产品信息

3．店面装修

与自建商务网站的网店相同，入驻商城的网店也需要进行店面装修。所不同的是，自建商务网站的网店将涉及网页的设计；而入驻商城的网店，网上商城经营商会提供店面装修功能，只需要按照提示操作即可。例如，在淘宝网上进行店铺装修，首先要进入店铺管理平台，然后选择“店铺装修”，即可进行店铺风格、店铺招牌，以及店铺模块添加修改等内容的操作。

第11章

电子交易与支付

随着电子商务的发展和网络规模的扩大，以及应用复杂性的迅速提高，电子交易与支付是电子商务活动中必不可少的一环，具有较强的生命力，本章将系统介绍电子交易的各个领域，深入浅出，使读者能够综合运用各种电子交易技术，宏观规划和构建电子交易体系，实施和运营电子交易系统，完成电子交易系统上的服务与管理。

11.1 电子交易概述

11.1.1 电子交易的概念

在电子商务中没有哪一部分比电子交易更引人注目了。电子交易就是指在网上进行买卖交易。电子交易将不再是简单地开辟一条新的网上销售渠道。它将采用技术手段改善企业模式、增加企业收入和效率；它将降低经营成本并能帮助企业与客户、供货商，以及合作伙伴建立更为密切的合作关系。这样一来，可以在网上将经销商和生产厂家联系起来，从而优化交易过程，减少文书工作。也可以通过建立与供货商直接联系的网络而获利，从而削减库存和运输消耗，快速响应用户要求。您还可以通过网上账单和支付系统改善与客户和供应商的关系。

这样，企业不但赢得客户的信任，更能提高订货效率、降低库存损耗、保持资金全部周转和降低实际销售支出，进而降低成本、增加利润。

电子交易将不再是简单地开辟一条新的网上销售渠道。它将降低经营成本并能帮助企业与客户、供货商，以及合作伙伴建立更为密切的合作关系。电子交易使您能够在增加收入的同时建立起客户忠诚度，通过提高订单处理效率得以降低成本。降低库存和库房开支的同时还能保持满货率并降低销售交易的实际成本。

11.1.2 电子交易的特点

与传统商务形式相比，电子交易有以下几个特点。

（1）市场全球化。凡是能够上网的人，无论是在南非上网还是在北美上网，都将被包容在一个市场中，有可能成为上网企业的客户。

（2）交易的快捷化。电子商务能在世界各地瞬间完成传递与计算机自动处理，而且无须人员干预，加快了交易速度。

（3）交易虚拟化。通过以互联网为代表的计算机互联网络进行的贸易，双方从开始洽谈、签约到订货、支付等，无须当面进行，均通过计算机互联网络完成，整个交易完全虚拟化。

（4）成本低廉化。由于通过网络进行商务活动，信息成本低，足不出户，可节省交通费，且减少了中介费用，因而整个活动成本大大降低。

（5）交易透明化。电子商务中的双方的洽谈、签约，以及货款的支付、交货的通知等整个交易过程都在电子屏幕上显示，因而显得比较透明。

（6）交易标准化。电子商务的操作要求按统一的标准进行。

（7）交易连续化。国际互联网的网页，可以实现 24 小时的服务。任何人都可以在任何时间向网上企业查询信息，寻找问题的答案。企业的网址成为永久性的地址，为全球用户提供不间断的信息。

11.1.3　电子交易与传统交易的区别

电子交易和传统交易本质上都是商品、服务、信息等的买卖过程，两者业务流程也相似，但由于电子交易采用了信息技术，使得电子交易与传统交易在以下几个方面有所不同。

（1）信息获取与传输方式不同。在传统交易过程中，买卖双方通过传统媒介如报纸、纸质目录、往来信函等方式传输信息，使得双方难以充分地沟通、协调，增加了交易时间、费用和交易风险；而在电子交易中，信息的传输都是电子化的、即时的、交互式的，极大地提高了信息传递的速度，方便了双方的沟通和协调，节约了交易时间、费用，降低了交易风险。

（2）签约方式不同。传统交易需要双方进行多轮的面对面沟通、谈判，出差成为销售代表的代名词；而电子交易可开展网上谈判，签订电子合同。

（3）下单与订单履行方式不同。在电子交易中，客户可通过供应商的门户网站直接下单，方便快捷；而企业可通过 ERP 系统将订单系统与库存系统、生产系统集成在一起，在在线接收到客户订单后，可以通过企业内联网在线检查库存中是否有存货，也可指令生产系统组织生产，然后确定如何交付产品，客户还可选择电子支付。

（4）交易机制不同。一些在传统交易中难以实现的交易机制却被电子交易广泛使用，如拍卖、逆拍卖、由你定价、定制等。

（5）售后服务不同。在传统交易中，许多服务需要上门完成，但电子交易可通过网络指导、培训，使客户自己完成某些原本需要供应商完成的服务。购物体验的交流方式也与传统方式存在着明显差异。

11.1.4　电子交易的过程

1．企业电子交易过程

企业的电子交易与传统交易方式一样也需要经过四个阶段，即交易前的准备阶段、磋商阶段、签约及办理交易手续阶段、合同履行及索赔阶段。企业电子交易过程，如图 11-1 所示。

（1）交易前的准备阶段

电子交易的第一阶段主要是指买卖双方和参加交易各方在签约前的准备活动。

① 买方根据自己要买的商品，准备购货款，制订购货计划，进行货源市场调查和市场分析，反复进行市场查询，了解各个卖方国家和地区的贸易政策，反复修改购货计划和进货计划，确定和审批购货计划。在按计划确定购买商品的各类、数量、规格、价格、购货地点和交易方式等，尤其要利用 Internet 和各种电子网络寻找自己的商品和商家。

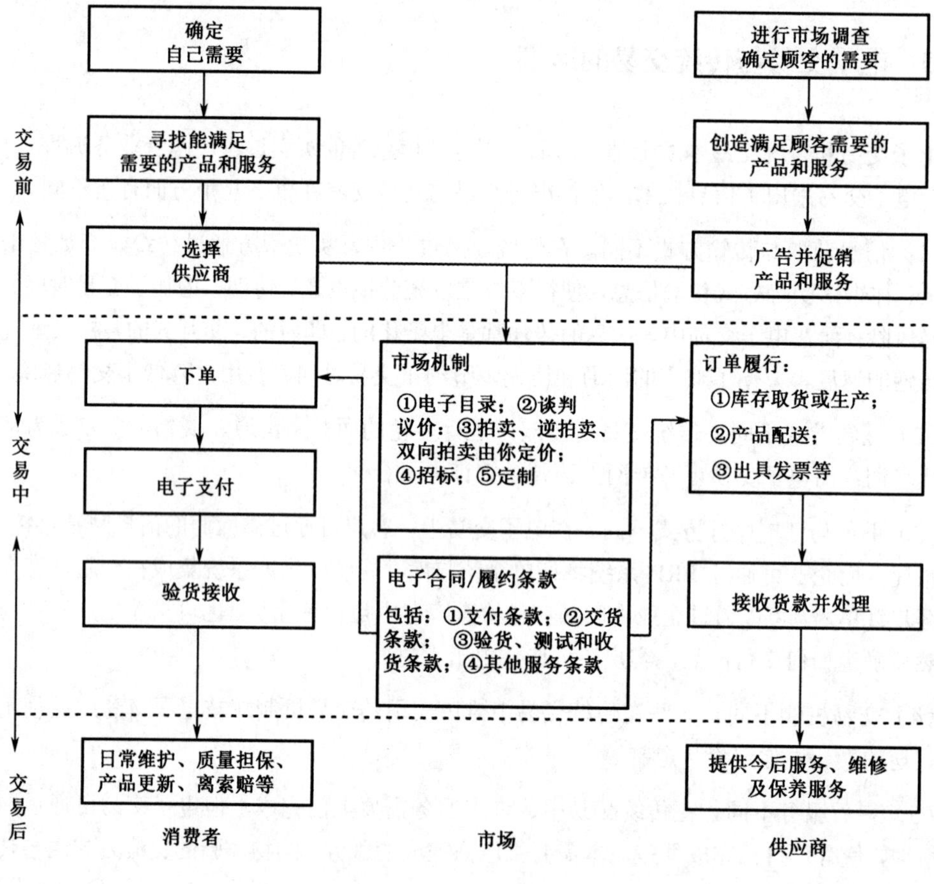

图 11-1　电子交易的过程

② 卖方根据自己所销售的商品，召开商品新闻发布会，制作广告进行宣传，全面进行市场调查和市场分析，制定各种销售策略和销售方式，了解各个买方国家和地区的贸易政策，利用 Internet 在各种电子商务网络上发布商品广告，寻求贸易伙伴和贸易机会，扩大贸易范围和商品所占市场的份额。其他参加交易各主体有中介方、银行金融机构、信用卡公司、海关系统、

商检系统、保险公司、税务系统、运输公司，也都为进行电子商务交易做好了准备。在电子商务系统中，信息的交流通常都是通过双方的网址和主页来完成的。这种信息的沟通方式无论从效率上，还是从时间上都是传统方法无法比拟的。

（2）交易磋商

在商品的供需双方都了解到了有关商品的供需信息后，具体商品交易磋商过程就开始了。在传统的工业化社会中，贸易磋商过程往往都是贸易单证的传递过程。这些单证均反映了商品交易双方的价格意向、营销策略、管理要求及详细的商品供需信息。通过邮寄的单证传递是贸易磋商中很费时费力的过程，特别是在贸易磋商回合较多的情况下更是如此。用电话虽然能够达到磋商的目的，但是磋商的结果仍然需要用传递纸质单证的方式来完成。用传真虽然能够达到直接传递纸质单证的目的，但是传真的安全保密性和可靠性不足，一旦发生贸易纠纷，传真件不足以作为法庭仲裁的依据。

在传统的技术条件下，邮寄就成了重要贸易文件传递的唯一途径，而在网络化环境下就不同了，整个商贸磋商的过程可以在网络和系统的支持下完成。原来商贸磋商中的单证交换过程，在电子商务中演变为记录、文件或报文在网络中的传递过程。各种各样的电子商务系统和专用数据交换协议自动地保证了网络信息传递的准确性和安全可靠性。

电子商务的特点是可以签订电子商务贸易合同，交易双方可以利用现代电子通信设备和通信方法，经过认真谈判和磋商后，将双方在交易中的权利、所承担的义务、对所购买商品的种类、数量、价格、交货地点、交货期、交易方式和运输方式、违约和索赔等合同条款，全部以电子交易合同作出全面详细的规定，合同双方可以利用电子数据交换（EDI）进行签约，可通过数字签名等方式签名。

（3）签订合同与办理手续

在传统的技术环境中，贸易磋商过程都是通过口头协议来完成的。磋商过程完成后，为了以法律文件的形式确定磋商结果以监督双方的执行，双方必须要以书面形式签订商贸合同。在网络化环境下的电子商贸系统中书面合同就失去了它传统的功效。因为网络协议和应用系统自身已经保证了所有贸易磋商日志文件的准确性和安全可靠性。故双方都可以通过磋商日志或文件来约束商贸行为和执行磋商结果。同时第三方在授权的情况下可以通过它们来仲裁执行过程中所产生的纠纷。

买卖双方签订合同后到合同开始履行之前还需办理各种手续，也是双方贸易前的交易准备过程。交易主要涉及的有关各方，以及可能要涉及的中介方、银行金融机构、信用卡公司、海关系统、商检系统、保险公司、税务系统、运输公司等，买卖双方要利用 EDI 与有关各方进行各种电子票据和电子单证的交换，直到办理完可以将所购商品从卖方按合同规定开始向买方发货的一切手续为止。

（4）合同的履行和支付过程

这一阶段是从买卖双方办完所有各种手续之后开始，卖方要备货、组织货源，同时进行报关、保险、取证等；买方将所购商品交付给运输公司包装、起运、发货，买卖双方可以通过电子商务服务器跟踪发出的货物；银行和金融机构也按照合同，处理双方收付款、进行结算，出具相应的银行单据等，直到买方收到自己所购商品，完成整个交易过程。

传统商贸业务中的支付过程有两种形式：一种是用支票方式，这种方式多用于企业与企业间的商贸过程；另一种是现金方式，这种方式比较简单，常用于企业（主要是商业零售业）对个体消费者的商品零售过程。在实际操作过程中，现金支付方式非常简单，而支票方式则较为复杂，它涉及双方单位和它们的开户银行等多家单位。

2. 消费者的电子交易过程

消费者在网上购物，他的一次完整的电子交易，可以用以下步骤来描述。

①消费者浏览网站，寻找商品。

②将选购好的商品放入购物车。

③检查购物车，下订单。

④按要求填写用户表单信息，如送货地址、联系方式等，确认后提交订单。

⑤消费者完成付款。

⑥商家确认订单，配货、送货。

⑦消费者验货、收货，完成交易。

11.2 电子支付

随着全球电子商务的蓬勃发展，作为电子商务基础的电子支付在最近几年已被人们普遍接受。目前，网络银行、数字现金、电子钱包、银行卡等已经突破传统支付方式的局限性，具有更加快捷的支付方式、低廉的支付成本、更高的支付效率。这些优势使得传统支付方式正日益被电子支付所代替。

11.2.1 电子支付的定义

电子支付是指电子交易的当事人，包括消费者、厂商和金融机构，使用安全电子支付手段，通过网络进行的货币支付或资金流转。

电子支付方式的出现要早于互联网，银行进行电子支付的 5 种形式分别代表着电子支付发展的不同阶段。

第一阶段是银行间采用安全的专用网络进行电子资金转账（ EFT），即利用通信网络进行账户交易信息的电子传输，办理结算。

第二阶段是银行计算机与其他机构计算机之间资金的结算，如代发工资，代交水费、电费、煤气费、电话费等业务。

第三阶段是利用网络终端向用户提供各项银行服务，如用户在自动柜员机（ATM）上进行取、存款操作等。

第四阶段是利用银行销售点终端（POS）向用户提供自动扣款服务，这是现阶段电子支付的主要方式。

第五阶段是最新发展阶段，电子支付可随时随地通过互联网络进行直接转账结算，这一阶段的电子支付称为网上支付。

11.2.2 电子支付的特点

传统的支付方式，如邮局汇款、银行电汇、货到付款等，一般都采用现金和票据等工具进行支付。这种传统的支付结算运作成本高，凭证传递时间长，在途资金积压大，资金周转慢，处理效率低。与传统的支付方式相比较，电子支付具有以下特点。

（1）电子支付是采用先进的信息技术来完成信息传输的，其各种支付方式都是采用数字化的方式进行款项支付的，而传统的支付方式则是通过现金的流转、票据的转让及银行的汇兑等物理实体的流转来完成款项支付的。

（2）电子支付的工作环境是基于一个开放的系统平台（如互联网）之上，而传统支付则是在较为封闭的系统中运作。

（3）电子支付使用的是最先进的通信手段，如互联网、外联网；传统支付使用的则是传统的通信媒介。电子支付对软、硬件设施的要求很高，而传统支付则没有这么高的要求。

（4）电子支付具有方便、快捷、高效的优势。用户只要拥有一台联网的计算机，足不出户便可在很短的时间内完成整个支付过程。电子支付可以完全突破时间和空间的限制，可以满足每周 7 天，每天 24 小时的工作模式。

11.2.3 电子支付的类型

电子支付的业务类型按电子支付指令发起方式分为网上支付、电话支付、移动支付、销售点终端交易、自动柜员机交易和其他电子支付。

1. 网上支付

网上支付是电子支付的一种形式。广义地讲，网上支付是以互联网为基础，利用银行所支持的某种数字金融工具，发生在购买者和销售者之间的金融交换，而实现从购买者到金融机构、商家之间的在线货币支付、现金流转、资金清算、查询统计等过程，由此为电子商务服务和其他服务提供金融支持。

2．电话支付

电话支付是电子支付的一种实现形式，是指消费者使用电话（固定电话、手机、小灵通）或其他类似电话的终端设备，通过银行系统就能从个人银行账户里直接完成付款的方式。

3．移动支付

移动支付是使用移动设备通过无线方式完成支付行为的一种新型的支付方式。移动支付所使用的移动终端可以是手机、PDA、移动 PC 等。

11.3 电子支付工具

随着计算机技术的发展，电子支付的工具越来越多。在电子商务环境下常用的电子支付工具主要有电子现金、电子钱包、电子银行卡、电子支票等。

11.3.1 电子现金

1．电子现金的概念

电子现金（Electronic Cash，E-cash），又称为电子货币（E-money）或数字货币（Digital Cash），是一种非常重要的电子支付系统。它可以看作是现实货币的电子或数字模拟。电子现金以数字信息形式存在，通过互联网流通，但比现实货币更加方便、经济。它最简单的形式包括三个主体：商家、用户、银行。

第一个电子现金方案是由 David Chaum 在 1982 年提出的，他利用盲签名技术来实现，可以完全保护用户的隐私权。但这种完全匿名的电子现金也为许多不法分子提供了方便，他们利用电子现金的完全匿名性进行一些违法犯罪活动，也不能抓出犯罪分子。基于这个原因，合理的电子现金系统应该是不完全或条件匿名的。1995 年，Stadler 等人提出了公平盲签名（Fair Blind Signature）的概念，可以用于条件匿名的支付系统。1996 年，Camenisch 等人和 Frankel 等人分别独立地首次提出了公平的离线电子现金（Fair Off-line Electronic Cash）的概念，同时给出了两个方案。公平电子现金中的用户的匿名性是不完全的，它可以被一个可信赖的第三方（TTP）撤销，从而可以防止利用电子现金的完全匿名性进行的犯罪活动。

2. 电子现金的性质

电子现金在经济领域起着与普通现金同样的作用，对正常的经济运行至关重要。电子现金应具备以下性质。

（1）安全性。电子现金的安全性不是只靠物理上的安全来保证的，作为高科技产物它融合了现代密码技术，提供了加密、认证、授权等机制，只限合法人使用，防伪能力强，安全性高。

（2）便利性。电子现金在使用过程中不受时间、地点的约束，可以完全脱离实物载体，使用起来非常方便。

（3）不可重复花费。电子现金只能使用一次，重复花费能容易地被检查出来。

（4）匿名性。银行和商家相互勾结也不能跟踪电子现金的使用，就是无法将电子现金的用户购买行为联系到一起，从而隐蔽电子现金用户的购买历史。

（5）不可伪造性。用户不能造假币，包括两种情况：一是用户不能凭空制造有效的电子现金；二是用户从银行提取 N 个有效的电子现金后，也不能根据提取和支付这 N 个电子现金的信息制造出有效的电子现金。

（6）可传递性。用户能将电子现金像普通现金一样，在用户之间任意转让，且不能被跟踪。

（7）可分性。电子现金不仅能作为整体使用，还能被分为更小的部分多次使用，只要各部分的面额之和与原电子现金面额相等，就可以进行任意金额的支付。

3. 电子现金的支付流程

用 E-cash 作为典型的电子现金来进行网上支付，其流程大致如下。

（1）客户需要先在其电子钱包软件中储存 E-cash 货币，即一定数量的电子现金。

（2）客户浏览商户的站点，确定欲购物品的品类、数量及价格等。

（3）客户通过商户的站点递交一份购物表格。

（4）商家收到订单后，即向客户电子钱包发送支付请求，请求内容包括订单金额、可用币种、当前时间、商户银行、商户的银行账户 ID 及订单描述等。

（5）客户钱包将上述信息呈现给客户，请求是否付款。

（6）客户同意付款，则将从电子钱包中采集与请求金额值相等的货币。

（7）在将所要支付给商户的货币值送给商户之前，须用银行的公用密钥加密。

（8）商户将接收的货币值送给银行存入自己的账户。在先送往商户、后送给银行的支付信息中包含有关支付和加密的货币值的信息。

（9）在商户存款期间，支付信息与加密货币一起被送往银行。

（10）在收到支付信息后，作为存入请求的一部分，商户将其送往银行。客户可以用类似的存入信息格式向银行返回专用货币。

（11）在收到有效支付后，商户给用户发送所购商品或收据。

电子现金支付模式如图 11-2 所示。

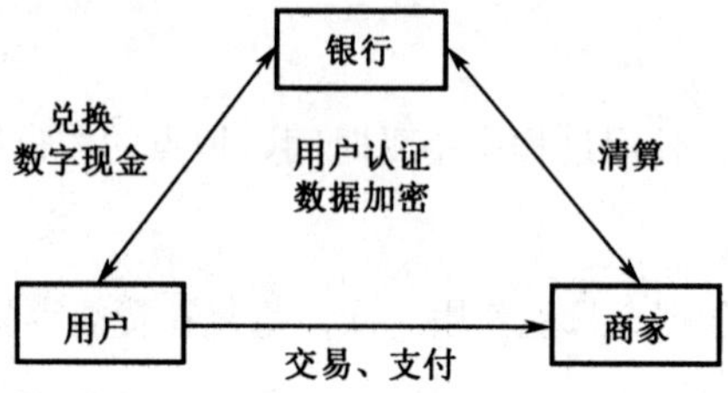

图 11-2　电子现金支付模式

11.3.2　电子钱包

1．电子钱包的概念

电子钱包是电子商务购物活动中常用的一种支付工具，它适于小额购物。电子钱包有两种概念：一是纯粹的软件，主要用于网上消费、账户管理，这类软件通常与银行账户或银行卡账户是连接在一起的；二是小额支付的智能储值卡，持卡人预先在卡中存入一定的金额，交易时直接从储值账户中扣除交易金额。

电子钱包使用者在银行里通常是有账户的。在使用电子钱包时，用户先安装相应的应用软件，在该软件系统中设有电子货币和电子钱包的功能管理模块，称为电子钱包管理器，用户可以用它来改变口令或保密方式等，以及用它来查看自己银行账号上电子货币收付往来的账目、清单和其他数据。该系统中还提供了一个电子交易记录器，顾客通过查询记录器，可以了解自己的购物记录。网上购物使用电子钱包，需要在电子钱包服务系统中进行。电子商务活动中的电子钱包软件通常都是免费提供的。用户可以直接使用与自己银行账号相连接的电子商务系统服务器上的电子钱包软件，也可以通过各种保密方式利用互联网上的电子钱包软件。世界上有 Visa Cash 和 Mondex 两大电子钱包服务系统，其他电子钱包服务系统还有 Master Card Cash、Euro pay 的 Clip 和比利时的 Proton 等。

2．电子钱包的功能

（1）个人资料管理。消费者成功申请钱包后，系统将在电子钱包服务器上为其开设一个属于个人的电子钱包档案，消费者可在此档案中增加、修改、删除个人资料。

（2）网上付款。消费者在网上选择商品后，登录到电子钱包，选择入网银行卡，向“金融联”支付网关发出付款指令来进行支付。

（3）交易记录查询。消费者可对通过“金融联”电子钱包完成支付的所有历史交易记录进行查询。

（4）银行卡余额查询。消费者可通过“金融联”电子钱包查询个人银行卡余额。

（5）商户站点链接。“金融联”电子钱包内设众多商户站点链接，用户可通过链接直接登录商户站点进行购物。

3. 电子钱包的使用流程

（1）顾客将下载的电子钱包客户端软件装入计算机系统，输入对应电子货币（数字现金、信用卡等），配置电子钱包成功。顾客使用计算机通过 Internet 网络查寻自己想购买的物品。

（2）顾客网上填写订单，并提交订单。

（3）商家电子商务网站回送订单信息。

（4）顾客确认后，用电子钱包进行支付。单击电子钱包的相应项或电子钱包图标，电子钱包立即打开，输入自己的保密口令，顾客确认是自己的电子钱包并从电子钱包中取出电子货币，如选择某种信用卡来付款。

（5）信用卡支付过程采用信用卡 SET 网络支付模式进行支付结算。涉及各方的认证、信息加密传送交换。

（6）如果这张卡遭到商业银行拒绝后，顾客可以再单击电子钱包的相应项打开电子钱包，取出另一张电子信用卡，重复上述操作，完成网上支付。

电子钱包的支付流程，如图 11-3 所示。

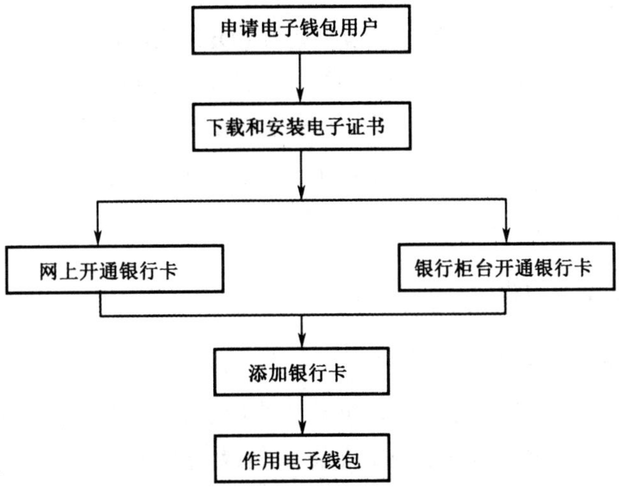

图 11-3　电子钱包的支付流程

11.3.3 电子支票

1. 电子支票的概念

电子支票又称为数字支票，是纸质支票的电子替代物，它与纸质支票一样是用于支付的一种合法方式，它使用数字签名和自动验证技术来确定其合法性。监视器的屏幕上显示出来的电子支票样子十分像纸质支票，填写方式也相同。支票上除了必需的收款人姓名、账号、金额和日期外，还隐含了加密信息。电子支票通过电子函件直接发送给收款方，收款人从电子邮箱中取出电子支票，并用电子签名签署收到的证实信息，再通过电子函件将电子支票送到银行，把款项存入自己的账户。

电子支票是网络银行常用的一种电子支付工具，电子支票与纸质支票一样是用于支付的一种合法方式，它使用数字签名和自动验证技术来确定其合法性。

使用电子支票进行支付，消费者可以通过计算机网络将电子支票发向商家的电子信箱，同时把电子付款通知单发到银行，银行随即把款项转入商家的银行账户。这一支付过程在数秒内即可实现。然而，这里面也存在一个问题，那就是如何鉴定电子支票及电子支票使用者的真伪？因此，就需要有一个专门的验证机构来对此认证，同时，该验证机构还应像 CA 那样能够对商家的身份和资信提供认证。

2. 电子支票的特点

（1）电子支票与传统支票工作方式相同，简化了顾客的学习过程。电子支票保留了纸质支票的基本特征和灵活性，又加强了纸质支票的功能，因而易于理解，能得到迅速采用。

（2）加密的电子支票使它们比数字现金更易于流通，买卖双方的银行只要用公开密钥认证确认支票即可，数字签名也可以被自动验证。

（3）电子支票适于各种市场，可以很容易地与 EDI 应用结合，推动 EDI 基础上的电子订货和支付。企业运用电子支票在网上进行结算，可比其他方法降低成本；由于支票内容可附在贸易伙伴的汇款信息上，电子支票还可以方便地与 EDI 应用集成起来。

（4）电子支票技术将公共网络连入金融支付和银行清算网络。这就充分发挥了现有的金融结算基础设施和公共网络作用。

3. 电子支票的交易过程

（1）用户和商家达成购销协议选择用电子支票支付。

（2）用户在计算机上填写电子支票，电子支票上包含支付人姓名、支付人账户名、接收人姓名、支票金额等。用自己的私钥在电子支票上进行数字签名，用卖方的公钥加密电子支票，形成电子支票文档。

（3）用户通过网络向商家发出电子支票，同时向银行发出付款通知单。

（4）商家收到电子支票后进行解密，验证付款方的数字签名，背书电子支票，填写进账单，并对进账单进行数字签名。

（5）商家将经过背书的电子支票及签名过的进账单通过网络发给收款方开户银行。

（6）收款方开户银行验证收款方的数字签名后，通过金融网络发给收款方开户银行。

（7）付款方开户银行验证收款方开户银行和付款方的数字签名后，从付款方账户划出款项，收款方开户银行在收款方账户存入款项。

电子支票的支付流程，如图 11-4 所示。

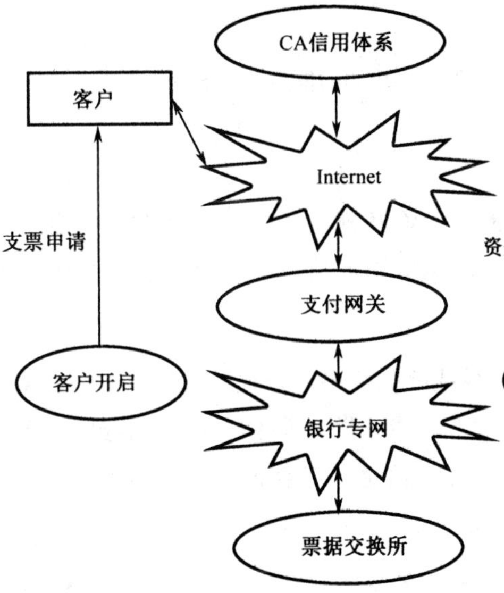

图 11-4　电子支票的支付流程

11.3.4　信用卡

信用卡是一种主要的、使用最广泛的银行卡。信用卡与其他银行卡的一个主要差别在于，信用卡不仅是一种支付工具，同时也是一种信用工具。使用信用卡可以透支消费，给用户带来了方便，但也给银行带来了恶意透支的问题。

目前，信用卡的支付主要有 4 种类型：无安全措施的信用卡支付、通过第三方代理人的支付、简单信用卡加密支付、安全电子交易信用卡支付方式。

1．无安全措施的信用卡支付

买方通过网络从卖方订货，而信用卡信息通过电话、传真等非网上传送，或者信用卡信息在互联网上传送，但无任何安全措施，卖方与银行之间使用各自现有的银行商家专用网络授权来检查信用卡的真伪。这种支付方式由于卖方没有得到买方的签字，如果买方拒付或否认购买行为，卖方将承担一定的风险；此外，信用卡信息可以在线传送，但无安全措施，买方（持卡人）将承担信用卡信息在传输过程中被盗取及卖方获得信息等风险。无安全措施的信用卡支付流程，如图 11-5 所示。

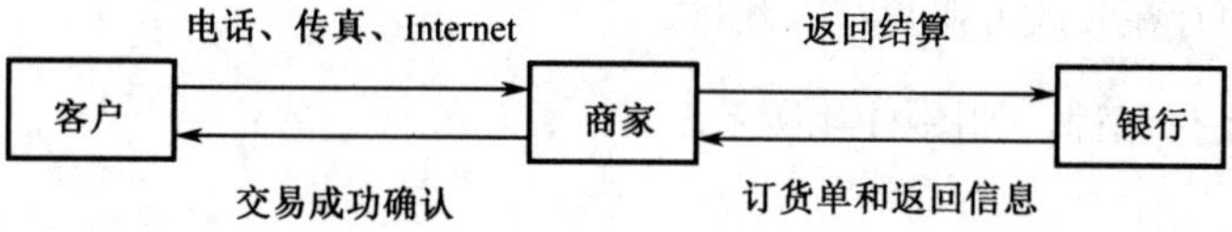

图 11-5　无安全措施的信用卡的支付流程

2. 通过第三方代理人的支付

改善信用卡事务处理安全性的一个途径就是在买方和卖方之间启用第三方代理，目的是使卖方看不到买方信用卡信息，避免信用卡信息在网上多次公开传输而导致信用卡信息被窃取。

这种方式的支付过程：买方在线或离线在第三方代理人处开账号，第三方代理人持有买方信用卡号和账号；买方用账号从卖方在线订货，即将账号传送给卖方；卖方将买方账号提供给第三方代理人，第三方代理人验证账号信息，将验证信息返回给卖方；卖方确定接收订货。第三方代理人的支付流程，如图 11-6 所示。

CyberCash 公司提供了第三方代理人的解决方案。买方必须首先下载 CyberCash 软件，即“钱夹”（注：很多钱夹软件提供多种支付工具，里面包括信用卡、电子现金、电子支票以供选择）。

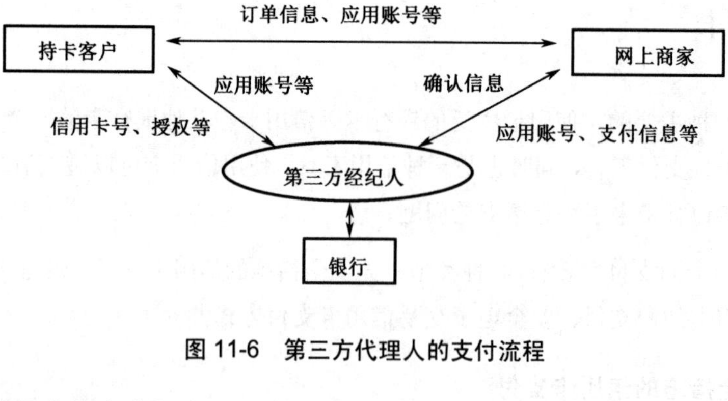

图 11-6　第三方代理人的支付流程

3. 简单信用卡加密支付

使用这种方式时，用户只需在银行开立一个普通信用卡账号。支付时，用户提供信用卡号码，当信用卡信息被买方输入浏览器窗口或其他电子商务设备时，信用卡信息就被简单加密，安全地作为加密信息通过网络从买方向卖方传递。这种付费方式给用户带来很多方便，但一系列的加密、授权、认证等信息的传送使交易成本提高，所以这种方式不适用于小额交易。简单加密信用卡支付流程，如图 11-7 所示。

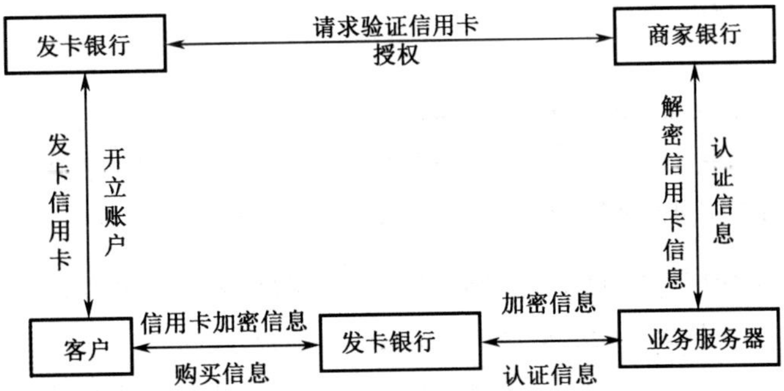

图 11-7　简单加密信用卡支付流程

4. 安全电子交易信用卡支付

安全电子交易协议的出现就是为了保障 Internet 上信用卡交易的安全性。利用 SET 给出的整套安全电子交易的过程规范，可以实现电子商务交易中的机密性、认证性、数据完整性等安全功能。由于 SET 提供商家和收单银行的认证，确保了交易数据的安全、完整可靠和交易的不可抵赖性，特别是具有保护消费者信用卡号不暴露给商家等优点，因此，它成为目前公认的信用卡、借记卡网上交易的国际标准。安全电子交易信用卡支付流程，如图 11-8 所示。

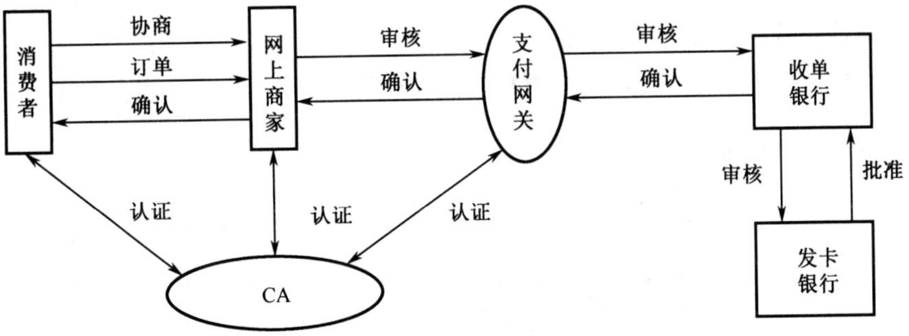

图 11-8　安全电子交易信用卡支付流程

11.4 网络银行

11.4.1 网络银行的概念

网络银行（Internet Bank or E-bank）包含两个层次的含义，一个是机构概念，指通过信息网络开办业务的银行；另一个是业务概念，指银行通过信息网络提供的金融服务，包括传统银行业务和因信息技术应用带来的新兴业务。

在日常生活和工作中，我们提及网络银行，更多的是第二层次的概念，即网上银行服务的概念，是指银行利用 Internet 技术，通过 Internet 向客户提供开户、销户、查询、对账、行内转账、跨行转账、信贷、网上证券、投资理财等传统服务项目，使客户可以足不出户就能够安全便捷地管理活期和定期存款、支票、信用卡及个人投资等。可以说，网上银行是在 Internet 上的虚拟银行柜台。

网络银行业务不仅仅是传统银行产品简单从网上的转移，其他服务方式和内涵也发生了一定的变化，而且由于信息技术的应用，又产生了全新的业务品种。

11.4.2 网络银行的特点

利用计算机和通信技术实现资金划拨开始的电子银行业务已经有几十年的历史了，传统的电子银行业务主要包括资金清算业务和用 POS 网络及 ATM 网络提供服务的银行卡业务。网上银行是随着 Internet 的普及和电子商务的发展在近几年逐步成熟起来的新一代电子银行，它依托于传统银行业务，并为其带来了根本性的变革，同时也拓展了传统的电子银行业务功能。与传统银行和传统电子银行相比，网上银行在运行机制和服务功能方面都具有不同的特点。

1. 全球化、无分支机构

传统银行是通过开设分支机构来发展金融业务和开拓国际市场的，客户往往只限于固定的地域；而网上银行是利用 Internet 来开展银行业务，因此，可以将金融业务和市场延伸到全球每个角落。打破了传统业务地域范围局限的网上银行，不仅可吸纳本地区和本国的客户，也可直接吸纳国外客户，为其提供服务。正如 SFNB（Security First Net Work Bank）总裁 James Mahan 所言："任何人，只要有一台计算机，都是我的潜在客户"。

2. 开放性与虚拟化

传统电子银行所提供的业务服务都是在银行的封闭系统中运作的，而网上银行的 Web 服务器代替了传统银行的建筑物、网址取代了地址，其分行是终端机和Internet这个虚拟化的电子空间。因此有人称网上银行为“虚拟银行”，但它又是实实在在的银行，利用网络技术把自己与客户链接起来，在有关安全设施的保护下，随时通过不同的计算机终端为客户办理所需的一切金融业务。

3．服务方便、快捷、高效、可靠

通过网上银行，用户可以享受到方便、快捷、高效和可靠的全方位服务。上网客户可以在家里开立账户，进行交易。网上银行实行全天24小时、一年365天不间断营业。客户可以在任何地方、任何需要的时候使用网上银行的服务，不受时间、地域的限制，即实现3A服务（Anywhere、Anyplace、Anytime）。银行业务的电子化大大缩短了资金在途时间，提高了资金的利用率和整个社会的经济效益。

4．创新化

网上银行是创新化银行。在个性化消费需求日趋凸显及技术日新月异的信息时代，网上银行提供的金融产品和拥有技术的生命周期越来越短，淘汰率越来越高。在这种情况下，只有不断采用新技术、推出新产品、实现持续创新才不会被淘汰。以SFNB为例，它对基本支票账户不收取手续费，没有最低余额限制，这在美国银行界是首开先河，而且客户每个月可免费使用20次电子付款服务，免费使用自动柜员机或借记卡。与此同时，SFNB还不断开拓新业务，1998年，它与AOL（美国在线）达成协议，允许客户通过AOL访问SFNB，此举使SFNB的客户数迅速增长，其存款额很快突破1亿美元。

5．运营成本低

据美国网上银行运作的报告表明，网上银行经营成本只相当于经营收入的15%～20%，而普通银行的经营成本占收入的60%，开办一个网络银行所需的成本只有100万美元。在网上进行金融清算的每笔成本不超过13美分，而在银行自有的个人计算机软件上处理一笔交易的成本则达到26美分，电话银行服务的每笔交易成本为54美分，而传统银行分理机构的处理成本更高达1.08美元。所以，网络银行业务成本优势显而易见。而且，网络银行通过利用电子邮件、讨论组等技术，还可提供一种全新的、真正的双向交流方式。由于采用了虚拟现实信息处理技术，网上银行可以在保证原有的业务量不降低的前提下，减少营业点的数量。

6．亲和性增强

增加与客户的沟通与交流是企业获取必要信息，改进企业形象，贴近客户，寻找潜在客户的主要途径。在这方面，网上银行具有传统银行无法比拟的优势。网上银行可通过统计客户对不同网上金融产品的浏览次数和点击率，以及各种在线调查方式了解客户的喜好与不同需求，设计出有针对性的金融产品以满足其需求，这不仅方便了客户，银行也因此增强了与客户的亲和力。

11.4.3 网上银行的功能

无论是国外已经发展成熟的还是国内刚刚起步的网上银行，其功能一般包括银行业务项目、网上银行服务、信息发布和商务服务几个部分。

1．银行业务项目

银行业务项目主要包括家庭银行（储蓄业务）、企业银行（对公业务）、信用卡业务、国际业务、各种支付、信贷及特色服务等传统的银行业务功能。

（1）家庭银行：为用户提供方便的个人理财渠道。包括网上开户、清户、账户余额、利息的查询、交易历史查询、个人账户挂失、电子转账、票据汇兑等。

美国的美洲银行（www.bankamerica.com）网上业务主要集中在家庭银行方面。通过其Home Banking网页，用户可以在一天中的任何时间里进行银行业务：储蓄、外汇及货币交易，当前账户余额查询，资金划拨，下载所需的理财软件等。还可以使用pay bill来支付如每月5.95美元的小额开支。Home Banking的理财软件可帮助用户规划各种金融事务，甚至跟踪和分析花费情况。

（2）企业银行：为企业或团体提供综合账户业务，例如，查阅本企业或下属企业账户余额和历史业务情况；划转企业内部各单位之间的资金；核对调节账户，进行账户管理等服务；电子支付职工工资；了解支票利益情况，支票挂失；将账户信息输出到空白表格软件或打印诸如每日资产负债表报告、详细业务记录表、银行明细表之类的各种金融报告或报表；通过互联网实现支付和转账等。目前中国银行推出"企业在线理财"就属于这类业务。

（3）信用卡业务：包括网上信用卡的申办、信用卡账户查询、收付清算等功能。与传统的信用卡系统相比，网上信用卡更加便捷。例如，用户可通过Internet在线办理信用卡申请手续；持卡人可通过网络查询用卡明细；银行可定期通过电子邮件向用户发送账单，进行信用卡业务授权、清算、传送黑名单、紧急止付名单等。

（4）各种支付：提供数字现金、电子支票、智能卡、代付或代收费等网上支付方式，以及各种企业间转账或个人转账，如同一客户不同账号间，包括活期转定期、活期转信用卡、信用卡转定期、银行账户与证券资金账户之间的资金互转等。

（5）国际业务：包括国际收支的网上申报服务、资金汇入、汇出等。目前国内的企业可向中国银行总行申请办理此项业务的国际收支申报。

（6）信贷：包括信贷利率的查询、企业贷款或个人小额抵押贷款的申请等，银行可根据用户的信用记录决定是否借贷。

（7）特色服务：主要是指通过Internet向客户提供各种金融服务，如网上证券、期货、外汇交易、电子现金、电子钱包，以及各种金融管理软件的下载等。目前国外银行从存贷差中获取的利润已不足 50%，其余的都来自于各种在线服务回报。从整个银行业的发展趋势来看，提供在线服务将成为未来银行利润的主要来源。

2. 商务服务

商务服务主要提供资本市场、投资理财和网上购物等子功能。对资本市场来说，除人员直接参与的现金交易之外的任何交易均可通过网上银行进行。投资理财服务可通过客户主动进入银行的网站进行金融、账户等的信息查询，以及处理自己的财务账目；也可由网上银行系统对用户实施全程跟踪服务，即根据用户的储蓄、信贷情况进行理财分析，适时地向用户提供符合其经济状况的理财建议或计划。在网上购物方面，网上银行可以网上商店的形式向供求双方提供交易平台，商户在此可建立自己的订购系统，向网上客户展示商品并接受订单，商户在收到来自银行的客户已付费的通知后即可向客户发货；客户可进入银行的网上商店，选购自己所需的商品，并通过银行直接进行网上支付。这种供求双方均通过网上银行这一中介机构建立联系和实现收支，降低了交易的风险度。

3. 信息发布

目前网上银行所发布的信息主要有国际市场外汇行情、对公利率、储蓄利率、汇率、证券行情等金融信息，以及行史、业务范围、服务项目、经营理念等银行信息，使客户能随时通过 Web 网站了解这些信息。

11.4.4　我国网络银行存在的问题

1. 安全性和易用性的博弈

网上银行越来越普及，人们在享受网上银行便利性的同时，对网上银行的安全性也感到担忧。网上银行在如今存在锁与钥匙的博弈：锁就是银行设置的各类安全措施，钥匙则是通过便捷方式让用户享受网络的“易用性”。

《2009 中国网上银行调查报告》结果显示，受访者拒绝开通网银最重要的原因仍是对于网银安全性的担忧。数据显示，在拒绝开通网银的受访者中间，近 70%的受访者都对网银的安全性表示担忧，另有 43.2%的网银用户则认为使用网银可能导致个人信息的泄露。虽然网银功能越来越丰富，价格呈现下降趋势，但网银安全性仍然还是用户最关心的话题。

另一方面，网银措施越安全必然容易导致易用性下降。金融产品的专业性较强，加上网络这一高科技载体，对于一般客户群体来讲有较大的理解和接受难度，从而一定程度上影响了网上银行的推广，也是目前使用网银服务的人群大多为 23～35 岁、高学历的白领人群这一现象的原因之一。目前常用网上银行个人认证介质（安全工具）有密码、文件数字证书、动态口令卡、动态手机口令、移动口令牌、移动数字证书。

2. 我国网上银行的市场发展不均衡

从网银的经营主体来看，国有银行和股份制商业银行网上业务占比较高，而小型银行及金融机构的网上业务占比普遍低于10%。招商银行、工商银行、建设银行等为首的佼佼者已经走在了网络银行业务发展的第一梯队，在客户群、业务发展上形成了一定的业务规模。原因主要有两方面：一方面，大中型银行资金实力强，投入多，更注重信息化国际化发展，因而网上业务发展起步早，逐渐替代传统业务渠道；另一方面，大中型银行的客户相对更为高端，对网上银行等较为现代化的服务接受程度高，普及推广相对容易。从地区分布来看，经济发达的沿海地区及大型城市的网银普及率更高，而欠发达地区网银发展也较为落后。目前，我国网上银行的发展主要集中在沿海地区、长江沿岸的大城市，例如，上海、北京、广州、武汉、南京等城市，主要依靠当地的科学技术和发达的经济实力。

3. 我国有关网上银行的法律法规不完善

虽然我国在网上银行的监管方面有所创新，但与网上银行的发展相比，还是相对滞后。

（1）网络银行电子支付采用的规则都是协议，与客户在明确权利义务的基础上签订合同，出现问题可通过仲裁解决，但是由于缺乏相关的法律法规，造成问题出现后涉及的责任确定、承担，仲裁结果的执行等复杂的法律关系难以解决。

（2）网络银行模糊了国与国之间的自然疆界，其业务和客户随着互联网的延伸可达世界的任何角落。因此，出现了新的法律问题，如跨境网上金融服务的交易管辖权、法律适用性、服务和交易合约的合法性、品牌与知识产权问题、境外信息的有效性与法律认定、网络银行的客户为非本国居民时所存在的语言选择的合法性等问题。这些问题无形中加大了银行和客户在网上进行电子支付活动的风险。

（3）新《中华人民共和国合同法》虽承认了电子合同的法律效用，却没有解决数字签名的问题。

（4）对网络犯罪分子犯罪事实的认定，以及事后如何判定损失程度等法律问题还没有界定，这无形中增加了银行与客户在网上进行金融交易的风险。

11.4.5 我国网络银行发展的应对措施

网络银行是一个综合性系统，面对当前银行业网络化的挑战，急需进一步完善我国的网络银行发展平台，在制度的制定上就应有所倾斜。那么，我们如何解决现有的问题，充分发挥网络银行的优势，可以从以下几方面入手。

1. 不断加大新科技的应用确保安全性

网络银行是技术密集型产业，技术是它进一步发展的决定因素。就目前我国的实际应用情况看，网络银行的科技水平不高，难以对付高科技作案。主要是一些不法分子利用高科技摄影机，在很远的地方偷拍客户在 ATM 机前取款的密码，然后复制客户的银行卡资料进而盗窃客户的资金；或者在网上利用木马盗号程序盗用客户账户资料，然后进行非法网上交易，使客户蒙受财产损失。这不但增加了公众对网络银行的怀疑态度，而且使得银行实体面临行业信誉问题。面对不法分子的技术，我们的网络银行必须加大新科技的应用来保护投资者和银行的利益。例如，利用已经很成熟的指纹技术把它应用到 ATM 机上，客户在银行开设账户时可以选择指纹取款，这样即使客户的卡号和密码被盗，资金损失的概率也会降到最低。

另外，可以对网络银行进行交易跟踪技术，对客户突然在非开户地的超过设定金额的网络交易及时通过电话联系客户以确认交易。还可以通过确认短信方式完成交易，即网络银行为客户提供短信交易业务，客户开通后，只要发生交易银行即发短信给客户，客户确认后交易才成功。银行只有加大银行卡技术防范力度；加强对异常交易情况的自动报警；加快磁条卡向 IC 卡迁移，才能实现对安全的控制。只有建立起一套完整的网上交易安全体系，包括系统维护体系、数据备份体系、病毒防范体系，及时发现和排除安全隐患，才能保障网络银行安全正常运行。

2. 加强国内银行间的合作，建立统一、权威的 CA 认证体系

2000 年 6 月中国金融认证中心运行以来，在很大程度上避免了网上支付过程中的各种欺诈行为的发生，但是仍然不能确保网络银行交易的绝对安全性。我们可以利用银行业协会的力量寻求一个权威的、可信赖的、公正的第三方信任机构，采用民间组织和政府部门相结合的双线管理体制的网络银行认证系统，这样既为网络银行业务的发展提供更大的自由度，也把仲裁和监督职能提升到更高层次，从而促进认证技术水平的提高。

3. 完善和健全相关网络银行的法律制度

法律法规的建立应与国际接轨，以国际间网络银行业务发展标准作为制定法规的借鉴。充分了解外国的电子交易法，兼顾各国和地区法律法规的长处，充实我国现有的《中华人民共和国合同法》《中华人民共和国商业银行法》《中华人民共和国票据法》等有关法律，准确把握网络银行国际化的发展趋势。伴随着《中华人民共和国电子签名法》的出台，我们要根据相关要求，建立起与之配套的完善的网络银行法律法规体系，以法律的形式明确规定交易双方的权责。《中华人民共和国电子签名法》扮演着交易双方身份的核实者、安全交易的保卫者、非法交易的打击者的三重身份。它的出台不仅为网络银行的健康发展提供了法律保障，同时也对网络银行提出了规范化的要求。诸如明确网络银行金融风险的技术控制法律要求，明确开办网络银行选择认证标准、资格要求和检查、监督等法律依据。我们可以充分利用《中华人民共和国电子签名法》信息化时代的特点，在目前我国电子签名还未在个人领域普遍应用的情况下，在现行法律制度条件下，加强与国际组织的合作，制定共同打击网络诈骗、网络洗钱等网络犯罪行为的法规，为网络银行的发展提供一个广阔的、充分展现其功能的空间。

4. 加快银行基础设施建设，提高社会信息化水平

我国银行基础设施与国外先进技术相比存在较大差距是不争的事实。基础设施的改造包括两个方面：一方面是硬件设备的更新换代；另一方面是软件的升级改造，统一操作平台，把各自独立分散的数据处理中心集中合并处理，实现数据集中、信息集中，目的是达到数据资源共享以供银行管理者科学决策，提高服务和管理水平。

实现银行业和公安局、海关、税务等业务部门的计算机联网，以网络为载体，经济活动为基础，建立社会信息共享体系，使银行能了解持卡人的资信情况，以达到降低和分散风险，促进网络银行的发展。

5. 建立和完善社会信用机制，推广信用卡交易促进网络银行发展

提升整个社会信用水平为网络银行发展提供一个良好的信用空间，这是个综合的、系统的工程，可以借鉴国外建立和完善信用机制的先进经验的同时，运用法律、经济、道德等多种手段来快速提升整个社会的信用水平和完善信用机制。以居民身份证为基础，加快个人信息系统建设，大力推广使用信用卡交易，运用国家公务员特殊的身份，在国家公务员中推广使用信用卡；另一方面，银行业主动降低银行卡刷卡消费收费比率，使得商家主动营销信用卡交易，改变人们固有的现金交易情结，培养信用卡使用环境，促进网络银行发展。

6. 加强网络金融问题的研究，充分考虑网络银行业务的风险

网络银行是一个综合性的课题，涉及的内容多且知识面广，所以网络银行是一项系统工程，对它的研究绝对不是单纯地依靠某一个方法、制度、技术就能完成。必须致力于立体的研究体系，以保护网络银行交易人的合法权益和网络银行有效运行。此外，还要加强网络银行风险管理体制的建设，在这方面可以根据《巴赛尔协议》的最新框架，设计我国网络银行适应的风险权重，构筑相应的操作平台并纳入商业银行风险评价体系内考核。

7. 创建一套科学、高效的行业监管机制

网络银行业务的性质决定了对其监管应区别于传统的银行监督，这是因为网络银行所采取的技术和其对安全要求的手段都有别于传统银行，如何保障网络银行能够健康发展，是网络银行监管体系的重要任务。一方面应当调整、修改和充实现行网络银行监管法规；另一方面要研究构建一套公开透明、运作高效、保障有力的网络银行监管体系。要根据我国网络银行动态化综合监管的模式思路，加强网络银行主管机关行政监管，创建使网络银行参与各方公平竞争的法律环境，为网络银行投资提供行政法律保障。强化监管措施，提高监管水平，加强对网络银行从业机构和从业人员的监管，完善从业机构、从业人员，以及各类网络银行产品的市场标准，规范网络银行行为，切实保护客户利益，促进网络银行行业的良性发展。加强网络银行内部制衡的基础机制，提高行业协会的自律素质和水平，为网络银行市场秩序的规范和发展不断积累经验，真正为网络银行创造一个良好的环境，促进网络银行业的持续发展。

8. 加强银行与保险公司合作对网络银行交易上保险

我国的保险业发展呈现多样化，但是面向银行业的保险尚不多见。面对国内的消费者拿着没有密码的信用卡消费的忐忑心理，网络银行业能提供何种保护呢？那就是给网络银行交易上保险。这种方法在发达国家已经很普遍，而我国在这一领域还是一片空白。网络银行应该尽快与保险公司合作，对在网络环境下的交易推出我国特色的网络银行保险交易品种，提出网络交易环境下消费者应遵循的必要措施。消费者按照要求去做了，剩下的危险或意外，由保险负责，以保护消费者的利益，加速网络银行的推广。应抓住当前网络银行的发展机遇，以积极的态度研究准备。随着国际经济一体化进程的加快，随着我国金融业务的全面对外开放，由于网络银行不拘泥于时间、地点的限制，为客户提供更多的人性化服务，所以传统意义上的银行业必将受到新兴网络银行模式的巨大挑战。网络银行必将打破现有的不同行业之间的壁垒，必将成为行业间联系的纽带，必将成为银行利润的主要来源。尽管我国网络银行仍然存在着一些问题，但是不可否认，网络银行终将走入普通大众的生活深处。应冷静面对当前面临的挑战，不断以创新的思想来完善网络银行业务。网络银行的业务发展一日千里，所以与之相配套的监管措施不可能一下子就面面俱到，管理手段只能随网络银行业务产品的不断变化而变化，管理是为业务的发展建立的，而不能成为业务发展的绊脚石。

11.4.6　我国网络银行的发展前景

1. 网络银行业务将向多样化、创新化发展

网络银行利用现代金融技术，大力开展网上交易，网上支付和清单业务，拓宽业务范围、增加业务收入，利用网上银行为企业和居民进行资金余额查询、账户转移、第三方支持，银行业务通知等基本业务服务，还利用互联网作为营销渠道，交叉出售产品和服务，如存款产品、消费信贷、保险、股票交易、资金托管等高级业务，并且不断进行升级换代，拓宽技术创新空间和领域。

2. 网络银行业务的创新将会推动金融市场网络化发展

随着网络银行业务的深入开展，迫切需求外汇市场、黄金市场、资本市场、货币市场、保险市场及金融衍生产品市场网络化长足发展；反过来，这些市场网络化的发展也能提升和促进网络银行的进一步发展。

3. 网络银行全球化、国际化发展趋势明显

随着经济全球化和金融国际化发展步伐的加快，世界各国和地区银行业运用并购重组方式积极向海外扩张，采取“打出去，请进来”等多种途径、多种方式扩展业务，占领世界市场。目前，我国海外银行的分支机构多达 600 多家，引进外资金融机构 200 多家。

在金融危机之后，对于盈利能力受损的银行业而言，在复苏的经济中抢占先机，节约成

本无疑是今后财务管理的关键。而以“降低柜面压力、减少运营成本”著称的网上银行，作为商业银行业务发展的新型分销方式，已成为银行业务经营的重要组成部分。加快网络银行和电子商务的进程则是银行的战略性选择。金融界网站举办的“2009 年电子银行业务及风险管理论坛暨颁奖盛典”上，业内专家一致认为，对于银行而言，只有用好网上银行来吸引客户，帮助消费者解决实际问题，才能在新的版图大战中抢占先机才会开创多赢的局面。

11.5 第三方支付平台

第三方支付就是一些与产品所在国家，以及国外各大银行签约、并具备一定实力和信誉保障的第三方独立机构提供的交易支持平台。在通过第三方支付平台的交易中，买方选购商品后，使用第三方平台提供的账户进行货款支付，由第三方通知卖家货款到达、进行发货；买方检验物品后，就可以通知付款给卖家，第三方再将款项转至卖家账户。

自第三方支付平台诞生以来，第三方支付业务得到了迅猛发展。为了规范第三方企业的发展，央行从 2011 年开始对第三方支付企业实行认证管理，只有获得央行颁布的第三方支付牌照才能合法经营第三方支付业务。最早是 2011 年 5 月 18 日 27 家单位获批，2011 年 8 月 29 日 13 家单位获批；2011 年 12 月 22 日 61 家单位获批；2012 年 6 月 27 日 95 家单位获批；2014 年 7 月 15 日 19 家单位获批。加上个别获批的单位，第三方支付持牌单位增加到 269 家。此外，除了发放牌照，还有 27 家已经获得牌照的企业获得了业务类型拓展。例如，腾讯旗下的财付通业务类型在之前互联网支付、移动电话支付、固定电话支付业务基础上，增加了银行卡收单业务；拉卡拉支付有限公司在银行卡收单、互联网支付、数字电视支付的基础上增加了移动电话支付和预付卡受理业务。

11.5.1 第三方支付的特点

第三方支付平台应具备下述特点。

（1）第三方支付平台提供一系列的应用接口程序，将多种银行卡支付方式整合到一个界面上，负责交易结算中与银行的对接，使网上购物更加快捷、便利。消费者和商家不需要在不同的银行开设不同的账户，可以帮助消费者降低网上购物的成本，帮助商家降低运营成本；同时，还可以帮助银行节省网关开发费用，并为银行带来一定的潜在利润。

（2）较之 SSL、SET 等支付协议，利用第三方支付平台进行支付操作更加简单而易于接受。SSL 是现在应用比较广泛的安全协议，在 SSL 中只需要验证商家的身份。SET 协议是目前发展的基于信用卡支付系统的比较成熟的技术。但在 SET 中，各方的身份都需要通过 CA 进行认证，程序复杂，手续繁多，速度慢且实现成本高。有了第三方支付平台，商家和客户之间的交涉由第三方来完成，使网上交易变得更加简单。

（3）第三方支付平台本身依附于大型的门户网站，且以与其合作的银行的信用作为信用依托，因此，第三方支付平台能够较好地突破网上交易中的信用问题，有利于推动电子商务的快速发展。

第三方网上支付平台是一个度的交易支付平台，它与很多的大银行签订协议，可以提供网上支付的业务，消费者利用第三方网上支付平台购买商品既方便又快捷，目前使用比较广泛的第三方支付平台有支付宝、财付通、银商、快钱、汇付天下、易宝支付、环迅支付等。

11.5.2　第三方支付工具

1．易宝

易宝是专业从事多元化电子支付一站式服务的领跑者。YeePay 易宝致力于成为世界一流的电子支付应用和服务提供商，专注于金融增值服务领域，创新并推广多元化、低成本、安全有效的支付服务。在立足于网上支付的同时，YeePay 易宝不断创新，将互联网、手机、固定电话整合在一个平台上，继短信支付、手机充值之后，首家推出 YeePay 易宝电话支付业务，真正实现离线支付，为更多传统行业搭建了电子支付的高速公路。YeePay 易宝具有三大特点：易扩展的支付、易保障的支付、易接入的支付。由于用户的重要数据只存储在用户开户银行的后台系统中，任何第三方无法窃取，因而为用户提供了充分保障。从接入 YeePay 易宝到使用商家管理系统，无须商家任何开发，零门槛自助式接入，流程简单易学、即接即用。凡是成为 YeePay 易宝的客户，都可以自动成为 YeePay 财富俱乐部的会员，享受 YeePay 易宝提供的各种增值服务、互动营销推广，以及各种丰富多彩的线下活动，拓展商务合作关系，发展商业合作伙伴，达到多赢的目的。

2．支付宝

支付宝（中国）网络技术有限公司是国内领先的独立第三方支付平台，由阿里巴巴集团创办。支付宝致力于为中国电子商务提供“简单、安全、快速”的在线支付解决方案。支付宝公司从 2004 年建立开始，始终以“信任”作为产品和服务的核心。不仅从产品上确保用户在线支付的安全，同时让用户通过支付宝在网络间建立起相互的信任，为建立纯净的互联网环境迈出了非常有意义的一步。支付宝提出的建立信任，化繁为简，以技术的创新带动信用体系完善的理念，深得人心。短短 3 年时间，用户覆盖了整个 C2C、B2C 及 B2B 领域。截至 2013 年年底支付宝实名用户已近 3 亿，其中超过 1 亿的手机支付用户在 2013 年完成了 27.8 亿笔、金额超过 9000 亿元的支付，支付宝成为全球最大的移动支付公司。目前除淘宝和阿里巴巴外，支持使用支付宝交易服务的商家已经超过 50 万家；涵盖了虚拟游戏、数码通信、商业服务、机票等行业。这些商家在享受支付宝服务的同时，更是拥有了一个极具潜力的消费市场，支付宝网站如图 11-9 所示。

银行、招商银行和银联电子支付服务有限公司提供的一种促进网上安全交易的支付手段。网上买家通过安付通付钱给网络卖家，易趣在交易过程中自始至终充当第三方并且控制付款流程。买家收到物品后决定是否将货款支付给卖家，而易趣会严格遵照买家意愿和安付通的流程规定实施放款。

图 11-9 支付宝首页

3．首信易

1998 年 11 月 18 日，由北京市政府与中国人民银行、原信息产业部等中央部委共同发起的首都电子商务工程正式启动，确定首都电子商城（首信易支付的前身）为网上交易与支付中介的示范平台。首信易支付自 1999 年 3 月开始运行，是中国首家实现跨银行跨地域提供多种银行卡在线交易的网上支付服务平台，现支持全国范围 23 家银行及全球范围 4 种国际信用卡在线支付，拥有千余家大中型企事业单位、政府机关、社会团体组成的庞大客户群。首信易支付作为具有国家资质认证、政府投资背景的中立第三方网上支付平台拥有雄厚的实力和卓越的信誉。同时，它也是国内唯一通过 ISO 9001:2000 质量管理体系认证的支付平台。规范的流程及优异的服务品质为首信易支付于 2005 年、2006 年和 2007 年连续三年赢得“电子支付用户最佳信任奖”；2006 年度“B2B 支付创新奖”；2007 年度“挪威船级社（DNV）的 ISO/IEC 27001:2005（信息安全管理体系 ISMS）国际认证”和 2007 年度“高新技术企业认定证书”殊荣奠定了坚实的基础。

11.6　微信支付

11.6.1　微信支付的概述

微信支付是由腾讯公司知名移动社交通信软件微信及第三方支付平台财付通联合推出的移动支付创新产品，旨在为广大微信用户及商户提供更优质的支付服务，微信的支付和安全系统由腾讯财付通提供支持。

用户只需在微信中关联一张银行卡，并完成身份认证，即可将装有微信的智能手机变成一个全能钱包，之后即可购买合作商户的商品及服务，用户在支付时只需在自己的智能手机上输入密码，无须任何刷卡步骤即可完成支付，整个过程简便流畅。

微信支付支持以下银行发卡的贷记卡：深圳发展银行、宁波银行。此外，微信支付还支持以下银行的借记卡及信用卡：招商银行、建设银行、光大银行、中信银行、农业银行、广发银行、平安银行、兴业银行、民生银行。

微信支付是 5.0 版本新增功能。我们了解到微信支付支持 Web 扫码支付、APP 跳转支付和公众账号支付。

用户发生第一宗交易时，会触发微信支付功能，需要填写个人信息、银行卡信息、通过短信认证手机号码、设置支付密码。一旦绑定银行卡，以后支付不需要输入以上重复信息，仅需输入微信支付密码就可以完成交易。至于支付安全问题，目前微信给出的解决方案是“微信安全支付”标识。

一旦发生过交易，在微信个人主页就可以看到“我的银行卡”选项，可以通过它查看已绑定银行卡号，也可以继续绑定银行卡。

微信支付更大的想象空间，即它对商业社会规则的变革，则是将来才会推出的直接扫码支付功能，不分线上和线下。目前所提供的 Web 扫码支付和 APP 跳转支付依赖腾讯的推广力度，这方面阿里巴巴的支付宝已经走在前面。我们注意到微信支付是使用财付通的支付牌照，这就天然地把阿里巴巴排斥在微信这张“船票”之外；在可以预见的未来，腾讯与阿里巴巴的绳结将因移动支付或互联网金融而加深，而现在这个绳结正在慢慢拉紧。

将来，如果微信支付推出线下“扫码支付”，它将有可能构造一个比较短的闭环：扫描二维码→购买商品→微信支付。这种模式下，商家可以快速抵达钱，客户可以快速抵达商品，商业交易的环节大大缩减。通过 Web 扫码支付，我们可以在一定程度上享受这种快感；将来通过线下扫码支付，移动商业社会将建立起来。这不只是微信支付的生意，也是支付宝的梦想。

11.6.2 微信支付的特点

微信公众平台的出现，让企业多了一个展现的机会。而为了展示方式的多样化，满足更丰富的企业需求；微信开发应运而生。为了满足企业和用户的个性化需求，微信呈现出以下特点。

（1）自定义菜单——打造最便宜的微信内置 APP。在你的微信聊天窗口自定义导航菜单，用户无须再通过输入关键词触发回复，直接单击菜单就可以看相关的内容。结合微网站或 WAP 手机网站，拥有超强定制个性化功能、使用 HTML5 新技术进行无限拓展，帮助企业打造最便捷、易推广的微信内置 APP，可以使您的微信粉丝带来更好的体验。

（2）交互式菜单——直观、快捷的导航方式。以直观、快捷的导航方式展现可提供的服务，通过文字、语音、图文消息等内容引导用户进行交互。

（3）关键词应答——更快、更准的响应。灵活的关键词逻辑设置，更快、更准地响应用户疑问，实现 24 小时客服在线。结合关键词统计功能，分析用户行为，进一步挖掘用户价值。

（4）微网站——打造个性化超炫 3G 网站。可量身打造个性化微信网站，尽显公司品牌形象魅力。强大的业务定制功能、精美的界面设计，完美打造轻量级企业 APP，进一步提高用户体验。

（5）会员卡——移动时代的会员管理平台。通过在微信内植入会员卡功能，基于全国 5 亿微信用户，帮助企业建立集品牌推广、会员管理、营销活动、统计报表于一体的微信会员管理平台。清晰记录企业用户的消费行为并进行数据分析；还可根据用户特征进行精细分类，从而实现各种模式的精准营销。

（6）会员再营销——优惠券、刮刮卡、大转盘等丰富模式。利用微信的强交互性，通过对互动流程、环节和方式的设计，实现与用户的互动交流。结合分享、赠送等功能带动用户周边朋友一起参与，达到推广的目的。

（7）微商城——打造微信在线购物平台。以微信为媒介，配合微信支付功能，用户可以在微商城中浏览和购买产品。结合自动推送和优惠券等功能，引起用户的购物欲望。同时商城拥有统计功能，为企业制定营销策略提供数据支持。

（8）定位导航（LBS）——随时随地获取地理信息。通过微信中的定位功能，让客户方便地找到最近的分店，同时获得最佳的路线指南。

（9）微统计——实时数据统计，监控运营效果。实时统计微信公众号的粉丝关注情况、关键字查询情况、用户浏览情况、用户活跃度等信息，从而对相关推广营销活动效果及某些敏感因素的影响作出判断，并对相关市场行为作出相应调整，从一定程度上实现了对市场的监控与及时应对。

11.6.3　综合案例——财付通

1. 简介

财付通是由腾讯公司推出的中国领先的在线支付应用和服务平台，致力于为互联网个人和企业用户提供安全、便捷、专业的在线支付服务。财付通着力构建以个人应用、企业接入和增值服务为核心业务的综合支付平台，业务覆盖 B2B、B2C 和 C2C 等领域。财付通为个人用户提供收付款、交易查询管理、信用中介等完善的账户服务，并推出了一系列个性化账户应用；还为企业用户提供专业的支付清算平台服务和强大的增值服务。

2. 业务领域

财付通是一个专业在线支付平台，其核心业务是帮助在互联网上进行交易的双方完成支付和收款。财付通服务有用户财付通账户的充值、提现、支付和交易管理等；并且对企业用户，财付通还提供支付清算服务和辅助营销服务、财富券服务、生活缴费业务、拍拍购物、影视博览、机票订购、游戏充值、话费充值、彩票购买、腾讯服务购买等。

除上面列举的服务之外，财付通还提供了商家工具，主要的商品工具为财付通交易按钮、网站集成财付通、成为财付通商户、虚拟物品中介保护交易等功能。

3. 发展历程

作为背靠腾讯在线的应用平台，财付通一开始走的也是模仿的道路。最初，财付通模仿支付宝依托 C2C 交易平台的支付模式，之后，把重心调整到以航旅客票等 B2C 为主的支付；财付通推出了类似于苹果公司的 App Store 的新型经营模式——财付通开放平台，把互联网中的“开放平台”引入第三方支付领域，开放平台是互联网的大势所趋。

财付通开放平台也通过苹果 App Store 模式吸引众多的第三方开发商的进入，有第三方开发商根据客户需求开发各种应用（如网上订餐、医院挂号、租车等）。而第三方开发商将自己研发的应用通过 QQ 客户端上的“小钱包”接入这一平台，与财付通联合运营。买家通过财付通付费享受平台上的应用服务，财付通则通过收取开发商一定的交易费率而盈利。这一运营模式既为腾讯扩大了开发商市场，减少了应用开发费用，同时也赚取了很大的收益。

4. 商业模式

（1）财付通提供多种手机支付方式，量身打造支付方案。随着 3G 网络的逐渐普及，手机支付市场发展迅速，银行及运营商纷纷加快拓展手机业务步伐。目前，国内领先的在线支付平台财付通已经完成在手机客户端、WAP 网站、SMS 短信和语音支付等方面的全面布局，提供丰富手机业务产品的同时，支持余额支付、一点通支付、手机银行支付和信用卡支付等多元手机支付方式。财付通拥有庞大的用户群和商户资源，为其进入手机支付市场提供了坚实的后盾。

随着商户陆续开通手机支付渠道，创新的应用将刺激用户关注更有价格优势、更加便捷的网络购物环境。

（2）财付通携腾讯独特营销资源优势，全力开拓无线互联网应用支付。无线互联网是一个蓬勃发展的行业，腾讯公司从2000年运营短信业务开始，在无线领域已经覆盖短信、彩信、IVR语音、WAP、手机IM、手机游戏等整个无线业务。财付通凭借腾讯在互联网终端应用方面的先驱优势，依托其领先的市场地位和庞大的用户群体，通过多层次安全措施和多样化支付方式建立了安全的移动支付体系，有效地推动了手机支付应用的普及，为用户提供了丰富、便捷的应用场景。

（3）财付通开创了全新的商业模式，满足了第三方厂商的无线支付需求。随着移动互联网应用的普及，传统互联网的业务正在迅速向手机平台上转移，搜索、资讯、邮箱、聊天、购物、支付等应用都已经在手机上实现。财付通与移动、电信、联通三大运营商协商合作运营模式，与苹果等第三方厂商合作，满足了无线互联网应用、电子商务应用的支付需求，有助于解决手机内容缺少收费渠道等问题。

第 12 章

电子商务法律、税收等相关问题

电子合同问题

电子商务安全问题

商业信用问题

关税和税收问题

知识产权问题

消费者权益的保护问题

12

自20世纪90年代以来，以Internet为基础的电子商务迅猛发展。利用计算机技术、网络技术和远程通信技术实现整个商务（买卖）过程的电子化、数字化和网络化已逐渐盛行。

与传统商务方式相比，电子商务具有3个特点：①无国界性，Internet是开放性的、易于访问，没有出入境限制，缩短了供需双方的距离；②虚拟性，电子商务活动中，经营使用的场所、机构、人员都可“虚拟化”，企业或个人申请一个网址后就可以利用它来宣传自己的产品，接受订货等；③无纸化，传统商务方式所用的信息及其载体被数字化了，人们授予识别号、识别名或识别文件作为其在网上活动的标识，手写签名、图章等被电子签名代替，纸质凭证、记录被电子表单、记录、文件等所代替。

电子商务的这些特点，在给经营者带来巨大商机和给消费者带来空前便利的同时，也引出了许多法律问题。

12.1 电子合同问题

电子商务的突出特点是信息数字（或电子化），对外交易联络、记录的电子化。

合同是交易的核心内容。传统的合同多通过书面形式，而电子商务中的合同采取了新的形式，具有了新的特点，但也面临许多新问题。电子合同目前应着重解决5个问题：书面形式问题及电子签名的认证问题、合同生效及履行问题、合同各方的责任问题及证据问题。

12.1.1 书面形式问题

依据中国立法对合同书面形式概念的界定，《中华人民共和国合同法》第十一条解释道：“书面形式是指合同书、信件和数据电文（包括电报、电传、传真、电子数据交换和电子邮件）等可以有形地表现所载内容的形式。”从表面上看，中国似乎也已经将电子数据纳入“书面形式”的范畴，但仔细对比，不难发现其中存在以下问题。

（1）以“形式等同法”代替“功能等同法”，无法准确把握电子合同形式的有效性

我国《中华人民共和国合同法》对书面形式的规定采用“有形说”，但对什么是“有形”，其标准是什么均未作出明确规定。那么，将声音数字化之后是有形吗？仅仅在屏幕上显示是有形吗？“有形”是指可听、可见还是可摸？事实上，电子数据本身和书面文件是不能等同的，两者只是在作为合同载体时具有相同的功能。“形式等同法”把本属无形非纸质的电子合同归入有形的纸质的书面合同形式中，其本意也许是为了电子合同在其他方面均能得到适用或实施，但“签名”“原件”等这些“书面”的问题就被回避了，引发电子合同在证据、票据、签名等方面不能适用现有法律，使得无法准确把握并实现电子合同形式的有效性。

（2）电子数据在证据法“原件”认定中处境尴尬

电子证据在诉讼中能否被法院采纳为证据，《中华人民共和国合同法》没有规定。按照现行证据法规定，书面形式的证据必须是有形的书面文件，包括合同、单据，而且必须是原件。最高人民法院《关于适用〈中华人民共和国民事诉讼法〉若干问题的意见》第七十八条规定，“证据材料为复制件，提供人拒不提供原件或原件线索，没有其他材料可以印证，对方当事人又不予承认的，在诉讼中不得作为认定事实的根据”；第五十三条也规定，“收集、调取的书证应当是原件”，“收集、调取的物证应当是原物”。原件是原始形成的书面文件，其作用主要在凭证方面，能够证明文件所记录的内容充分完整而且从未被改动。电子数据作为人们不能直接感知意义的物质，以数字形式“记忆”在计算机中，必须通过屏幕显示或打印机打印才能为人们所感知，但此时应是原件的副本而非原件。

电子合同作为一种新兴的合同形式，随着科技的发展不断变化，电子合同书面形式问题的背后实际上逐渐演变成其法律承认和法律效力的问题。《中华人民共和国合同法》作为调整平等主体之间权利义务关系的综合性法律规范也应与时俱进，及时调整其中关于电子合同书面形式及其他相关方面的规定，从而满足社会实务的要求。

12.1.2　电子签名的认证问题

在电子商务活动中，参与交易的各方可能在整个交易过程中自始至终不见面，传统的签字方式很难应用于这种网上交易。因此，如何使彼此的要约、承诺具有可信赖性，当债务与合同义务发生不履行时，又如何有效地使违约方承担起应负的法律责任，这就涉及交易各方的身份确认问题。目前，按照信息发达国家的做法，在网络上通过电子签名的方式以确定交易方的身份。

电子签名是由符号及代码组成的，它具备了上述签字的特点和作用。对每一方来讲，具体采取什么符号或代码，将根据现有的技术、相关经验、可应用标准的要求及使用的安全程序来作出决定。任何一方的电子签名可以不时地改变，以保护其机密的特征。因此，电子签名的产生和广泛运用给我国立法带来了两个新的课题，即电子签名是怎样认定和电子签名是否有效的问题。

1. 电子签名的概念

电子签名是公开密钥加密技术的另一类应用。它的主要方式是：报文的发送方首先从报文文本中生成一个散列值（或报文摘要），发送方用自己的私钥对这个散列值进行加密来形成发送方的电子签名。然后，这个电子签名将作为报文的附件和报文一起发送给报文的接收方；报文的接收方首先从接收到的原始报文中计算出散列值（或报文摘要），接着再用发送方的公钥来对报文附加的电子签名进行解密。如果两个散列值相同，那么接收方就能确认该电子签名是发送方的。通过电子签名能够实现对原始报文完整性的鉴别和不可抵赖性。

2. 电子签名的认定

电子签名的一个重要的特点是能证实信息发送人的身份及电子文件的可靠性和完整性。它对于发送人和被发送的信息都是独一无二的，具有可验证性和不可否认的权威性特点；它在计算机之间交换数字证书有助于确定当事者就是他们所宣称的人。由于电子签名具备了这些特点，才有助于对它的认定。

（1）电子签名认定的技术实现

从其技术实现来说，关于电子签名的认定，在电子签名制度下，可以通过电子商务认证中心（Certification Authority，CA）核发公钥与私钥的方式解决身份确认问题。作为独立于交易各方的权威机构，如果交易双方或第三人对当事人身份或交易内容有所质疑，认证中心即可作为鉴定人提供有关身份确认的资料与证据。这样，交易中的双方或第三人均不得任意否认交易的发生及其内容，从而使当事人在网络这一虚拟世界环境下所发出的要约与承诺与现实世界的要约与承诺具有法律约束力。

目前，我国就有广东、上海等地建立的电子商务认证中心（简称 CA 中心），解决电子商务交易各方的身份确认问题。此外，我国外经贸部门、信息产业部、公安部等部门都在建立自己的 CA 中心，但如果标准不统一，会带来交叉认证的麻烦，也会增加交易的成本，不利于电子商务的发展。因此，很有必要通过立法设立一个统一的或者几家权威的电子商务认证中心，从法律上确立电子商务认证中心的地位，以解决电子商务交易各方的身份确认问题。

（2）电子签名与电子认证的法律要求

电子签名与电子认证政策法律用以调整认证中心、证书用户、国家行政机关与不特定的社会公众之间在认证电子交易过程中所发生的法律关系，调整对象主要包括平等主体之间民商事法律关系和非平等主体之间的行政法律关系。数据电信的商业化应用，除了需要电子签名作为认证手段之外，在 Internet 等开放性网络环境下，认证中心的服务也是必不可少的。与此同时，调整认证法律关系的规范，将成为电子商务法律制度，乃至普通商事法律中的基本内容之一。与一般信息服务不同的是，认证中心所提供的是经过核实的、有关电子商务交易人所关心的基本信息。实际上它是关于交易当事人的事实状况的信息，通常包括交易人是谁、在何处、以何种电子签名方式与之交易，其信用状况如何等。

电子签名只是从技术手段上对签名人身份作出辨认及能对签署文件的发件人与发出电子文件所属关系作出确认的方式，但如何解决判定公共密钥的确定性及私人密钥持有者否认签发文件的可能性等问题，则是电子签名技术本身无法解决的问题。换言之，这里面有一个解决私人密钥持有人信用度的问题。这里面包括两种可能性：一是密钥持有人主观恶意，即有意识否认自己的行为；二是客观原因，即发生密钥丢失、被窃或被解密情况，使发件人或收件人很难解释归责问题。事实上，相类似的问题在我们传统商业交易活动中也存在，只不过我们有相对完整的解决方案，包括相配套的法律规范及保护措施。在电子交易过程中，同样需要一个具有权威性公信力的第三方作为安全电子认证中心（即 CA 中心）对公开密钥行使辨别及认证理职能，以防止发件人抵赖或减少因密钥丢失、被偷窃或被解密等风险。

由此可见，电子签名的安全使用必须配合安全电子认证中心体系的建立。事实上，西方很多国家（美国、加拿大、德国等）及日本都已经或正在建立相配套的公共密钥基础设施（Public Key Infrastructure）。这样，网络上电子签名与安全电子认证的相互结合就解决了前面阐述的由于电子签名技术方面无法解决的信用度的问题。

（3）电子签名安全认证机构的法律地位

电子签名安全认证机构在电子签名制度中占据重要位置。从世界范围看，安全电子商认证中心的设置主要有两种途径：一种是由政府组建的或者授权的机构担任，以政府信用作为担保；另一种则是通过市场的方式建立，在市场竞争中建立信用。新加坡《电子交易法案》采取的是后一种方式，即政府并不组建或授权安全电子商务认证中心，有能力的组织都可以进入安全认证的市场（新加坡境外的安全认证中心要进入其市场则必须经新加坡政府管理机构的批准），凭借自己的市场竞争能力建立信用。但是，新加坡在安全认证市场管理方面还是非常严格的。首先，《电子交易法案》规定，政府任命一个安全认证中心的管理机构，负责许可、证明、管理和监督安全认证中心的活动。其次，《电子交易法案》规定了所有从事安全认证业务（如签发电子凭证，即数字证书）的机构都必须遵循的统一标准。最后，安全认证中心可以自愿向管理机构申请许可，虽然管理机构的许可并不妨碍安全认证中心进入市场，但是得到许可的安全认证中心可以享受某种优惠，尤其是可以享受法律规定的责任限制。总之，新加坡的做法既不把安全认证市场管死，又能把市场管住。

为了保障我国电子商务的健康发展，由政府组建的或者授权的机构担任电子签名的安全认证中心是必要的，如广东省电子商务认证中心（注册名为广东省电子商务认证有限公司）、上海市电子商务安全证书管理中心有限公司就是在政府授权下组建的。

3. 电子签名的法律效力

从实质上说，电子签名仅是一种电磁记录。尽管这种电磁记录有效性已经得到了我国现行法律的承认，如 1999 年修订的《中华人民共和国合同法》中规定要约和承诺都可以采用数据电文的形式，明确确认了电子合同的法律效力，并且 2005 年 4 月 1 日起实施的《中华人民共和国电子签名法》也首次赋予了可靠电子签名与手写签名或盖章具有同等的法律效力。但是，与电子签名法律效力相关的一个问题是，在网络交易中以何种技术生成的电子签名才是安全可靠的，才是法律认同的？这也是自电子签名方式出现以来一直争论不休的一个问题。在电子签名立法最早也最发达的美国对此大致有两种解决方案：一种是以犹他州和伊利诺伊州为代表的“技术特定化”（Technology Specific）方案，认为只有用非对称密钥加密技术作出的电子签名，才具有与用笔签名同样的法律效力，而其他技术如计算机口令、对称密钥加密、生物笔迹辨别法等技术，或安全系数不足，或应用成本过高，均不宜作为法定签名技术予以确定；另一种是以加利福尼亚州和罗德岛州为代表的技术非特定化方案，认为技术特定化限制了其他同类技术的发展，也不利于对消费者的保护等。

通过对两种方案的衡量与比较，可以认为，技术非特定化方案更有利于互联网产业和网络商务的发展。

12.1.3 合同生效及履行问题

1. 合同生效时间问题

有人认为，网上订购时，若使用在线支付，款项被划出账户时合同成立，若使用邮寄付款，则以寄出邮戳为准，这显然不符合我国法律的规定。对于未付款或未发货的合同是成立的，据《中华人民共和国合同法》规定："承诺生效时合同成立，采用数据电文形式订立合同，收件人指定特定系统接收数据电文，该数据电文进入该特定系统的时间，视为到达时间；未指定特定系统的，该数据电文进入收件人的任何系统的首次时间，视为到达时间。"

在正常情况下，消费者通过网络向商家发出订单时，合同已经成立了，除非网络出现故障，该信息不能进入商家的系统。因此，虽然当事人没有付款或发货，合同已经成立，至于付款和发货问题则已经进入了合同履行阶段。

2. 合同履行问题

如果出现网络卖家不付款或不发货、发错货的情况，如何才能保障合同双方的利益？淘宝网给出一种解决方法，即消费者先将款项支付到支付网关，交易双方确认以后，支付网关方完成支付，如果有一方未确认，支付网关自动将款项返回给消费者。对于实时交易的模式及先付款、后收货的模式，往往可以由订单来证明交易的有效性，从而保证合同的履行，但订单的履行有赖于商家的信用，如果商家的信用存在问题，消费者的权益将难以保障。

12.1.4 合同各方的责任问题

我国曾发生过这样的案例，某知名网站以极低的价格出售商品，当消费者下了订单要求购物时，网站却以故障为由，主张合同无效。如果这种主张成立的话，那么网站都可以用这样的借口来否定合同，这将对消费者的利益造成很大的损害，也违背了民法的公平原则，破坏了市场交易秩序。作为一个商业网站，对其设施应当尽"适当关注"的义务，机器损害是网站没有"关注"好自己的机器，理应由其承担所造成的一切责任。

电子商务合同的订立，绝大部分都需要网络服务商的参与，那么如何确定网络服务者的法律责任呢？国际上一般认为，网络服务提供者不应因其无法控制的第三方的电子形式的信息而承担民事的或者刑事的责任，即便第三方利用网络服务提供者的系统和网络传播了违法或者侵权的信息，否则将会大大挫伤网络服务提供者的积极性，不利于本国新兴网络业的发展。但是，在电子合同的发送过程中，网络服务提供者由于未做适当的防范而遭到他人侵入，导致信息的丢失，或者网络服务提供者延迟或错发而导致信息的丢失是否仍然免责呢？理论和实践上都存在较大争议。有人提出网络服务提供者应当免责，而由要求使用该服务器的合同一方负责，若双方并无特别约定，则由发送方承担责任。如果这样的话，必然会导致网络服务提供者请示所传递的信息，忽视被服务者的利益，虽然保护了网络服务提供者的利益，却不利于电子商务的长远发展，因此，让网络服务提供者承担相应的责任是完全有必要的。

12.1.5　证据问题

由于电子合同的要约和承诺都采用数据电文的形式，因此，电子证据具有技术含量高、易被篡改和伪造、复合性和间接性等特点。此外，绝大多数时候电子合同并不产生书面形式，根据证据最优原则，证据要求出示原件，对计算机记录而言是无所谓原件与复印件的，因此，法律是否承认数据电文具有法律效力具有非常重要的意义。

《联合国电子商务法》规定，不得仅仅以某项信息采用数据电文形式为理由而否定其法律效力。目前，各国基本上都已经承认了计算机记录是可以作为证据的，只是各国做法并不统一。如法国规定，交易金额超过 5 000 法郎时，交易必须经双方当事人达成书面协议，通常交易情形若无法产生书面文件时也可例外，电子商务合同正是可以例外的一种。我国《中华人民共和国民事诉讼法》并没有规定计算机记录的法律效力，《合同法》则规定书面形式包括电子数据交换和电子邮件，可以看作已经承认了数据电文的法律效力。在司法实践中，法院通过具体的判例也承认了计算机记录的法律效力。但是，由于存在磁盘的记录可以不留痕迹加以改动，这使数据电文的准确性受到质疑。这个两难问题如何解决是法律需要应对的问题之一。

由于在电子商务合同中，可以控制记录修改的“几个点”无非是消费者、商家和网络服务提供者。尤其是网络服务提供者（ISP）占有着大量的数据，因此，法律有必要规定对于网络服务提供者、商家应当保留他们的交易记录到一定的期限，这个期限的确定应以诉讼时效为准。同时，对于商家和客户应当养成良好的习惯，应在计算机中及时保存记录，若是通过电子邮件完成的合同，来往信件中尽量使用“回复”功能，以保存来信的内容，定期对交易内容进行备份等。

有人认为，对于网络的过多限制将会不利于新兴的网络业的发展。实际上并非如此，从理论上看，对电子商务加以立法，使相关当事人明确自己的权利和义务，能够预见行为的后果；规范合同订立的过程，使电子交易更加安全，对于在网络中树立诚信的交易观念非常重要。从实践上看，电子商务的法律规范，会减少网络欺诈的行为，保护当事人的利益，完善相应的安全措施，又能更好地保护商家的商业秘密和用户的隐私。

12.2 电子商务安全问题

随着 Internet 的发展，电子商务已经逐渐成为人们进行商务活动的新模式，越来越多的人通过 Internet 进行商务活动。在网络运营过程中经常会遇到一些障碍，这些障碍或来自于技术操作方面，或来自于 Internet 上的病毒，或其他不可预测又一时无法排除的原因，导致电子商务中的交易中止，从而给买卖双方带来损失，该由谁来负责？网络服务商还是买卖中的一方？至今没有明确的法律规定。虽然有一些互联网技术服务商提供保障网络安全的服务，但是绝不可能完全杜绝电子商务中的网络故障及人为的黑客破坏。如果没有相关的法律规定，一旦在电子商务交易中出现上述原因引发的法律诉讼，便会由于没有相关的具体法规，给法院对这些诉讼的审理带来极大的困难。

如何解决上述问题，国际上通行的做法和我国目前流行的技术就是采用电子签名技术。但是，电子签名技术的实施需要安全、便捷的电子商务应用环境。如何建立这个环境，对信息提供足够的保护，已经成为商家和用户都十分关心的话题。

12.2.1 电子商务安全存在的问题

一般而言，电子商务安全问题可分为三大部分：网络安全问题、信息安全问题和交易安全问题。

1. 网络安全问题

它主要指计算机和网络本身可能存在的安全问题，也就是保障电子商务平台的可用性和安全性问题，其内容包括计算机物理安全、系统安全、数据库安全、网络设备安全、网络服务安全等。

安全的网络环境是电子商务发展的关键，同时电子商务的发展对网络的安全性提出了前所未有的要求，而网络的不安全性也构成了电子商务发展的最大障碍。网络的不安全性主要包括网络攻击和计算机病毒的传递等。历史上，由于网络攻击和病毒破坏造成电子商务巨大损失的事例屡见不鲜。

2. 信息安全问题

信息安全问题是指电子商务信息在网络传递过程中面临的信息被窃取、被篡改、被假冒和被恶意破坏的问题，如交易双方交易的内容被第三方窃取或交易一方提供给另一方使用的文件被第三方非法使用等。电子商务中对信息安全的要求就是要求信息传输的安全性、信息的完整性及交易者身份的确定性。

3．交易安全问题

交易安全问题是指在电子商务虚拟市场交易过程中存在的交易主体的真实性、资金的被盗用、合同的法律效应、交易行为被抵赖等问题。

12.2.2　电子商务安全的法律制度

我国目前还没有专门的电子商务安全法，只是在电子商务的网络安全、信息安全和交易安全 3 个方面出台了一些相关的法律规范。

1．关于网络安全和信息安全的法律规范

20 世纪 90 年代中期至今，我国已出台了一批专门针对网络和信息安全的法律、法规及行政规章。如 1994 年 2 月国务院颁布的《计算机信息系统安全保护条例》、1996 年 2 月发布 1997 年 5 月修正的《计算机信息网络国际联网管理暂行规定》、1997 年 2 月由公安部发布的《计算机信息网络国际联网安全保护管理办法》、2000 年 9 月发布的《中华人民共和国电信条例》与《互联网信息服务管理办法》、2000 年 12 月由全国人民代表大会常务委员会通过的《关于维护互联网安全的决定》等。此外，1997 年修订刑法，增加了第二百八十五条、第二百八十六条、第二百八十七条，对计算机信息系统保护及利用计算机系统犯罪处罚的条文。

2．我国涉及交易安全的若干法律法规

现行的主要有 4 类：①综合性法律，主要是民法通则和刑法中有关保护交易的条文；②规范交易主体的有关法律，如公司法、各种企业法等；③规范交易行为的有关法律，包括经济合同法、产品质量法、价格法、消费者权益保护法、广告法、反不正当竞争法等；④监督交易行为的有关法律，如会计法、审计法、票据法、银行法等。

我国对交易安全的研究起步较晚，且长期以来注重对财产静态权属关系的确认和保护，未能适应现代市场经济交易频繁、活泼、迅速的特点。虽然在上述 4 类法律法规中体现了部分交易安全的思想，但却没有明确的电子交易安全的法律规定。由于没有明确的法律规定，在出现法律纠纷时，可能会造成因为适用法律的不同而造成判决结果不同。

12.2.3　电子商务安全管理制度

1．网络安全管理制度

作为电子商务的基础构架，Internet 的诞生并不是因为商业目的，而是为了能方便地共享计算机资源，因此，Internet 开放有余而严密不足。为了满足电子商务在网络安全上的要求，世界各国和地区纷纷制定相关法律法规及管理制度，如美国 1987 年通过的《计算机安全法》、1998 年 5 月发布的“使用电子媒介作为传递用途的声明”，德国的《信息和通信服务规范法》，英国的《监控电子邮件和移动电话法案》，日本的《反黑客法》等。我国的有关法律、行政法规和规章也涉及了关于网络安全的管理制度，主要包括维护 Internet 安全的决定；国际 Internet 出入信道的管理制度；市场准入制度；计算机病毒防治管理办法。

2．信息安全管理制度

我国目前对于网络信息的管理制度主要有两种：分级制度和电子商务安全认证制度。这两种制度都是从网络信息资源的安全出发，为了保证网络信息资源的安全而制定的。前者是针对网络上所有的信息，后者则在电子商务方面更有针对性。

（1）分级制度

分级制度是指对于网络网络信息资源，要明确其信息分类，实行等级安全管理制度。目前，我国网络信息资源根据信息的性质和重要程度划分为三级：A 级指机密信息资源，实行非强制安全保护；B 级指内部信息资源，实行自主安全保护；C 级指公共信息资源，实行一般安全保护。此外，应严格区分内部网和外部网，凡涉及内部生产管理或不宜公开的网络应在物理上与公共网隔开，防止黑客入侵。凡涉及机密的资料按有关保密政策传递和存放，严禁与普通资料混存混传。

各单位应当制定信息安全管理制度，对信息进行安全稽核，防止信息被非法增加、删除、修改或复制。网站经营者所发布的信息应具有真实性、完整性和可靠性。为减少信息事故纠纷，对涉及第三方的信息应签署“入网责任书”，明确双方权利义务和法律责任，保证信息质量，信息提供者对所提供的信息的合法性与真实性承担法律责任，经营单位承担管理责任。对用户中发生的恶意事件应及时处理，重大事件及时逐级上报。

（2）电子商务安全认证制度

电子商务安全认证制度主要是为了满足信息安全要求，即电子商务信息内容的保密技术要求、身份鉴别认证的技术要求、信息内容的完整性鉴别技术要求及抗抵赖交易活动的安全技术要求，并以此来保障网络的信息安全，消除用户对网络信息安全的恐惧心理，从而放心地在网络上完成各种商务活动或事务活动。

3．交易安全管理制度

目前，涉及电子商务交易安全的制度有以下几个。

（1）市场准入制度

电子商务交易安全对市场准入提出较高的要求，即对经营者的资格、与网络建设密切相关的诸如网络运营商、信息服务提供商、数字证书认证机构、密钥管理机构等服务机构应当实行严格的审查，确信其具有一定的资信条件、供货能力、运输能力及健全的售后服务体系等，才允许进入市场交易。

（2）电子签名的安全制度

一项完善的电子签名一般应同时满足唯一性、不可能被伪造、容易被鉴定及不可能被拒绝的特性，即电子签名的真正使用无法否认真实创制使用关系。

（3）电子认证安全制度

电子认证主要是与交易安全的信用安全，保证交易人的真实可靠，是组织制度的保证。电子认证机构所提供的服务，包括交易相对人的身份、公开密钥、信用状况等情况。

（4）电子支付安全制度

电子支付安全是电子交易安全中最重要的环节，目前主要采用加密保护、线上认证保证电子支付的安全。

在 Internet 上实现的电子商务交易必须具有保密性、完整性、可鉴别性、不可伪造性和不可抵赖性等特性，一个完整的电子商务系统在保证其计算机硬件平台和软件平台安全的基础上，还应当具备以下特点：①强大的加密保证；②使用者和数据的识别与鉴别；③存储和加密数据的保密；④可靠的联网交易和支付；⑤方便的密钥管理；⑥数据的完整性，防止抵赖。电子商务对计算机网络安全与商务安全的双重要求，使电子商务的安全复杂程度比大多数计算机网络的更高，电子商务应作为安全工程，而不是解决方案来实施。同时，相关的法律与法规必须要跟上电子商务安全的发展，尤其在交易安全方面，亟待国家级的交易安全法律法规的出台。针对电子商务无国界的特点，我们还应该加强国际合作，使电子商务真正发挥其应有的作用。唯有如此，我们才能顺应时代潮流，推动我国经济的发展；也唯有如此，我们才能在经济全球化的今天，参与到国际竞争中去，并进而赢得竞争的优势。

12.3　商业信用问题

随着世界经济一体化、全球化进程的不断加快，电子商务已经逐渐成为人们进行商务活动的新模式。电子商务在迅速发展的同时，自身也面临着诸多问题。在这些问题中，信任与信用体系的建立已经成为中国电子商务发展的瓶颈。这里以电子商务中的信用问题为研究对象，对电子商务的信用风险进行了分析，探讨了电子商务信用体系的建设，为建立完善的信用体系提出了相应的措施。

12.3.1 电子商务与商业信用的关系

商业信用并不是电子商务所特有的，而是所有市场经济的要求。但是，社会商业信用是电子商务的必要环境，而且由于电子商务自身的特点，对社会商业信用体系提出了更高的要求。

1．交易主体的复杂性，需要有在线身份认证

电子商务是基于 Internet 的“非面对面的”远程的交易活动，而 Internet 又是一个开放性的计算机网络，因此，电子商务的交易双方都需要在线确认对方的身份，即 CA 认证。电子商务的开展需要建立相应的 CA 认证机构，完善全国范围的 CA 认证体系。

2．电子商务加剧了买卖双方对商品信息的不对称

在一般情形下，与买方相比，卖方对商品的质量更清楚，特别是零售市场，而电子商务会加剧这种信息的不对称。在电子商务模式下，买方不能亲眼观察、检查、检验商品，主要依靠卖方在网上展示的图片、文字说明了解商品的性能、功能和质量。而事实上，一些商品的质量特征是很难甚至不能通过图片和文字展示清楚的，如商品的形、色、香、味。我们经常会发现从网上图片看起来非常漂亮的东西，而实物并非如此。

3．交易与付款不同步，需要信用机制作支持

完整的电子商务的款项支付采用在线电子支付方式。采用电子支付方式，交货过程与付款过程不同步，这就可能出现买方付清了货款但收不到货物或者卖方交付了货物但收不到货款的情况。采用电子支付方式，需要有信用机制作保证。另外，如果采用货到付款的方式，也可能遇到买方无理拒收货物的情况。要解决这一问题，也需要建立相应的信用机制。

电子商务的出现带来了一些新的信用问题，也加剧了一些老的信用问题，电子商务的出现强化了对社会商业信用的需要。

12.3.2 我国电子商务商业信用现状

1．普遍缺乏信用意识和信用道德规范

我国市场经济由计划经济脱胎而来，社会信用经济成熟较晚，市场信用交易不发达，社会普遍缺乏现代市场经济条件下的信用意识和信用道德规范。信用保障体系还未完全建立，社会信用缺失反过来影响到电子商务活动中。国内企业的交易多限于面对面的进行，网上信用意识较差。很多企业与个人对于信用的重要性缺乏应有的认识，不讲信用照样可以生存和发展，社会上信用缺失行为较多。这种信用程度较低，三角债情况严重，假冒伪劣商品泛滥的现实商业环境，无疑制约了电子商务信用状况的改善。

2．企业内部电子商务信用管理制度不健全

西方企业信用意识较强，内部电子商务信用管理机制较为健全，同时拥有先进的技术和发达的个人资料网络。西方企业信用部门在电子商务交易之前，就对客户信用进行评估，较好地为电子商务的发展奠定了基础。然而我国企业的电子信息技术设备配置较落后，信息化水平比较低，企业内部电子商务信用管理制度还不健全，大多企业根本就没有设置信用管理部门，交易之前缺少对客户资料的调查，对客户的信用状况缺乏应有的了解，在电子商务中错误选择交易对象，进而导致违约现象的发生。

3．网络陷阱层出不穷

网络购物存在着重重“陷阱”，买方一不留神，就会上当受骗。常见的陷阱有如下几种。

（1）低价诱惑：在网站上，如果许多产品以市场价的半价甚至更低的价格出现，这时就要提高警惕性。

（2）高额奖品：有些不法网站、网页，往往利用巨额奖金或奖品诱惑吸引消费者浏览网页并购买其产品。

（3）虚假广告：有些网站提供的产品说明夸大其词甚至虚假宣传，消费者购买到的实物与网上看到的样品不一致。

（4）设置格式化条款：买货容易退货难，一些网站的购买合同采取格式化条款，对网上售出的商品不承担“三包”责任、没有退换货说明等。

很明显，商业信用问题不是减少了，而是加剧了，这极不利于电子商务的发展。而消费者维权意识的提高，将在某种程度上推动我国电子商务信用体系的建设。

4．国家需加强有效的法律保障和奖惩机制

市场经济是信用经济，也是法治经济。信用问题的解决离不开法律的保障。然而我国法制建设还不健全，尤其是在信用法制建设方面更是明显落后于社会与经济发展的步伐。我国现有的法律法规不足以对社会的各种失信行为形成强有力的法律规范和约束。社会上更是缺乏严格的失信惩罚机制，这都为电子商务信用问题的解决增加了难度。

12.3.3　我国电子商务信用体系的建设

电子商务的健康发展需要加强我国商业信用体系的建设，但商业信用不可能依靠商业活动中单方面地自觉自愿建立起来，也不可能依靠纯粹的道德而建立起来。商业信用是电子商务参与者互动的过程，商业信用机制的建立需要社会多方面的参与。

1．电子商务法律规范建设

市场经济是一种信用经济，一种法制经济，在电子商务模式下更是如此。在商业活动中给他方造成损害的失信行为，应该受到法律的制裁。失信行为可能受到多种形式的惩罚，比如失去客户、失去供应商等，但法律手段是最直接、最有效的惩罚。法律是商业信用的保障，我国应完善电子商务相关的法律规范。2005 年 4 月 1 日，我国第一部电子商务法规《中华人民共和国电子签名法》正式实施，从法律上明确了电子数据、数字签名的有效性。但是由于缺乏与之相关的细则，使得这些规定对我国目前的电子商务现状的改善起不了太大作用，因而加强电子商务法律规范建设是当务之急。

2．对网上商业活动的执法监督

开设一个商务网站是一件很容易的事，利用各类网站进行商业活动也很方便，而与此相对应的是侵权人利用这种形式侵权的成本也相对较小，再加上电子商务的虚拟性、隐蔽性等特征，从而给想利用电子商务从事非法行为的人也带来了便利，同时给工商管理工作也增加了难度。因此，各地工商行政管理部门更要加强协调，打击网上非法经营活动，保护消费者权益，给合法的电子商务活动一个“洁净的空间”，增加网民对电子商务的信用度。

3．电子商业行业自律建设

加强电子商务信用环境的建设，行业自律极其重要。切实保护消费者的权益。现在，各商务网站都有自己的交易规则，这往往使网上购物者顾虑重重，担心自己的权益受侵害，从而对电子商务望而却步。电子商务网站不能在单击合同（格式合同）中添加霸王条款，不能在合同条款上做手脚、设陷阱，损害消费者权益。电子商业协会要通过互联网接受社会对会员的投诉，对会员不遵守共同商业规则的行为进行公开。

4．建立商业信用信息网络

商业信用是靠信用信息在社会上的传播来起作用的。即使一家企业的商业信用等级很高，如果它的信用信息没有通过可靠的渠道传递给他人，这家企业对他人的商业信用也等于“0”。商业信用要通过可靠的渠道进行传播，互联网就是商业信用传播的最好手段。要建立一个基于互联网的全国范围的商业信用信息网络，通过这个网络，可以查询到企业和个人的信用记录。通过自动运行信用评估模型，信息网络还能提供对企业和个人的信用评价、信用等级。我国要发展和完善电子商务，应当借鉴世界上成功的经验，建立类似的商业信用信息网络。

在我国，一些地方也开始建立地方性的商业信用信息网络。上海市成立了一个专门调查个人消费信用的资信公司，建立了我国第一个个人信用征信服务系统。通过与全市 15 家商业银行、300 多家支行营业部的信用网络联通，为市民申办信用消费提供配套的个人信用报告。同时，可向被允许部门提供个人的银行和商业信用、社会和职业信誉四大类咨询服务。一些人恶意透支、赊账不还、偷逃税款或受到公安处罚等不良行为都作为个人信用评估资料被记录在案。

广东省汕头市以市信息中心为平台，通过链接工商局、国税局、打假办、外经贸局和汕头海关等部门的信息网络建立起了汕头信用网。相互联通的客户可直接单击信息网上的“红名单”和“黑名单”便可立即了解到汕头市 7 万家工商企业和中介机构的信用记录状况。

全国的商业信用信息网络的建设需要进行统一规划，以实现全社会信用信息的高度共享。

5. 发挥第三方中介机构的作用

为了加快电子商务贸易信用环境建设，我们还应该借鉴国外的做法，加强第三方中介机构在建立电子商务贸易信用环境中的作用。虽然第三方中介机构的介入可能会增加贸易双方的交易成本，认证中介机构对信息的认证还存在法律效力的问题，但这些并不能否定中介机构对电子商务贸易信用建设的监督和促进作用。在法律框架之外建立依靠信任机制发挥作用的第三方在线机构，是电子商务贸易信用建设不可或缺的一部分。这方面我国已经有了起步，如我国第三方网上认证机构中比较典型的“红盾 315”网站，就是北京市工商行政管理局下属的一个要求经营性网站备案登记的网上认证机构。另外，阿里巴巴的“诚信通”也已经有了第三方认证机构的特性。

12.4　关税和税收问题

对于有形货物的离线电子商务，由于有形通关过程的存在，现行增值税税收政策依然适用。对于数字化信息产品消费者通过下载在线取得，由于不存在一个有形的通关过程，由海关征收关税及代征进口环节增值税和消费税的征收基础不复存在，对这部分电子商务的关税及进口环节增值税和消费税征收将变得非常困难。

电子商务的无国界性、虚拟性、无纸化特点在给企业带来巨大商机和消费者空前便利的同时，也引发了一些国家税收方面的新问题：常设机构的概念和范围界定遇到了困难，电子商务突破了原有以固定地点为依托的物理形态，而是采取虚拟无形的方式进行经营，销售商并没有拥有固定的销售场所，其代理人也无法确定，这样就不能依照传统的常设机构标准进行征税；有形产品交易和服务交易难以区分，如以数据形式传输的无形产品，是应该归为提供有形产品还是服务交易，税法没有作出相关规定，税务机关就不能按照现行的法律确定起征收对象的性质、适用税种、税率等，这就造成了税收工作上的技术困难，造成资金流失。

随着电子商务的日益完善，网络国际投资业务的蓬勃发展。设在某些避税地的网上银行可以对客户提供完全的“税收保护”。假定某国际投资集团获得一笔来自全球的证券投资收入，为躲避所得税，可以将其以电子货币的形式汇入此类银行，这就造成了一定程度上国内税务的流失。由于网上贸易是通过大量无纸化操作达成交易，账簿、发票均可在计算机中以电子形式填制，而电子凭证容易修改，且不留痕迹，税收审计稽查失去了最直接的纸质凭据，无法追踪。

12.4.1 电子商务带来的税收问题

电子商务的迅猛发展，致使税务管理部门来不及研究相应的征管对策，更没有系统的法律、法规来规范和约束企业的电子商务行为，出现了税收管理真空和缺位，导致应征的税款出现流失。从理论上分析，从 Internet 上流失电子商务的税收主要有关税、消费税、增值税、所得税、印花税等。由于电子商务可以规避税收义务，大大降低企业税收负担，因此，一些企业纷纷通过上网规避税收，在逃避大量税收的同时，扰乱了正常的市场秩序。

1. 常设机构的判断问题

（1）纳税人身份及企业性质的判定问题

就是税务机关应能正确判定其管辖范围内的纳税人及交易活动，这种判定是以实际的物理存在为基础，因此，在传统交易活动中，纳税人身份的判定上并不存在问题。但在互联网市场中，看不到传统概念中的商场、店面、销售人员，甚至连涉及商品的手续，包括合同、单证，资金等，都以虚拟方式出现，而且，互联网的使用者具有隐匿性、流动性，通过互联网进行交易的双方，可以隐匿姓名、居住地等，企业可以轻而易举地改变经营地点，从一个高税率国家移至低税率国家。所有这些，都造成了在对纳税人身份判定上的难度。

大多数从事电子商务的企业注册地位于各地的高新技术园区，拥有高新技术企业证书，具有营业执照上限定的营业范围，但并没有明确提及电子商务业务。有些企业营业执照上注明从事系统集成和软件开发销售、出口，但实际上主要从事电子商务业务。这类企业是属于所得税意义上的先进技术企业和出口型企业，是属于生产制造企业、商业企业还是服务企业，因判定性质不同将导致企业享受的税收待遇有所不同。从事电子商务企业按 3%税率缴纳营业税，而从事电子商务的普通企业则需缴纳 5%的营业税。那么，被定性为什么样的企业就成了关键问题。

（2）客户身份难以确定

按照现行税制，判断一种商业行为是否应课税及课税数量与客户身份密切相关。例如，我国目前实行的出口退税和对进口商品征收关税的政策，这些活动都必须查明客户身份。

如果将现有的税收原则不加修改地应用于电子商务税收，本来有纳税义务的企业很可能冒充或是通过隐瞒商品的真实消费从而逃避进口关税。虽然科技在发展，但是从技术角度看，无论是追踪付款过程还是供货过程，都难以查清供货目的国的买方身份，从而无法确认应征税的贸易究竟是国内贸易还是国际贸易，使传统的税制在应用过程中遇到了极大困难。

2. 税收征管体制问题

（1）电子商务交易过程的可追溯性问题

电子商务交易过程的可追溯性，简单地说就是在确定了纳税主体后，是否有足够的依据收到应收的税，证据是否足够，是否可查。

目前，我国电子商务还处于初级阶段，网上 CA 和网上支付体系正在建设中，在线的电子商务交易数额还是较少。商家之间的电子商务主要是商谈、合同和订单处理，还基本上没有进入电子支付阶段。所以，在间接的电子商务阶段，商务交易过程电子化，而送货或电子成分更高的间接电子商务扩大或普及时，考虑到电子商务交易过程中的虚拟性，相关交易环节的具体情况有赖于交易的如实申报，所以电子商务交易过程的可追溯性问题会更加突出，尤其是在数字产品的电子商务过程中。

（2）电子商务过程的税务稽查问题

在具备税收管辖权、交易过程可追溯的前提下，电子商务稽查就成为保障电子商务税收的重要一环，即是否能定额征收的问题。在互联网这个独特的环境中，由于订购、支付，甚至数字化产品的交易都可通过网上进行，使得无纸化的程度很高，订单、买卖双方的合同，作为销售凭证的各种票据都以电子形式存在，且电子凭证又可被轻易地修改而不留任何线索、痕迹，导致传统的凭证追踪审计失去了基础；并且，互联网贸易的发展刺激了支付系统的完善，联机银行与数字现金的出现，加大了税务机关通过银行的支付交易进行监管的难度；还有，随着计算机加密技术的成熟，纳税人可以使用加密、授权等多种保护方式掩藏交易信息。如何对网上交易进行监管以确保税收收入及时、足额地入库是网上征税的又一大难题。

3. 税收管辖权问题

（1）双重征税问题

一个极端的例子：中国公民在马来西亚的电子商务网站上订购货物，并且要求将货物发往泰国，这样做的结果可能是同时得到 3 个国家的税单。首先，按照居民收税收管辖权征税办法，中国政府有权征收所得税；按照收入来源地管辖权征税的话，泰国政府也有权征收流转税；而马来西亚政府有可能以交易操作发生地为依据，也可根据来源地，有权征税。对同一笔税源，由于税收管辖权的重叠，而导致重复征税。

（2）纳税人避税问题

电子商务的便捷性与高流动性为跨国公司操纵利润、规避税收提供了便利。跨国公司通过互联网，只要简单的操作就可以轻松地将其在高税区的利润转到低税区或避税港。

12.4.2 适应电子商务发展的税收对策

尽快建立适应电子商务的征收管理方法。世界各国和地区对电子商务的税收征管问题都十分重视，而且行动迅速。例如，经济合作与发展组织（OECD）成员同意免征电子商务关税，但也认为在货物的定义不稳定的情况下决定一律免征关税是不妥的，与此同时通过互联网销售的数字化产品被视为劳务销售而征税：欧盟贸易委员会提出了建立以监管支付体系为主的税收征管体制的设想；日本规定软件和信息这两种商品通常不征关税，但用户下载境外的软件、游戏等也有缴纳消费税的义务；新加坡和马来西亚的税务部门都规定在电子商务中的软件供应行为都要征收预提税等。综合各国和地区的经验及我国国情，可以考虑对网络服务器进行强制性的税务链接、海关链接和银行衔接，以保证对电子商务的实时、有效监控，确保税收征管，打击租用网上交易的逃避税行为。

尽快建立电子商务法律、法规，完善现行税法。世界各国和地区已纷纷制定了针对电子商务的法律框架，在我国，对电子商务税收问题的研究正处于起步阶段，因此，要尽快建立电子商务的法律法规体系。一是要制定电子交易条例，为电子商务行为提供有效的法律保障；二是要制定电子货币法，为电子支付系统提供相应的法律保障；三是要协调国际金融、商务有关的法律法规，防止发达国家凭借经济和技术的优势制定不平等条约。此外，要改革和完善现行增值税、消费税、所得税税收法律，补充对电子商务的有关条款。

坚持税收中性和效率原则相结合，适当给予电子商务税收优惠政策。税收中性原则要求有形交易和电子交易间应遵循中性原则，平等对待经济上相似的交易收入。而税收效率原则要求税收的征收和缴纳应尽可能确定便利和节约，尽可能避免额外负担，促使市场经济有效运转，在不影响纳税人对贸易选择的前提下制定一档优惠税率引导企业合法经营，但要求上网企业必须将通过网络提供的服务、劳务和产品销售等业务单独核算，否则不能享受税收优惠。

统一税收管辖权，实行单一的居民管辖权。我国现行的税收管辖权是地域管辖和居民管辖权两者兼而有之，目的是最大限度地保证国家的财政收入。但是，收入来源地概念在电子商务中变得相当模糊，不易确定，交易双方往往借此偷逃税款。居民概念的确定较之收入来源地概念要清晰得多，只要是本国和地区的居民从事电子商务活动，就得征税。对电子商务征税采用单一居民管辖权在操作上既简便，又能增加税收收入。

随着电子商务的发展，越来越多的企业从中取得了巨大的利润，与此形成鲜明对比的是各国和地区政府在对电子商务行为征税方面却越来越捉襟见肘，表现最为突出的是电子商务税收征管问题及避税问题。要解决好这些问题，必须在立法方面通过对一些概念、范畴的重新界定和对现有税制进行补充，但应当贯彻公平税负、适当优惠的原则，从而保证电子商务稳定、健康地发展。

12.5 知识产权问题

在网络环境下，现有的著作权制度力不从心，作品无法得到有效保护。任何人都可以轻而易举地把非本人的作品上传到网上并进行传播，而作者却可能对此毫不知情。Internet 的跨时空性使得跨国性的侵权行为变成了普遍现象，而法律在这个领域的相对空白致使网上侵权行为十分严重，使电子商务的发展受到一定的影响。

12.5.1　电子商务涉及的知识产权问题

知识产权是指个人或集团创建的并受法律保护的思想、计划、观念和其他的无形资产的所有权。在电子商务范畴里，知识产权主要包括著作权与相关权利、商标权和域名、专利权、商业机密。

1．著作权与相关权利

1996 年 12 月，世界知识产权组织（WIPO）在日内瓦缔结了《世界知识产权组织版权条约》（WCT）和《世界知识产权组织表演和录音制品条约》（WPPT），这两个条约使国际版权立法进入了数字时代。

（1）著作权

著作权是指对原始作者的初始创作进行保护，包括文学、戏剧、音乐、艺术和其他一些智力创作，不管是出版和未出版的，并有权利从对它进行复制或以其他方式使用该作品的人收取费用。

对于将他人享有著作权的作品数字化后在网上传播的行为，国外立法有不同的规定，但这种不同并不影响对著作权人作品数字化后传播的保护。

美国认为著作权人现有的复制权和发行权足以覆盖这种新的传播方式，没有必要就作品在网络上的传播再规定一种权利。美国法院的众多案例均支持了这样的立场：即未经著作权人许可即将作品上传到网站，视为未经许可向公众提供作品的复制件，侵犯了著作权人的发行权。例如，在 Marobie 案、Web World 案和 Kutz 案中，法院认定未经许可将他人的作品上载到网页的网主侵犯了著作权人的发行权。

而欧盟、日本及澳大利亚则对此行为则是选择了创设的“公众传播权”。欧盟在 2001 年通过《关于协调信息社会的版权和有关权若干方面的指令》中第 3 条设定了作品的“公众传播权”和相邻权作品的类似权利。这种权利是指著作权人享有的授权或者禁止以有线或无线的方式向公众传播其作品的专有权，包括让公众中的成员以个人选择的时间和地点访问作品的方式获得作品的权利。

（2）网络邻接权

网络邻接权是与著作权相关的权益，指作品的传播者依法享有的权利，主要包括表演者、录音录像制品制作者、广播电视组织及出版者因传播作品活动享有的权利。

2．商标权和域名

（1）商标权

商标权是指商标所有人在法律规定的有效期内，对其经商标主管机关核准注册的商标享有的独占的、排他的使用和处分的权利。只有经商标局核准注册的商标，才享有商标权并依法予以保护。

（2）域名

在 Internet 上每个网站都有一个由数字和英文字母组成的账号或身份号，其基本功能是标识特定的计算机地址，即域名。域名是商家在网上定位的依靠，被广泛地用作商业标识符号，成为发展电子商务的基本手段，如同商标一样，它潜藏着巨大的商业价值和广告效应。域名是否应该视为一种独立的新型知识产权，大部分国家和组织对此还持否定态度，一般认为域名属于文字类商业标识。对于域名与商标权的纠纷，各国和地区多倾向于商标权的保护，尤其是驰名商标的保护。

3. 专利权

专利权使其持有者有权利在一定时期内决定一项发明的使用和收取源于该发明的特许使用费。依照我国现行法律规定，专利包括 3 种，即发明专利、实用新型专利和外观设计专利。与网络、电子商务相关的专利性问题有以下两个。

（1）关于计算机程序和商业方法的可专利性问题

从世界范围来看，20 世纪 80 年代前，单纯的计算机程序在各国均不属于可专利性主题范围。只有当计算机程序与某一装置结合在一起，形成一个完整的技术方案时，才可以获得专利，成为可专利性的主题。

（2）界面设计、各种技术及网上软件的可专利性问题

各种技术包括网上资料压缩技术、密码技术、信息处理、检索技术等。从目前国际领域的做法看，这些技术与软件只要符合专利申请的条件，均可获得专利保护，特别是软件获得专利以后，其保护力度远远大于版权法的保护。

4. 商业机密

《中华人民共和国反不正当竞争法》规定，商业秘密是指不为公众所知悉的，能为权利人带来经济利益，具有实用性并经权利人采取保密措施的技术信息和经营信息。

12.5.2 电子商务中的侵权行为

1. 网上侵犯著作权的行为

网络使用者或服务商，在自己的网页、电子布告栏等论坛区非法复制、传播、转贴他人作品；把网上传输的作品下载并复制成光盘，甚至盈利；将他人作品上传到网络或从网络上下载进行非法使用；越权或超期等非法使用共享软件；未经许可而将他人作品提供到网上进行公众交易或传播，或明知侵权而仍在网上散布复制品；擅自破解著作权人对物品所采取的技术措

施等；侵害网络作品著作人的人身权，如发表权、署名权、保护作品完整权、修改权等。还有侵犯网上邻接权，网上突出表现在利用网络工作对录音制作者的权益进行侵犯，主要有两个类别：一是不经权利人许可，将擅自复制的数字作品上传到网上供人免费下载；二是虽不是自己直接下载，而是通过链接将其他网站的音乐档案集中到自己的网站，并通过提供窗口和条件，供使用者免费下载。

2．引起域名纠纷的行为

（1）域名恶意抢注而引起的纠纷

行为人故意将他人的知名商标、商号涵盖的文字注册为自己的域名，再以高价将这些域名卖给该知识产权所有人。

（2）域名与商标权、商号的冲突纠纷

在排除恶意抢注的情况外，域名使用者与商标权人仍旧会发生种种纠纷。此类纠纷中包括某一网络使用者的域名包含他人文字注册商标的单词、字母等。

3．网上侵犯专利权的行为

随着计算机硬件和软件技术的发展，全球网络专利权的纠纷案件与日俱增。以著名的计算机软件发明专利诉讼案件 Stac Electronic 告微软公司为例，Stac 为数据压缩技术领先者，拥有自行研发之 Data Compression Apparatus and Method 美国第 5016009 号专利。Stac 从微软公司操作系统 MSDOS 6.2 测试版中利用还原工程（Reverse Engineering）得知其侵害了自己的专利技术。Stac 到法院控告微软公司，经法院裁定微软侵权行为成立，赔偿 Stac 1.2 亿美元，大大增强了 Stac 公司的竞争力。

4．网上侵犯商业秘密的行为

近几年来，网络上的商业机密保护已成为重要课题。例如，在网络上公布共享软件的注册码。共享软件在一定的试用期满后，会要求消费者进行注册（付费）之后，才能继续使用该软件，于是就有某些人破解该软件的注册码，并公布在网络上，使其他人也可免付费，此种注册码属于商业机密之一种。将商业机密置放于网上，使多数人得以任意下载、转载、读取，很多人认为这个很正常，其实这是一个很严重的商业秘密侵害问题。

12.5.3　电子商务环境下的知识产权保护策略

1．通过法律手段保护网络知识产权

从 1996 年 WIPO 通过 WCT 和 WPPT 以来，电子商务中知识产权保护在很多方面已经有了相当成型的国际公约。目前，中国已制定《中华人民共和国专利法》《中华人民共和国商标法》

《中华人民共和国著作权法》《中华人民共和国反不正当竞争法》《知识产权海关保护条例》《集成电路布图设计保护条例》及《计算机软件保护条例》等一系列有关知识产权保护的法律法规，初步形成在市场经济条件下与国际经济贸易接轨的知识产权法律保护体系。尽管我国关于知识产权保护方面已经达到了发展中国家的先进水平，但是，相对于世界公约的要求及从建立一个良好的尊重知识产权、建立完善的激励机制、维护社会竞争秩序方面来看，我国在对知识产权保护方面的工作仍有待结合电子商务的发展趋势进一步完善。

（1）完善电子商务及知识产权立法。将电子商务活动纳入法律管制的范畴，制定专门性的电子商务操作规范性法制，强调电子商务过程中对知识产权的法律保护，使合法与非法行为有一个明确的界定，可以减少新形势下出现的新种类知识产权之权利不稳定及“游离”状态。英国等国家对“工业版权”加以立法方面的保护，对电子商务中产生的多领域交叉知识产权保护是一个较好的方法，能够从法理及实践意义上解决诸如“域名”“工业艺术品”“网络设计”“电路布图”等到底是属于商标、专利、反不正当竞争还是著作权法律哪个单方面保护的争论问题。

（2）加大执法的力度，强调“一体化”保护手段。我国司法机关通过司法解释，逐步完善了对网络条件下的知识产权法律保护。因此，基本上已经解决了“无法可依”的问题。如最高人民法院颁布的《关于审理涉及计算机网络著作权纠纷案件适用法律若干问题的解释》明确了“网络服务提供者通过网络参与他人侵犯著作权行为，或者通过网络教授、帮助他人实施侵犯著作权行为的，人民法院应根据《民法通则》第一百三十条规定，追究其与其他人或直接实施侵权行为人的共同侵权责任”。对电子商务中知识产权的法律保护，关键的还在于加强执法和实现“一体化”综合保护手段。“一体化”保护，不但要求行政执法机关的协调，也要求在运用法律规定方面实行综合处理。对侵犯他人知识产权的行为，要给予严厉的制裁。只有严格的执法，才有可能实现竞争状态的良性循环，才能真正体现知识产权制度对科技创新的引导、激励、保护作用。

2. 通过技术手段保护网络知识产权

对于国内电子商务企业而言，必须了解所可能面临的国内外各种繁杂的知识产权保护问题，并通过一系列技术手段，保护自身的网络知识产权。

（1）在网络著作权管理措施与相关权利方面，网络经营者与管理者在使用者申请登录使用权限时，应设法告知使用网络时应注意的著作权相关事项。网络使用者不论为付费或免费取得网络使用权时，通常均需经过网络经营者与管理者所制定的注册程序，为让使用者在使用网络时，确实了解并遵守著作权法的相关规定，网络经营者与管理者应于使用者申请登录使用权限时，以适当的方式告知其在网络上取用与流通信息时，应注意的著作权相关事项。

（2）在网络商标与域名管理措施方面，为预防商标遭他人抢注为域名，企业可采取下列措施：商标如尚未向商标局注册，应尽快以商标向 CNNIC 申请注册域名；由于域名有领域之分，且不同领域受理域名注册的单位不同，如为国际化的企业也应在主要市场所在国家申请注册；域名申请时间很快，因此即使尚未申请商标，也可先申请。

（3）在网络专利管理措施方面，随着美国开始承认商业方法的可专利性，未来国内企业势必会面临更大的挑战，而有必要对此趋势有所了解。配合此等趋势，国内企业除了应了解国外的发展，并在建构电子商务体系的同时，注意有关软件专利的问题以外，如有突破传统的商业方法或交易方式的创意产生时，也应考虑申请专利，以保护自身的权益。

（4）在网络商业机密方面，为防止企业的商业机密或客户资料外泄，可采取下列防范措施：区分资料的机密等级；设定各员工接触各种资料的权限；要求员工时常更换密码；员工离职时，应立即取消其计算机账号或更换密码；监视，包括线上实时监视或将员工的电子邮件做成备份档。另外，还可以从提高知识产权的保护意识、增强道德修养方面来保护知识产权。可通过宣传、教育来培养人们的知识产权保护意识，增强人们的职业道德、学术道德等。

但是，上述保护知识产权的手段与方法都不是万能的。法律手段、技术手段也并非是万无一失的；道德手段则缺乏强制性。总之，应当根据实际情况，综合考虑运用各种手段，才能有效地保护网络知识产权。

12.6　消费者权益的保护问题

在信息高速发展的时代，电子商务仿佛是一把双刃剑，一方面以其成本低、效率高、速度快的特点在竞争日益激烈的商业环境中，越来越广泛地得到消费者认可；另一方面，在网络交易过程中，出现的各种损害消费者权益的情形，成为其发展的阻碍，也对消费者权益保护提出严峻的挑战。

传统的商品交易双方的主体一方为商品经销商，另一方为消费者，商品经销商的市场准入主要由工商部门调整，消费者不需要市场准入。而电子商务的交易过程不但把商家和金融机构联系在一起，而且把数字认证机构、支付网关及以技术为支撑的互联网络接入服务运行机构等完全地融合在一起，交易过程中需要通过法律规范予以市场准入的对象就有商家、金融机构、数字认证机构、支付网关及互联网络接入服务运行机构等，而消费者则以自愿的形式，通过数字认证来保障其消费行为。这就需要变更现有单一主体制度，制定出相应法律法规对以上各方当事人的权利义务进行统一调整。

在网上购物中，商家往往采用格式合同以节省消费者的时间，但这些格式合同条款中，往往有许多“霸王条款”。在发生纠纷时，仅靠《中华人民共和国消费者权益保护法》等原有的法律保护已显乏力；企业可以轻易获取消费者的个人资料，消费者的隐私权也难以保障。因此，今后制定的法律规范在进一步确保落实消费者的合法权益，在明确各方义务的同时，还应明确商家在收集资料时应当向消费者履行告知义务，取得消费者的认可。这样，消费者就享有了选择权，避免了不必要的纠纷。为保证电子商务活动得以正常进行，政府需要提供一个透明的、和谐的商业法律环境。

12.6.1 电子商务中消费者权益保护中存在的问题

在电子商务交易中，最大威胁来自于消费产品及服务的可用性。即使消费者确认了经营者的真实性，鉴别了消费品的完整性，在实际交易过程中交易信息的可用性同样可能导致信任危机。消费的可用性一般可分为三个方面：第一，消费者本身对商品是否需要；第二，信息本身是否真实、有效；第三，消费行为是否受到法律保护。由此可能面临的问题，主要表现在以下几个方面。

（1）网络消费欺诈问题

网络消费欺诈是指经营者以非法手段针对网络消费欺诈。信用缺失、网络消费欺诈现象严重出现在电子商务活动中，不良商家往往利用网络的虚拟性，提供不完整的商品信息甚至虚假信息及发布虚假广告，侵犯消费者的知情权，甚至涉及欺诈活动与非法传销。

（2）网络消费合同履行问题

网络消费合同履行主要表现在延迟履行、瑕疵履行、售后服务无法保证。

（3）网络支付安全问题

网络的开放性增加了消费者财产遭受侵害的风险，消费者在使用电子货币支付货款时可能承担以下风险：网上支付信息被厂商或银行收集后无意或有意泄露给第三者，甚至冒用；不法分子盗窃或非法破解账号密码导致电子货币被盗、丢失；消费者未经授权使用信用卡造成损失；信用卡欺诈；支付系统被非法入侵或病毒攻击等。

（4）网络消费者隐私权保护问题

在电子商务中，由于网络隐私所能带来的经济利益和黑客技术的发展，对消费者隐私权构成侵犯的最大风险来自于对个人信息的收集、传播和利用。网络隐私一旦被滥用，将给消费者个人带来难以想象的后果和网络秩序的混乱。

（5）网络消费纠纷和消费者损害赔偿权的实现问题

电子商务是以互联网为运行平台进行的商务活动，而互联网的无国界特性打破了主权疆界的界限，并动摇了在传统的地域主权基础上形成的司法管辖基础。虚拟的网络空间中地理界限的消失，使得很难判断网上活动发生的具体地点和确切范围，而将其对应到某一特定的司法管辖区域就更为困难。

12.6.2　对电子商务中保护消费者权益的政策建议

1．立法先行，完善现行法律体系

对于网络支付安全，除了采取当事人自律规范、从网络技术上确保交易安全等措施外，更要从法律上明确银行、经营者的赔偿责任，平衡其与消费者之间的权利义务。立法内容应当考虑：规定经营者的义务；制定隐私保护政策与措施并予以公示；对消费者面临的隐私风险有说明和提示义务；对所收集的个人信息的合理使用与限制、禁止使用的义务。

我国目前对电子商务中消费者权益保护，可以援引作为依据的法律是《中华人民共和国民法通则》《中华人民共和国合同法》《中华人民共和国消费者权益保护法》《中华人民共和国广告法》等，但这些法律调整的主要对象是传统的交易形式，并没有将电子商务交易的特性考虑在内。就目前情况而言，国家已经制定出相应的电子商务法规，但远远不能解决实际中的纠纷，有待从信息披露、合同履行、格式条款、个人数据保护、意外损失的风险承担等方面规范网络经营者的义务进一步完善。

2．发挥公权力量，加强网上交易监管

网上侵犯消费者权益行为类型复杂，隐蔽性强，技术手段先进，对其进行监管的难度也大。因此，对网上侵犯消费者权益的监管要捕捉和识别违法行为较高的科技手段，并设置相应的监测体系，如网上投诉网站、网上仲裁机构等，采取强硬的法律措施与手段，让行政监管和司法救济相互配合、双管齐下，严厉打击各种侵犯消费者权益的违法行为。

3．加强信用制度，健全全社会信用体系

通过法律规定网络经营者具有在线信息披露义务。网络经营者的在线信息包括经营者身份信息、商品或服务信息和交易条件信息。建立一个统一的、覆盖面广的信用体系，将信用缺失者的信用记录置于公众监督之下，从而大大提高其失信成本，只有这样，全社会的信用意识才能得到有效提高，网上消费才能变得更加轻松和可靠。

4．规避风险，充分发挥 CA 认证中心功能

在电子商务交易过程中，CA 认证中心作为第三方机构来面对消费者和经营者。CA 中心主要通过在互联网上给电子商务交易双方发放各种电子证书，以确保消费者在交易中的合法权益。

CA 认证中心必须具备以下条件：第一，需要具备相关资质；第二，服务领域广泛、公正、全面；第三，认证技术全面；第四，管理严格、服务规范。

5．加强消费者隐私权的保护

在传统的消费市场中，隐私保护一般不属于消费者保护的突出问题，现行消费者权益保护法也未作特别的规定。但在网上交易中，消费者隐私保护变得非常突出，需要有针对性地制定特别的规则或法律条文，加强对消费者隐私权的保护。同时消费者也需要提高自己的隐私保护意识和保护技能，尽量减少隐私暴露的机会。

网络特性是电子商务消费者权益处于不利地位的根源，使消费者面临信息欺骗、格式合同陷阱、合同的不当履行、信息传递安全等问题。为了使网络消费者的权益保护达到传统消费环境中的水平，应加强立法，发挥相关行政部门应有的监管职能，加强行业协会和中介机构力量，消费者自我保护意识的提高也很有必要。相信在各方面共同努力下，消费者的权益在电子商务活动中能够得到充分保障，从而促进电子商务健康、蓬勃的发展。

参考文献

[1] 陈进、聂林海. 电子商务经济发展战略. 北京：化学工业出版社，2015.

[2] 王鑫鑫、涂静、徐丽娜. 电子商务概论. 北京：北京大学出版社，2014.

[3] 李雪伶、冉恩贵、张海波、杜诚、赵素霞、金茂竹. 电子商务概论. 北京：电子工业出版社，2014.

[4] 彭龙、张晨昊. 中国电商市场发展报告. 北京：人民邮电出版社，2015.

[5] 胡斌、黄继梅、邵敏、罗倩倩、汪发兴、童武平. 电子商务概论. 北京：人民邮电出版社，2015.

[6] 王易. 微信电商. 北京：电子工业出版社，2014.

[7] 海天理财. 一本书读懂大数据商业营销. 北京：清华大学出版社，2015.

[8] 马国文、马涛. 移动电商. 北京：人民邮电出版社，2015.

[9] 童旺宇、吴红、明均仁. 电子商务概论（第 2 版）. 北京：人民邮电出版社，2015.

[10] 吴健. 电子商务物流管理（第 2 版）. 北京：清华大学出版社，2013.